民法典高职系列教材
审定委员会

民法典高职系列教材

总主编◎万安中　副总主编◎王　亮

民法原理与实务
人格权 婚姻家庭 继承编

MINFA YUANLI YU SHIWU
RENGEQUAN HUNYIN JIATING JICHENG BIAN

主　编◎袁志丽　朱萍萍

副主编◎吴晓苹

撰稿人◎（按撰写章节顺序）

吴晓苹　袁志丽　朱萍萍

梁瀚匀　刘小鹏　潘雅宁

唐　玲

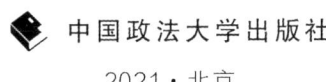

中国政法大学出版社

2021·北京

图书在版编目（CIP）数据

民法原理与实务. 人格权　婚姻家庭　继承编/袁志丽，朱萍萍主编. —北京：中国政法大学出版社，
2021.8
ISBN 978-7-5764-0076-2

Ⅰ.①民…　Ⅱ.①袁…　②朱…　Ⅲ.　①人格－权利－中国②婚姻法－中国③继承法－中国
Ⅳ.①D923

中国版本图书馆CIP数据核字(2021)第173449号

书　　名	民法原理与实务：人格权　婚姻家庭　继承编	
出 版 者	中国政法大学出版社	
地　　址	北京市海淀区西土城路 25 号	
邮　　箱	fadapress@163.com	
网　　址	http://www.cuplpress.com (网络实名：中国政法大学出版社)	
电　　话	010-58908435(第一编辑部) 58908334(邮购部)	
承　　印	固安华明印业有限公司	
开　　本	787mm×1092mm　1/16	
印　　张	19.75	
字　　数	387 千字	
版　　次	2021 年 8 月第 1 版	
印　　次	2021 年 8 月第 1 次印刷	
印　　数	1～5000 册	
定　　价	59.00 元	

Preface

总　序

　　高等法律职业化教育已成为社会的广泛共识。2008 年，由中央政法委等 15 部委联合启动的全国政法干警招录体制改革试点工作，更成为中国法律职业化教育发展的里程碑。这也必将带来高等法律职业教育人才培养机制的深层次变革。顺应时代法治发展需要，培养高素质、技能型的法律职业人才，是高等法律职业教育亟待破解的重大实践课题。

　　目前，受高等职业教育大趋势的牵引、拉动，我国高等法律职业教育开始了教育观念和人才培养模式的重塑。改革传统的理论灌输型学科教学模式，吸收、内化"校企合作、工学结合"的高等职业教育办学理念，从办学"基因"——专业建设、课程设置上"颠覆"教学模式："校警合作"办专业，以"工作过程导向"为基点，设计开发课程，探索出了富有成效的法律职业化教学之路。为积累教学经验、深化教学改革、凝塑教育成果，我们着手推出"基于工作过程导向系统化"的法律职业系列教材。

　　《国家中长期教育改革和发展规划纲要（2010～2020 年）》明确指出，高等教育要注重知行统一，坚持教育教学与生产劳动、社会实践相结合。该系列教材的一个重要出发点就是尝试为高等法律职业教育在"知"与"行"之间搭建平台，努力对法律教育如何职业化这一教育课题进行研究、破解。在编排形式上，打破了传统篇、章、节的体例，以司法行政工作的法律应用过程为学习单元设计体例，以职业岗位的真实任务为基础，突出职业核心技能的培养；在内容设计上，改变传统历史、原则、概念的理论型解读，采取"教、学、练、训"一体化的编写模式。以案例等导出问题，根据内容设计相应的情境训练，将相关原理与实操训练有机地结合，围绕关键知识点引入相关实例，归纳总结理论，分析判断解决问题的途径，充分展现法律职业活动的演进过程和应用法律的流程。

法律的生命不在于逻辑，而在于实践。法律职业化教育之舟只有驶入法律实践的海洋当中，才能激发出勃勃生机。在以高等职业教育实践性教学改革为平台进行法律职业化教育改革的路径探索过程中，有一个不容忽视的现实问题：高等职业教育人才培养模式主要适用于机械工程制造等以"物"作为工作对象的职业领域，而法律职业教育主要针对的是司法机关、行政机关等以"人"作为工作对象的职业领域，这就要求在法律职业教育中对高等职业教育人才培养模式进行"辩证"地吸纳与深化，而不是简单、盲目地照搬照抄。我们所培养的人才不应是"无生命"的执法机器，而是有法律智慧、正义良知、训练有素的有生命的法律职业人员。但愿这套系列教材能为我国高等法律职业化教育改革作出有益的探索，为法律职业人才的培养提供宝贵的经验、借鉴。

2016 年 6 月

Foreword
前 言

人格权、婚姻家庭、继承编是《民法典》的重要组成部分，是与人们的日常生活密切相关的应用性较强的高职法律类专业课程，同时又是一门实用性很强的社会科学。为了培养高职高专院校法律专业的应用型人才，增强学生的实践能力，更好地适应社会的最新发展，我们组织部分专业教师和实践一线的工作人员编写了这本教材。

本教材结构新颖、内容简洁，紧密结合法律规定说明法理，解析实例，使学生能够一目了然，符合高职法律应用型人才的培养目标。在教材编写过程中，将最新的司法解释及相关内容融入教材，凸显了教材内容的时代性与完整性。通过本教材的学习，不但让学生掌握基本的理论知识，更重要的是通过法律实务的训练，启发学生运用理论与法律分析和解决实践问题，使其分析问题、解决问题的能力获得提高，真正成为应用型法律人才。本教材不仅适合高职高专类法律院校作为教材使用，同时也可以成为司法工作者及法律爱好者的参考书目。

本教材由袁志丽进行修订、整理和统稿。各单元参加撰稿人分工如下：

吴晓苹：单元一、二、三；

袁志丽：单元四之项目一、项目二，单元六之项目一；

朱萍萍：单元四之项目三，单元五，单元六之项目二；

梁瀚匀：单元六之项目三，单元八；

刘小鹏：单元七；

潘雅宁：单元九；

唐 玲：单元十、十一、十二。

编 者
2021 年 5 月

Contents

目 录

第二编　婚姻家庭

第一编　人格权

　　人格权是民事权利的基本类型之一，也是自然人、法人和非法人组织参加民事活动所必须具备的主要权利，特别是对自然人而言，人格权的享有和行使是其作为民事主体必不可少的资格和条件。人格权制度的建立和健全，既是一个国家法制建设完善程度的体现，也是一个社会权利保护发达程度的重要标志。认识人格权，掌握人格权制度的内容及其适用规则，更有尊严地参与各项民事活动，有助于提高民事主体的主人翁意识，促进社会的良性发展。

单元一 人格权概述

1. 了解我国法律有关人格权的规定。
2. 掌握人格权的内涵、特征及分类。
3. 正确认识人格权的行使规则,知晓人格权的保护体系。

1. 准确把握人格权的构成要素。
2. 正确判断人格权行使过程中的相关法律问题,能够运用相应法律规定及措施实现对人格权的保护。

项目一 人格权的含义和类型

某日,王某、倪某二人到某国际贸易中心(以下简称国贸中心)开设的超市购物。购物后准备离开时,超市的两名工作人员质问她们有没有拿商场的东西,要求检查她们的手袋。王某将所有手袋打开让对方检查,超市工作人员仍坚持说她们拿了超市的物品未付款。双方争执无果,这两名工作人员将王、倪二人带到办公室继续盘问。在办公室里,商场的一名女职员也加入盘查。迫于压力,王某和倪某摘下帽子、解开衣服、打开手袋,由超市的工作人员检查。工作人员检查后,确未查出二人拿了什么东西,才向王、倪二人道歉并放行。事后王某、倪某以国贸中心的行为侵害其人格权为由,向国贸中心所在地法院起诉。国贸中心认为,其工作人员只是要求检查她们的手袋,并没有指责她们偷窃,王、倪二人是自己主动打开手袋、解开衣服接受检查,整个过程中工作人员都没有动手,而且事后已经道歉,不构成对王某、倪某的侵害。

问题:国贸中心的辩解有没有错误?王某、倪某主张自己的人格权遭受侵害,是否应当支持?

一、人格权的含义

"人格"一词，具有哲学、心理学、社会学、伦理学以及法学上的不同含义。法律上的人格概念最早出现于罗马法，表示人所具有的某种身份。[1]有学者认为，人格是指生物学上的人被承认为法律上的人的状态，这种承认的结果表现为国家赋予生物学上的人以权利能力。[2]总言之，所谓人格，是指社会成员作为独立主体所必须具备的条件。

自然人的人格要素主要有生命、身体、健康、姓名、名誉、自由、隐私、肖像等；法人和非法人组织的人格要素主要有名称、名誉等。只有获得法律赋予的资格，自然人和其他组织体才能以民事主体的名义从事各种民事活动，并在社会生活中得到其他主体的尊重。

人格权是指民事主体依法支配其人格利益并排除他人侵害的、以维护和实现人格尊严为目的的权利。我国《民法典》第990条第1款规定："人格权是民事主体享有的生命权、身体权、健康权、姓名权、名称权、肖像权、名誉权、荣誉权、隐私权等权利。"根据该条第2款的规定：自然人还享有基于人身自由、人格尊严产生的其他人格权益。

人格权是民事主体最基本的权利，其具体内涵有三：

（一）人格权是民事主体依法固有的

自然人从其出生、法人及非法人组织从其成立之日起即享有人格权，人格权的取得无须民事主体积极的作为，而是由法律直接赋予。从本质上说，人格权是法律对民事主体的社会地位和资格的一种确认，此种确认仅以其成立为准，而不考虑自然人的年龄、性别、智力、贫富等差别，也不论非自然人的实力强弱或规模大小。在民事主体存续期间，人格权始终存在。

（二）人格权是民事主体维护其人格独立所必需的

对自然人而言，拥有独立人格是其从生物学意义的人被承认为法律上的人的主要标志，也是其与普通生物在法律上的根本区别，如果一个自然人不享有人格权，将不被他人以"人"来对待，也就没有与其他主体平等进行民事活动的资格，其生命、生活必将遭遇种种危险；对法人或非法人组织来说，享有人格权才能以主体的身份独立参与社会生活，没有人格权之保障，就没有独立自主经营或者进行其他活动的可能。

（三）人格权以人格利益为客体

人格利益，是民事主体就其人身自由和人格尊严、生命、健康、姓名或者名称、

〔1〕　周枏：《罗马法原论》（上册），商务印书馆1994年版，第97页。

〔2〕　彭万林主编：《民法学》，中国政法大学出版社1994年版，第12~13页。

名誉、隐私、肖像等所享有的利益的总和，包括民事主体在各种社会关系中所获得的社会评价、自我认知和精神感受等。人格权的权利主体行使权利及其义务主体履行义务都是以实现权利主体之人格利益为目的。民事主体一旦丧失或者部分丧失人格利益，其人格即遭受损害，其作为民事主体的资格也将丧失或者受损。

二、人格权的特征

《民法典》第992条规定："人格权不得放弃、转让或者继承。"由此规定可见，人格权具有以下法律特征：

（一）不可分离性

享有人格权是自然人、法人及非法人组织得以进行民事活动的基础，是保障民事主体人格利益得以实现的法律形式；人格利益以自然人的人身或法人及非法人组织的组织体为载体，人格利益只有与主体结合在一起才能体现出来。因此，人格权与其主体同时存在并且密不可分，主体不能没有人格权而单独存在，主体一旦消灭，人格权也随着消灭。

（二）非财产性

人格权以民事主体的人格利益为客体，人格利益是一种精神利益，本身不具有财产内容，它所体现的是人们的道德情感、社会评价等，比如名誉权以名誉利益为客体，而名誉是社会对权利主体的一种评价，这种评价主要是对权利主体产生精神上、情感上的影响。

当然，在一定情况下，民事主体的人格要素也能够为其带来财产利益，例如：肖像权人可以许可他人有偿使用自己的肖像从而获得相应的财产利益；当人格权受到损害时，可以要求加害人以赔偿一定金钱作为承担法律责任的方式。

（三）不可转让性

人格权与民事主体不可分离决定了该项权利只能由特定的民事主体享有且不可让渡，包括不得以任何形式买卖、赠与和继承。当然也有例外，某些人格权脱离了民事主体仍然具有法律意义或者经济价值的，可以依法转让和继受，例如法人、非法人组织的名称权。

（四）支配性和绝对性

人格权主体可以依法直接支配其人格利益，可以依法保有或行使其权利，无须他人协助或获得许可，因此人格权属于支配权，具有支配性。同时，民事主体行使其人格权可排斥任何人的非法干涉，其他所有不特定的主体都负有不得侵害其人格权的义务，因此人格权也是绝对权，具有绝对性。

（五）法定性

人格权的取得基于法律的直接规定，民事主体不须亦不能通过约定或者单方行为创设人格权。即使有一些民事权利的取得需要民事主体实施一定的行为，该行为所能产生的权利也是法律预先设定的，例如：家长给新生儿取名从而产生新生儿的姓名权，摄影师为顾客拍摄照片从而使该名顾客对相关照片享有肖像权等，民事主体并不能因此而形成法律规定以外的人格权。

 案例

陶女士被吴某驾驶的车辆撞伤，造成上唇裂伤、软组织挫伤，两颗门牙折断。陶女士称，车祸导致其身体的完整性被破坏，损害了撕咬食物的功能，更让她感到难受的是：不但与丈夫不能感受到亲吻时醉人的甜蜜，而且其女儿像往常一样向她"索吻"，她都不能给予，身为母亲的她为之愧疚。因此，陶女士将吴某诉诸法院，主张吴某侵害了她多项人格权，包括身体权、"亲吻权"、健康权，同时也造成她的财产损失，请求法院判令被告赔偿其损失共计 3.9 万元。

法院审理后认为，因接吻而带来的精神享受确是陶女士的一种个人利益，但利益不等于法定的权利，民事权利是由国家的民事立法来确认和分配的，如姓名权、身体权、健康权等，"亲吻权"本身并未被现行法律法规确认为一项具体的民事权利；对没有被确认为民事权利的利益的损害，不能直接构成侵权，也就无法以此名义获得赔偿。法院对陶女士因不能亲吻而主张精神损害抚慰金的请求不予支持，但对其门牙折断、口唇裂伤等身体权、健康权伤害以及相关财产损失，判决吴某给予赔偿。

三、人格权的分类

根据不同的标准，人格权可以进行如下分类：

（一）自然人的人格权与法人、非法人组织的人格权

《民法典》第110条规定："自然人享有生命权、身体权、健康权、姓名权、肖像权、名誉权、荣誉权、隐私权、婚姻自主权等权利。法人、非法人组织享有名称权、名誉权和荣誉权。"从这一规定可以看出，自然人和法人、非法人组织的人格权具有明显的不同：

1. 某些人格权为自然人所独有，如生命权、身体权、健康权和肖像权、隐私权，法人、非法人组织不享有这些与生命及个人生活密切相关的人格权。

2. 法人、非法人组织的人格权与财产利益具有较为密切的联系，例如，企业法人尤其是知名企业的名称在很大程度上是一种无形资产，因此法人、非法人组织的名称权可以依法转让，而自然人的各种人格权都是不可转让的。

3. 法人、非法人组织的人格权如果遭受侵害，一般只会造成财产损失，间或有其他非财产性的损害，而不会像自然人的人格权受到侵害那样形成精神上的痛苦，因此法人、非法人组织不能向侵权人主张精神损害赔偿，自然人则可以。

（二）一般人格权与具体人格权

一般人格权是指以民事主体全部人格利益为客体的概括性权利，其基本构成要素包括四项内容：①人格独立，民事主体之间不存在依附关系，各自独立地享有人格及其人格利益；②人格平等，民事主体一律平等，无差别地获得人格、享有人格利益；③人格自由，民事主体的人格不受他人支配、干涉和控制，得自由地保持自己的人格并使自己的人格利益不断完善和发展；④人格尊严，对民事主体的自身价值和社会价值应予肯定和尊重，任何人不得贬损他人的人格价值以侵害其人格利益。

具体人格权，是指法律明确规定的民事主体对其特定的人格利益所享有的权利。具体人格权以一般人格权为基础，是一般人格权的具体化、类型化。生命权、身体权、健康权、人身自由权、姓名权和名称权、肖像权、名誉权、隐私权等就是具体人格权。

一般人格权具有概括性和包容性，具体人格权具有法定性，民事主体的人格利益遭受侵害，可以根据具体人格权的相关规定追究侵害人的法律责任；当受损的人格利益法律没有明文规定、不能为具体人格权所救济时，则可以依据一般人格权的相关规定寻求法律的保护。

（三）物质性人格权与精神性人格权

根据其所体现的人格利益类型的不同，具体人格权可以分为物质性人格权和精神性人格权，前者与自然人的生命体紧密结合，是自然人对自身所拥有的物质性人格要素不可转让的支配权，包括生命权、身体权、健康权三种；后者对人体本身没有直接的依附性，更多地体现为主体的自我认知和精神感受以及社会的评价等精神性人格要素，主要有人身自由权、姓名权和名称权、肖像权、名誉权、隐私权等。

物质性人格权与精神性人格权的主要区别有：

1. 物质性人格权的权利主体只能是自然人，精神性人格权的主体则包括自然人、法人和非法人组织。

2. 某些精神性人格权可以进行商业化利用，例如自然人的肖像权、法人或非法人组织的名称权可以许可他人使用，权利主体可获取相应的许可使用费；物质性人格权则不能进行商业化利用。

3. 物质性人格权是不得克减的基本人权，即使在特殊情况下也不能对其进行限制和减少。精神性人格权特别是隐私权，在出现危及国家安全的社会紧急状态或者涉及社会公共利益时，有权机关可以对其作出适当的克减。

4. 侵害物质性人格权大多采用物理的人身伤害方式，其损害后果主要是生理上的疼痛和财产损失。侵害精神性人格权的方式则多样化，其损害后果也具有多样性，不涉及或者较少涉及生理上的痛苦。

5. 对物质性人格权的救济方式主要采取财产损害赔偿，也可以适当地采取精神损害赔偿。对精神性人格权的救济主要是精神损害赔偿以及赔礼道歉、恢复名誉、消除影响等非财产性的方式，财产损害赔偿仅适用于肖像权、名誉权等具有一定财产利益的人格权被侵害的情形。

引例分析

国贸中心的工作人员无端怀疑王某、倪某并对其进行盘查，虽然在言语上没有直接指明两人偷窃也没有动手对其搜身，但在既没有充分证据也缺乏盘查的合法权力的情况下，这一行为本身就是对原告人格的贬损；在商场办公室两原告还被迫在异性面前解开衣服接受对方检查，这是对原告的进一步羞辱。王某、倪某没有得到应有的尊重，其人格尊严受到严重损害，并因此产生精神上的痛苦，国贸中心侵害了两名原告的一般人格权，其辩称没有侵害原告的权利是不成立的。本案开庭后，国贸中心主动要求调解。在法庭的主持下，双方达成了一致意见，被告当庭向原告赔礼道歉，并对二原告的经济损失和精神损害予以补偿。

相关法律规范

1. 《中华人民共和国宪法》第 33 条第 3 款。
2. 《中华人民共和国民法典》第 109~111、130、990~993 条。

思考与练习

1. 人格权与财产权有哪些不同？

2. 案例分析：

高某因意外事故脸部和胳膊被烧伤并留下永久性疤痕，他曾三次进入某餐厅消费时被拒之门外，餐厅工作人员没有说明拒绝的理由。第二次被拒时高某愤而报警，餐厅工作人员在派出所做笔录时表示，拒绝高某进入餐厅是因为高某"面容不太好，怕进了店中影响生意"。高某认为餐厅的做法侵害了自己的人格权和消费者自主选择服务权，在第三次被拒绝进入该餐厅之后，他向人民法院递交了民事诉状，要求开办该餐厅的某餐饮公司公开向其承认错误、赔礼道歉并赔偿其精神损失。该餐饮公司认为，餐厅从未对高某有过任何歧视性的差别待遇，事发当晚餐厅里客人非常多，不让高某进入是为了维护其正常经营和保护店内客人的安全，并不存在故意阻拦高某的事实，也不可能给高某造成严重精神损害，因而拒绝赔礼道歉及赔偿损失。

你认为高某的权利是否被侵害？如果是，某餐厅侵害了高某的什么权利？

项目二　人格权的行使和保护

引例

钱钟书（事件发生时已故）、杨季康（作家杨绛本名）、钱瑗（事件发生时已故）三人曾先后向原《广角镜》月刊总编辑李国强寄送私人书信百余封，内容包含学术讨论、生活事务、观点见解等。2013 年 5 月间，中贸圣佳国际拍卖有限公司（以下简称中贸圣佳公司）发布公告，称将于 2013 年 6 月 21 日公开拍卖上述私人信件，还将于 2013 年 6 月 8 日举行相关研讨会、于 2013 年 6 月 18 日至 20 日举行预展活动。同一时期该公司网站中登载了多篇介绍涉案公开拍卖活动、鉴定活动以及拍品中部分书信手稿细节内容的媒体报道文章，部分文章中以附图形式展示了相关书信手稿全貌。

杨季康认为，中贸圣佳公司及李国强即将实施的活动将侵害其隐私权和著作权，如不及时制止上述行为，将对其造成难以弥补的损害，遂向北京市第二中级人民法院提出诉前申请，请求责令中贸圣佳公司及李国强立即停止相关侵权行为。北京市第二中级人民法院于 2013 年 6 月 3 日作出裁定，裁定中贸圣佳公司在拍卖、预展及宣传活动中不得以公开发表、展览、复制、发行、信息网络传播等方式实施侵害涉案书信手稿的行为。

杨季康随后起诉二被告。法院经审查后判令中贸圣佳公司停止涉案侵害书信手稿著作权行为，赔偿原告 10 万元经济损失；判令中贸圣佳公司、李国强停止涉案侵害隐私权的行为，共同向原告支付 10 万元精神损害抚慰金；判令二被告就其涉案侵权行为向原告公开赔礼道歉。

问题：法院的做法是否正确？

基本理论

一、人格权的行使及限制

（一）人格权的行使方式

民事主体可以通过行使人格权来获得相应的利益，但由于人格权与其主体自身紧密结合的特点，行使人格权的方式与行使其他民事权利的方式有很大的不同。

1. 人格权的行使多数为消极方式。人格权以人格利益为其客体，只要其他民事主体对权利人保持尊重和不非法干预，人格权人即可保有其人格利益，通常情况下并不需要主动行使权利。只有当他人的行为威胁其人格利益的保有或者造成其人格利益的减损，人格权人才通过法律认可的方式来维护自己的权益。《民法典》第 995 条规定："人格权受到侵害的，受害人有权依照本法和其他法律的规定请求行为人承担民事责任。"第 1167 条规定："侵权行为危及他人人身的，被侵权人有权请求侵权人承担停止侵害、排除妨碍、消除危险等侵权责任。"第 1183 条第 1 款规定："侵害自然人人身权益造成严重精神损害的，被侵权人有权请求精神损害赔偿。"可见，行使人格权的方式多为消极被动。

2. 人格权的行使向着积极方式发展。某些人格权的内容及权能决定了其应当以积极方式行使，例如自然人的姓名权和法人、非法人组织的名称权，只有主动行使姓名权、名称权，民事主体之间形成彼此的辨识度，才能有序地开展相关的社会活动。

随着社会的发展，对某些人格权进行商业化利用逐渐为公众所认可为法律所接纳。

《民法典》第 993 条规定："民事主体可以将自己的姓名、名称、肖像等许可他人使用，但是依照法律规定或者根据其性质不得许可的除外。"通过将人格权的部分权能授予他人使用以获得一定的经济利益，体现了民事主体在行使人格权上的主动性。

（二）人格权行使的限制

1. 应当依法行使。民事主体行使人格权，不管是采用积极方式还是消极方式，都应当符合法律的规定，不能违反法律的禁止性规范和强制性规范。例如：自然人享有身体权，但不能出卖人体器官；法人、非法人组织有权决定自己的名称，但必须符合企事业单位、社会团体名称登记管理的有关规定，不能采用法律法规禁止使用的名称。人格权被侵害的，权利人可以依法要求加害人停止侵害、排除妨碍、消除危险、消除影响、恢复名誉、赔礼道歉、赔偿损失，而不能要求加害人承担法律未有规定的义务，更不能采用法律禁止的方式来维护自己的人格权。

2. 应当符合公序良俗。公序良俗通常是指公共利益和公共道德，人格权包含着社会公共秩序的基本利益，一般情况下行使人格权是与社会整体的价值体系相吻合的，但也可能出现某种背离和冲突，此时对人格权人的行为应当有所限制。例如：自杀行为虽然未被法律明文禁止，但显然是违背公序良俗的，因此自然人不能随意处置自己的生命；自然人可以将自己的隐私公开，但过多暴露个人私生活会造成对公序良俗的破坏，因而是不可取的。再如：没有正当理由不得以隐私权对抗配偶的知情权；父母为子女起名应当尊重文化传统和风俗习惯等。

3. 不得滥用权利。滥用权利是出于不正当目的而行使权利，既违背了法律赋予民事主体相关权利的初衷，又可能对国家、社会、他人的利益造成损害。例如，邻里之间有矛盾，其中一人给自己的孩子取了与对方相同的姓名，常常借教育孩子之名指名道姓辱骂对方，就是滥用姓名权，损害了对方的人格尊严。又如，一些企业不满媒体对其问题产品的曝光，动辄以侵害名誉权为由将媒体诉诸法院，也是滥用权利以达到打压舆论监督的不当目的。

二、人格权保护的特点

较之于其他民事权利，我国法律对人格权的保护具有以下鲜明的特色：

（一）保护手段具有多样性、综合性

我国法律从不同层面采取多种方式实现对人格权的保护，包括公法领域和私法领域。《宪法》第 37~40 条明确宣告公民的人身自由、人格尊严和住宅不受侵犯，公民的通信自由和通信秘密受法律保护。《刑法》规定了近 20 种侵犯公民人身权利的罪名。

在民法上，既可以行使人格权请求权的方式来保护人格权，也可以通过适用侵权责任对人格权予以救济。所谓人格权请求权，是指民事主体在其人格权受到侵害时，有权请求加害人停止侵害、消除影响、恢复名誉、赔礼道歉，或者向人民法院诉请判令加害人作出前述行为，以恢复人格权的圆满状态。行使人格权请求权，权利人无须证明加害人是否有过错，无须损害后果已然存在，亦不受诉讼时效的限制。能够证明具备相应构成要件的，权利人也可主张加害人承担侵权责任，使受到损害的人格权得到填补。

（二）事前预防与事后救济相结合，重在预防

人格权遭受侵害，其损害后果往往具有不可逆性。例如，侵害生命权会导致权利人死亡。再如，隐私一旦公开就难以恢复私密状态，尤其是在互联网时代，相关的信息可以在瞬间实现全球范围的传播，相关的损害后果也被无限放大。因此，对人格权的保护，应当注重预防和制止侵害。民事主体除了可以请求加害人停止侵害、排除妨碍、消除危险、消除影响、恢复名誉、赔礼道歉之外，还可通过以下方式行使人格权请求权：

1. 申请人格权保护禁令。《民法典》第 997 条规定："民事主体有证据证明行为人正在实施或者即将实施侵害其人格权的违法行为，不及时制止将使其合法权益受到难以弥补的损害的，有权依法向人民法院申请采取责令行为人停止有关行为的措施。"这一规定既包括诉前禁令，也包括诉中禁令，具体申请的程序可适用我国《民事诉讼法》第 100~101 条有关诉讼保全和诉前保全的规定，以预防或制止侵害人格权的行为发生，防止损害后果的扩大。

2. 请求更正、删除失实报道和错误信息。民事主体有证据证明报刊、网络等媒体报道的内容失实，侵害其名誉权的，有权请求该媒体及时采取更正或者删除等必要措施。民事主体发现征信机构对自己的信用评价不当，发现信息处理者所收集、存储的个人信息有错误的，有权提出异议并请求采取更正、删除等必要措施；信用评价人、信息处理者应当及时核查，经核查属实的，应当及时采取必要措施。民事主体获得的荣誉称号应当记载而没有记载的，可以请求记载；获得的荣誉称号记载错误的，民事主体可以请求更正。

当对人格权的侵害已成事实，受害人可依法行使侵权请求权，就其人格利益损害、财产损失、精神损害等各个方面，请求加害人承担侵权损害赔偿责任。

（三）合理使用的豁免

《民法典》第 999 条规定："为公共利益实施新闻报道、舆论监督等行为的，可以合理使用民事主体的姓名、名称、肖像、个人信息等；使用不合理侵害民事主体人格权的，应当依法承担民事责任。"媒体的职能在于及时告知公众正在发生的事实，保障公众的知情权；舆论监督对社会的不正当现象进行批评，以促进社会的发展推动文明的进步，新闻报道和舆论监督不可避免涉及某些民事主体的人格利益，只要是基于实现或维护公共利益的目的、客观公正地使用他人的人格要素，不构成对人格权的侵害。例如，记者拍摄行人闯红灯，在宣传遵守交通规则的新闻稿中使用，不侵害行人的肖像权。

三、人格权的延伸保护

（一）违约导致的精神损害赔偿

违约行为通常造成合同预期利益的损害，也可能同时损害当事人的人格利益。长期以来，我国对精神损害赔偿仅限于侵权行为，并不支持对违约行为适用精神损害赔偿责任救济，当事人如果坚持主张，只能按照民事责任竞合通过侵权诉讼来获得支持，这样的做法既限制了受害人维权的途径，又加重其举证的责任。为全面保护人格权，《民法典》第996条规定："因当事人一方的违约行为，损害对方人格权并造成严重精神损害，受损害方选择请求其承担违约责任的，不影响受损害方请求精神损害赔偿。"也就是说，受害人可以直接提起违约之诉，请求违约方对合同预期利益和精神损害予以赔偿，方便、及时地解决财产权纠纷和人格权纠纷，减少讼累。

 案例

章某（68岁）与某旅行社签订《出境旅游合同协议书》，合同约定旅行社应当派随队医生，章某交付了11 600元团费。在境外旅游的过程中，导游与章某发生争议，致使章某受伤，因未派随队医生，导致伤情恶化。回国后，章某起诉至法院，主张旅行社违反合同约定，不仅没有让他享受愉快的旅程，而且令其身体和精神受到双重伤害，要求旅行社返还团费、赔偿其医疗费6734.56元、赔偿其精神损害5万元。法院审查后认为，旅行社聘用的导游导致章某受伤，旅行社未按约定派医生随队，损害了章某的财产权和人格权，判决旅行社返还团费、承担全部医疗费和精神损害赔偿金2万元。

（二）死者人格利益的保护

自然人死亡，其人格权也随着消灭，但其人格利益的部分物质载体依然存在，其他社会成员对其评价也不会因其死亡而完全停止，在自然人死后还可能出现侵害其人格利益的行为，例如：①以侮辱、诽谤、贬损、丑化或者其他方式，侵害死者姓名、肖像、名誉、荣誉；②非法披露、利用死者隐私，或者以其他方式侵害死者隐私；③非法利用、损害遗体、遗骨，或者以其他方式侵害遗体、遗骨。这些行为一方面可能破坏死者的人格形象，造成死者近亲属精神痛苦，另一方面也给社会的善良风俗和道德秩序带来危害，故此，对死者的人格利益应当予以法律保护。

自然人死亡不复享有诉讼权利能力，侵害其人格利益的直接的、现实的后果是造成死者近亲属精神损害，因此死者的近亲属有权依法保护死者及自己的人格利益。《民法典》第994条规定："死者的姓名、肖像、名誉、荣誉、隐私、遗体等受到侵害的，其配偶、子女、父母有权依法请求行为人承担民事责任；死者没有配偶、子女且父母已经死亡的，其他近亲属有权依法请求行为人承担民事责任。"根据《中华人民共和国英雄烈士保护法》第25条的规定，英雄烈士的姓名、肖像、名誉、荣誉被侵害，英雄烈士没有近亲属或者近亲属不提起诉讼的，由检察机关依法向人民法院提起诉讼。

（三）涉人体科研活动的规范

社会的发展离不开科学的进步，科学的进步建立在大量研究的基础上，当科研活动涉及人体及其相关要素的时候，保障自然人的人格利益就成为科研以外的最重要议题。为了更深入保护人格权，《民法典》对人体临床试验、人体基因及人体胚胎研究等活动作出了规范。其第1008条第1款规定："为研制新药、医疗器械或者发展新的预防和治疗方法，需要进行临床试验的，应当依法经相关主管部门批准并经伦理委员会审查同意，向受试者或者受试者的监护人告知试验目的、用途和可能产生的风险等详细情况，并经其书面同意。"人体临床试验不得违反法律和公共道德，不得违背受试者个人意志。第1009条规定："从事与人体基因、人体胚胎等有关的医学和科研活动，应当遵守法律、行政法规和国家有关规定，不得危害人体健康，不得违背伦理道德，不得损害公共利益。"人体基因、人体胚胎研究不仅是一个科学问题，而且是关涉人的尊严和人类繁衍以及自然界生态平衡的极其严肃的问题，世界各国对此都予以严格的法律规制，我国也不例外。只有在充分尊重和保障自然人的尊严、恪守法律和道德的前提下，相关的研究才是被允许的。

（四）身份权保护的法律适用

身份权是指民事主体因特定身份而依法享有的以一定身份利益为客体的权利，和人格权一样，身份权与权利人紧密结合，具有不可分离、不可转让等特点，是民事主体重要的民事权利。我国法律对身份权的规定集中在《民法典》监护制度和婚姻家庭制度中，主要规定身份权人所享有的权利和负担的义务，对于身份权被侵害的救济等问题，则规定了可以参照适用人格权保护等其他规则。《民法典》第1001条规定："对自然人因婚姻家庭关系等产生的身份权利的保护，适用本法第一编、第五编和其他法律的相关规定；没有规定的，可以根据其性质参照适用本编人格权保护的有关规定。"例如：行为人企图使被监护人脱离监护关系，即将侵害他人监护权，监护人可以参照《民法典》第997条，向人民法院申请身份权保护禁令，以避免损害后果的发生。

四、防治性骚扰

（一）性骚扰的内涵和特征

性骚扰，是指违背他人意愿，以各种方式进行具有性要求、性意味的交流或者接触，严重影响他人内心安宁或造成其他严重后果，侵害他人人格权的违法行为。《民法典》第1010条第1款规定："违背他人意愿，以言语、文字、图像、肢体行为等方式对他人实施性骚扰的，受害人有权依法请求行为人承担民事责任。"

性骚扰行为具有以下特征：

1. **性骚扰是以性为内容并针对特定受害人的骚扰行为。** 性骚扰行为人有意不当干涉受害人的性自主决定自由，其行为内容是与性有关的，如性要求和性暗示，或者有性意味。该行为针对的是特定人，包括特定一人和特定数人。如果与性有关的不当行为针对的是不特定多数人，例如在网络直播中有污言秽语，没有具体指向的对象，虽然违背了公序良俗，但不能认定为性骚扰。

2. **性骚扰是违背受害人意愿的骚扰行为。** 性骚扰行为是不受欢迎的、违背受害人意愿的。如果被骚扰者并不排斥该行为，则不构成性骚扰。

判断骚扰行为是否违背受害人意愿应当结合具体情况具体分析。在行为人实施性骚扰时受害人明确表示反对的，该行为显然违背了受害人意愿。但即使受害人当时没有明确表示反对或者处于沉默状态，也不是就意味着其同意或接受性骚扰，只要其事后表示厌恶、反感、不满等情绪，就意味着该行为是违背受害人意愿的。如果受害人是限制民事行为能力人或者无民事行为能力人，因为他们的辨识能力有限，即便没有表示反对或者拒绝性骚扰的意思，事后也没有表达相关不良情绪，也应当认定性骚扰行为是违背其意愿的。

3. **性骚扰是侵害受害人人格尊严的违法行为。** 性骚扰行为有多种具体形态，包括并不限于：①使用冒犯、贬抑、下流的言语；②使用冒犯、贬抑、下流的文字；③展示性暗示的图像或者物品；④冒犯的肢体动作；⑤制造胁迫、敌意或侵犯性的环境等等。虽然表现多样，造成的后果也不尽相同，但不论哪种性骚扰行为，均是出于行为人不尊重他人的心理，行为人从主观上无视受害人人格尊严的存在，受害人普遍存在因人格被贬损所带来的精神痛苦。因此，性骚扰所侵害的客体主要是自然人的人格尊严。例如还可能构成对隐私权、名誉权、肖像权、工作机会等权利或利益的侵害，但对受害人的人格尊严造成损害是性骚扰行为的共同特征。

4. **性骚扰是性犯罪以外的违法行为。** 违背他人意志实施的与性有关的行为，情节严重的构成强奸罪、猥亵罪等性犯罪，性犯罪通常都是性攻击，即以暴力手段或以暴力相威胁侵犯受害人；性骚扰通常不采用暴力手段，其造成的后果是损害他人人格尊严，程度较轻，不构成犯罪。故而，性骚扰行为受民法规制，是民事侵权行为。如果行为人在公共场所实施性骚扰，可因同时扰乱公共秩序而受到行政处罚。如果行为人在实施性骚扰过程中使用暴力，可能转化为性犯罪，应按刑法予以制裁。

（二）性骚扰行为的基本分类

发生在不同场所的性骚扰存在明显的区别，对性骚扰行为通常以其发生的场所来进行划分：

1. **工作场所性骚扰。** 这一类型的性骚扰主要是指在企业、事业单位、国家机关、社会团体等工作场所发生的来自上司或同事的性骚扰，或者在工作时间遭遇客户等服务对象的性骚扰。性骚扰行为人与受害人之间往往存在从属关系，如雇主与雇员的关系、上下级关系、师生关系，行为人以晋升、奖励等利益诱使受害人提供性方面的回报，受害人如果拒绝则会遭到打击报复。受害人与行为人之间也可能存在交易中的利害关系，如销售人员与客户，客户以影响其工作业绩、工作机会为要挟进行性骚扰，等等。工作场所的性骚扰不仅侵害受害人的人格利益，而且也常常造成受害人其他权益的损害。

2. 公共场所性骚扰。这一类型的性骚扰通常是发生在公共场所、在公共交通工具上陌生人之间的性骚扰。例如，在公共场所暴露下体，在公共交通工具上故意触碰他人身体，利用手机等工具偷拍他人私密部位，等等。公共场所的性骚扰既导致受害人人格利益受损，又扰乱了公共秩序。

3. 私人场所性骚扰。这一类型的性骚扰主要有：①在私人住宅、朋友集会等场合发生的性骚扰，行为人多数是受害人的亲戚朋友或者其他熟人；②行为人利用公共媒介实施的电话性骚扰、短信性骚扰以及网络性骚扰。私人场所的性骚扰具有隐蔽性，常常会被忽视。

（三）防治性骚扰的义务主体

防治性骚扰是一项社会系统工程，明确相关义务主体十分必要。《民法典》第1010条第2款规定："机关、企业、学校等单位应当采取合理的预防、受理投诉、调查处置等措施，防止和制止利用职权、从属关系等实施性骚扰。"机关、企业、学校等单位是防治工作场所性骚扰的义务人，应当制定或完善管理制度，明确禁止性骚扰行为，设立公开、合理的投诉机制，形成健康的文化氛围。在接到性骚扰投诉之后，应当积极展开调查，尽快查清事实真相，以防止性骚扰危害结果的扩大。性骚扰确实存在的，应当及时处置，不得纵容姑息。性骚扰的法律后果主要由行为人自己承担，但相关单位在防范性骚扰方面存在过错，导致性骚扰行为发生且造成较大损害的，应当就其过错承担责任。

案例

小蓝是日企森六公司的员工，横山是其日籍上司。横山经常对小蓝动手动脚，被小蓝拒绝就阴阳怪气说她太冷漠。周围的男同事看到后无人出面制止，有的还只当看笑话。在公司的年会上，横山强行抱住小蓝，小蓝挣扎时被横山用手臂勒住了脖子，最后小蓝只能紧紧拉住一把椅子，不让横山把自己拉走。这一幕被在场的同事拍了下来。小蓝情绪崩溃，无法正常工作，后来向森六公司总经理投诉，提出两项要求：一是要求横山书面道歉；二是要求公司出担保书担保她不再受性骚扰。森六公司召开情况反映和协调会，包括横山在内的6名负责人参加。总经理先是承认横山的行为不对，但又说横山的行为完全出于好意，并且当时他喝了很多酒。为了不让横山留下污点，总经理拒绝了小蓝书面道歉的要求。横山则辩解说他是希望通过接触小蓝而将工作做得更好，并表示是由于没有充分考虑两人生长环境之间的差异才造成小蓝的不快。小蓝不能接受他们这样的解释和态度，愤而把横山和森六公司告上了法庭。小蓝向法院提交了年会当晚同事拍下的 3 张横山疯狂的照片。法院认为原告提交的照片清晰显示被告横山的行为，且该行为侵害了原告的人格权，最终认定横山的行为构成性骚扰，判令其向原告书面道歉并赔偿精神损害抚慰金 3000 元；法院认为森六公司已经建立必要的制度，因而不须承担连带赔偿。[1]

引例分析

　　民事主体可以对私人通信加以保密和隐瞒，以保护自己的人格利益，其他人即使合法获得相关通信信息，也负有妥善保管的义务，不得故意泄露与公共利益无关的通信信息。学者的私人书信可能包含丰富的知识和信息，因而具有极高的文学艺术科学价值，对其书信的研究和传播有利于社会文化发展，但出于社会公共利益而对个人通信中的私人信息进行公开和使用应当以尊重个人意愿为前提。钱钟书、杨季康、钱瑗分别对各自创作的书信作品享有著作权；杨季康作为钱钟书的配偶、钱瑗的母亲，有权依法保护钱钟书和钱瑗著作权中的署名权、修改权和保护作品完整权，依法行使其著作权中的发表权。中贸圣佳公司将涉案书信手稿向专家、媒体记者等披露、展示，且未对相关专家、媒体记者不得以公开发表、复制、传播书信手稿等方式侵害他人合法权益予以提示，反而在网站中大量转载，侵害了杨季康的隐私权和著作权，如果不能及时制止该侵害行为，造成的损害后果是不可逆转的。因此，杨季康在提起民事诉讼之前向人民法院申请诉前保全，是行使法律赋予当事人维护自己人格利益和财产利益的权利。法院依法受理其申请并予以支持，符合《民事诉讼法》第 101 条的规定。《民法典》第 997 条的规定可适用于类似案件。李国强作为收信人，负有保护写信人通信秘密和隐私的义务，却未经权利人同意擅自以转让或其他方式使得涉案书信手稿对外流转，且未对受让人及经手人等作出保密要求和提示，导致后续涉案侵权行为发生，亦侵害杨季康隐私权，应与中贸圣佳公司承担连带责任。

相关法律规范

　　1.《中华人民共和国宪法》第 37~40 条。

　　2.《中华人民共和国刑法》第 232~241、243~248、252~253、257 条。

　　3.《中华人民共和国民法典》第 994~1001、1008~1010、1028、1029、1031、1037 条。

　　4.《中华人民共和国民事诉讼法》第 100~102 条。

　　5.《中华人民共和国英雄烈士保护法》第 22~26 条。

　　6.《中华人民共和国妇女权益保障法》第 40、58 条。

思考与练习

[1]　此案发生于 2009 年，虽然判决结果不尽人意，但作为广州市首例性骚扰胜诉案，影响深远。

1. 行使人格权应当遵循哪些规则？

2. 保护死者人格利益的原因和目的是什么？

3. 作为个人，应当如何应对性骚扰？

情境训练　一般人格权的保护

▦▦▦▦ **情境案例**

小妍是河南人，法学专业毕业生。她在一家求职网站上看到浙江某公司在招人，遂投递了简历，应聘该公司的"法务"和"董事长助理"两个职位。几天后小妍收到了该公司回复，认为小妍不适合招聘的岗位，"不适合原因"一栏只写了"河南人"三个字。

小妍认为，某公司招聘员工存在地域歧视行为，违反了《中华人民共和国就业促进法》第 3、26 条的规定，侵害其平等就业权，也是对其人格尊严的贬损，于是将对方起诉到了法院。小妍请求法院判令被告向其支付精神抚慰金 6 万元；判令被告向其口头道歉，并从判决生效之日起连续 15 天在《人民日报》《河南日报》等媒体上登报道歉。

被告某公司认为自身并没有歧视"河南人"的主观故意，因为该公司现有在册员工 7 人，其中就有 2 人为河南籍员工；小妍没有被录取的原因不是因为她是河南人，而是其履历不符合公司"有工作经验"的要求。被告还声称，在收到法院传票后第一时间就联系了小妍，解释了其回复邮件是员工操作失误，已经向原告做出了道歉。被告坚持其不应该承担民事赔偿责任。

▦▦▦▦ **训练目标**

通过实训，使学生进一步认识在民事活动中运用法律手段如何保护人格权，了解一般人格权保护规则在具体民事纠纷中的适用。

完成以下工作任务：

1. 收集并整理支持原告诉讼请求的法律依据和事实根据。

2. 分析判断人民法院作出判决的大致内容及判决理由。

▦▦▦▦ **训练方法**

1. 分析材料。对案例中的所有事实进行分析，包括当事人情况、纠纷发生的经过、当事人各自的主张等。

2. 课堂讨论。针对案例由教师或者学生提出问题，学生自主进行探讨、论证，教师进行辅导、点评。

3. 自由发挥。鼓励学生采取多种形式进行训练，包括角色模拟、辩论赛等。

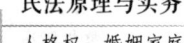 **训练步骤**

1. 根据案例中涉及的事实，搜索相关法律规范，重点了解《民法典》和《就业促进法》的规定。

2. 了解侵害一般人格权的情形，收集相关案例。

3. 分析判断原告、被告的主张是否有法律依据，形成初步的书面材料。

4. 按照原告、被告、法官分组，从各自立场展开讨论。

5. 对讨论结果进行总结提炼，写出判决要点。

拓展阅读

1. 王利明："论人格权保护的全面性和方法独特性——以《民法典》人格权编为分析对象"，载《财经法学》2020 年第 4 期。

2. 王利明："论人格权的定义"，载《华中科技大学学报》2020 年第 1 期。

3. 杨立新："我国《民法典》人格权立法的创新发展"，载《法商研究》2020 年第 4 期。

4. 张翔："民法人格权规范的宪法意涵"，载《法制与社会发展》2020 年第 4 期。

物质性人格权

物质性人格权与自然人的生命体紧密结合，是自然人对自身所拥有的物质性人格要素不可转让的支配权，是自然人在社会中生存、发展所必须具备的基础性权利。了解并掌握行使和保护物质性人格权的规则，可更全面地维护民事主体的人身安全提高其生活质量。

知识目标

1. 了解生命权、身体权、健康权的基本内容。
2. 掌握保护自然人生命、身体及健康的各项法律制度。
3. 知晓相关权利行使的规则。

能力目标

1. 能够正确判断各项物质性人格权在何种情况下可以行使。
2. 正确运用保护生命权、身体权、健康权的各种措施。

项目一 生命权

引例

在校学生邓某通过伪造某公司印章和授权书承接了一项商业活动，该活动刚一开展就因所用申报资料虚假而被工商及城管部门依法取缔。邓某也因此被工商行政管理局立案调查。邓某无法面对而选择自杀，从其就读学校某学生宿舍7楼跳下。同校女大学生欧某某刚好从该楼下经过，被纵身而下的邓某砸伤，抢救无效死亡。

问题：邓某是否应当对欧某某的死亡承担责任？为什么？

基本理论

一、生命权的含义和特征

"生命"原本是生物学上的概念，法律学上的生命专指自然人的生命，是自然人最重要的人格利益，具有至高无上的人格价值。生命权，是指自然人维持生命和维护生命安全利益的权利。《民法典》第1002条规定："自然人享有生命权。自然人的生命安全和生命尊严受法律保护。任何组织或者个人不得侵害他人的生命权。"

除了具有人格权的一般特征外，生命权还具有以下几个特点：

（一）至高无上性

生命是人体维持其生存的基本的物质活动能力，也是自然人具有民事权利能力的基础。生命不仅对于人的本身具有价值，而且对于整个社会具有价值，人能够为自己及社会创造物质财富和精神财富，系以其具有生命为前提。生命具有不可代替性。生命权是自然人最基本的人格权，没有生命权，也就没有自然人的其他人格权利。保护自然人的生命安全和生命尊严，是法律的首要任务，当自然人的生命权与其他权利发生冲突时，应当优先保护生命权。自然人的生命权得到保障，也是对最基本的社会秩序的维护。

（二）固有性和专属性

自然人从出生时即取得生命权，一直存续至其生命终结，生命权与权利人的人身不可分离。生命利益只归属权利人并为其专属享有，其他任何人不能代为行使权利或者领受利益，生命权也不能进行商业化利用。

（三）不可克减性

作为自然人最基本的人格权，生命权不能任意剥夺、不受非法限制，任何国家、组织和个人不得要求生命权人暂时停止行使其权利，也不能要求自然人为了其他权利或利益放弃其生命权。对触犯刑法的自然人施以死刑，应当是法律有明文规定，并且按照法定程序进行审判裁决，除此之外不得对生命权加以任何克减。

（四）公益性

自然人是社会最基本的构成分子，每一个生命对于国家对于社会而言都是宝贵的财富，生命利益并非单纯的私人利益，而是关涉社会公共利益，因此生命权具有一定的公益性，侵害生命权也是对国家利益的侵犯和社会秩序的破坏。保护生命权不仅仅是民事法律的任务，也是包括宪法、刑法、行政法等在内的整个法律体系的目标和任务。

（五）救济方式的特殊性

生命权一旦被侵害不可恢复、无法弥补，权利人的民事权利能力即告终止，因此，在生命权遭受侵害的情形下，不可能像其他人格权一样通过停止侵害、赔礼道歉等方式直接对受害人进行救济，只能对受害人的近亲属进行事后赔偿，得到财产赔偿和精神抚慰的是生命权人的近亲属而非本人。

二、生命权的内容

生命权以生命安全及其利益为客体，其内容是保护自然人的生命活动能力、维护自然人生命活动的延续：

（一）生命维持权

自然人有权维持自己的生命，有权进行最低限度维持生命所必需的各种活动。只有生命得以维持，自然人才能作为一个主体在社会中生存和发展。当自然人面临无法维持其生命的严重境况时，国家和社会应当予以救助，为其提供基本生活保障和其他相应的物质保障。我国《社会救助暂行办法》第9条规定："国家对共同生活的家庭成员人均收入低于当地最低生活保障标准，且符合当地最低生活保障家庭财产状况规定的家庭，给予最低生活保障。"第14条规定："国家对无劳动能力、无生活来源且无法定赡养、抚养、扶养义务人，或者其法定赡养、抚养、扶养义务人无赡养、抚养、扶养能力的老年人、残疾人以及未满16周岁的未成年人，给予特困人员供养。"

（二）生命安全维护权

自然人有权维护其生命安全，禁止他人非法剥夺其生命。在自然人的生命安全受到威胁或者处于危险状态时，权利人得行使权利，包括请求他人消除危险、排除妨害，或对所受不法侵害进行正当防卫，对威胁生命安全的危险采取紧急避险措施，请求国家机关给予保护等。

《民法典》第181条第1款规定："因正当防卫造成损害的，不承担民事责任。"第1005条规定："自然人的生命权、身体权、健康权受到侵害或者处于其他危难情形的，负有法定救助义务的组织或者个人应当及时施救。"

（三）生命利益决定权

通常情况下自然人对自己的生命利益应当予以维持和维护，只有在某些特殊情况下才可以决定放弃，但这种权利的行使必须在法律允许或者社会道德以及风俗习惯可以接受的范围内进行。例如：①为了公益目的而献身，包括为保卫国家参加战争、参加可能面临牺牲的抢险救灾活动；②见义勇为，为救助他人而放弃自己的生命安全；③医疗的自主决定权，医院应当告知患者病情和医疗措施，由病人自主选择治疗方案，病人有权拒绝过度医疗，有权要求医院终止治疗。

三、生命权行使的限制

生命权对于自然人的重要性不言而喻，一般情况下权利人得自由支配其生命权，但法律对生命权的行使也有一定的限制：

（一）不得随意处置自己的生命

生命利益关乎社会公共利益，生命权本身并不包括自由决定结束自己生命的内容，自然人无权随意处分自己的生命，也不能与他人进行危及自己生命利益的约定。《民法典》第506条特别强调合同中"造成对方人身损害"的免责条款无效。目前我国法律未许可安乐死[1]，自然人不能要求他人为自己实施安乐死，帮助他人实施安乐死属于违法行为。

案例

1986 年 6 月 23 日，患肝硬化伴严重腹水的夏某被其子王某成送往某市传染病医院治疗，医院发了病危通知书，夏某疼痛难忍。因治疗无望，王某成不忍心让母亲再受折磨，于 6 月 28 日要求主治医生蒲某给夏某实施"安乐死"，蒲某不同意。在王某成和其姐妹的一再要求下，蒲某给夏某开了 100 毫克复方冬眠灵，在处方上注明"家属要求安乐死"，并由王某成签名。注射药物后，夏某于 6 月 29 日凌晨 5 时临床死亡。9 月，王某成与蒲某被逮捕，后被该市人民检察院以故意杀人罪提起公诉。该市人民法院公开审理了此案，并按照最高人民法院的指示作出一审判决，宣告两被告人行为违法但不构成犯罪。检察院对一审判决两被告人行为不构成犯罪提出抗诉；蒲某和王某成则对一审判决认定其行为属于违法行为提起上诉。二审法院裁定：驳回检察院的抗诉和蒲某、王某成的上诉，维持一审法院的判决。

2000 年 11 月，王某成患胃癌并做了手术；他还患有心脏病、乙肝、哮喘、心力衰竭等多种疾病。2002 年 11 月，癌细胞扩散并转移到肝脏上。2003 年 1 月 7 日王某成再次住院治疗，他多次请求医生为自己实施安乐死，均被拒绝。出院后，王某成于同年 8 月 3 日凌晨在家中去世。

（二）不得侵害他人权益

生命权人应当依法维护自己的生命利益。不得为维持自己的生命而侵害他人的生命。威胁自然人生命安全的危险应当是客观存在的或者按照自然规律可能发生的，自然人才能主张和行使其生命权；假想防卫或者防卫过当造成他人损害的，行为人应当承担相应民事责任乃至刑事责任。

（三）不得违背法定职责

自然人行使生命权的行为与其所承担的法定义务不能相违背，例如消防员、警察、救生员等负有特定职责的人，不得以存在可能发生危及生命的危险为由拒绝履行相应职责。

引例分析

自然人的生命权受法律保护，任何人不得非法剥夺他人的生命。欧某某因邓某的行为而丧失生命，虽然邓某没有伤害他人的故意，但自杀是随意放弃自己生命利益的不当行为，对他人和社会秩序都造成严重的后果，邓某应当依法承担相应责任。该事件发生后，检察机关对邓某提起公诉。邓某对自己的行为后悔不已，他认罪伏法，并

---

〔1〕 安乐死（euthanasia），指对无治愈可能的脑死亡或不可逆昏迷的病人，中止维持其生命的特殊措施或以某种无痛苦方式加速其死亡。

积极与被害人父母协商，达成赔偿协议。人民法院经审查后判处邓某过失致人死亡罪、伪造公司印章罪罪名成立，数罪并罚，执行有期徒刑3年6个月。

相关法律规范

1. 《中华人民共和国民法典》第 110、181、182、1002、1005、1008 条。
2. 《中华人民共和国刑法》第 20、21、232、233 条。
3. 《中华人民共和国人民警察法》。
4. 《社会救助暂行办法》。

思考与练习

1. 结合《民法典》总则编的内容，谈谈生命权和自然人民事权利能力的关系。
2. 有人主张我国应当确认安乐死的合法性，说说你的看法。

项目二　身体权

引例

刘某到一家超市闲逛，没有购买物品。准备离开时，超市的保安怀疑她偷拿超市的商品，于是当众对她进行拦截和盘问，要求对她进行搜身。刘某拒绝，一女保安仍然强行搜身，但未找到"偷窃的东西"。次日，刘某感觉身体不适，到医院就医，共花费 4000 余元。刘某将超市告上法庭，主张超市侵害其身体权、自由权及人格尊严，造成精神损害，请求法庭判令超市向其赔礼道歉，在超市范围内张贴公告消除影响，并赔偿其医疗费和精神抚慰金共 9000 元。超市认为其行为是出于超市的安保需要，搜身也没有造成刘某身体伤害，并不构成侵害，不需要承担任何法律责任。

问题：超市的主张成立吗？

基本理论

一、身体权的含义和特征

身体是生命的物质载体，是生命得以产生和延续的最基本条件，法律意义上的身体指的是自然人的生理组织的整体。身体是自然人享有法律人格的物质基础，离开了身体，自然人无任何权利可言，不能具备法律上的人格。身体权，是指自然人保持其身体组织完整并支配其肢体、器官和其他身体组织的权利。《民法典》第 1003 条规定："自然人享有身体权。自然人的身体完整和行动自由受法律保护。任何组织或者个人不得侵害他人的身体权。"

除了人格权的一般特征外，身体权具有以下几方面特征：

（一）固有性和专属性

身体权是自然人与生俱来的权利，自其出生即取得，一直存续至权利人的生命终止。身体权一旦丧失，权利人的生命亦不复存在。身体权不可转让、不可撤弃、不可继承，一般情况下也不能由他人代为行使权利。

（二）权利客体的二重性

身体权的客体包括两个方面：①自然人的身体及其组成部分，包括人的头颅、躯干、器官和其他组织等一般不能与身体分离的基本组成部分，以及毛发、指（趾）甲、血液、体液等可以与身体分离的附属部分。②身体的完整利益，即自然人有权保护自己身体的各个部分完整地结合在一起，任何破坏身体完整性的行为都构成对身体权的侵害。这两方面的客体是紧密结合、不可分割的。

当然，某一附属部分与身体分离如果不影响身体的完整和权利人的健康，不构成对身体权的侵害。

（三）有限的支配性和绝对性

身体权人可以在法律许可或者社会公共道德允许的范围内对其身体的个别部分予以处分，例如：对发生病变的身体部位或者器官进行手术切除；参加可能危及身体完整性的某种活动等。应当注意的是，身体是自然人生命和法律人格的载体，因此身体权也具有一定的公益性，权利人并不享有绝对的支配权。

除权利人之外的其他任何人都负有不得侵害身体权的义务，自然人的正常产生生活才能正常进行。

二、身体权的内容

身体权的内容包括：

（一）保持身体组织的完整性

保有完整的身体是自然人正常生活的必要前提，也是自然人获得精神满足的物质条件之一，任何人不得非法侵害自然人的身体、破坏了自然人身体的完整性。

身体的完整性包含两个含义：一是身体的实质性完整，是指身体的实质组成部分不得残缺；二是身体的形式完整性，是指身体的组成部分不得非法接触。[1]非法造成自然人身体实质性完整或者形式完整性的损害，都是对身体权的侵害。

（二）对身体组织的适当支配权

在法律和道德许可的范围内，自然人可以支配自己的身体及其组成部分，如理发、整容；可以因公益目的捐献其器官、组织和体液，如捐献骨髓、眼角膜、血液及遗体等。

1. 无偿捐献身体组成部分及遗体。捐献身体组成部分以及遗体，可以救助他人、奉献社会，具有公益性。《民法典》第1006条对人体捐献作出了明确规定：

---

〔1〕 杨立新：《人格权法》，法律出版社2020年版，第146页。

（1）决定人体捐献的主体，必须是完全民事行为能力人。

（2）人体捐献的范围，包括人体细胞、人体组织、人体器官、遗体。

（3）人体捐献由权利人依法自主决定、无偿捐献，任何组织或者个人不得强迫、欺骗、利诱其捐献。

（4）人体捐献者应当采用书面形式表达捐献的意愿，也可以通过订立遗嘱确认捐献。

（5）自然人生前未表示不同意捐献的，在其死后，其配偶、成年子女、父母可以共同决定捐献，决定捐献应当采用书面形式。此种情况通常是自然人缺乏遗嘱能力或者没有订立遗体捐献协议，又有证据证明其没有对人体捐献表示过反对。

2. 禁止买卖身体组成部分及遗体。《民法典》第 1007 条第 1 款规定："禁止以任何形式买卖人体细胞、人体组织、人体器官、遗体。"人体细胞、人体组织、人体器官都是人的身体组成部分，都是自然人人格利益的载体和体现，禁止买卖是对自然人人格利益的尊重和保护，遗体也一样承载着死者的尊严，同样应当得到尊重和保护。任何以人体细胞、人体组织、人体器官、遗体为标的物的买卖行为一律无效。

三、身体权的民法保护

（一）侵害身体权的行为

1. 非法搜查身体。非法搜查身体是指无权搜查或者有权搜查但违反法定程序，擅自对自然人身体进行搜查的行为，侵害了自然人身体的形式完整性，也常常损害自然人的人格尊严。

2. 侵扰身体。侵扰身体是指对自然人身体的外观、外部器官等以外力进行非法干扰，如强制给他人理发、未经同意抚摸他人的脸、接触他人的私密部位等。这种行为是对自然人身体安全及身体支配权的侵害。

3. 冒犯性殴打。这种殴打行为没有造成伤害后果，但是侵害了自然人对自己身体安全的维护及其精神满足，如打他人耳光，即使没有造成器质性伤害，也会造成对自然人的侮辱，伤害其自尊。

4. 破坏身体组织。造成伤害后果的殴打、不当外科手术等，对自然人身体完整性造成实质性的破坏。此种情形下，同时构成对健康权的侵害。

值得注意的是，不当外科手术的行为人在主观方面应当是过失，如果有主观故意，则构成故意伤害罪。

5. 强制性利用身体组织。违背自然人意愿，非因其个人利益而强制性利用身体权人的身体组织，如强行抽取他人血液、强迫他人出让身体器官等，对自然人身体的实质性完整和形式完整性都构成了侵害。

6. 损害遗体、遗骨及骨灰。损害遗体，破坏遗骨、骨灰，侵害了死者的人格利益，也是对其近亲属的伤害。不论行为人主观上是故意还是过失，都应当对死者的近亲属承担相应责任。

（二）保护身体权的方式

自然人的身体权受到侵害或者处于其他危难情形的，负有法定救助义务的组织或者个人应当及时施救。

身体权在受到侵害时或者有被侵害之虞时，权利人可依法请求行为人停止侵害、消除危险、消除影响、恢复名誉、赔礼道歉等；造成损害的，可以依法请求赔偿。

自然人由于身体权被侵害而死亡的，该项损害赔偿请求权由其近亲属实际行使。

引例分析

超市在没有充分证据的情况下，对消费者当众进行拦截、盘问，还强行搜身，伤害了刘某的人格尊严；刘某为此发病就医治疗，不仅身心受到伤害，而且经济上受到损失，她要求超市承担消除影响、赔礼道歉和赔偿损失的民事责任，法院应予支持。

相关法律规范

1. 《中华人民共和国民法典》第 110、994、995、1003、1005～1007、1011 条。

2. 《中华人民共和国刑法》第 234、245 条。

3. 《人体器官移植条例》。

思考与练习

1. 比较身体权与生命权。

2. 案例分析：

汪某因为牙痛到一家医院拔掉三颗槽牙。三个月后，汪某感觉自己的右脸小了一点。后来，汪某发现自己的右脸越发凹陷下去，脸部变得丑陋。经过某大学附属医院神经科鉴定，认为属于右口轮匝肌神经性损害。此后又经上海市某医院检验，重新鉴定为局部麻醉、拔牙所造成的后遗症。医院方则坚持认为，自己在整个拔牙过程中，严格执行了医疗操作程序，采用方法正确。

医院可能侵害了汪某的什么权利？

项目三　健康权

引例

孙某经营一家保健中心，刘某曾几次到该保健中心做理疗、购买保健产品。孙某从朋友处拿了一台数码经络治疗仪，推荐给刘某。他向刘某介绍说该治疗仪具有通经络的功效，并启动仪器为刘某进行理疗。不久刘某感觉不适，并有呕吐现象，后被送至医院治疗，入院诊断为"水中毒；电解质液代谢紊乱；癫痫持续状态"。

问题：孙某是否侵害了刘某的权利？

一、健康权的含义和特征

健康是指人体各器官系统良好发育及保持正常功能的状态，包括肉体组织和生理及心理机能三个方面，无论对哪一方面的侵害，都构成对自然人健康的侵害。[1] 健康权，则是指自然人依法享有的保持身体机能正常和维护健康利益的权利。

除了具有人格权的一般特征外，健康权还具有以下几个特点：

（一）以健康利益为其权利客体

健康是指自然人的身体生理机能的正常运转和心理状态的良好状态，包括生理健康和心理健康。健康权以人体的生理、心理机能正常运作和身体的功能完善发挥为其具体内容。保护生理健康和心理健康不受损害，自然人基于健康而享有的人格利益才能保持在圆满状态。

（二）以维持人体的正常生命活动为根本利益

健康存在于自然人身体这一物质形态之中，是维持人体正常生命活动的基础，健康权所体现的根本利益在于维护人体机能发挥的完整性和正常化，只有保持自然人身体功能的正常发挥，人体的正常生命活动才能得以维持。生理健康或者心理健康遭受侵害，会给自然人造成生理疼痛、精神痛苦等，其正常生命活动也就遭到破坏，甚至会导致生命的丧失。

二、健康权的内容

健康权包括三项基本的内容：

（一）健康维护权

自然人有权保持自身生理机能正常运作和功能的正常发挥，使自己的健康状况保持完好的状态；在生理机能、功能出现不正常的状态时有权请求医疗、接受医治；有权要求他人不得侵害自己的健康。权利人在其生理机能和身心健康遭受威胁或者损害时，有权获得司法保护，有权要求他人消除危险、停止侵害以及获得损害赔偿；但对于心理健康的保护应以受害人精神失常到患有精神疾病的程度，才能认定为侵害了以精神损害为内容的健康权，一般的精神上的痛苦不视为健康权受到损害。

（二）健康利益支配权

健康可以为自然人带来各种利益，包括人格利益和财产利益。自然人有权支配自己的健康利益，如自愿参加探险活动、进入有毒的环境救助他人等等。应当注意的是，

---

〔1〕 姚辉：《人格权法论》，中国人民大学出版社 2011 年版，第 152 页。

健康权人对健康利益的支配权受到适当的限制，出于不当目的而放弃个人健康是不为法律和公共道德所认可的，例如，吸毒危害健康，自然人不能以自己有权支配健康利益而主张其有吸毒的自由；为改善自然人健康状况而实施的强制治疗、强制戒毒等行政措施是维护个人健康和公共利益的必要手段，不构成对健康权的干涉和侵犯。

可能导致自然人生理机能和功能异常的行为或活动，如殴打、交通肇事、药物中毒、食物中毒、环境污染等，都可以认定为侵害健康权的违法行为。如果有自然人健康受损的事实，并致受害人财产利益损失或严重精神痛苦，则加害人应当依法承担人身损害赔偿责任。

（三）劳动能力保持权

劳动能力是指自然人创造物质财富和精神财富的能力，是劳动者脑力和体力的总和。劳动能力以生理机能的健康为基础，一般而言，自然人的身体及其生理机能的健康关系到劳动能力的状况，健康权被损害，可能导致劳动能力部分或者全部丧失。因此，自然人的劳动能力因不法侵害而受损的，可以主张健康权而获得救济。

三、健康权与生命权、身体权的区别和联系

生命权以保护自然人生命的安全和延续为内容，身体权着重于身体的完整及对身体组织的支配，健康权则保护生理机能的正常运作和功能的完善发挥。身体的完整性、完全性受到损害，往往对人体机能的正常性及其整体功能的完善性也造成损害，因此侵害身体权的行为往往也构成对健康权的侵害，但侵害健康权的行为如果未破坏身体的完整性，则不构成对身体权的侵害。身体权或健康权被严重侵害，可能导致自然人死亡，从而构成对生命权的侵害。

> **引例分析**

孙某对刘某使用数码经络治疗仪，导致其不适就医，侵害了刘某的健康权。孙某作为保健中心的经营者，有义务为消费者提供安全的仪器及保健的方式，刘某因数码经络治疗仪而出现不良状况，说明孙某违反其法定义务，并且有损害后果，因此孙某应当对刘某承担人身损害赔偿责任。

> **相关法律规范**

1.《中华人民共和国民法典》第 110、1004、1005、1008、1009 条。

> **思考与练习**

1. 举例说明保护健康权的必要性和重要性。

2. 试分析劳动能力与健康权的关系。

情境训练　侵害生命权的责任认定

情境案例

　　郭某某骑着自行车从某小区南门广场东侧道路出来，在南门广场与5岁的罗某某相撞，造成罗某某右颌受伤出血，倒在地上。同住这一小区的孙某见状后将罗某某扶起，并联系罗某某的母亲，让郭某某等待罗某某家长前来处理。郭某某称是罗某某撞了自己，自己有事需要离开。就此，郭某某与孙某发生争执，孙某站在自行车前面阻拦郭某某，不让郭某某离开。双方争执过程中，郭某某情绪激动，该小区物业公司保安李某、吴某某前来相劝。郭某某将自行车停好，坐在小区内石墩上，不到两分钟倒在地上。孙某拨打急救电话。郭某某经抢救无效，因心脏骤停死亡。

　　郭某某的近亲属郭甲、郭乙将孙某和小区物业公司诉至人民法院，请求孙某和物业公司赔偿原告402 647.54元，孙某向原告赔礼道歉并在小区张贴文字道歉信不少于30日。孙某认为自己阻拦郭某某的方式和内容均在正常限度之内，虽然在阻拦过程中与郭某某发生言语争执，但自己的言语并不过激，双方没有发生肢体冲突。孙某坚持认为自己阻拦郭某某的目的是为了保护儿童利益，不需要对郭某某的死亡承担任何责任。经查，郭某某自身患脑梗、高血压、糖尿病、继发性癫痫等多种疾病，事发当月曾在医院就医，事发前一周出院。

训练目标

　　通过实训，使学生进一步认识生命权的特点和生命权保护的规则，准确把握判断是否构成侵害生命权的法律标准。

　　完成以下工作任务：

　　1. 分析各个当事人行为的性质，归纳他们的权利义务。

　　2. 判断孙某和小区物业公司是否应对郭某某的死亡承担责任。

训练方法

　　1. 分析材料。对案例中的所有事实进行分析，包括当事人情况、纠纷发生的经过、当事人各自的主张等。

　　2. 课堂讨论。针对案例由教师或者学生提出问题，学生自主进行探讨、论证，教师进行辅导、点评。

　　3. 自由发挥。鼓励学生采取多种形式进行训练，包括角色模拟、辩论赛等。

训练步骤

　　1. 根据案例中涉及的事实，搜索相关法律规范。

　　2. 了解侵害生命权的情形，收集相关案例。

　　3. 分析判断原告、被告的主张是否有法律依据，形成初步的书面材料。

4. 按照原告、被告、法官分组，从各自立场展开讨论。

5. 对讨论结果进行总结提炼，写出判决要点。

拓展阅读

1. 张玉堂："我们有死的权利吗——对安乐死争论的法理学思考"，载《法学》2001 年第 10 期。

2. 韩大元："论安乐死立法的宪法界限"，载《清华法学》2011 年第 5 期。

3. 刘召成："身体权的现代变革及其法典化设计"，载《当代法学》2020 年第 2 期。

4. 崔丽："基因权利的法理基础与规制进路——由'基因编辑婴儿'引发的思考"，载《大连理工大学学报（社会科学版）》2020 年第 3 期。

单
元
三

精神性人格权

精神性人格权体现在民事主体的自我认知和精神感受以及社会的评价等，其所涵盖的精神性人格要素对于自然人的社会性存在及个人发展至关重要。正确行使精神性人格权，对精神性人格权予以全面保护，不仅有利于保障权利人，而且有助于提升社会的整体文明程度。

知识目标

1. 了解人身自由权、姓名权和名称权、肖像权、名誉权、荣誉权、隐私权以及个人信息的基本内容。
2. 掌握保护自然人精神性人格权的各项法律制度。
3. 知晓相关权利行使的规则。

能力目标

1. 能够正确判断各项精神性人格权在何种情况下可以行使。
2. 能够正确运用各种保护措施来维护民事主体的精神利益及其他合法权益。
3. 能够辨别侵害人格权的侵权责任构成要件。

项目一　人身自由权

引例

鹿某桐（成年，未婚）与母亲戴某、哥哥鹿某峰共同居住，关系长期紧张。某日，3人发生激烈争吵，在戴某的示意下，鹿某峰打电话给某精神病医院，称鹿某桐有精神病需要住院，该医院即派救护车将鹿某桐强行拉到医院，对其进行精神病治疗。鹿某桐一再告诉医生自己没有精神病，要求出院。医院称必须由其监护人同意结束治疗才能出院。戴某和鹿某峰均不同意鹿某桐出院。半年后，医院对鹿某桐进行检查评估，确认其没有精神病症状，但戴某、鹿某峰仍然拒绝为其办理出院手续。后经某律师和社区工作人员的努力，鹿某桐终于离开了精神病医院。

鹿某桐出院后向人民法院提起了诉讼，主张鹿某峰、戴某和精神病医院侵害了自己的人身自由权、名誉权、健康权，要求三被告向其赔礼道歉，赔偿精神损害和各项经济损失。

问题：鹿某桐的诉讼请求是否有法律依据？法院应当如何处理？

 基本理论

自由是指自然人在社会生活中实现自己的意志，不受约束、控制、妨碍的状态。自由权是自然人在法律规定的范围内，按照自己的意志和利益进行思维和行动，不受约束、控制或妨碍的权利。由于社会生活性质的不同，自由权可以分为两种：一是公法范畴的自由权，为宪法所规范，包括言论、出版、集会、结社、游行、示威的自由和宗教信仰自由等，主要体现公民与国家、公民与国家机关之间的关系；二是私法范畴的自由权，即民事自由权，亦称人身自由权，在宪法作出原则规定的基础上由民法作出具体规定，是自然人在民事活动中享有维护其身体、行动和思想自主，不受非法干涉、限制、剥夺的具体人格权。

一、人身自由权的内容

人身自由权是自然人参加民事活动、行使其他民事权利的重要前提，其内容包括：

（一）身体自由权

身体自由权是指自然人按照自己的意志和利益，在法律许可的范围内自由支配自己外在身体的活动。自然人有权支配自己的身体自由，任何机关、组织和个人，非因法定原因、非经法定程序，不得对自然人进行搜查、羁押、拘禁和其他妨害。我国有多部法律对身体自由权的保护予以规范，《妇女权益保障法》第37条规定："妇女的人身自由不受侵犯。禁止非法拘禁和以其他非法手段剥夺或者限制妇女的人身自由；禁止非法搜查妇女的身体。"《民法典》第1011条规定："以非法拘禁等方式剥夺、限制他人的行动自由，或者非法搜查他人身体的，受害人有权依法请求行为人承担民事责任。"

（二）行为自由权

行为自由权是指自然人可以在法律许可范围内依其意志和利益实施或者不实施一定的行为，如参加劳动生产、进行交易、拒绝交易、结婚、离婚、创作、发明等等，任何机关、组织和个人，非因法定原因、非经法定程序，不得干涉、限制和禁止。《民法典》第130条规定："民事主体按照自己的意愿依法行使民事权利，不受干涉。"

（三）意志自由权

意志自由权也称为思维自由权，指自然人按照自己的意志和利益从事思维活动并保持其精神和思想的独立性，他人不得妨碍、限制或控制其自主思维。《民法典》第5条规定："民事主体从事民事活动，应当遵循自愿原则，按照自己的意思设立、变更、终止民事法律关系。"自然人如果不能保持自主思维、自我决定，其人格独立必受侵害，进而可能导致精神损害。

二、侵害人身自由权的行为

侵害人身自由权的行为可能只针对权利人某一方面的自由权，例如仅限制权利人的身体自由，也可能既控制了权利人的身体又阻止其自由地进行民事活动，还可能是对权利人人身自由权的全面侵害。侵害的具体内容不同，侵害行为的具体形式也有所不同。

一般而言，加害人侵害他人身体自由权也有侵害其行为自由权的意图，即通过侵害身体自由以达到强迫受害人为或者不为一定行为的目的。加害人主要采取的行为包括：①非法限制、拘禁自然人身体；②利用受害人自身的羞耻、恐惧等观念，妨害其行动；③间接侵害他人自由权，例如，故意引诱其他人对受害人进行人身自由侵害，以及故意散布虚假信息，通过国家机关、公共组织等团体的合法行为完成对受害人自由的侵害。

侵害意志自由权的行为主要有三种：①欺诈；②胁迫；③虚伪报告与恶意推荐。例如，一方当事人故意虚构事实或者隐瞒真实信息，致使对方当事人作出错误判断，就是妨碍他人意志自由权的行为。再如：通过 PUA[1] 诱惑涉世不深的女性以骗取财物，或者使其恐惧、失去理性以形成变态的关系，甚至诱导其自杀等，都是严重侵害自然人意志自由权的违法行为。

三、侵害人身自由权责任的排除

法律保护自然人的人身自由权，侵害人身自由权的行为人应当依法承担民事责任、行政责任乃至刑事责任。但不是所有限制或干涉人身自由权的行为都是违法的，在下列情况下，对自然人的人身限制或约束并不构成对其人身自由权的侵害：①依法限制自然人人身自由；②正当防卫；③紧急避险；④自助行为。例如：对确有恶性传染病的患者进行强制治疗，从表面上看可能违背权利人的意志、剥夺其行动自由，但这是强制性改善自然人健康状态的合法行为，是维护个人健康和公共利益的必要手段，不构成对相关主体人身自由权的侵害，当事人不得以此为由主张侵权责任。

▥▥▥ 引例分析

鹿某桐可依法主张戴某、鹿某峰及精神病医院承担相应的民事责任。戴某、鹿某峰因家庭矛盾将并未患病的鹿某桐送至精神病医院治疗，使鹿某桐的人身自由被限制，并一再拒绝为其办理出院手续，既侵害了鹿某桐的人身自由权，又令他人误以为鹿某桐有精神问题，导致其名誉受损，同时侵害了鹿某桐的名誉权。精神病医院应鹿某桐

---

〔1〕 PUA 全称"Pick-up Artist"，原本是指男性接受过系统化学习、实践并不断更新提升、自我完善情商的行为，后来泛指很会吸引异性、让异性着迷的人和其相关行为。主要涉及的环节有搭讪、互动、建立并确定彼此关系直到发生亲密接触且发生两性关系。参见马诗清："网上发布非法 PUA 信息的法律规制"，载《中国检察官》2020 年第 2 期。

近亲属的要求强制对其进行治疗，在鹿某桐多次表明自己非精神病人的情况下仍然拒绝其出院，虽然后来修正了对鹿某桐的医学认定，但已经侵害了鹿某桐的人身自由权。鹿某桐住院期间服用的精神病药物如果损害其身体健康，精神病医院还应当承担侵害鹿某桐健康权的法律责任。

 相关法律规范

1. 《中华人民共和国民法典》第 109、130、1004、1011、1024 条。
2. 《中华人民共和国精神卫生法》第 27、28、30、45 条。

思考与练习

1. 比较人身自由权与身体权。
2. 自然人行使人身自由权应当遵循哪些原则？

项目二　姓名权和名称权

引例

2005 年，胡杨琳以"胡杨林"为艺名推出网络歌曲《香水有毒》一举成名，并于 2006 年~2009 年作为某传媒公司签约歌手进行了多种演艺、宣传活动。后胡杨琳与该传媒公司解约，继续使用艺名"胡杨林"从事演艺活动。2013 年 4 月，桂某某签约加盟该传媒公司，开始使用艺名"胡扬琳"进行演艺、宣传活动，并多次演唱歌曲《香水有毒》。在该传媒公司为桂某某设置的"胡扬琳主页"中，既有"胡扬琳"的内容又有"胡杨琳"的内容。不少听众误以为胡扬琳就是胡杨琳。2015 年 5 月，胡杨琳以桂某某使用与其艺名相近似的艺名构成不正当竞争为由，将桂某某及某传媒公司诉至法院，要求二被告停止侵权、赔礼道歉并赔偿损失。

问题：胡杨琳提出上述诉讼请求的法律依据是什么？

基本理论

一、姓名权的内容

姓名是用以代表特定自然人并与其他自然人相区别的文字符号和标记，在一定意义上姓名是主体存在的标志，也是自然人从事民事活动、行使法律赋予的各种权利和承担相应义务的前提条件。姓名有广义、狭义之分。狭义的姓名即为登记姓名，在我国姓名的登记通常在各地公安机关的户籍部门。广义的姓名包括登记姓名、别名、笔名、艺名以及字、号等代表和区分自然人人身特征的文字符号。

姓名权，是指自然人享有的决定、使用和变更其姓名的权利。《民法典》第 1012 条规定："自然人享有姓名权，有权依法决定、使用、变更或者许可他人使用自己的姓名，但是不得违背公序良俗。"

姓名权包括如下四个方面的内容：

（一）姓名决定权

姓名决定权，又称命名权，是指自然人决定采用何种姓、名及其组合的权利。按照《民法典》第 1015 条的规定，自然人应当随父姓或者母姓；有以下情形之一的，可以在父姓和母姓之外选取姓氏：①选取其他直系长辈血亲的姓氏；②因由法定扶养人以外的人扶养而选取扶养人姓氏；③有不违背公序良俗的其他正当理由。少数民族自然人的姓氏可以遵从本民族的文化传统和风俗习惯。

自然人可以决定自己的正式姓名即登记姓名，也可以决定自己的非正式姓名。当然，自然人最初的命名权必须由他人代为行使，根据我国《户口登记条例》的规定，婴儿出生后 1 个月内，由户主、亲属、抚养人或者邻居向婴儿常住地户口登记机关申报出生登记，并将其姓名记入户籍登记簿。姓名一经登记，即成为该自然人的正式姓名。自然人在具备一定民事行为能力时则可以自主决定其姓名，但要注意起名不能太冷僻，也不得基于不正当目的而取与他人相同的名字。

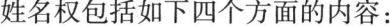 **案例**

2006 年 8 月，赵 C 到江西鹰潭市公安局月湖分局申换第二代身份证，承办民警以"C"为英文字母不合规范为由要求其改为汉字，否则不能换发第二代身份证。赵 C 拒绝改名，遂于 2008 年 1 月将月湖分局告上了法院。2008 年 6 月 6 日，鹰潭市月湖区法院判决赵 C 胜诉，月湖分局必须允许赵 C 换领身份证。月湖分局不服提起上诉。2009 年 2 月 26 日，在鹰潭市中级人民法院主持下，赵 C 与月湖分局自愿达成和解协议，赵 C 同意依法使用规范汉字变更姓名，月湖分局免费为赵 C 办理变更其居民户籍、居民身份证，以及因姓名而导致变更的身份证明文件。

本案发生后，公安部作出批示，根据《中华人民共和国居民身份证法》及《中华人民共和国国家通用语言文字法》规定精神，居民身份证姓名登记项目应当使用规范汉字填写，并与常住人口登记表和居民户口簿姓名登记项目保持一致。

（二）姓名使用权

姓名使用权，指自然人依法使用自己姓名的权利。自然人可以在各项社会生活中使用自己的正式姓名或非正式姓名，以区别于其他社会成员；可以在自己的物品、作品上标示自己的姓名，作为权利主体的标志；也可以不使用自己的姓名，如在作品上不署名，为特定行为后拒绝透露自己的姓名等。但法律对使用姓名有特殊规定的，应当从其规定。例如，进行工商登记、房屋登记、证券交易等必须使用户籍登记或身份证上的正式姓名，在接受国家机关依法进行的调查时应当如实告知自己的姓名。

（三）姓名变更权

姓名变更权，又称姓名改动权，是指自然人享有的依法改变自己姓或名的权利。只要不违反法律的强制性规定和公序良俗，自然人变更其姓名应当允许。但为了保证自然人的社会关系和各种法律关系的稳定性和延续性，自然人变更正式姓名应当符合法律规定的条件，并按照一定的程序办理。我国《户口登记条例》第 18 条规定："公民变更姓名，依照下列规定办理：未满 18 周岁的人需要变更姓名的时候，由本人或父母、收养人向户口登记机关申请变更登记；18 周岁以上的人需要变更姓名的时候，由本人向户口登记机关申请变更登记。"另外，父母离婚后未成年子女的姓名须经父母双方同意始得变更。变更艺名、笔名等非正式姓名，则不受限制。

（四）许可使用权

姓名作为自然人的标志之一，可能带来一定的经济利益，比如著名的运动员、艺人、作家或者其他社会知名人士，其姓名具有知名度、辨识度及号召力，可以通过商业化利用而获得经济收益。按照《民法典》第 993 条和第 1012 条的规定，除依照法律规定或者根据其性质不得许可之外，自然人可以许可他人使用自己的姓名。例如，演艺明星许可他人使用其姓名发布广告，杰出人士以自己的姓名为某项活动冠名，等等。需要注意的是，姓名许可他人使用并非对姓名权的转让，只是出让部分的姓名利益的使用权，姓名权人依然保有对其姓名的完整的支配权。

二、姓名权的民法保护

姓名权是绝对权、对世权，除了姓名权人本人之外，其他任何人都是义务主体，都负有不得侵害其姓名权的义务。

（一）侵害姓名权的行为

侵害姓名权的行为大致分为以下四种：

1. 不使用他人姓名的行为。当使用他人姓名而不使用其姓名，从而不能形成正确的主体指向，损害其姓名利益。例如，不标注著作权人姓名或者不正确标注，导致不能正确指认作者；利用谐音或滑稽发音称呼他人姓名，都是对姓名权的侵害行为。

2. 干涉行使姓名权的行为。行为人对自然人行使命名权、使用权、改名权、许可他人使用权等进行非法干预，妨害其按照自己的意志行使姓名权或获得相应姓名利益，都构成侵害姓名权。

3. 非法使用他人姓名的行为。这一类行为通常有三种形式：①盗用他人姓名，即未经本人授权，擅自使用其姓名进行民事活动或者实施其他行为，如以他人的姓名登记结婚。②假冒他人姓名，即使用他人姓名并且以姓名权人的身份进行各种活动，如冒名顶替他人上学、就业、订立合同等。③未按许可协议使用他人姓名，即姓名权人许可行为人使用其姓名，但行为人超出许可的范围、期限或没有按照约定的其他内容使用该姓名。

4. 姓名的故意混同行为。行为人故意使用可能与姓名权人的姓名相同或者相似的姓名，造成与使用姓名权人的姓名有同样效果的事实，以达到自己的不当目的。例如，使用"全庸"作为武侠小说作者的笔名，造成与著名武侠小说家金庸姓名的混同，误导读者，是对金庸姓名权的侵害。

（二）侵害姓名权的责任承担

姓名权人可以请求加害人停止侵害、排除妨碍、消除影响、恢复名誉、赔礼道歉。姓名权人因加害行为遭受财产损失的，可依据《民法典》第1182条的规定请求加害人承担侵权损害赔偿责任；造成严重精神损害的，可依据《民法典》第1183条的规定请求精神损害赔偿。

三、名称权的内容

法律上的名称，是指法人、其他组织在社会活动中用以确定和代表自身并区别于他人的文字符号和标记。名称和姓名一样，都是民事主体从事民事活动的前提和基础，是民事主体的文字性区别标志。

名称权，是指自然人以外的其他民事主体享有的决定、变更、使用和转让其名称的权利。《民法典》第1013条规定："法人、非法人组织享有名称权，有权依法决定、使用、变更、转让或者许可他人使用自己的名称。"

名称权的内容主要包括：

（一）名称设定权

非自然人民事主体有权决定自己的名称，他人不得干涉，但设定的名称必须符合法律的相关要求。例如，企业只能设定一个名称；名称应当由字号或商号、行业或经营特点、组织形式依次组成；名称不得含有可能对公众造成欺骗或者误解的内容或者文字；同一范围内的民事主体不得重名等。此外，法人的名称必须登记；企业法人、事业法人和合伙企业设立时必须同时设定名称，否则不予登记。

（二）名称使用权

名称权主体对其名称享有独占使用的权利，任何个人和组织都不得非法使用。依法登记的名称经公示后，即产生独占排他效力，在登记辖区内，同一性质的民事主体不得再登记或使用相同的名称；在不同行业或不同领域内使用的则不受此限，但使用时必须标明其所在行业或领域。

（三）名称变更权

名称权主体可以依法变更自己登记使用的名称，可以部分变更，也可以全部变更，他人不得进行非法干涉。变更后的名称同样必须符合法律的相关要求。经过登记的名称变更时必须以同样程序予以变更方为有效，而原登记的名称视为撤销，不得继续使用。

（四）名称转让权

名称权的客体具有间接的财产利益因素，主要表现在商业名称上，老字号、老商号、名牌企业效益好、信誉高，必然带来高利润，因而使其商业名称具有较高的经济价值。法人、非法人组织可依法转让自己的名称权。转让名称权有两种形式：①名称权人将其名称与其营业一起转让；②名称权人终止其营业，并转让名称权。名称权让与之后，原权利人丧失名称权，不得在该名称登记的地区继续使用该名称。

（五）许可使用权

按照《民法典》第 993 条和第 1013 条的规定，除依照法律规定或者根据其性质不得许可之外，法人、非法人组织可以许可他人使用自己的名称。名称权人许可他人使用其名称，仍然享有名称权，仍得自行使用该名称；被许可使用人则按照许可协议在约定的范围和期限内使用该名称。

四、名称权的民法保护

实务中，侵害名称权的行为主要有以下三种：①非法干涉名称权的行为，如强制法人或非法人组织使用或不使用某一名称，阻挠法人或其他组织变更、转让其名称等；②非法使用他人名称的行为，包括冒用、盗用他人登记的名称；③不使用他人名称的行为，行为人有特定的作为义务，应当使用他人名称而不使用或改用他人的名称，也构成对名称权的侵害。

名称权人可以请求加害人停止侵害、排除妨碍、消除影响、恢复名誉、赔礼道歉等。名称权人因加害行为遭受财产损失的，可依据《民法典》第 1182 条请求加害人承担侵权损害赔偿责任。

五、姓名权、名称权的扩张保护

《民法典》第 1017 条规定："具有一定社会知名度，被他人使用足以造成公众混淆的笔名、艺名、网名、译名、字号、姓名和名称的简称等，参照适用姓名权和名称权保护的有关规定。"具有一定社会知名度的笔名、艺名、网名、译名、字号、姓名和名称的简称与特定主体的身份存在直接关联，这些符号如果被盗用、冒用或者故意混同，将损害特定主体的公众形象，甚至损害个人的人格尊严。某些笔名、艺名、网名和名称的简称具有一定的商业利用价值，对此类符号的权利人提供保护，也有利于防止不正当竞争行为，维护社会经济秩序。扩张姓名权和名称权的保护范围，满足了民事活动实践的需要，也表明我国法律对人格权及人格利益的保护达到了一个新高度。

 引例分析

根据《民法典》的规定，自然人的姓名包括本名、艺名等均受法律保护。胡杨琳、桂某某作为歌手，某传媒公司作为艺人经纪公司，均在文化市场上创造、传播文化产品并获取收益，均属于文化市场中的经营者，存在竞争关系。胡杨琳通过对其艺名的大量、持续使用及宣传，使"胡杨林"与其已经建立了紧密的市场联系，并具有了较高的市场知名度。桂某某仍使用与"胡杨林"字形、读音均极为相似的"胡扬琳"作为艺名从事演艺宣传活动，具有不正当利用胡扬琳知名度的主观恶意，抢占本属于胡扬琳的演艺市场份额，客观上足以引起并已实际造成消费者将胡扬琳与桂某某相混淆，损害了胡扬琳的合法权益，构成不正当竞争。某传媒公司明知且认可桂某某使用"胡扬琳"为艺名从事演艺活动，并对其进行各种宣传推广，造成演艺市场混乱，违背了诚实信用原则和公认的商业道德，该公司经济利益与桂某某从事的演艺活动直接相关，应与桂某某承担共同侵权的法律责任。

相关法律规范

1.《民法典》第 110、993、1012~1017、1023、1056 条。

2.《中华人民共和国居民身份证法》。

3.《中华人民共和国户口登记条例》。

4.《中华人民共和国反不正当竞争法》第 6、17、18 条。

5.《个体工商户条例》第 8 条。

6.《企业名称登记管理规定》。

思考与练习

1. 比较姓名权与名称权的异同。

2. 如何正确行使姓名权？

3. 如何正确行使名称权？

情境训练　姓名权商业化利用的规范

情境案例

2011 年，著名篮球运动员姚明起诉了武汉某体育用品公司。该公司未经许可，擅自将姚明的签名及包含姚明姓名的"姚明一代"作为商业标识，在其生产的服装、运动鞋等商品上使用，使普通消费者误认为其商品与姚明有关，进而发生误买。姚明认为该公司侵害其姓名权、肖像权，也构成不正当竞争，请求法院判令被告立即停止侵权行为及不正当竞争，在媒体上刊登声明赔礼道歉、消除影响，并赔偿原告经济损失1000 万元。体育用品公司辩称，其使用"姚明一代"作为商标经过香港姚明企业股份有限公司的授权许可；该商标并没有突出使用"姚明"字样，不会误导消费者，其行为不构成不正当竞争。

训练目标

通过实训，使学生进一步认识对姓名权的法律保护，能够准确判断是否构成侵害姓名权，了解姓名权商业化利用的相关规范。

完成以下工作任务：

1. 分析姚明和武汉某体育用品公司各自主张的法律依据。

2. 判断武汉某体育用品公司的行为是否构成侵权。

训练方法

1. 分析材料。对案例中的所有事实进行分析，包括当事人情况、纠纷发生的经过、当事人各自的主张等。

2. 课堂讨论。针对案例由教师或者学生提出问题，学生自主进行探讨、论证，教师进行辅导、点评。

3. 自由发挥。鼓励学生采取多种形式进行训练，包括角色模拟、辩论赛等。

训练步骤

1. 搜集更多与本案有关的材料，包括并不限于武汉某体育用品公司的涉案产品、姚明的商业价值等。

2. 根据案例中涉及的事实，搜索相关法律规范。

3. 分析判断原告、被告的主张是否有法律依据，形成初步的书面材料。

4. 按照原告、被告、法官分组，从各自立场展开讨论，并提炼总结。

5. 进一步探讨姓名权商业化利用应当如何予以规范。

项目三　肖像权

引例

记者孙某外出采访归来，在一广场上看到刘某某和张某骑自行车撞倒一位老人，二人不但不赔礼道歉，反而出言不逊欺侮被撞老人。旁边一位男士出于义愤，指责他们的不道德行为，刘某某、张某恼羞成怒，竟将该男士鼻子打伤。孙某见此情景，即用相机拍下该场面。第二天，孙某所在的《某某晚报》配以"如此英雄"的标题及说明在第4版"社会新闻"栏中登出了这张照片。报纸出版后，刘某某和张某的行为受到广大群众的指责，其所在单位也给予二人行政记大过处分。刘某某和张某认为记者未经同意拍摄并在报纸上登出他们的照片，侵害了自己的肖像权。二人将孙某和报社起诉到了法院，要求二被告停止侵害、赔礼道歉，赔偿精神损害6000元。

问题：记者孙某和《某某晚报》社的行为是否侵害了刘某某和张某的肖像权？

基本理论

一、肖像权的内容

肖像是指通过影像、雕塑、绘画等方式在一定载体上所反映的特定自然人可以被识别的外部形象。肖像权，是指自然人对自己的肖像享有再现、使用并排斥他人侵害的权利。《民法典》第1018条第1款规定："自然人享有肖像权，有权依法制作、使用、公开或者许可他人使用自己的肖像。"

肖像权的主要内容包括：

（一）形象再现权

自然人有权自主决定自己或者许可他人再现其形象，他人不得非法干涉，也不得非法制作其肖像。这种制作专有权表现为：一方面，肖像权人可根据自己的需要和他人、社会的需要，通过任何形式由自己或他人制作自己的肖像，他人不得干涉；另一方面，肖像权人有权禁止他人非法制作自己的肖像。

（二）肖像使用权

自然人享有使用自己肖像并获得精神上的满足和财产上的利益的权利，使用的方式通常表现为肖像的公开展示。肖像权人在法律许可的范围内为自己的利益使用自己的肖像，任何人不得非法干涉。

（三）肖像利益维护权

肖像权关系到自然人的人格尊严及其形象的社会评价，也与一定的财产利益相联系，肖像权人有权禁止他人侵害自己的肖像精神利益及物质利益。《民法典》第1019条规定：任何组织或者个人不得以丑化、污损，或者利用信息技术手段伪造等方式侵害他人的肖像权。未经肖像权人同意，不得制作、使用、公开肖像权人的肖像，但是法律另有规定的除外。未经肖像权人同意，肖像作品权利人不得以发表、复制、发行、出租、展览等方式使用或者公开肖像权人的肖像。

▦▦▦ **案例**

聂某曾经在某公司担任保安。离职后的一天，聂某发现在该公司的网站及其产品宣传材料和广告中，都有自己身穿保安服、手持该公司生产的专业对讲机的照片。聂某回想起，其在该公司任职时，保安班长曾通知他手持对讲机，配合公司拍摄静态照片。当时拍摄人员没有解释拍摄目的，聂某也没在意。照片拍摄完成后，该公司先后多次印制带有原告照片的广告宣传资料，并在其网站和多家报纸上为多款对讲机作广告宣传，没有与聂某签订任何口头或书面协议，也没有支付任何报酬。聂某认为，某公司未经其许可亦未付报酬，擅自使用其照片进行营利活动，使用时间长、范围广，其行为构成了对自己肖像权的侵害，要求该公司赔偿经济损失和精神损害。

法院经审理后认定，某公司侵害聂某肖像权成立，依法判决某公司赔偿聂某经济补偿金、经济损失费和精神抚慰金共计2.6万余元。

（四）许可使用权

自然人特别是名人的肖像具有一定的经济价值，根据《民法典》第993条的规定，除依照法律规定或者根据其性质不得许可之外，民事主体可以将自己的肖像许可他人使用，以此获得相应经济收益。肖像权许可使用应当采用书面形式，订立肖像许可使用合同，当事人应当约定肖像权许可使用的期限。对肖像使用条款的理解发生争议时，应当作出有利于肖像权人的解释。当事人对肖像许可使用期限没有约定或者约定不明确的，任何一方当事人可以随时解除肖像许可使用合同，但是应当在合理期限届满之前通知对方。当事人对肖像许可使用期限有明确约定，肖像权人有正当理由的，可以解除肖像许可使用合同，但是应当在合理期限届满之前通知对方。因解除合同造成对方损失的，除不可归责于肖像权人的事由外，应当赔偿损失。

二、肖像权的合理使用

值得注意的是，基于国家、社会公共利益等需要，肖像权的行使受到一定的限制，在某些特定情形下未经肖像权人同意而使用其肖像，不构成对肖像权的侵害。这种限制被称为肖像权的合理使用，根据《民法典》第 1020 条的规定，主要有下列几种情况：

（一）为学习、教学、研究目的的使用

因个人学习、艺术欣赏、课堂教学或者科学研究的需要，可以在必要范围内使用肖像权人已经公开的肖像。例如，医学院在临床医学教学中使用病人的肖像，为传播知识在报刊上刊登文化名人的照片等。

（二）在新闻报道中使用

新闻报道具有公益性，报道社会活动时不可避免地需要制作、使用、公开肖像权人的肖像，即使未征得本人同意，亦不构成侵权。

（三）为依法履行职责使用

国家机关为执行公务在必要范围内制作、使用、公开肖像权人的肖像，属于合理使用。例如，公安机关为通缉犯罪嫌疑人而使用其肖像发布通缉令，司法机关在诉讼活动中将有关人员的肖像作为证据展示等。

（四）为展示特定公共环境使用

为记载或者宣传特定公众活动，不可避免地需要制作、使用、公开肖像权人的肖像，例如，自然人参加集会、庆典、仪式等公开活动，出于记录活动目的而使用参加人的肖像可以不经其同意。

（五）为公共利益或者肖像权人合法权益使用

涉及公共利益或者肖像权人自身的利益时，可以制作、使用、公开肖像权人的肖像。例如，为了寻找下落不明者而在寻人启事上使用其肖像。

三、肖像权的扩张保护

所谓肖像权的扩张保护，是指对于某些具有可识别性的人格利益通过类推肖像权的保护方法来加以保护。[1]

《民法典》第 1023 条第 2 款规定："对自然人声音的保护，参照适用肖像权保护的有关规定"，此为声音的保护规则。声音也是自然人具有独特性的人格标识，与个人身份有密切的关联性，包含着一定的人格利益。随着计算机、人工智能算法和语音识别及合成技术的发展，声音的利用方式日益多样化，其利益价值越来越大，其被复制、传播从而被侵害的可能性也越来越高。例如，将一人的声音进行分解，与另一人的形象合成，形成似是而非的个人外观；未经许可将某人的声音或者说话的片段作为广告词使用；等等。这些都有可能造成混淆、误导，给相关自然人带来损害。因此，把声音视为一种新型的人格利益进行保护十分必要，因其与肖像权具有共同的特点，保护肖像权的规定可以参照适用于声音的保护。

有学者认为，采用夸张和扭曲的绘画手法表现个人形象的漫画如果能够识别出特定的主体，也可以参照适用肖像权的保护规定。只要是未经许可而擅自以他人形象创作漫画进行商业利用或者有损他人尊严，就有可能构成对他人肖像权的侵害。

引例分析

自然人的肖像权受法律保护，但出于公益目的可以合理使用肖像权人的肖像。本案中，记者拍摄不道德行为在报刊上登载，虽然未经刘某某和张某同意使用了他们的肖像，但其目的是运用社会舆论工具公开谴责不道德的行为。在我国，通过报纸、期刊等媒介，以登载其肖像和姓名的方式，谴责行为人的不道德行为，教育广大群众遵纪守法，尊重社会公德，维护社会秩序，是新闻工作者和新闻单位的职责和权利。因此，本案二被告的行为不仅不是对二原告肖像权的侵害，而且是一种正义的合法行为。人民法院应依法判决驳回二原告的全部诉讼请求。

相关法律规范

1. 《中华人民共和国民法典》第 993、1018~1023 条。

思考与练习

一、结合本项目原理，判断下列说法是否正确

1. 我国民法规定侵害肖像权必须具备以营利为目的的前提。

2. 人格权虽然没有财产内容，但在一定条件下，可以为主体带来财产利益。

3. 非经当事人同意，任何人不得以任何理由使用其肖像。

4. 自然人死后其民事主体资格不复存在，因此对其肖像进行丑化、污损不构成侵权，法律无法予以保护。

二、结合本项目原理，作出正确选择

1. 下列行为中，不属于侵犯肖像权的行为有：（   ）

---

[1] 王利明：《人格权法》，中国人民大学出版社 2016 年版，第 256 页。

A. 在寻人启事上刊登张某的照片

B. 在通缉令上使用逃犯徐某的照片

C. 在庭审中使用犯罪嫌疑人申某的照片

D. 未经本人同意在照相馆橱窗中陈列乙的照片

2. 某市展览馆为配合计划生育工作、宣传优生优育科学知识，与某科研单位和计划生育部门联合主办了为期 1 个月的优生优育展览。为办好展览，他们将某妇产医院提供的 5 年前该医院为研究治疗患者疾病而对青年妇女灿灿拍摄的一张裸体照片展出。展出期间，灿灿父母看到女儿的病体裸照，非常生气，要求主办方立即取下照片，遭主办方拒绝。灿灿的丈夫得知后，愤然与其离婚。灿灿遂将妇产医院、展览馆和科研所诉至法院。下列表述正确的有：（　　）

A. 妇产医院和主办方没有以营利为目的，没有侵害灿灿的肖像权

B. 妇产医院和主办方没有侵害故意，因此没有侵害灿灿的肖像权

C. 妇产医院在展出前无法与灿灿联系，因此没有侵害灿灿的肖像权

D. 妇产医院和举办方从损害事实上看已侵犯了灿灿的肖像权

3. 记者甲在外出采访时偶遇一漂亮女孩，在没经其同意的情况下，偷拍了一张照片。后该照片作为其采写的新闻报道的配图在报纸上发表。下列正确的说法有：（　　）

A. 甲未经女孩同意，擅自拍摄其照片，侵害了她的肖像权

B. 甲擅自拍摄的行为不构成侵害肖像权，但在报纸上发表该照片侵害了女孩的肖像权

C. 甲虽没经该女孩同意，擅自拍摄其照片并在报上发表，但并没有丑化该女孩的形象，因此不构成对其肖像权的侵害

D. 甲虽没经该女孩同意，擅自拍摄其照片并在报纸上发表，但不是以营利为目的，故不应认为其行为构成侵权

三、案例分析

某部军事题材的电视剧，在拍摄剧中人物方副司令员住院等有关内容的戏时，向袁某借用一张穿老式军装的照片作为道具使用。该电视剧拍摄、制作结束后，在中央电视台一套、八套、贵州电视台、浙江电视台和云南电视台相继播出，袁某的照片在剧中被放大后作为方副司令员已故夫人"淑娟"的遗像，并在该剧第 9 集、第 22 集重复使用，其中有拉近镜头特写，时间大约为五六秒。袁某知道后非常生气，认为剧组严重侵害其肖像权、名誉权，于是向法院起诉，请求法院判令电视剧制作单位和电视台停止侵权行为，向她赔礼道歉，赔偿因侵权行为给她造成的经济损失 20 万元。

袁某的诉求是否应该支持？

思考方向：①侵害肖像权的行为有哪些形式？②分析剧组使用袁某照片这一行为的性质。③承担侵害肖像权的民事责任应当符合哪些要件？④了解什么是名誉权。

情境训练　侵害肖像权行为的判定

情境案例

　　缪某曾被某美术学院聘用为合同制模特，在双方签订的《合同制模特工作协议》中明确约定，缪某的工作职责为配合教师完成课堂教学任务，协议对缪某的工作报酬也作了约定。徐某某曾为该美术学院教师，为完成教学任务曾在课堂上以缪某等人为模特，为学生做教学示范，完成了《双女人体》人体画一幅，其中站立者为缪某。该画完成后由徐某某收藏。后某美术出版社为出版《一代画风》画册，向徐某某征稿，徐某某遂将《双女人体》一画向该美术出版社投稿。《一代画风》一书共发行了2000册，画册第65页收录了《双女人体》整幅画作，第66页刊登了《双女人体》画作的局部，为缪某的头像侧面。美术出版社向徐某某支付了稿酬。一年后，缪某在某新华书店购得《一代画风》一书，发现该书中刊登了自己的裸体画像，出现了情绪低落、厌世等症状，经医院诊断为心因性抑郁症。

　　缪某将徐某某诉至法院。缪某诉称，徐某某在《双女人体》画作完成后曾亲口向其保证该画不公开发表，只作个人收藏；且原告与某美术学院签订的《合同制模特工作协议》明确规定模特的职责是"配合教师完成课堂教学任务"，徐某某竟然违背职业道德和诺言，在原告本人不知晓的情况下公开发表原告的裸体画像，已构成对原告肖像权的严重侵害。被告的行为使原告精神上受到严重伤害，由此引发了心因性抑郁症，为维护原告的合法权利，要求被告赔偿原告精神损失费50 000元、财产损失50 000元；立即停止侵害，消除影响，向原告赔礼道歉并保证以后不再发生类似侵权行为。

　　被告徐某某辩称，《双女人体》画是其为完成教学任务而在课堂上完成的一张示范性的人体习作，原告是被聘用的职业模特，对此是自愿并取得了报酬的；作品完成后自己对该作品享有著作权，作家有发表作品的权利，无需征得原告同意，他也未向原告作出表示该画不公开发表的任何承诺，故未侵害原告肖像权，请求法院驳回原告诉讼请求。

　　某市精神卫生中心司法医学鉴定室受法院委托，对原告的精神状态进行司法精神医学鉴定，诊断原告正处于抑郁症的患病期。

训练目标

　　通过实训，使学生更好地掌握肖像权法律保护的规则，能够准确判断是否构成侵害肖像权，了解肖像权与著作权的关系。

　　完成以下工作任务：

　　1. 判断《合同制模特工作协议》的性质。

　　2. 探讨肖像权与著作权冲突的解决办法。

民法原理与实务

人格权 婚姻家庭 继承编

训练方法

1. 分析材料。对案例中的所有事实进行分析，包括当事人情况、纠纷发生的经过、当事人各自的主张等。

2. 课堂讨论。针对案例由教师或者学生提出问题，学生自主进行探讨、论证，教师进行辅导、点评。

3. 自由发挥。鼓励学生采取多种形式进行训练，包括角色模拟、辩论赛等。

训练步骤

1. 根据案例中涉及的事实，搜索相关法律规范。

2. 讨论以下问题：①自愿担任职业人体模特是否意味着放弃或者转移自己的肖像使用权？②当著作权与肖像权发生冲突时，法律应保护哪一方的利益？

3. 分析判断原告、被告的主张是否有法律依据，形成初步的书面材料。

4. 按照原告、被告、法官分组，从各自立场展开讨论，并提炼总结。

项目四　名誉权和荣誉权

引例

曾任某省卫生厅副厅长等职的尚某因涉嫌受贿被逮捕，有杂志刊发文章，讲述了尚某以色谋权的"桃色新闻"，文中内容多为尚某的"情色艳事"。后尚某因受贿罪和巨额财产来源不明罪被判处有期徒刑10年，判决书中无尚某以色谋权的内容，也无尚某在"审查期间交代自己与他人的特殊关系"的内容。在服刑期间，尚某以侵害名誉权为由，将刊发前述文章的杂志社起诉到了法院。尚某认为该文虚构、捏造其"以色谋权"等事实，同时用"狐狸精""鬼蜮伎俩"等带有侮辱性的言语对其进行恶意诽谤和人身攻击，诋毁其名誉，请求法院判令杂志社赔偿精神损害抚慰金32万元。

问题：罪犯是否享有名誉权？法院对此案应当如何处理？

基本理论

一、名誉权的含义和特征

（一）名誉权的含义

所谓名誉，是指对民事主体的品德、声望、才能、信用等社会评价。

名誉权，是指民事主体就其自身属性和人格价值所获得的社会评价享有的保有和维护的人格权。《民法典》第1024条第1款规定："民事主体享有名誉权。任何组织或者个人不得以侮辱、诽谤等方式侵害他人的名誉权。"

（二）名誉权的法律特征

1. 名誉权的权利主体包括自然人、法人和非法人组织。

2. 名誉权的客体是名誉利益。名誉利益，是自然人、法人、非法人组织就其品德、声望、才能、信用以及其他方面素质获得社会评价所体现的利益。对于自然人而言，关乎其品德、才能和其他素质的社会评价，对其精神的愉悦、自我价值的评判以及与他人关系等方面都有影响；对于法人和非法人组织来说，对其经营能力、履约能力、经济效益、诚信程度等状况的社会评价，会影响其社会形象，进而影响其发展。

3. 名誉权的基本内容是保有和维护自己的社会评价。名誉权人得就自己的客观公正之社会评价获得精神上的满足，也可以利用自己良好的名誉取得财产上的利益，并得排除他人的侵害，使自己的社会评价免于不正当的降低和贬损。名誉受到侵害时，名誉权人有权获得法律救济，使名誉恢复到受侵害之前的状态。

4. 名誉权不具有财产性，但与财产利益相关联。名誉权受到损害，权利主体的社会信誉降低，可能会因补救损害而受到一定的经济损失，也可能导致其在民事活动中获得的物质利益减少或丧失获利的机会，比如自然人招聘、晋级、提薪等受到影响，法人社会信誉降低、利润减少等，均可使其财产受到损害。

二、名誉权的内容

名誉权主要包括以下内容：

（一）名誉保有权

名誉权人对于自己的名誉享有保有的权利，包括保持自己的名誉不降低、不丧失，以及在知悉自己的名誉处于不佳状态时，可以自己的实际行动予以改进，他人不得非法干预。

（二）名誉利益支配权

名誉权人对于自己的名誉利益有支配权，可以利用自己良好的名誉，与他人进行政治、经济、文化等方面的广泛交往，使自己获得更好的社会效益和更多的经济效益。当然，名誉权人也可以不利用自己的名誉，但是不能将名誉利益任意抛弃，也不得转让或由他人继承。

（三）名誉维护权

名誉权人对于自己的名誉有权维护，对其他任何人有不得侵害的不作为请求权，在遭受侵害或者有被侵害之虞时有权寻求司法保护，请求司法机关对侵权人予以民事制裁，对自己遭受损害的权利进行救济。

三、侵害名誉权行为的认定

以下情形可构成对名誉权的侵害，应当依法承担相应责任：

（一）侮辱

侮辱是指故意以语言、文字、暴力等手段贬损他人人格，令其蒙受耻辱的行为。

如对受害人进行口头谩骂、辱骂、讽刺；或以书面形式辱骂、嘲笑他人，贬损他人人格；或者对受害人施以暴力直接损害其人格尊严；或以暴力相威胁，迫使受害人违背自己的意志作出有损自己人格尊严的举动。

（二）诽谤

诽谤是指故意或者过失散布某种虚假的事实贬损他人人格，从而损害他人名誉的行为。包括：①口头诽谤，即以口头语言传播虚假事实，使他人人格受到贬损；②文字诽谤，即以书面形式如书信、海报、网络等散布虚假事实，贬损他人人格。

（三）新闻报道严重失实

新闻报道严重失实，是指新闻报道中有关当事人的情况、事情的经过及其性质等与事实严重不符，或者使用侮辱性言辞等贬损他人名誉。一般性的内容失实不构成侵害名誉权。

如果有关报道是根据他人提供的内容严重失实的材料采写的，新闻单位未尽到合理核实义务，是对相关当事人名誉权的侵害。认定行为人是否尽到合理核实义务，应当考虑下列因素：①内容来源的可信度；②对明显可能引发争议的内容是否进行了必要的调查；③内容的时限性；④内容与公序良俗的关联性；⑤受害人名誉受贬损的可能性；⑥核实能力和核实成本。

（四）文学作品使用素材不当

行为人发表的文学、艺术作品以真人真事或者特定人为描述对象，含有侮辱、诽谤内容，致使他人名誉受到损害的，构成侵害名誉权。

行为人发表的文学、艺术作品不以特定人为描述对象，仅其中的情节与该特定人的情况相似的，不承担民事责任。

编辑出版单位在作品已被认定为侵害他人名誉权或者被告知明显属于侵害他人名誉权后，不采取补救措施，或者继续刊登、出版侵权作品的，应认定为侵权。

（五）其他侵害名誉权的行为

行为人故意实施的下列行为也可构成侵害名誉权：

1. 借检举、控告之名侮辱、诽谤他人。

2. 无证据而错告或诬告。

3. 撰写、发表批评文章，有侮辱他人人格的内容，或者文章的基本内容失实。

4. 未经同意擅自公布他人的隐私材料或以书面、口头形式宣扬他人隐私。

5. 征信机构对民事主体的信用评价不当，民事主体提出异议并请求采取更正、删除等必要措施，信用评价人拒不更正、删除。

另外，过失致他人名誉权受损的，亦可构成侵害名誉权。

四、侵害名誉权责任的排除

某些行为虽有损害名誉的表象，但因有合法的抗辩事由而不构成对名誉权的侵害。主要包括如下情形：

（一）散布内容真实并且不属于他人隐私的事实

未经权利人同意，擅自散布与其有关的事实，即使可能导致降低名誉权人的社会评价，如果内容真实并且不属于个人隐私，则不构成侵害名誉权。

（二）受害人同意

在不违反法律的强制性规定和社会公序良俗的前提下，受害人同意行为人散布有损其名誉的事实，视为对自己名誉权的放弃，行为人不构成侵权。

（三）正当行使权利

行为人发表不利于名誉权人的言论或者实施可能导致其社会评价度降低的行为，属于有关机关、机构、社会团体正当行使管理权、正当舆论监督权的，或是自然人依法行使申诉、检举、控告权的，不构成侵权。特别是公众人物，如政府官员、社会名流以及著名企业、社会团体等，其名誉权与舆论监督权发生冲突时，应以服从公共利益为上。

案例

罗某某原是某戒毒所所长，因涉嫌滥用职权罪被逮捕。《某某晚报》刊登了该报记者撰写的报道，引题是《滥用职权勾结"鸡头"贩卖戒毒女胁迫卖淫》，正标题是《"某某戒毒所案"两头头跑不掉了》，副题是《原所长罗某某被刑拘，原省第二工疗院张某某潜逃正在追捕》。一审法院以滥用职权罪判处罗某某有期徒刑 2 年，罗某某上诉，二审法院改判为有期徒刑 1 年 2 个月。服刑期间，罗某某对《某某晚报》提起了民事诉讼，认为自己无"勾结'鸡头'贩卖戒毒女卖淫"的犯罪情节，该报有关报道失实，侵害了他的名誉权。《某某晚报》认为，罗某某多次违反规定，造成女戒毒人员被他人出资接走后强迫卖淫的严重后果，该报记者就曾经乔装到该所出资"赎人"，因而其报道内容客观真实，未对罗某某进行诽谤，报道也没有对其造成损害结果，罗某某的社会评价降低是由其行为造成，属于咎由自取。受诉法院审查后判决，《某某晚报》的报道基本属实，未构成新闻侵权。

五、荣誉权

荣誉，是指基于民事主体在社会生产、社会活动中的突出表现或突出贡献，由国家机关、有关单位、团体或其他组织作出的积极的正式评价，如国家授予某一自然人"三八红旗手"的称号，有关机构确认某个经营主体为"诚信企业"等。

（一）荣誉权的含义和特征

荣誉权，是指民事主体依法保有荣誉及其相关利益并排除他人非法侵害的权利。

荣誉权有如下法律特征：

1. 荣誉权的客体是荣誉及其利益。荣誉与名誉一样，都是对民事主体的社会评价，但名誉的来源是公众或者一般的舆论，是综合的、一般的评价；而荣誉是来自国家机关或社会组织的正式的、积极的、肯定的评价，具有褒奖的色彩。荣誉带给荣誉权人的尊敬、荣耀以及奖章、奖品、奖金等，都属于荣誉利益。

2. 荣誉权的主体具有特定性。荣誉权的主体与名誉权不同，名誉权的主体是所有的民事主体，凡有民事主体资格的就有名誉权，人人平等；而民事主体是否享有荣誉权应依据其是否获得荣誉的事实而定，并非所有民事主体都享有荣誉权，不享有荣誉权并不影响其民事主体的资格。

3. 荣誉权的取得和消灭应具备一定条件。荣誉权的产生，以国家机关或社会组织授予荣誉为前提，因授予者依法取消或剥夺其荣誉而消灭；授予或取消、剥夺荣誉均以民事主体具备一定事实为条件，都必须依照法定的或者议定的程序进行。

4. 荣誉权人既享有权利又承担相应义务。荣誉的获得使权利人取得特定的资格和地位，权利人得享有相应身份利益，得以其荣誉身份进行社会活动；当其行为严重违背获得该项荣誉所需条件而被取消、剥夺荣誉后，不得以该荣誉身份进行任何活动。

（二）荣誉权的内容

荣誉权的内容主要包括：

1. 荣誉保持权。民事主体对已经获得的荣誉有权保持归己享有，他人不得非法干涉，非有法定原因、非经一定程序不得被取消或剥夺。任何组织或者个人不得诋毁、贬损他人的荣誉。

获得的荣誉称号应当记载而没有记载的，民事主体可以请求记载；获得的荣誉称号记载错误的，民事主体可以请求更正。

2. 精神利益支配权。权利人因荣誉而享有的精神满足和良好的社会评价，他人不得恶意贬损。权利人可以在法律范围内利用自己的荣誉身份进行社会活动，不受任何组织和个人的非法干预。

3. 物质利益的获得权及支配权。荣誉本身带有物质利益，如颁发奖金、奖品、奖杯、奖章等财物，或给予一定时期内享受物质补贴等荣誉待遇的，荣誉权人有权获得，并对该物质利益依法享有占有、使用、收益、处分的权利。

 **案例**

鞠某、刘某某、周某某、马某某、郭某某均为某厂技术科职工，五人自发组成学法小组，参加了中华全国总工会和《工人日报》社联合组织举办的全国职工法律知识竞赛，试卷答题具体由郭某某执笔，署名技术科，并进入了复赛。郭某某持技术科准

考证参加复赛，其在姓名栏内填写了自己的名字，并在试卷上注明"因学法小组成员工作调动，改由小组成员个人参加"，但赛点组织者将复赛参加者仍改为技术科。技术科初、复赛成绩优秀，被评为该赛点全国一级个人优秀奖。嗣后，郭某某代表学法小组进京领奖，领回奖品学习机微机一台。郭某某还代表学法小组执笔撰写《学法的目的在于应用》一文。学法小组荣获一级个人优秀奖的消息，先后刊登在赛点当地的报纸和《工人日报》上，赛点竞赛领导小组发文对学法小组等取得较好成绩的单位或个人进行表彰。竞赛获奖的荣誉证书由全国组委会统一下发，赛点工作人员在填写获奖者的姓名时，填写了"郭某某"个人名字。鞠某等4人得知此事，以郭某某将学法小组集体一等奖荣誉和奖品占为己有为理由，向人民法院提起诉讼，要求以学法小组名义享有该荣誉，并合理分割奖品。郭某某辩称：参赛的两次试卷都是其个人完成并获得了好成绩，被评为全国一级个人优秀奖，荣誉和奖品应归其个人。郭某某还认为，四原告的起诉损害了他的荣誉，致使其精神受到痛苦，反诉要求鞠某等人停止侵害、赔偿损失。

法院经过审理后认为：该学法小组参加竞赛，按规定由学法小组的代表参加考试，初、复赛总成绩评定都是以学法小组为参赛人，学法小组获得全国一级个人优秀奖，是由主办方确认公布的，其荣誉应归小组全体成员享有，奖品也应为全体成员共有。鉴于该奖品为一整体，不宜分割，故可根据全体成员的贡献大小作价归并处理。郭某某提出的反诉请求缺乏事实依据，予以驳回。

引例分析

每个民事主体均享有名誉权，即使是罪犯，其誉权同样受法律保护。涉案文章虚构事实，使用侮辱性的言语描述原告，被告在刊发该文时不予审查核实，促使不利于尚某名誉的虚假事实被传播，严重侵害了尚某的名誉权，该文被其他媒体广泛转载、转摘，加大了尚某名誉权受损的后果，被告依法应当承担相应民事责任。法院经审理后判令被告书面向尚某赔礼道歉，赔偿尚某精神损害抚慰金6万元。

相关法律规范

1.《中华人民共和国民法典》第1024~1031条。

2.《中华人民共和国刑法》第243、246、250条。

思考与练习

一、结合本项目原理，回答下列问题

1. 试述侵害名誉权责任的构成及其抗辩事由。

2. 简述荣誉权与名誉权的区别。

3. 侵害民事主体的肖像权是否构成对其名誉权的侵害？

二、结合本项目原理，作出正确选择

1. 甲是著名的歌星，一直被狗仔队跟踪。某日，某狗仔队所在报社在头版跑出新闻：甲有私生子。甲于是向法院起诉，要求报社恢复名誉、消除影响、赔礼道歉并赔偿精神损害。法院审理查明，报社报道纯属子虚乌有，甲根本就没有私生子。关于甲受到的损害，以下说法正确的是：（　　）

  A. 报社侵害了甲的名誉权   B. 报社侵害了甲的隐私权

  C. 报社侵害了甲的姓名权   D. 报社侵害了甲的自由权

2. 某报社在一篇报道中披露某女影星乙曾做过不光彩的事情，致使乙备受歧视。因无法忍受巨大的精神压力，乙跳楼自杀未遂，造成终身残疾。该报社的行为（　　）

  A. 是如实报道，不构成侵权 B. 侵害了甲的隐私权

  C. 侵害了甲的生命权   D. 侵害了甲的健康权

3. 某大学对严重违反校纪、非法同居的学生甲、乙予以勒令退学处分，并将处分决定以内部文件形式传达到校属有关单位。师生们对此议论纷纷。对该大学行为应如何定性？（　　）

  A. 侵害甲乙的隐私权

  B. 侵害甲乙的名誉权

  C. 侵害甲乙的受教育权

  D. 是行使教育管理权的正当行为，不构成侵权行为

4. 方某与戴某在方某家中发生争吵，方某斥责戴某为荡妇，生活不检点，并用剪刀将其一缕头发剪去。方某的行为侵害了戴某的（　　）

  A. 健康权   B. 身体权

  C. 名誉权   D. 隐私权

5. 某医院在一优生优育的图片展览中，展出了某一性病患者的照片，并在说明中用推断性的语言表述该患者系性生活不检点所致。虽然患者眼部被遮，也未署名，但有些观众仍能辨认出该患者是谁。患者得知这一情况后精神压力过大，悬梁自尽。患者家属向法院起诉该医院。医院这一行为侵害了该患者哪些权利？（　　）

  A. 生命权   B. 肖像权

  C. 名誉权   D. 隐私权

6. 某工厂工人刘某外出嫖娼，被公安机关查获。刘某冒用同厂工人王某的名义接受了罚款处罚，后公安机关通告该工厂，该工厂工人纷纷议论王某嫖娼的事情。刘某的行为侵害了王某何种权利？（　　）

  A. 名誉权   B. 姓名权

  C. 荣誉权   D. 名称权

情境训练　侵害名誉权行为的判定

情境案例

小敏在某某整形美容门诊部接受了隆鼻修复整形美容手术，对整形效果非常不满意。某日下午，她身穿内衣、身上写有"某某整形欺骗诈人"等字样站在大街上，不久有记者与警察到现场，小敏称："他们把我骗进去，给我推销了一些不必要做的手术，还多收手术费。"随后，小敏与记者、警察等一同来到该门诊部。门诊部将小敏整容的一些资料包括其整容前后的照片给了记者。当天晚上，某电视台在其电视栏目中报道了小敏维权一事，节目主持人在报道结尾时说："光整外形还需要整整大脑呢，与其说是维权还不如说是现眼。"

小敏认为是门诊部叫记者到场拍摄，记者对其身体敏感部位做了很多特拍，并在门诊部工作人员安排下将其病历和照片作为素材制作成节目，在收视率极高的栏目播出；该节目将其个人隐私全部曝光，用经过电脑加工的其照片误导观众，节目主持人大肆嘲笑其写的错别字，并恶意攻击，致使广大观众误会其脑子有问题。节目播出后，她经常被同事嘲笑鄙视，精神受到很大打击，工作经常出错，曾多次自杀未遂。小敏认为门诊部和电视台侵害其名誉权，应当向其赔礼道歉，并赔偿精神损失费200万元。

某某门诊部承认小敏确在该处做了美容手术，但手术没有问题；记者的到来是由于小敏穿着内衣站在街上，并在身上写满侮辱诽谤门诊部的字样而惊动新闻媒体，不是门诊部请来的。小敏想要回手术费，采取内衣秀的方式将媒体吸引过来，以弱者的身份通过媒体给门诊部施加压力，为了辩解，工作人员才将其手术前后的照片提供给记者，且只是在门诊部的办公室将其整形效果图给记者看了一下，并没有传播；电视台主持人对小敏的攻击与其无关。

某电视台认为小敏所说的该台将其个人隐私全部曝光没有事实依据，有关电视栏目播出小敏情况及其照片的片段时长仅2秒，目的仅仅是要证明小敏与门诊部之间确实存在医患关系，至于谁是谁非，节目旁白"因为我们记者没有作过调查，事故到底是谁的责任，我们不敢乱说"已表明了电视台报道此事的中立态度。节目主持人对整个事件所作的"整形不如整脑"的评论是说小敏维权的方式偏激、需要改变，是一句善意的劝解和批评，并不会使广大观众误会小敏脑子有问题，不构成对其侮辱和诽谤。

训练目标

通过实训，使学生进一步认识对名誉权的法律保护，能够准确判断是否构成侵害名誉权，把握正当行使权利与侵害名誉权之间的法律界限。

完成以下工作任务：

1. 分析小敏、某门诊部、某电视台各自主张的法律依据。

2. 判断某门诊部、某电视台的行为是否侵害小敏的名誉权。

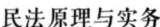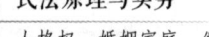**训练方法**

1. 分析材料。对案例中的所有事实进行分析，包括当事人情况、纠纷发生的经过、当事人各自的主张等。

2. 课堂讨论。针对案例由教师或者学生提出问题，学生自主进行探讨、论证，教师进行辅导、点评。

3. 自由发挥。可采取多种形式进行训练，包括角色扮演、辩论赛、模拟法庭等。

训练步骤

1. 根据案例中涉及的事实，搜索相关法律规范。

2. 分析判断各方当事人的主张能否成立。

3. 按照原告、被告、法官分组，从各自立场展开讨论。

4. 对讨论结果进行总结提炼，形成书面分析材料。

5. 进一步探讨舆论监督权的行使规范。

项目五　隐私权及个人信息保护

引例

《某某都市报》发表文章，称李某供职的中国某某调查管理局是一个打着国字号、拥有制服大盖帽的骗子机构，具有"私人侦探"性质。李某认为该文对其工作单位大加诋毁，并在文章中非法公布了他的姓名、生日和职务等属于个人隐私的信息，该文发表后迅速在各家网站传播蔓延，给其声誉带来严重损害。李某起诉该报，要求其发表声明进行更正，在国内十大媒体上赔礼道歉，并赔偿各项损失 8 万元。

《某某都市报》辩称，涉案文章只是在新闻配图中披露了李某的姓名、出生日期和供职情况，该内容并不涉及李某的私生活领域，文章所反映的问题涉及公共利益，旨在提醒广大民众不要上当受骗，这是报社作为新闻舆论监督单位的职责所在，该文引用了广大网友的观念以及其他媒体的报道，并无侵害李某隐私权和名誉权之处，不同意李某的诉请。

问题：《某某都市报》的报道是否构成对李某隐私权的侵害？

基本理论

一、隐私权的含义和特征

（一）隐私的含义

隐私，是指自然人的私人生活安宁和不愿为他人知晓的私密空间、私密活动、私密信息。

当事人与公共利益、群体利益无关的，不愿他人知道的信息、不愿他人干涉的私事以及不愿他人进入的个人领域，都属于隐私的范畴。

（二）隐私权的含义和特征

隐私权，就是自然人享有的私人生活安宁与私人生活信息依法受到保护，不受他人侵扰、知悉、使用、披露或公开的权利。《民法典》第 1032 条第 1 款规定："自然人享有隐私权。任何组织或者个人不得以刺探、侵扰、泄露、公开等方式侵害他人的隐私权。"

隐私权具有以下法律特征：

1. 权利主体是自然人。隐私权的产生，是基于自然人的精神活动而产生的对其私人生活及信息的某种利益需求，法人、非法人组织没有精神活动，因此隐私权仅为自然人所独有，法人、非法人组织均无隐私权。

2. 隐私权的客体包括自然人的私密空间、私密活动、私密信息。私密空间，或称私密领域，指私人的空间及个人的隐秘范围，如个人的居所、行李、日记、通信等与公共利益无关的领域。私密活动，是指自然人不愿意他人知晓的与公共利益无关的且未曾依法公开过的活动，包括日常生活、社会交往、夫妻生活等。私密信息，包括所有的个人情况、资料，诸如身高、体重、身体缺陷、财产状况、家庭情况、电话号码、交际关系和生活经历等，自然人不愿意为他人知晓且从未依法公开过的，都属于私密信息。

3. 隐私权的保护范围受公共利益的限制。对隐私权的保护受到公共利益的限制，当隐私权与公共利益发生冲突时，应当依公共利益的要求进行调整。例如，涉嫌贪污、受贿等财产犯罪的，个人的财产状况、储蓄情况就必须接受调查；进行征兵、招工等活动时，应征或应聘者的个人身体资讯、身体器官等，必须接受检查。在这些情况下，个人资讯与公共利益有关，因而不成为隐私的内容。

二、隐私权的内容

隐私权包括四方面内容：

（一）个人生活安宁权

隐私权人有权按照自己的意志从事或者不从事与社会公共利益无关的活动，保有私人生活和个人生活空间不受他人滋扰、破坏。生活安宁包括三方面的内容：一是排除他人对权利人私人正常生活的骚扰；二是禁止他人非法侵入权利人的私人领域；三是权利人自主决定个人生活，禁止他人对此进行干预。[1]

（二）个人生活信息保密权

隐私权人有权禁止他人非法知悉、使用或者公开其个人生活信息。任何人不得以

---

[1] 杨立新：《人格权法》，法律出版社 2020 年版，第 251 页。

任何方式窃取、非法披露权利人的个人生活信息，也不得非法占有权利人个人生活信息的物质载体。诸如身高、体重、健康状况、家庭情况、婚恋情况、财产状况、生活经历、社会关系、宗教信仰、心理活动等，都属于个人信息。无关公共利益的个人信息，自然人有权拒绝公开。

（三）个人通讯秘密权

隐私权人对个人信件和电话、传真、即时通信工具的账号、电子信箱的号码及其内容等有权加以保密，禁止他人窃听、非法查阅和公开。

（四）个人隐私利用权

隐私权人有权公开自己的隐私或者许可他人公开其隐私，以满足自身的各种需要，任何组织和个人不得非法干涉。当然，自然人必须合理利用自己的隐私，不得违反法律的强制性规定，不得违背社会公序良俗，也不得损害他人的合法权益。构成共同隐私的，应征得共同隐私人同意。

三、侵害隐私权行为的认定

任何组织或者个人实施下列行为的，构成对隐私权的侵害：

（一）侵扰私人生活安宁

通过打电话、发送短信或电子邮件、派发传单、利用即时通信工具发送信息等方式，破坏他人宁静的私人生活状态，构成侵害隐私权。

（二）侵扰私密空间

私密空间包括具体的私人空间和抽象的私人空间，前者包括个人住宅、宾馆房间、个人箱包行李等，后者如个人日记等思想空间。进入、拍摄、窥视他人的住宅、宾馆房间等私密空间，是对隐私权的侵害。

（三）侵扰私密活动

私密活动是一切与公共利益无关的个人活动，是自然人自由支配的空间。对私密活动进行拍摄、窥视、窃听、公开，都构成对隐私权的侵害。

（四）侵扰私密部位

自然人的身体私密部位也是隐私，拍摄、窥视他人身体的私密部位是对隐私权的侵害。

（五）非法处理他人的私密信息

非法调查、获取、保存、篡改、删除、公开、买卖自然人的私密信息，都是侵害隐私权的行为。

（六）特定主体泄露或者向他人非法提供隐私信息

国家机关、承担行政职能的法定机构及其工作人员在履行职责过程中知悉自然人

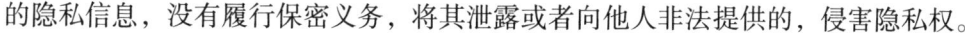

的隐私信息，没有履行保密义务，将其泄露或者向他人非法提供的，侵害隐私权。

（七）以其他方式侵害隐私权

侵害隐私权的行为还有其他方式，例如：①非法干涉他人的私密活动；②非法利用他人隐私；③未经共同隐私人同意，擅自公开共同隐私；④侵害死者隐私利益；等等。

四、侵害隐私权责任的排除

某些行为虽有滋扰他人隐私的表象，但因有合法的抗辩事由而不构成对隐私权的侵害。主要包括如下情形：

（一）国家机关依法行使职权

出于国家安全、打击犯罪、维护社会秩序等需要，国家机关及其工作人员对自然人的隐私信息进行收集、公开，进入自然人私密空间调取证据，干预自然人私密活动等，只要是在其职权范围之内依照法定程序进行的，均不构成对隐私权人的侵害。

（二）防范群体性事件或者恶性事件的发生

当自然人的隐私关涉社会公共利益时，例如其患有传染病、为防范传染病的传播，或者患有精神病、为防止发生恶性事件，在必要情况下依法公开有关人员的个人信息，不构成对自然人隐私权的侵害。

（三）正当行使舆论监督权

新闻媒体、其他组织及个人对某些不当行为或者社会不良现象进行批评、曝光，即使涉及个人隐私，只要不超过必要范围，不构成侵害隐私权。

（四）公众人物隐私权保护的克减

公众人物，即广为人知的社会成员，包括国家机关公务人员和社会各界、各行业的知名人士，他们与公共利益相关的个人信息如财产状况、社会关系等应当依法公开，社会及公众依法享有知情权。公众人物不得以隐私权保护为由拒绝公开。

（五）当事人同意

隐私权人明确同意他人知悉或者公开其私密信息、进入其私密空间的，是对其民事权利的处分，只要不违反法律和公序良俗，都是合法的。

五、个人信息保护

（一）个人信息的含义及其包含的利益

1. 个人信息的含义。根据《民法典》第1034条的规定，个人信息是以电子或者其他方式记录的能够单独或者与其他信息结合识别特定自然人的各种信息，包括自然人的姓名、出生日期、身份证件号码、生物识别信息、住址、电话号码、电子邮箱、健康信息、行踪信息等。

自然人的个人信息受法律保护。个人信息中的私密信息属于隐私，适用有关隐私权的规定。

2. 个人信息包含的利益。个人信息包含两层人格利益：

（1）精神性利益。个人信息是信息主体的一种人格标识，体现其人格尊严、人格独立的价值，是主体获得社会性认同和尊重的基本条件。信息主体有权保持其个人信息的完整性与真实性，保有对其个人信息的支配权。

（2）财产性利益。个人信息具有身份性，存在被利用并转化为商业价值的可能性，能为信息主体带来经济利益。个人信息被他人非法利用，可能为利用者带来财产利益，而造成信息主体的财产损失。

（二）处理个人信息的规则

基于个人信息对信息主体的重要性，任何组织或者个人需要获取他人个人信息的，应当依法取得并确保信息安全，不得非法收集、存储、使用、加工、传输他人个人信息，不得非法买卖、提供或者公开他人个人信息。

1. 个人信息处理的原则和条件。处理个人信息的，应当遵循合法、正当、必要原则，不得过度处理，并符合下列条件：①征得该自然人或者其监护人同意，法律、行政法规另有规定的除外；②公开处理信息的规则；③明示处理信息的目的、方式和范围；④不违反法律、行政法规的规定和双方的约定。

2. 信息处理者的信息安全保障义务。信息处理者不得泄露或者篡改其收集、存储的个人信息；未经自然人同意，不得向他人非法提供其个人信息，但是经过加工无法识别特定个人且不能复原的除外。

信息处理者应当采取技术措施和其他必要措施，确保其收集、存储的个人信息安全，防止信息泄露、篡改、丢失；发生或者可能发生个人信息泄露、篡改、丢失的，应当及时采取补救措施，按照规定告知自然人并向有关主管部门报告。

3. 特定主体的保密义务。国家机关、承担行政职能的法定机构及其工作人员对于履行职责过程中知悉的自然人的个人信息，应当予以保密，不得泄露或者向他人非法提供。

4. 个人信息主体的权利。自然人可以依法向信息处理者查阅或者复制其个人信息，发现信息有错误的，有权提出异议并请求及时采取更正等必要措施。

自然人发现信息处理者违反法律、行政法规的规定或者双方的约定处理其个人信息的，有权请求信息处理者及时删除。

5. 处理个人信息免责事由。处理个人信息，有下列情形之一的，行为人不承担民事责任：①在该自然人或者其监护人同意的范围内合理实施的行为；②合理处理该自然人自行公开的或者其他已经合法公开的信息，但是该自然人明确拒绝或者处理该信息侵害其重大利益的除外；③为维护公共利益或者该自然人合法权益，合理实施的其他行为。

引例分析

《某某都市报》刊登涉诉文章，旨在行使媒体的社会舆论监督职责，其指向应为李某单位设立的"中国某某调查管理局"，文中并未出现指向李某的侮辱、诽谤性言辞，不足以导致李某的社会评价降低。文中出现了李某的姓名、生日及职务等基本情况，这些个人资料是已经公开的，并为李某在工作中多次使用的，对上述内容的披露不足以侵害李某的隐私权。

相关法律规范

1. 《中华人民共和国宪法》第 39~40 条。

2. 《中华人民共和国民法典》第 111、1030、1032~1039 条。

3. 《中华人民共和国刑法》第 252~253 条。

4. 《中华人民共和国网络安全法》第 22、30、40~45、64 条。

思考与练习

一、结合本项目原理，回答下列问题

1. 试述隐私权的法律保护及其限制。

2. 举例说明名誉权与隐私权的关系。

3. 个人信息保护应当注意哪些问题？

二、案例分析

刘甲与刘乙（未成年人）系姐妹关系。刘甲的丈夫因犯强奸罪被判刑，刘乙是该强奸案的受害人。刘甲的丈夫被判刑后，刘甲、刘乙及其母亲王某就此事接受了 A 电视台的采访。A 电视台有关采访播出后，B 电视台在其一节目里以《姑息养奸》为题就刘甲刘乙的上述家庭隐私进行了专题报道，并在不同时间数次播出。刘甲及其母亲均有正面镜头，刘乙也在片中出现，B 电视台对相关画面未作技术处理。刘甲和刘乙认为，B 电视台未经她们同意，未做任何技术处理，毫不掩饰地将强奸犯罪的受害者刘乙的形象和刘甲及其母亲的形象多次公之于电视屏幕上，向社会公众披露其家庭和个人隐私，致刘甲和刘乙的身心遭受极大伤害，要求 B 电视台承担消除影响、赔礼道歉的民事责任，并赔偿精神损害抚慰金及经济损失。

B 电视台认为，刘甲、刘乙自愿接受 A 电视台的采访，有关内容已在全国范围里被多次播报，其所报道的内容来源于 A 电视台，都是已公开的并且系刘甲、刘乙陈述的内容，镜头是其自曝的；在报道中对刘甲、刘乙用了化名，播放的内容也没有超出 A 电视台的新闻内容及传播范围，全部为 A 电视台所播放的原来影像，没有侵害二人的隐私，不需要承担法律责任。

这一纠纷应该如何处理？

思考方向：①明确隐私的范围，电视台对刘甲和刘乙的相关报道中有哪些属于隐私信息？②我国法律对保护隐私权如何规定？③判断 B 电视台的行为是否存在侵害隐私权的抗辩事由。

情境训练　个人信息利益的保护

 **情境案例**

黄女士在使用微信读书时，无意中发现自己的账号关联了上百个好友，微信读书还向共同使用该款软件的微信好友默认开放其读书信息，她对此并不知情；即使她与微信好友在微信读书中没有任何关注关系，也能够相互查看对方的书架、正在阅读的读物、读书想法等信息，而这些信息是她并不愿向他人展示的隐私信息。黄女士认为微信读书侵害了她的个人信息权益。

运营微信读书的腾讯公司表示，微信读书在相关服务协议中明确告知用户使用该服务需要获得微信授权，包括微信账户的公开信息（昵称、头像等）、寻找与你共同使用该应用的微信好友等，在登录页面中也向用户提示并获得了用户同意，展示用户的读书信息不仅在《用户协议》等文件中告知了用户，还在具体使用场景中对用户进行了提示。腾讯公司认同读书信息属于个人信息，但是否属于隐私要看情况。

黄女士主张微信读书存在自动添加好友关注的情况，而用户使用微信读书时的读书时长、阅读的书籍以及用户没有公开发表的书评，包含了用户的阅读习惯、阅读时间、生活状态乃至于政治立场、价值观等多方面的信息，这些信息组合起来一定程度上可以彰显一个人的兴趣爱好、审美情趣、文化修养，勾勒刻画出一个人的人格侧面，这些恰恰是大量社会评价产生的基础，用户应有控制是否对外展示这些信息的权利。微信读书前述行为显然已经侵害了用户的隐私。

黄女士要求腾讯公司停止微信读书收集、使用用户微信好友列表的行为，并删除这些列表信息，解除其与微信好友的互相关注，停止向微信好友展示其读书信息，并向其书面赔礼道歉。

训练目标

通过实训，使学生更好地掌握隐私权和个人信息保护的规则，能够准确判断侵权责任是否成立，知晓在互联网时代维护个人信息的基本路径。

完成以下工作任务：

1. 判断微信读书自动添加用户好友及展示读书信息等一系列行为的性质。

2. 总结维护隐私权和个人信息利益的方法、途径。

训练方法

1. 对案例中的所有事实进行分析判断。

2. 针对案例由教师或者学生提出问题，学生自主进行探讨、论证，教师进行辅导、点评。

3. 采取角色模拟、辩论赛等多种形式进行训练。

训练步骤

1. 根据案例中涉及的事实，搜索相关法律规范。

2. 分析判断当事人双方的主张是否有法律依据，形成初步的书面材料。

3. 按照原告、被告、法官分组，从各自立场展开讨论，并提炼总结。

拓展阅读

1. 刘保玉："论安宁生活权"，载《当代法学》2013 年第 2 期。

2. 姜鑫、徐晗宇、王萍："突发性公共卫生事件中患者隐私权研究"，载《中国医学伦理学》2020 年第 4 期。

3. 程啸："论我国民法典中个人信息权益的性质"，载《政治与法律》2020 年第 8 期。

4. 张旭、朱笑延："'全民触网'时代儿童个人信息安全的保护路径"，载《青少年犯罪问题》2020 年第 1 期。

第二编　婚姻家庭

　　本单元是对婚姻家庭法最基本理论知识的概括，内容包括婚姻家庭的概念、婚姻家庭的自然属性和社会属性、婚姻家庭的多项社会职能。婚姻家庭制度作为社会制度的上层建筑部分，经历了群婚制、对偶婚制、一夫一妻制三个历史发展阶段。婚姻家庭法作为调整婚姻关系和家庭关系的法律规范具有很强的身份性，适用范围极其广泛，其确立的婚姻家庭的基本原则，既是婚姻家庭法的立法指导思想，又是婚姻家庭法规范适用的基本准则。

单
元
四

婚姻家庭法概述

知识目标

1. 掌握我国婚姻家庭法的概念、婚姻家庭法的调整对象，认识婚姻家庭法的主要特点。

2. 了解我国婚姻法的渊源及体系。

3. 理解我国婚姻法的各项基本原则。

能力目标

1. 能从实际生活出发，判断婚姻家庭法所调整的对象。

2. 能运用我国婚姻家庭法的渊源处理一系列法律问题。

3. 熟悉并正确适用婚姻法的基本原则解决婚姻家庭纠纷。

项目一　婚姻家庭与婚姻家庭制度

引例

兰女与学男自由恋爱，按当地风俗举行订婚仪式，后同居一段时间。兰女的母亲玉某以学男经常赌博为由反对二人恋爱，并介绍本单位男青年军某与兰女相识，之后兰女喜欢上军某并确立了恋爱关系。兰女在与军某恋爱后曾口头通知学男解除婚约。半年后，兰女与军某到婚姻登记机关进行了结婚登记，学男知道后向当地人民法院起诉，提出以下请求：①自己与兰女订婚在先，兰女单方解除婚约无效；②自己与兰女曾经同居，已形成事实上的夫妻关系，应予保护；③玉某有干涉婚姻自由的行为，应予惩罚。

问题：兰女与学男的婚约是否应予保护？兰女与学男的同居是否意味着婚姻关系成立？玉某的行为是否构成干涉婚姻自由？请从婚姻的概念和婚姻家庭的社会属性出发谈谈你对本案的理解。

基本理论

一、婚姻家庭的概念

婚姻和家庭，是人类社会中极其普遍的社会现象，是两性、血缘关系的社会形式。

在法学领域，这两个概念有其特定的内涵。

所谓婚姻，是指为当时社会制度所确认的、男女两性共同生活互为配偶的结合；而家庭则是指主要以婚姻关系、血缘关系为纽带而形成的、包含一定范围的亲属在内的社会生活单位。一般认为，婚姻关系是家庭关系的基础，而婚姻双方当事人是家庭的最基本成员，因此，广义上的家庭关系概念可涵盖婚姻关系。

二、婚姻家庭的属性

探讨婚姻家庭的属性，主要着眼于考察和把握那些决定或影响婚姻家庭关系的因素或规律。当前，我国婚姻法学界已就此问题达成一致的认识，即婚姻家庭关系兼具自然属性和社会属性。

（一）婚姻家庭的自然属性

这是婚姻家庭赖以形成的自然因素。作为人类社会的基本生活单位，婚姻家庭之所以历经数千年而一直保持稳定的存在，是因为它是满足人类自然需求所必需的社会组织形式，这正体现了婚姻家庭的自然属性，体现了生物学、生理学规律在人类婚姻家庭方面的作用。它具体表现为：

1. 男女两性的生理差别和人类固有的性本能，是促成男女两性结合的生理学基础。

2. 通过生育而实现的种族繁衍则是促成两性结合的生物学基础。

3. 家庭成员间的血缘联系以及由此产生的亲属团体，体现了其在生物学上的特征。

随着婚姻家庭制度的确立，婚姻家庭制度的自然属性由自发的作用逐步上升为自觉的把握，成为婚姻家庭立法的必要因素。人们在长期的生育和生活实践中发现，排除近亲结婚能够造就体质和智力更加健全、更具优势的人种，能够提高群体生存能力和生活水平，因此他们有意识地确立了越来越多、越来越严格的婚姻禁忌。这正反映出，人们认识到自然选择规律并顺应这一规律修正着自己的行为方式，从而发展出更加符合客观规律和生存需要的婚姻家庭形态。即使在当今文明时代，婚姻家庭制度包括婚姻家庭法仍须尊重婚姻家庭的自然属性，尊重相应的自然规律，如以达到一定年龄、没有禁止结婚的血亲关系或者疾病作为结婚的法定条件，否则便会受到自然规律的惩罚甚至危及社会秩序。凡此种种，都体现出婚姻家庭具有不可抹杀的自然属性。

（二）婚姻家庭的社会属性

婚姻家庭的社会属性，是指社会制度赋予婚姻家庭的本质属性，是决定婚姻家庭的社会力量以及婚姻家庭所包含的社会内容。它具体表现为：

1. 社会属性是婚姻家庭的本质属性。这与人的社会性本质是一致的。关于人的本质，马克思曾作过简洁而经典的概括："人的本质并不是单个人所固有的抽象物，实际上，它是一切社会关系的总和。"〔1〕关于婚姻家庭具有社会属性，一个有力的论据就是：数千年以来，人类在生理学和生物学方面的自然特征并无明显变化，而其婚姻家庭形态和婚姻家庭制度则因时空的不同、社会背景的不同而呈现出不同的样态和特点。所以说，婚姻家庭是社会的产物，它不可能脱离具体的社会背景而孤立存在。

2. 社会属性是人类婚姻家庭从低级向高级发展的根本动因。两性结合和血缘联系普遍存在于一切高等动物之中，但婚姻家庭却是人类专属的社会现象。社会学家称："动物求偶，而人结婚，其意义不同是简单而明了的。求偶是生物性的，而婚姻是社会和文化的。学界通常在界定婚姻时，总是会强调婚姻必须是为当时社会制度所认可的两性结合：婚姻是指一种仪式，一种被社会认可的结合，一种一旦进入就要对社会承担某种认可责任的关系……"〔2〕这是人类的社会生产方式要求人类两性结合的行为采取社会形式的结果，而非人类的性本能要求。

3. 婚姻家庭制度是社会制度的重要组成部分。作为一定社会中占主导地位的婚姻家庭形态在上层建筑领域的集中反映，婚姻家庭制度的发展决定于社会物质资料生产，同时其具体内容又受到社会习俗、道德规范、宗教信仰、法律规范等上层建筑诸因素的影响和制约，其发展和演变是社会各种条件和各种因素综合影响的结果。

三、婚姻家庭的职能

婚姻家庭顺应人类社会发展的客观需要而产生，从其产生之日起就承担起与特定社会环境相适应的社会职能。

（一）实现人口再生产的职能

人类自身的生产是人的本性使然，一定数量的人口和人口的再生产，是社会存在和可持续发展的必然要求，以两性结合和血缘联系为基础的婚姻家庭，是人口再生产的社会形式，人口再生产就是通过家庭来实现的。实行计划生育是我国的基本国策之一，其目的在于实现人口与经济、社会、环境、资源的协调发展。

（二）组织经济生活的职能

家庭的经济职能，包括生产职能和消费职能，这是家庭产生亘古不变的职能。在古代的农业和手工业相结合的小生产经济中，家庭的组织生产功能十分强大。随着大工业的发展和生产组织形式的变化，近现代社会中家庭在组织生产方面的功能已经大为减弱，但部分家庭还继续承担组织生产的职能。更为重要的是，家庭仍是组织消费的经济单位。家庭是社会分配和个人消费之间的中介。我国现正处于社会主义初级阶段。中华人民共和国成立以来一段相当长的时期内，城乡人民的家庭组织生产的职能

---

〔1〕《马克思恩格斯全集》第3卷，人民出版社1972年版，第5页。

〔2〕［美］J. 罗斯·艾什尔曼：《家庭导论》，潘允康、张文宏等译，中国社会科学出版社1991年版，第79页。转引自潘允康："论婚姻的自主性"，载《社会学评论》2013年第2期。

有所萎缩。改革开放以来，这方面的功能又有所增强。实行承包经营的广大农民家庭和城乡个体工商户的家庭，是组织生产经营的单位，它们是社会主义市场经济中活跃的细胞。随着社会生活的变化和广大人民物质和文化水平的提高，家庭组织消费的功能较以前更加强大。通过家庭消费来实现家庭的经济职能，对发展经济、养老育幼、保障家庭成员的生活等都具有重要作用。

（三）文化教育功能

家庭是教育单位，承受着教育家庭成员、培养下一代的职能，其文化教育功能是在长期的历史发展过程中形成的。作为人们基本生活单位的家庭，在文化教育方面有其特殊的功能。家庭是人最初的生活环境和活动场所，家庭成员之间在血缘、感情、经济、生活等方面的密切联系，使家庭教育有着不同于学校教育和其他社会教育的种种特点。在教育事业不发达的古代，家庭教育即使不是唯一的也是最重要的教育方式。随着近现代学校教育和其他社会教育的发展，家庭教育在全社会的教育事业中仍然起着不可替代的作用。良好的家庭教育，对养成健全人格、培养思想品德、实现文化传承等具有很重要的意义，这一切都是在潜移默化中进行的。教育不仅是学校和其他教育机构的职责，也是家庭的职责。家庭教育应当和学校教育、其他社会教育结合起来，进一步发挥家庭作为教育单位的作用，这对提高人口质量，促进人类的全面发展和社会的文明进步，具有十分重要的意义。

四、婚姻家庭法的历史发展

（一）古代诸法合体、刑民不分、重刑轻民的婚姻家庭法

从古至今，中外各国立法都经历了这个时期。由于当时法律关系简单、立法技术落后，因此诸法混合，有关调整婚姻家庭关系的法律规范在法律体系中并未取得独立地位，而是散见在混杂的统一法典中。古代社会的婚姻家庭法有三个特点：

1. 没有形式意义上的婚姻家庭法，而是与其他法律规定相混杂，存在于统一的法典之中。实质意义上的婚姻家庭法虽有所反映，但并不充分、也不完备，在法典中所占的比重也不大。

2. 对于违反婚姻家庭法的行为，采用刑罚的方法来处理。刑罚方法是处理婚姻方面违法行为的主要手段，婚姻家庭法的刑罚色彩较浓厚，这既反映出古代立法技术的不周密，也反映出其手段的简单化和严酷性。

3. 婚姻家庭法对其他社会规范的依赖性较大，宗教、道德、习惯等社会规范对婚姻的影响较大，其中一些规定内化为婚姻的基本内容。中世纪时期，欧洲各国的婚姻家庭法发展缓慢，且深受宗教教义的影响。当时，婚姻家庭法的渊源包括习惯法、寺院法和罗马法等。从封建社会早期，欧洲各国即开始在编纂法典时对习惯法进行整理和汇编。在我国古代，关于婚姻家庭的社会规范，有重礼轻法的鲜明特点。维护宗法

制度的礼教中有着许多要求人们必须遵守的行为规范，名为"婚礼""家礼"等。它们所起的作用比法律更重要，也更为人们所熟知和严格遵守。

（二）近代资本主义国家附属于民法的婚姻家庭法

随着近代资本主义制度的建立和发展，西方社会的婚姻家庭关系逐渐从寺院法浓重的影响中走出来，在立法技术和法律理念上都有了新的发展和突破。

1. 大陆法系国家以法国、德国、日本、瑞士等国为代表，颁布系统的统一成文民法典，将婚姻家庭的法律规范置于民法典之中，尤其是法国，它是承认"婚姻是民事契约"的先锋。1791 年《法国宪法》郑重宣称："法律上承认婚姻是一种民事契约。"1804 年《法国民法典》将有关亲属和婚姻家庭的主要规定纳入第一编"人法"的内容之中，同时在第三编"取得所有权的各种方法"中规定了继承、赠与、遗嘱和夫妻财产制等，形成了完整的婚姻家庭法律体系，正式确立了资本主义婚姻家庭制度，对同时期其他国家的婚姻家庭立法产生了深远的影响。

2. 英美法系是大陆法系的对称，指主要由英格兰法发展而来的法律制度体系，其中尤以英国和美国最为典型，也包括加拿大、澳大利亚、印度、尼日利亚等适用相似法律制度的国家。英美法系国家一方面以不成文的习惯和判例法作为婚姻家庭法的渊源，另一方面，通过一系列的单行法规组成婚姻家庭方面的成文法。这些单行的制定法形式上看似独立，实际上是针对婚姻家庭中的具体领域作出规定，但在法律分类和法学理论上仍被看作是民法的组成部分，与大陆法系一样处于附属于民法的地位。

（三）现代社会主义国家独立的婚姻家庭法

十月革命之后，世界历史上出现了一种全新意识形态制度的国家，即社会主义国家，这就使得婚姻家庭领域的观念和制度也有了新的突破。社会主义国家婚姻家庭法登上历史舞台，并从一开始即以独立的法律部门出现。社会主义国家都非常重视通过法律制度对婚姻家庭领域进行革新，近些年，有些社会主义国家的婚姻家庭法也有回归民法典的趋势。

五、我国婚姻家庭立法的历史发展

（一）古代婚姻家庭立法

中国古代的婚姻家庭法有其自身的特点，成文法典出现较晚。调整婚姻家庭关系的规范，始见于礼，后入于律。在奴隶制时代，婚姻家庭关系是由礼制和为统治阶级认可的习惯调整的。到了封建制时代，婚姻家庭法规范被载入诸法合体、内容庞杂的统一法典；对婚姻家庭关系的调整是礼、律并用的。总的说来，以礼为主，以律为辅，婚姻家庭法规范详于礼而略于律，是中国古代婚姻家庭法的一大特色。有关婚姻家庭的礼制，特别是其中的实体性规范，实际上起着法的作用。这套礼、律体系的宗旨是尊崇夫权、父权、家长权，通过强力维护当时的宗法制度，使个人依附于家庭，家庭依附于宗族，宗族依附于国家，从而符合整个国家的统治秩序和统治利益。

从具体制度来说，婚姻嫁娶方面有"六礼"之制，婚姻离异方面有"七出三不去"之规，其他家事方面还有纳妾、立嫡、服制、宗祧继承等制度，这些制度发端于奴隶社会，绵延于整个漫长的封建社会。就典籍文献而言，《礼记》《仪礼》可算是较早系统记载婚姻家庭制度的文本，此后《法经》和秦律中也出现了涉及婚姻家庭事项的规定，但这些并非严格意义上的法律规范。最早出现婚姻家庭法律规范的文本应为汉朝的《九章律》，其中的"户律"包含户籍、婚姻等规范，为其后各个朝代所承袭并充实和完善，在名称上总是谓之户律、婚律或户婚律等，大同小异。封建社会后期，随着法律体系的丰富和完备，出现了与律并行的例，其也包含有大量的婚姻家庭法律规范。

总体而言，封建时代，我国婚姻家庭立法体系具有这样几个方面的特征：①宗族势力对于婚姻的缔结具有非常大的影响，两性结合需有"父母之命、媒妁之言"方合乎社会规范；②男子虽只能迎娶一位正室，但还可迎娶其他女子作偏房，实行一夫一妻多妾制度；③在男女两性的地位上，男性占据绝对优势地位，家庭中奉行夫权至上、男尊女卑的观念；④婚姻的解体主要有一种形式，即男子休妻，也就是说，女性在婚姻中处于极为被动的地位，鲜有可能按照自己的意愿解除婚姻关系。

（二）近、现代婚姻家庭立法

到近代，清政府1911年起草的《大清民律草案》中有专门的亲属一编，是中国第一部独立的民事法律草案。从其性质看，仍体现家族主义，贯穿宗法精神。清末修律改变了中国旧法律的传统体裁，打破了诸法合体、民刑不分的旧格局，使婚姻家庭法成为民法典的一部分。其后，北洋政府于1915年制定了《民律亲属编草案》，1926年又制定了《民律草案》，但都没有正式颁行。

1930年，南京国民政府公布了《民法亲属编》，于1931年5月5日起施行。该法规定了通则、婚姻、父母子女、监护、扶养、家和亲属会议，共计7章171条。

中国共产党成立之后，十分重视对旧的封建主义婚姻家庭制度的改革，婚姻家庭立法跨入了新的历史时期。1934年，中共政权在总结婚姻家庭改革经验的基础上颁布了《中华苏维埃共和国婚姻法》，全面确立了婚姻自由、男女平等、一夫一妻、保护妇女和子女利益的原则，对结婚和离婚的条件及程序以及离婚时子女的抚养和财产分割方面都进行了具体的规范。中共政权在抗日战争、解放战争期间对婚姻家庭条例的修正和完善，推动了我国婚姻家庭制度从半封建半殖民地的状态向现代社会的文明婚姻制度转化。

（三）中华人民共和国婚姻家庭立法

1. 1950年《婚姻法》。1950年5月1日，中华人民共和国颁布了第一部《中华人民共和国婚姻法》，这部法律对于推翻封建婚姻家庭制度，建立男女平等的新型婚姻家庭关系起到了重要作用。该法以废旧立新为历史使命，既意味着社会主义婚姻家庭法的创建，又表现为从新民主主义婚姻家庭法向社会主义婚姻家庭法的过渡，因而具有双重性质。从而使婚姻家庭法作为一个基本部门法的格局大致形成。

2. 1980 年《婚姻法》。1980 年《婚姻法》是中华人民共和国颁布的第二部《婚姻法》，较之 1950 年《婚姻法》，它们的不同之处主要体现在以下几个方面：

（1）增加了计划生育条款，推迟了结婚年龄。法定婚龄从原来的男 20 周岁、女 18 周岁变更为男 22 周岁、女 20 周岁。

（2）对结婚条件进行了多方面的修改。禁止结婚的规定由"兄弟姐妹之外的其他五代内旁系血亲间禁婚问题"，从习惯变更为"三代以内的旁系血亲间禁止结婚"。关于因病禁婚情形，删除了"有生理缺陷不能发生性行为者禁止结婚"的条款，规定"患麻风病未经治愈者，禁止结婚；或患其他医学上认为不应当结婚疾病者，禁止结婚"。

（3）增加了保护老人合法权益和女方利益的规定，将原有的"保护妇女和儿童合法权益原则"修正为"保护妇女、儿童和老人合法权益的原则"。登记结婚后，根据男女双方约定，男方也可以成为女方的家庭成员。

（4）加强对家庭关系的调整。一方面，保留了既有的调整夫妻之间、父母子女之间权利义务关系的法律规定，并对夫妻人身关系和财产关系、家庭成员的扶养关系以及继父母子女关系方面作出更为具体的规定。另一方面，又在特定情形下增加了调整祖孙关系和兄弟姐妹关系的规定。

（5）对离婚制度进行了较大的修改和完善。如对于离婚程序、离婚条件、离婚中子女抚养及财产分割等方面，1980 年婚姻法都作了很多的修改和完善。

3. 2001 年《婚姻法》的修订。改革开放后的 20 多年来，我国的社会生活和婚姻家庭生活经历了巨大的变化，婚姻家庭领域也出现了一些前所未有的新情况和新问题，1980 年的《婚姻法》已远远不能适应婚姻家庭关系的客观现实，社会各界迫切要求修改我国婚姻家庭立法。

从 1995 年 10 月 30 日将修改《婚姻法》列入第八届全国人大的立法规划，到 2001 年 4 月 28 日第九届全国人大常委会第二十一次会议通过《关于修改〈中华人民共和国婚姻法〉的决定》，这是我国自中华人民共和国成立后第二次修改《婚姻法》。这次修法的重点，主要在以下几个方面：

（1）总则部分内容的变化。总则中增加"禁止有配偶者与他人同居""禁止家庭暴力"的规定，增设了夫妻忠实和禁止婚外同居的内容，强化了对婚姻家庭主体人身权利的保护。在新增的第 4 条中规定了婚姻双方和家庭成员的共同责任，从而集中体现了我国婚姻家庭法的立法宗旨。

（2）结婚制度方面的变化。在结婚制度中增设了关于无效婚姻和可撤销婚姻的规定，进一步明确了事实婚姻的法律处理。其内容包括婚姻无效和撤销的原因，撤销请求权人和请求权行使的时间以及婚姻无效和撤销的法律后果等，从而为防治违法婚姻制定了必要的法律对策。

（3）家庭关系方面的变化。在夫妻关系中新《婚姻法》明确禁止"有配偶者与他人同居"的行为，从反面确立了夫妻间的同居权；同时还规定夫妻应当互相忠实、互相尊重。在夫妻财产关系方面改进了原有的法定夫妻财产制，界定了夫妻双方共有财产和一方所有财产的范围；同时还规范了夫妻财产约定，包括约定的内容、形式和效力；对有关亲子、祖孙、兄弟姐妹权利义务等规定也作了适当的修改。

（4）离婚制度方面的变化。在离婚制度中，对准予离婚的法定理由增设了若干列举性、例示性的规定，从而增强了法律在实践中的可操作性，有利于保障离婚自由，防止轻率离婚。在离婚后子女的抚养教育和财产处理等问题上，增设了探望权、经济补偿和损害赔偿等规定。

（5）以专章规定救助措施和法律责任。对违反婚姻家庭法行为的受害人，规定了各种必要的救助措施，对婚姻家庭领域的行政违法行为、民事违法行为和刑事犯罪行为规定了相应的法律责任。

由上述内容可知，2001 年《婚姻法》主要对总则、结婚制度、家庭关系、离婚制度以及救助措施与法律责任五个方面进行了相应的调整和增补。

4. 2020 年 5 月 28 日《民法典》婚姻家庭编体例及内容修改。婚姻家庭编共五章，79 条。《民法典》婚姻家庭编以《婚姻法》《收养法》为基础，吸收 2 部司法解释的条文，在坚持婚姻自由、一夫一妻等基本原则的前提下，结合社会发展需要，修改完善了部分规定，并增加了新的规定。

在体例方面，婚姻家庭编整合了《婚姻法》和《收养法》，前四章沿用《婚姻法》原有的体例，将《收养法》条款修改吸收为婚姻家庭编第五章。婚姻家庭编把新《婚姻法》第一章的"总则"变更为了"一般规定"，同时删除"附则"。

在内容方面，婚姻家庭编吸收了 2 部法律，具体包括新《婚姻法》共五章 42 条，其中直接吸收 1 条，修改吸收 41 条，包括一般规定、结婚、家庭关系、离婚等内容；吸收《收养法》共三章 27 条，其中直接吸收 2 条，修改吸收 25 条，包括一般规定、收养关系的成立解除、收养的效力等内容；修改吸收了 2 部司法解释：《最高人民法院关于适用<中华人民共和国婚姻法>若干问题的解释（三）》第 2、4 条关于夫妻分割共同财产及对亲子关系确认的规定；《最高人民法院关于审理涉及夫妻债务纠纷案件适用法律有关问题的解释》第 1~3 条关于夫妻共同债务认定的规定。除此之外，婚姻家庭编新增 6 条，包含界定亲属、近亲属、家庭成员的范围和离婚冷静期等规定。

引例分析

本案中，兰女与学男的婚约不是合法有效的婚姻关系，不受保护。因为根据我国现行法律、政策，婚约不具有法律约束力，可以单方解除，无须经由法律程序处理。

兰女与学男的同居并不意味着婚姻关系成立。因为婚姻是指为当时社会制度所确认的、男女两性共同生活互为配偶的结合，根据我国《民法典》第 1049 条"要求结婚的男女双方应当亲自到婚姻登记机关申请结婚登记。符合本法规定的，予以登记，发给结婚证。完成结婚登记，即确立婚姻关系"的规定，兰女与军某的结婚登记是合法有效的婚姻，是我国社会制度所确认的、男女两性共同生活互为配偶的结合。兰女母亲玉某的行为不构成干涉婚姻自由。因为其对女儿与学男的关系提出合理的规劝是法律允许的；玉某仅介绍女儿与军某相识，并没有实施强迫干涉婚姻自由的行为；其女儿与学男终止恋爱关系，以及与军某结婚登记均是本人自愿的。

相关法律规范

《民法典》第 1040~1042、1046、1049 条。

思考与练习

一、结合本项目原理，作出正确选择

1. 人类进入阶级社会，下列哪种情形成为主要的、典型的婚姻家庭形态？（　　）

A. 对偶婚制　　B. 群婚制　　C. 一夫一妻制　　D. 伙婚制

2. 群婚制的低级形式是（　　）

A. 亚血缘群婚　　B. 非血缘群婚　　C. 血缘群婚　　D. 氏族外群婚

3. 亚血缘群婚制时期的两性关系是（　　）

A. 直系血亲间的集团婚　　B. 同行辈的集团婚

C. 同行辈的集团婚中排除了兄弟姐妹

D. 一男一女的结合但并不牢固

4. 在人类社会两性和血缘关系社会形式的演进过程中，可视为从群婚制到一夫一妻制的过渡的婚姻家庭制度是（　　）

A. 对偶婚制　　B. 个体婚制　　C. 亚血缘群婚制　　D. 血缘群婚制

5. 中华人民共和国第一部《婚姻法》颁布于（　　）

A. 1949 年　　B. 1953 年　　C. 1950 年　　D. 1980 年

二、结合本项目原理，回答下列问题

1. 为什么说婚姻家庭法的本质属性是社会属性？试举例说明。

2. 婚姻家庭的职能主要包括哪些？

项目二　婚姻家庭法的概念和调整对象

引例 1

家住广东省广州市天源路的王某和张某夫妇，经自由恋爱，于 2009 年登记结婚，婚后未生育子女。结婚初期，双方关系尚好，2011 年 7 月因妻子张某不慎丢失结婚钻戒，丈夫王某与其发生争执，导致双方关系失和，以致妻子住回娘家，至今分居，闹到离婚的地步。2012 年 1 月，妻子张某向广州市天河区人民法院提起诉讼，要求与丈夫王某离婚。天河区法院对这起离婚案件进行了审理，最终认定双方的感情尚未破裂，不构成离婚的理由，驳回了原告的离婚诉求，作出不予支持原告离婚诉讼请求的判决。

问题：王某和张某夫妇之间因婚戒发生的纠纷是否属于婚姻法调整？张某的离婚请求为什么没能得到法院的支持？本案应当适用婚姻法的哪一种渊源？

▍ **引例 2**

"马桶案"：一对夫妻离婚，女方要求拿回陪嫁的马桶，男方坚决拒绝。双方坚持不下，并闹上了法庭。法庭经调查了解到：在当地，马桶叫"子孙桶"，是女方"必备"嫁妆之一，寓意子子孙孙繁衍生息、人丁兴旺，谁从男方家中拿走"子孙桶"，就意味着男方家要断子绝孙。

问题：女方能否拿回陪嫁的马桶？为什么？

▍ **基本理论**

一、婚姻家庭法的概念和特征

（一）婚姻家庭法的概念

婚姻家庭法是指调整婚姻家庭关系的发生和终止，以及由此所产生的特定范围亲属之间的权利义务关系的法律规范的总和。其含义如下：

1. 婚姻家庭法是一种法律规范。它是由国家立法机关制定或者确认的，并由国家强制力保障实施的法律规范。

2. 婚姻家庭法是以婚姻家庭关系为调整对象的法律规范。任何法律都必须以一定的社会关系为调整对象，并由此构成自己与其他法律的区别，形成自己独立的内容和地位，婚姻家庭法也不例外。婚姻家庭法对婚姻家庭关系的发生和终止以及婚姻家庭主体之间的权利和义务具有规定和调整的作用。

3. 婚姻家庭法是所有规定和调整婚姻家庭关系的法律规范的总和。即一切调整婚姻家庭关系的法律规范，均属婚姻家庭法的范畴。它不仅包括《中华人民共和国民法典》中的婚姻家庭编和《中华人民共和国婚姻登记条例》（以下简称《婚姻登记条例》）等立法文件，也包括其他法律、法规以及最高人民法院司法解释中有关调整婚姻家庭关系的法律规范。

（二）婚姻家庭法的特征

婚姻家庭法在调整范围、调整对象和调整手段等方面都有自身的特点。其特征可概括如下：

1. 婚姻家庭法在适用范围上具有极大的广泛性。婚姻家庭法的适用范围几乎可以说覆盖了全社会。每个人都来自于家庭，而每个家庭中的夫妻关系和家庭成员关系又都在婚姻家庭法的调整范围之内。也正因为如此，婚姻家庭法与每个社会成员的生活都息息相关，一个人在从出生后到死亡前的整个生命过程中都会作为婚姻家庭关系的主体参与到婚姻家庭法律关系之中，婚姻家庭法是适用于全体公民的普遍法，而不是只适用于个别公民的特别法。

2. 婚姻家庭法在调整对象上具有很强的身份性。婚姻家庭法的调整对象中，人身关系是主要的、起决定作用的方面。在婚姻家庭关系中，一个人一般是以多重法律关系的主体身份出现，同时处于多层次的权利义务关系中，而且具有持久性或终身性。一个人从出生到死亡，往往是以不同的身份受到婚姻家庭法的调整。一个人出生后，以子女的身份与父母发生绝对的权利义务关系，与兄弟姐妹、祖父母、外祖父母发生附条件的权利义务关系；成年结婚后与配偶发生夫妻关系；生育子女后，又与子女发生亲子权利义务关系。可见，由于婚姻家庭的固有特性，在婚姻家庭生活中，客观上必然会导致多层次的法律关系存在。

3. 婚姻家庭法在内容上具有鲜明的伦理性。婚姻家庭法所规定的原则，既是法律的规定，也是伦理道德的要求。我国封建社会的伦理道德最基本的有五种关系，称为五伦关系："君臣、父子、夫妇、兄弟、朋友。"五伦中的父子、夫妇、兄弟实际上就是婚姻家庭关系。这种尊卑、长幼的关系被认为是不可变更的常道（又称伦常）。中国亲属法文化源远流长、博大广阔、内涵丰富，其源头就来自儒家的伦理思想。在亲属关系中，夫妻、父母子女相互之间的关系，伦理的色彩特别浓厚，具有强烈的伦理性。伦理道德与法律的一致性，在婚姻家庭领域中表现得尤其突出。例如：父母抚养教育子女、子女赡养扶助父母的义务，就是婚姻法以社会中的伦理道德为基础所作出的规定。这一点，在婚姻家庭生活领域里表现得尤为明显：法律为婚姻家庭主体规定的权利和义务，都是社会主义婚姻家庭道德的必然要求。

4. 婚姻家庭法在对行为的规定中大部分体现的是强制性。强制性是一切法律部门的共同特点，在婚姻家庭法上表现得尤为明显。关于亲属之间的权利义务规范大多是强制性的，如夫妻之间的相互扶养义务、父母抚养子女的义务和子女赡养父母的义务都是由国家强制力来保障实施的，当事人不依法履行义务必会受到法律的制裁。再如，婚姻家庭法中关于结婚、离婚、成立收养和收养解除的程序性规定都是不可违反的，否则即不能发生当事人所预期的法律效果。当然，婚姻家庭中也存在一些任意性的规范，如关于夫妻财产的处理、婚姻住所的确定等，但这类规范不多，适用时也须符合婚姻家庭法的有关原则，当事人选择的余地不大。

二、婚姻家庭法的调整对象

婚姻家庭法的调整对象为婚姻家庭关系。具体可以从以下几个方面理解：

1. 从调整对象的范围来看，婚姻家庭法既调整婚姻关系，又调整家庭关系；既包括婚姻家庭关系的发生、变更和终止的动态运行的全过程，又包括横向的婚姻家庭关系中主体之间的权利义务。

在我国，列入婚姻家庭法调整范围的主体，有夫、妻、父、母、子、女、祖、孙（双系兼指，包括祖父母、外祖父母、孙子女、外孙子女）和兄弟姐妹等。在特定的情形下，还包括女婿和岳父母、儿媳和公婆，以及兄弟姐妹以外的其他三代以内旁系血亲。列入婚姻家庭法调整范围的事项，是那些需要由法律加以规定、具有法律意义与法律后果的问题。例如，结婚、离婚，收养关系的成立和解除，夫妻、亲子、祖孙和兄弟姐妹间的权利义务等，都是由婚姻家庭法加以规定的。

2. 从婚姻家庭法调整对象的性质来看，具有很强的身份性和伦理性，但同时财产关系也占有相当的比重。婚姻家庭法的调整对象中，人身关系是主要的、起决定作用的方面。婚姻家庭领域的财产关系以人身关系为先决条件，居于从属依附地位。这种财产关系对人身关系的从属性，表现在发生、终止和内容等诸多方面。婚姻家庭法就其基本性质而言是身份法，而不是财产法，它调整的是婚姻家庭主体间、其他近亲属间的人身关系以及与此相联系的财产关系。

婚姻家庭法调整的人身关系存在于彼此具有特定亲属身份的自然人之间，其本身并不具有经济内容，也不是出于经济上的目的而创设的。但是，它是婚姻家庭领域的财产关系的发生根据。与其他法律中调整的人身关系不同（例如，著作权、发明权中的人身权是基于主体的创造性的劳动而取得的，生命健康权、名誉权等是基于人格而享有的，这些均与亲属身份无关），婚姻家庭法调整的人身关系是亲属身份关系，按照法律的规定，它只能因出现一定的法律事实（事件或行为）而发生，如结婚、出生、收养；因出现一定的法律事实而终止，如离婚、死亡、收养解除等。因此，婚姻家庭领域的人身权是以主体间的特定亲属身份为其发生前提，不应是以追求经济利益为目的的，否则就违背了婚姻家庭关系的本质要求。

婚姻家庭领域的财产关系具有一定的经济内容，涉及有关主体之间的物质利益。但它是随着婚姻家庭领域的人身关系的发生而发生，随着上述人身关系的终止而终止的。财产关系的内容反映了相应的人身关系的要求。例如，夫妻的财产关系方面的权利义务，因当事人结婚取得配偶身份而发生，又因当事人死亡或离婚丧失配偶身份而终止。扶养、抚养和赡养等关系，均以权利人和义务人的亲属身份为依据。因此，在婚姻家庭领域里，财产关系无非是亲属人身关系所引起的相应法律后果。

三、婚姻家庭法的渊源及适用范围

（一）婚姻家庭法的法律渊源

法学中所说的法律渊源，专指法律规范借以表现的形式。婚姻家庭法的渊源，主要来自各种具有法律效力的规范性文件。我国婚姻家庭法的渊源有以下几种：

1. 《宪法》和其他法律。宪法在我国法律体系中居于母法的地位，是一切法律部门共有的法律渊源和立法基础。《宪法》中与婚姻家庭法有关的内容成为婚姻家庭法的渊源。《宪法》以外的有关法律，包括基本法律和基本法律以外的法律，是婚姻家庭法的重要渊源，如民法、刑法、刑事诉讼法、行政法等，在这些部门基本法中，均有涉及婚姻家庭关系的相应规范。《民法典》是我国的民事基本法，该法中既有适用于婚姻家庭法的总则性规定，又对公民在婚姻家庭领域的民事权利作了重要的原则规定。《民法典》婚姻家庭编部分目前起着婚姻家庭基本法的作用。全国人民代表大会及其常务委员会制定的其他法律中也多有涉及婚姻家庭的内容，如《妇女权益保障法》《未成年人保护法》《老年人权益保障法》《母婴保健法》《反家庭暴力法》，以及 2015 年 12 月 27 日通过自 2016 年 1 月 1 日起施行的《中华人民共和国人口与计划生育法》等，它们也是婚姻家庭法的渊源。

2. 行政法规和国务院所属部门制定的规章。在国务院制定的行政法规、国务院所属各部门制定的行政规章中有许多涉及婚姻家庭关系的规范，在调整婚姻家庭关系、保护公民婚姻权益等方面对法律作了重要的补充。如《婚姻登记条例》《中国公民收养子女登记办法》等，它们同样是我国婚姻家庭法的渊源。

3. 地方性法规、规章和民族自治地方的变通规定。地方性法规、规章中也有若干婚姻家庭法规范。其内容涉及婚姻，收养，计划生育，保护妇女、儿童和老人合法权益，防止家庭暴力等诸多方面。这些结合当地的实际情况所作的适用于本地区的规定，是保证全国性的婚姻家庭立法贯彻执行的必要措施。民族自治地方制定的有关执行婚姻家庭法的变通或补充规定等，也是本地方婚姻家庭法的渊源。

4. 最高人民法院的司法解释及援用、认可的有关判例。最高人民法院发布的有关适用婚姻家庭法的司法解释，是人民法院审理婚姻家庭案件的经验总结，这些司法解释具有一般规范性和很强的可操作性，是我国婚姻家庭法的渊源之一。

人民法院在审判过程中如何具体适用法律、法规，是对法律、法规本身如何理解、掌握和执行的积极主动的创造性工作。因此，最高人民法院根据婚姻家庭法的基本精神，在总结审判实践经验的基础上作出的关于适用法律的司法解释和指导性文件以及确立、援用、认可的并以"批复"形式下达的各种典型判例，即成为婚姻家庭法的重要渊源之一。例如，最高人民法院历次民事审判工作会议文件中有关处理各类婚姻家庭纠纷的意见，《最高人民法院关于人民法院审理未办结婚登记而以夫妻名义同居生活案件的若干意见》《最高人民法院关于人民法院审理离婚案件如何认定夫妻感情确已破裂的若干具体意见》《最高人民法院关于人民法院审理离婚案件处理子女抚养问题的若干具体意见》《最高人民法院关于人民法院审理离婚案件处理财产分割问题的若干具体意见》《最高人民法院关于适用〈中华人民共和国民法典〉婚姻家庭编的解释（一）》等等。最高人民法院的司法解释及其典型判例对婚姻家庭法至少有四个方面的作用：一是填补成文法律本身的空白；二是明确可能引起歧义的条文；三是明确某些法律概念的内涵或外延；四是根据法律精神，针对具体问题提出处理办法。

另根据我国现行《宪法》的规定，全国人民代表大会常务委员会的职权之一是解释法律，这种立法解释的效力是高于司法解释的，它当然是我国重要的法律渊源。考虑到至今为止尚无有关婚姻家庭法的立法解释，同时也考虑到，对法律的立法解释可视为该法律的组成部分，因此本项目未将其列为婚姻家庭法渊源的种类之一，将来如有这方面的立法解释可将其归入上述诸渊源中的法律类别。

5. 我国缔结或者参加的国际条约。按照我国《民法典》的规定，处理涉外婚姻家庭关系时可以适用我国缔结或者参加的国际条约。在法定情形下，还可适用国际惯例。依照《民法典》的有关规定，适用外国法律和国际惯例时，不得违背我国的社会公共利益。

除上述诸渊源外，我们认为，党和国家的婚姻家庭政策，比如 2016 年我国实行的全面二孩政策，以及为法律认可的、符合社会主义婚姻家庭道德的习惯，也具有婚姻家庭法渊源的地位和作用。

总之，我国婚姻家庭法的渊源不是单一的，而是复合的，各种渊源在法律体系中处于不同的位阶，具有不同的法律效力，在适用范围上也是有区别的。

（二）婚姻家庭法的适用范围

婚姻家庭法的适用范围，是指婚姻家庭法在何时、何地、对何人何事发生效力的问题。我们通常将其概括为以下三个方面：

1. 婚姻家庭法的时间效力。婚姻家庭法的时间效力，包括婚姻家庭法的生效、失效以及有无溯及力的问题。通常，婚姻家庭法的生效时间可通过两种方式来确定：一是由法律本身或由立法机关另行规定生效时间。如 2020 年 5 月 28 日《民法典》规定："本法自 2021 年 1 月 1 日起施行。"二是法律自公布之日起生效。有时，法律文件中也会直接规定该法自发布之日起施行。婚姻家庭法的失效时间也可通过两种方式来确定：一是通过新法明确规定旧法的失效时间。如 2020 年 5 月 28 日《民法典》第 1260 条规定："本法自 2021 年 1 月 1 日起施行。《中华人民共和国婚姻法》……《中华人民共和国民法总则》同时废止。"二是在新法未作明确规定的情形下，待新法施行后，旧法即失去法律效力。

关于婚姻家庭法是否具有溯及力，要考虑具体法律文件、具体法律问题来确定。就目前而言，我国婚姻家庭领域两大基本法即婚姻法和收养法都不溯及既往，即它们对其各自生效前的相关法律问题都不适用，也就是说，解决这些法律问题时还应适用当时的有关法律规范。

2. 婚姻家庭法的空间效力。婚姻家庭法的空间效力，是指婚姻家庭法规范在何地域范围有效的问题。一般来讲，婚姻家庭法的地域效力范围及于制定该婚姻家庭法律规范性文件的机关权力所管辖的地域范围，如全国性的婚姻家庭立法文件都适用于国家主权领域的一切地区，包括领陆、领水及其底土和上空，还包括延伸意义上的领土，即驻外使馆和领域外的本国交通工具。地方性的婚姻家庭立法文件则只具有地域性空间效力，如省、自治区、直辖市人民代表大会或其常委会制定的地方性法规仅在整个省、自治区或直辖市的地域范围内有效，民族自治地区有权机关制定的婚姻家庭法变通性规定，也只适用于相应的民族自治地区。

3. 婚姻家庭法对人的效力。婚姻家庭法对人的效力，即婚姻家庭法对哪些人具有效力的问题。我国婚姻家庭法适用于所有公民，即凡我国公民之间的结婚、离婚、收养等婚姻家庭事宜，都必须适用我国婚姻家庭法。华侨与国内公民之间、港澳同胞与内地公民之间在我国境内办理结婚、离婚和收养等事宜，也应当适用我国婚姻家庭法。此外，居住在我国境内的外国人、无国籍人原则上亦应适用我国相关涉外法律法规。

引例分析 1

本案中，原、被告是自由恋爱，自主婚姻，婚姻基础较好，婚后也建立了一定的夫妻感情。尽管妻子张某遗失结婚钻戒是件不愉快的事，并发生些口角，但没达到夫妻感情破裂的程度。鉴于被告不同意离婚、并有和好的打算，希望原告给予被告和好的机会，也希望被告积极与原告沟通、交流，并注意方式方法，共建和睦幸福的家庭。

广州市天河区法院最终依据《最高人民法院关于人民法院审理离婚案件如何认定夫妻感情确已破裂的若干具体意见》判定，原告坚持要求离婚理由不足，不予支持。

引例分析 2

法庭认为，男方的要求并不过分，并通过耐心调解说服女方，马桶留在男方家，男方给女方补偿。制定法中并无此责任方式的规定，本案依照的就是民间习惯，是符合社会主义婚姻家庭道德的习惯，也是我国婚姻家庭法的渊源。

所谓民事习惯是指一定范围、一定地域的人们长期形成的为多数人认可并遵守的不违反法的基本原则的行为规则，适用上具有间接性和补充性。

思考与练习

一、结合本项目原理，作出正确选择

1. 婚姻家庭法调整的对象是（　　）

A. 婚姻家庭　　　　　　B. 婚姻家庭关系

C. 婚姻家庭法律关系　　D. 亲属关系

2. 婚姻家庭法中起主要决定作用的调整对象是（　　）

A. 家庭关系　B. 婚姻关系　C. 人身关系　D. 财产关系

3. 婚姻家庭法调整的人身关系属于（　　）

A. 财产关系　B. 人身特定关系　C. 亲属身份关系　D. 家庭领域关系

4. 在我国，婚姻家庭法的立法基础是（　　）

A. 民事习惯　　B. 国家政策

C.《民法典》中的有关规定

D.《宪法》中的有关规定

5. 下列关于婚姻家庭法的渊源中，位阶最高的是（　　）

A.《未成年人保护法》　　B.《婚姻登记管理条例》

C.《最高人民法院关于适用〈中华人民共和国民法典〉婚姻家庭编的解释（一）》

D.《中国公民收养子女登记办法》

6. 根据我国现行婚姻法的规定，民族自治地方人民代表大会有权结合当地民族婚姻家庭的具体情况，制定（　　）

A. 变通规定　　B. 变通或补充规定

C. 补充规定　　D. 独立的婚姻法

二、结合本项目原理，回答下列问题

1. 从实际生活出发，举例说明婚姻家庭法所调整的对象。

2. 试论我国婚姻家庭法的特征。

3. 我国婚姻家庭法的渊源有哪些？除了书中介绍的几种类型外，你认为是否存在其他的渊源？

▐▐▐▐▐ **拓展阅读**

1. 马忆南主编：《婚姻家庭法》，北京大学出版社 2012 年版。

2. 杨大文、龙翼飞主编：《婚姻家庭法学》，中国人民大学出版社 2018 年版。

3. 房绍坤、范李瑛、张洪波编著：《婚姻家庭继承法》，中国人民大学出版社 2020 年版。

项目三　婚姻家庭法的基本原则

▐▐▐▐▐ **引例**

孙某和李某（女）婚后感情出现危机，为了维持婚姻，2006 年 12 月，孙某在李某的要求下，订立了一份"忠诚协议"："夫妻双方要互相忠实，厮守一生，白头到老。如果一方要求离婚，必须赔偿对方精神损失费 100 万元。"但是之后双方感情不但没有好转，李某也经常到孙某单位无理取闹，致使双方感情破裂。孙某提起诉讼要求离婚。李某同意离婚，但是要求孙某按协议赔偿其精神损失费 100 万元。孙某不同意支付该费用。

问题：该协议是否具有法律效力？有没有违反我国《民法典》的基本原则？为什么？

▐▐▐▐▐ **基本理论**

《民法典》婚姻家庭编的基本原则是婚姻家庭编运行的基本准则，集中体现了以婚姻家庭为主要内容的婚姻家庭制度的本质和特征。我国《民法典》第 1041 条规定："婚姻家庭受国家保护。实行婚姻自由、一夫一妻、男女平等的婚姻制度。保护妇女、未成年人、老年人、残疾人的合法权益。"第 1042 条规定："禁止包办、买卖婚姻和其他干涉婚姻自由的行为。禁止借婚姻索取财物。禁止重婚。禁止有配偶者与他人同居。禁止家庭暴力。禁止家庭成员间的虐待和遗弃。"这两个条文从正反两个方面完善了我国婚姻家庭法的基本原则。《民法典》第 1043 条规定："家庭应当树立优良家风，弘扬家庭美德，重视家庭文明建设。夫妻应当互相忠实，互相尊重，互相关爱；家庭成员间应当敬老爱幼，互相帮助，维护平等、和睦、文明的婚姻家庭关系。"该条提出了我国民法典婚姻家庭编所倡导的夫妻关系及其他家庭关系。

一、婚姻家庭受国家保护原则

《中华人民共和国宪法》第 49 条第 1 款规定："婚姻、家庭、母亲和儿童受国家的保护。"《民法典》在婚姻家庭编也作了相应规定："婚姻家庭受国家保护。"这是我国宪法原则在民法领域具体化的表现。

婚姻家庭受国家保护，具体而言，包括两个方面的内容：其一，国家通过制定保护婚姻家庭的法律和法规，赋予自然人在婚姻家庭领域里应有的一系列民事权利，比如大家熟知的父母与子女之间、祖孙之间、兄弟姐妹之间的法定的人身权和财产权，再如婚姻自由权、夫妻人身权、夫妻婚姻关系存续期间的法定共有财产权，还有夫妻之间的相互抚养的权利等，将婚姻家庭成员拥有的上述婚姻家庭权利以法律的形式表现出来，以期实现自然人在婚姻家庭关系中的根本利益。其二，婚姻家庭受国家保护就意味着要禁止各种损害婚姻家庭利益的行为，对于侵害婚姻家庭的行为国家将采取一系列强制措施予以制止，并防止家庭成员的利益遭受侵害，为婚姻家庭成员提供有效的法律救济。比如《中华人民共和国反家庭暴力法》《中华人民共和国妇女权益保障法》及人身安全保护令的设立均是国家对婚姻家庭的保护，将保护的触角直接伸入婚姻家庭领域，彰显了人民利益高于一切的宪法精神。

二、婚姻自由原则

婚姻自由是指婚姻当事人有权按照法律的规定，自主地决定自己的婚姻问题，不受任何人的强制或非法干涉。要全面捍卫婚姻自由原则，既需要了解婚姻自由原则的内涵，也必须禁止各种非法干涉婚姻自由的行为。

（一）婚姻自由原则的内涵

婚姻自由包括两个方面：结婚自由和离婚自由。结婚自由是指婚姻当事人有依法缔结婚姻关系的自由。只要当事人缔结婚姻的意愿没有违反法律的规定都应当得到尊重，当事人是否结婚、与谁结婚，是法律赋予的权利，任何人无权干涉。当然，自由从来都不是绝对的，在我国，婚姻当事人必须要符合《民法典》关于结婚的条件，也会受到经济条件、地域条件等的限制。离婚自由是指夫妻双方均有依法解除婚姻关系的自由。如果夫妻感情确已破裂，维系这种婚姻关系，于当事人、于社会都未必有好处，而离婚对于那些名存实亡的婚姻，对于那些无法共同生活的夫妻提供了最好的救济途径。但是离婚并不仅仅是夫妻双方的事，它还关系到家庭的稳定、子女的幸福，因此我们在保障离婚自由的同时，也反对轻率离婚。

结婚自由和离婚自由共同构成婚姻自由的完整内容，两者缺一不可。结婚自由是实现婚姻自由的先决条件，离婚自由是结婚自由的必要补充。没有离婚自由，结婚自由就不可能得到彻底地实现。

（二）婚姻自由原则的贯彻落实

要贯彻落实婚姻自由原则，就要禁止各种干涉婚姻自由的行为。我国《民法典》婚姻家庭编明确规定禁止包办、买卖婚姻和其他干涉婚姻自由的行为，禁止借婚姻索取财物。包办婚姻是指第三方（包括父母）违反婚姻自由原则，无视婚姻当事人的意愿，强迫无感情基础的当事人缔结的婚姻。买卖婚姻是指第三方（包括父母）以索取大量财物为目的，包办、强迫他人缔结的婚姻。买卖婚姻将婚姻当事人等同于商品，剥夺了其在缔结婚姻上的自主权利。其他干涉婚姻自由的行为包括成年子女干涉丧偶、离婚的父母再婚的行为，也有前恋人、前配偶干涉再婚的行为，还有以暴力方式干涉他人婚姻自由的行为等等。借婚姻索取财物是指当事人自愿结婚但以索取一定的财物作为结婚必要条件的行为。这种婚姻基本上是婚姻当事人自主自愿的，但一方（通常是女方）以结婚为由往往要求对方给付大量财物（通常表现为彩礼），否则，家长不同意结婚。借婚姻索取财物的本质也是违反婚姻自由原则的行为，使得婚姻当事人的婚姻受制于经济条件、家长的意愿。因此，对于违反婚姻自由的这些行为，婚姻法都明确予以禁止和反对。

随着社会的发展，我国目前的包办婚姻及买卖婚姻这些严重背离婚姻自由原则的行为越来越少，但是借婚姻索取财物的行为却仍然大量存在。在农村，因结婚而向婚姻当事人一方索要彩礼的行为较普遍，但如果没有顺利缔结婚姻或者双方离婚，则容易因彩礼引起财物纠纷，对于这些矛盾应当妥善处理，具体可以依据我国婚姻家庭领域司法解释的规定来处理。[1]

三、一夫一妻制原则

一夫一妻制，是指一男一女结为夫妻，互为配偶的婚姻形式。这一制度是当今世界普遍认可的婚姻家庭基本原则。一夫一妻是男女两性结合的最文明方式，是人类社会走向文明的标志，是符合客观规律的。一夫一妻制对于婚姻家庭的稳定、子女的抚

---

〔1〕 可参考单元五"结婚"里项目一"结婚制度"中有关"婚约"的内容。

养教育以及社会的稳定都有着积极的作用。现今，世界上多数国家都实行一夫一妻制，我国也在《民法典》中明确规定了实行一夫一妻的婚姻制度。

（一）一夫一妻制的内涵

一夫一妻制包含以下内容：其一，对于任何人，不论其地位高低，财产多少，只能有一个配偶，不能同时拥有两个或两个以上的配偶。其二，任何已经结婚的人，在其配偶死亡之前或者在离婚之前，都不得再结婚。其三，法律禁止一切公开的或者隐蔽的一夫多妻或一妻多夫的两性关系。

（二）一夫一妻制的贯彻落实

为了保障一夫一妻制的顺利实施，我国婚姻法明确规定禁止重婚，禁止有配偶者与他人同居及其他破坏一夫一妻制的行为。重婚是指有配偶者又与他人结婚的行为，即当事人在已存在合法婚姻关系的情况下又与第三方缔结婚姻关系的行为。两个婚姻关系中，先缔结的称为前婚，后缔结的称为后婚。重婚分为两种形式：法律重婚和事实重婚。法律重婚是指前婚尚未解除又与他人办理结婚登记的行为；事实重婚是指前婚尚未解除又公开与他人以夫妻名义共同生活，但未办理结婚登记的行为。这两种重婚行为都为法律所禁止，我国刑法也规定了重婚罪以保护一夫一妻制的实施。重婚不具有法律效力，后婚不受法律保护。重婚是婚姻无效的原因之一，也是当事人请求离婚的理由之一，还是无过错方请求离婚损害赔偿的法定情形之一。我国《刑法》规定，"有配偶者重婚的，或者明知他人有配偶而与之结婚的"构成重婚罪，应当受到刑法制裁。与现役军人的配偶结婚的，构成破坏军婚罪，也应当受到刑罚处罚。

有配偶者与他人同居是指有配偶者与婚外异性，不以夫妻名义，持续、稳定地共同居住生活的行为。这种行为有别于事实重婚，事实重婚是有配偶者与婚外异性虽然没有登记结婚，但是公开以夫妻名义共同生活，周围邻居也以为当事人是夫妻关系，而有配偶者与他人同居虽然也是有配偶者与婚外异性同居生活，但不以长期共同生活为目的，也不以夫妻名义同居，周围的邻居一般也不认为当事人是夫妻关系。两者在法律后果上也有所不同。重婚行为属于刑法范畴，应当追究刑事责任；有配偶者与他人同居只是一般的违法行为，我国《民法典》规定如果配偶与他人同居可以诉请离婚，还可以请求离婚损害赔偿。现实生活中，重婚行为相对较少，但有配偶者与他人同居的行为则相对较多，已经严重破坏了一夫一妻的婚姻制度。

四、男女平等原则

男女平等原则是指男女两性在婚姻家庭关系中享有平等的权利，履行平等的义务，禁止对女性有任何形式的歧视、虐待和压迫。我国《宪法》第 48 条第 1 款就男女平等问题明确指出："中华人民共和国妇女在政治的、经济的、文化的、社会的和家庭的生活等各方面享有同男子平等的权利。"在我国现阶段要讲男女平等，一定要强调保护女性的权利，通过形式上的不平等手段以达到实质上平等的效果。

（一）男女平等原则的内涵

我国《民法典》规定我国实行的是婚姻自由、一夫一妻、男女平等的婚姻制度，因此，男女平等原则强调的是夫妻两性关系的平等，具体包括以下内容：①男女在婚姻方面的权利平等，双方都享有同等的结婚自由和离婚自由。在结婚问题上，男女双方必须完全自愿，不允许任何强迫他人结婚或干涉他人结婚自由的行为。男女双方都有提出离婚的权利。离婚时，男女双方都有扶养子女的权利和义务。②夫妻在家庭中地位平等。无论是人身方面还是财产方面，夫妻都享有平等的权利，承担平等的义务。③其他男女家庭成员在家庭中的地位平等。如子和女都享有同等的继承父母遗产的权利，也有同等的赡养父母的义务。兄弟与姐妹、（外）祖父与（外）祖母、（外）孙子与（外）孙女在家庭中的权利义务都是平等的。

（二）男女平等原则的贯彻落实

为了保证男女两性在婚姻家庭方面的平等，我国《民法典》作了一系列的规定：夫妻应当互相忠实，互相尊重，互相关爱；登记结婚后，根据男女双方约定，女方可以成为男方家庭的成员，男方可以成为女方家庭的成员；夫妻双方都有各用自己姓名的权利；夫妻双方都有参加生产、工作、学习和社会活动的自由，一方不得对他方加以限制或干涉；夫妻在婚姻关系存续期间所得的工资、奖金等，没有另外约定的，归夫妻共同所有。对共有的财产，享有平等的处理权；夫妻有互相扶养的义务，有相互继承遗产的权利；子女可以随父姓，可以随母姓；等等。通过以上规定，可以更好地保证男女两性在婚姻家庭的各个方面包括地位、人身及财产等方面的平等。

五、保护妇女、未成年人、老年人、残疾人合法权益的原则

保护妇女、未成年人、老年人、残疾人的合法权益是指国家依法保护妇女、未成年人、老年人和残疾人在婚姻家庭关系中基于特定的亲属关系和共同生活关系所享有的权利和利益，并给予特殊的重视和保护的原则。我国 1950 年《婚姻法》曾规定保护妇女和子女的合法权益，1980 年和 2001 年《婚姻法》都是"保护妇女、儿童和老人的合法权益"，2020 年 5 月《民法典》通过之后又增加了保护残疾人合法权益的原则，并且把"儿童"改为更规范的"未成年人"，"老人"改为"老年人"，目前，该原则的内容越来越完善了。妇女、未成年人、老年人、残疾人在社会上均属于弱势群体，对这些群体进行特殊保护，体现了对社会公平正义理念的坚持，也有利于发扬良好的社会道德风尚。

（一）保护妇女、未成年人、老年人、残疾人的合法权益原则的内涵

对妇女的合法权益进行特殊保护主要是由于以下两方面的原因：其一，是为了改变妇女不平等历史地位所造成的合法权益受到侵害的现象。要改变这种思想，要改变

由于妇女地位低下而导致的权益受侵害的现象，我们需要通过立法进行强有力的保护。其二，是基于妇女具有不同于男性的特殊生理机能的需要。恩格斯曾指出："劳动妇女，由于她们的特殊生理机能，需要特别的保护。"妇女承担着人类生产与再生产的任务，妇女的特殊生理机制，需要在特殊时期受到特殊保护，这也是人类社会发展和社会文明进步的标志之一。保护妇女的合法权益并不违背男女平等原则，两者具有一致的价值追求。为了更好地保护妇女的合法权益，我国《中华人民共和国妇女权益保障法》全面地对妇女权益进行了规定。在婚姻家庭领域，对妇女合法权益的保护主要体现在以下方面：其一，照顾女方的特殊生理现象，如规定女方在怀孕期间和分娩后 1 年内或中止妊娠后 6 个月内，男方不得提出离婚；女方因实施绝育手术或者其他原因丧失生育能力的，离婚时处理子女抚养问题，应在有利子女权益的条件下，照顾女方的合理要求；离婚后，哺乳期内的子女，以随哺乳的母亲抚养为原则。其二，离婚时对女方在财产方面进行了更有利的保护，如离婚时分割共同财产要照顾子女和女方权益；夫妻书面约定婚姻关系存续期间所得的财产归各自所有，一方因抚养子女、照料老年人、协助另一方工作等付出较多义务的，离婚时有权向另一方请求补偿，另一方应予以补偿；离婚时一方生活困难，另一方应从其住房等个人财产中给予适当的经济帮助；等等。

保护未成年人的合法权益是指保护 18 周岁以下的未成年人的合法权益和利益。1991 年颁布并于 2006 年、2012 年、2020 年三次修订的《中华人民共和国未成年人保护法》全面地规定了家庭、社会、学校司法领域应当如何保护未成年人的合法权益。在婚姻家庭领域对未成年人的合法权益作了如下规定：父母对子女的有抚养教育的义务，且不因父母离婚而免除；特殊情况下，有负担能力的祖父母、外祖父母或者兄、姐有义务抚养未成年的、没有独立生活能力的孙子女、外孙子女或者弟、妹；禁止溺婴、弃婴和其他残害婴儿的行为；子女享有继承遗产的权利；婚生子女、非婚生子女、养子女以及和继父母形成抚养关系的继子女的法律地位是一样的，享有同等的权利。

保护老年人的合法权益是敬老、爱老的传统美德在法律上的体现。目前我国维护老年人权益的主要手段是家庭赡养和社会保障。《中华人民共和国老年人权益保障法》推行老有所养、老有所医、老有所为、老有所学、老有所乐的养老制度，逐步改善老年人的生活条件，为老年人创造更为有利的社会保障体系。但我国目前家庭赡养仍然承担着最主要的、不可替代的作用，因此，保护老年人在家庭中的合法权益仍是《民法典》的一项重要原则，主要体现为：明确规定子女对父母的赡养义务，且不因父母婚姻关系变化而终止；在特殊情况下，有负担能力的孙子女、外孙子女，对子女已经死亡或无力赡养的祖父母、外祖父母，有赡养的义务；子女应当尊重父母的婚姻权利，不得干涉父母再婚以及婚后的生活。

保护残疾人的合法权益是一个国家文明程度的体现。由于历史的原因以及观念的偏见，我国对残疾人的保护和发达国家相比还存在差距。尽管我国在 1990 年就出台了

《中华人民共和国残疾人保障法》，并于 2008 年和 2018 年两次修订，但人们对残疾人的歧视却不可能在短时间内得到改变。此次《民法典》编纂多处体现了对残疾人的特殊保护，比如第 128 条："法律对未成年人、老年人、残疾人、妇女、消费者等的民事权利保护有特别规定的，依照其规定。"并且在第 1041 条增加了在婚姻家庭中保护残疾人合法权益的规定。以立法的方式对残疾人权益进行保护可以带动人们观念的转变，让我们在日常生活及家庭中重视对残疾人权益的保护。家庭是人的主要生活场所，是人生的避风港，更是残疾人的主要生活场所和避风港。家庭对残疾人的关爱、关照和保护是一切社会福利政策不能取代的。[1] 随着我国经济的快速发展，人民生活水平越来越高，对社会文明的要求也越来越高，自觉抵制对残疾人的歧视，为残疾人提供更好地生活及出行条件，让残疾人在家庭中获得足够的尊重和保护，既是我国社会主义精神文明的内在要求，也是构建当代平等、和睦、文明的婚姻家庭关系的重要内容。

（二）保护妇女、未成年人、老年人、残疾人的合法权益原则的贯彻落实

我国《民法典》不但从正面规定了保护妇女、未成年人、老年人、残疾人的合法权益，也从反面规定了"禁止家庭暴力。禁止家庭成员间的虐待和遗弃"，从而保证妇女、未成年人、老年人、残疾人在家庭中不受歧视、虐待和危害。家庭暴力，是指行为人以殴打、捆绑、残害、强行限制人身自由或者其他手段，给其家庭成员的身体、精神等方面造成一定伤害后果的行为。实施家庭暴力往往会对受害者造成难以估量的损害，在家庭中处于弱势一方的妇女、未成年人和老年人很容易成为家庭暴力的侵害对象，因为这一群体普遍力量较小、经济地位低下或无经济收入，容易招致相对强势一方的迫害。发生家庭暴力，受害人可以向妇联求救，也可以向公安机关、司法机关求救，但不管向任何机关求救，都必须保留必要的证据。目前，我国法院针对家庭暴力行为而向受害人发出"人身安全保护令"的做法，在预防和制止家庭暴力方面正发挥着越来越重要的作用。人身保护令，又称人身安全保护裁定，是指法院为了保护家庭暴力受害人及其子女和特定亲属的人身安全、确保民事诉讼程序的正常进行而作出的裁定。该保护令赋予了家庭暴力的受害人最直接、最及时的司法救济手段，能在一定程度上保证受害人的人身安全。如果家庭暴力行为情节恶劣，造成严重后果，如轻伤、重伤或死亡的，还需要追究施暴者的刑事责任。

虐待，是指以打骂、冻饿、有病不给治、强迫过度劳动或限制人身自由、凌辱人格等方式，对家庭成员故意歧视、折磨、摧残，使其在精神上、肉体上遭受损害的违法行为。虐待行为与家庭暴力有一定的相似之处，《最高人民法院关于适用〈中华人民共和国民法典〉婚姻家庭编的解释（一）》第 1 条规定，持续性、经常性的家庭暴力，构成虐待。遗弃是指家庭成员中负有抚养、扶养、赡养义务的一方，拒不履行法定义

---

[1]　黄薇主编：《中华人民共和国民法典释义（下）人格权编·婚姻家庭编·继承编·侵权责任编·附则》，法律出版社 2020 年版，第 1943 页。

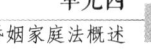

务，致使需要抚养、扶养、赡养一方的合法权益受损的违法行为。遗弃只能以不作为的形式作出，譬如父母拒不抚养未成年子女；成年子女拒不赡养年迈、无劳动能力的父母；夫或妻拒不扶养患病或有其他特殊困难的配偶。为了更好地防止虐待及遗弃行为，我国刑法规定了虐待罪和遗弃罪。虐待和遗弃行为，情节恶劣的，构成犯罪，应当受到刑事处罚。

六、倡导平等、和睦、文明的婚姻家庭关系

我国《民法典》在规定了以上五个原则之外，还规定了："夫妻应当互相忠实，互相尊重，互相关爱；家庭成员应当敬老爱幼，互相帮助，维护平等、和睦、文明的婚姻家庭关系。"

（一）夫妻应当互相忠实、互相尊重，互相关爱

夫妻之间的相处之道仍然属于道德范畴的内容，法律过多干预有可能会侵犯当事人的合法权利。但是，如果夫妻以《民法典》第1043条为基础，签订夫妻忠诚协议，且不违背法律规定，没有危害家庭关系，没有侵害当事人的合法权益，也没有侵害第三人的合法权益，法院可以支持当事人依据忠诚协议提出的要求。也就是说法律在一定程度上认可了夫妻之间互负忠实义务，2001年《婚姻法》是我国第一次将夫妻忠实义务写入法律，《民法典》沿用了这一规定。

（二）家庭成员间应当敬老爱幼，互相帮助，维护平等、和睦、文明的婚姻家庭关系

敬老爱幼是中华民族的优良传统，家庭成员间的互相帮助也是营造幸福家庭的必要条件，我们通过法律来提倡维护平等、和睦、文明的婚姻家庭关系，倡导家庭树立优良家风，弘扬家庭美德。尽管这本是属于道德范畴的内容，但是平等、和睦、文明的家庭关系于国于家都有利；因此虽然我们不能把它上升为婚姻法的基本原则，但是我们可以在法律允许的范围内尽可能维护这种道德准则，使我们的婚姻家庭关系朝着更为健康的一面发展。

引例分析

法院经审理后认为，孙某提出离婚，李某同意离婚，故对孙某要求与李某离婚的诉讼请求，予以支持。原被告双方对赔偿精神损失费的约定限制了婚姻自由权，违反法律规定，为无效协议。据此，判决准予孙某与李某离婚；驳回李某要求孙某赔偿其精神损失费100万元的请求。

相关法律规范

1. 《宪法》第48条。
2. 《民法典》第17条、1041、1043条。
3. 《刑法》第258、259、260、261条。

4.《中华人民共和国未成年人保护法》第2条。

5.《最高人民法院关于适用〈中华人民共和国民法典〉婚姻家庭编的解释（一）》第1~3条。

思考与练习

1. 婚姻自由的内涵是什么？

2. 事实重婚行为与婚外同居行为的区别。

3. "夫妻应当互相忠实"是不是法定义务？

4. 你认为应当如何防止家庭暴力？

情境训练 家庭暴力的认定

情境案例

唐某，一家外企的女职员，经人介绍于2010年结识了独生子周某。经过一年多的相处、恋爱，双方于2013年2月结婚，并育有一女。婚后初期，周某对唐某百般呵护。但随着女儿的出生，周某也开始变脸，不仅常为生活琐碎事与唐某争吵，甚至对唐某动起手脚。2015年12月1日，在双方家长的主持下，周某向唐某写下保证书：保证在家不喝酒，不在外面玩，不再打唐某。此后在相当长的一段时间里，周某对唐某的言行有所收敛。2017年7月6日凌晨2点，周某在外喝酒回家后，突然将唐某从床上拖起，并施以拳脚，致唐某身上多处皮肤青紫，唐某随后报警，公安机关以家庭纠纷为由口头教育了周某。当日，唐某搬回娘家居住。2018年3月22日上午，唐某离开娘家正欲骑车上班，遭到在楼下的周某殴打，致全身上下多处青紫，后经报警平息。2018年4月6日，唐某在无法忍受的情况下，终于诉至法院，以周某对其实施家庭暴力为由要求与周某离婚，并赔偿其损失1万元。诉讼中，周某拒不承认对唐某实施了家庭暴力。

训练目标

通过案例的分析学习，能准确分析家庭暴力行为，并能举证证明该行为；通过查找法律条文，学会处理法律纠纷；根据相关法律规定，对该案作出准确判断。

训练方法

课堂讨论法、情景模拟、角色扮演法、调解法。

训练步骤

1. 学生分小组进行讨论，先在本组形成意见。重点为：准确认定何为"家庭暴力"；"家庭暴力"行为应当如何举证；查找相关法律依据。

2. 各小组进行交流、阐述本组意见，并共同分析得出结论。

夫妻忠诚协议是否有效？

关于夫妻忠诚协议，最具代表性的案例是上海市闵行区人民法院 2002 年的全国首例"忠诚协议"案：原告曾某（男方）离婚后通过征婚，与也曾离异的贾某（女方）相识。经过短暂的接触，几个月后双方登记结婚。由于两人均系再婚，为慎重起见，2000 年 6 月，夫妻俩经过"友好协商"，签署了一份"忠诚协议书"。协议约定，夫妻婚后应互敬互爱，对家庭、配偶、子女要有道德观和责任感。协议书中还特别强调了违约责任：若一方在婚期内由于道德品质的问题，出现背叛另一方不道德的行为（婚外情），要赔偿对方名誉损失及精神损失费 30 万元。协议签订后，在婚姻存续期间，贾某发现曾某与其他异性有不正当关系。2002 年 5 月，曾某向法院提出离婚诉讼。贾某则以曾某违反"夫妻忠诚协议"为由提起反诉，要求法院判令曾某支付违约金 30 万元。法院经过审理，依据双方达成的忠诚协议，判决曾某支付对方违约金 30 万元。后曾某不服上诉，二审经法官调解，上诉人与被上诉人达成了调解协议，曾某向贾某支付 25 万元。[1] 由于该案影响较大，此后上海市高级人民法院出具了《上海市高级人民法院民一庭民事法律适用问答选登（二）》，实际上否认了夫妻忠诚协议的效力。2007 年北京市房山区人民法院的一个判例又认可了夫妻忠诚协议的效力。[2] 由此可见，实践部门对有关夫妻忠诚协议的看法意见不同，我们认为，夫妻间之间订立的忠诚协议，应当由当事人本着诚实信用原则自觉自愿履行，法律并不禁止夫妻之间签订此类协议，但也不赋予其强制执行力，不能以此作为分割夫妻共同财产或确定子女抚养权归属的依据。从整体社会效果考虑，法院对夫妻之间的忠诚协议纠纷以不受理为宜，不应赋予其强制执行力。

2010 年 11 月，中国法学会婚姻法学研究会 2010 年年会暨 1950 年婚姻法颁布 60 周年纪念会召开，与会专家在是否承认夫妻忠诚协议的效力问题上看法不一。婚姻家庭法学会副会长、北京大学法学院马忆南教授曾在海南大学发表关于忠诚协议的主题演讲。会后，马教授接受了《法治周末》记者专访，就忠诚协议及配偶权的相关法律问题作了详细阐释。马教授认为，我国不会专门立法惩戒第三者，因为"惩戒第三者"在国际上并不是立法趋势。但是马教授认为夫妻签订"忠诚协议"追究过错方责任，是公民自我救济的有效方式，是对婚内侵害配偶权制度的填补。通过有限认可契约的效力，对受害方进行一定的补偿和慰藉，对违法者进行惩罚，体现了正义、公平的价值，并有助于逐步树立公民健康文明的婚姻价值观。因为在我国的离婚损害赔偿制度中，无过错方常常面临赔偿范围小、数额低、举证困难的现实情况，但如果离婚诉讼

〔1〕 安丽："夫妻忠诚协议之效力分析"，载 http：//www.lawtime.cn/article/lll35229033527997oo81360，最后访问时间：2020 年 12 月 15 日。
〔2〕 张静："夫妻忠诚协议，能否拴住配偶的心？"，载 http：//www.9ask.cn/blog/user/zhangjinglaw/archives/2011/262786.html，最后访问时间：2020 年 12 月 15 日。

中夫妻一方基于契约的违约责任主张按忠诚协议得到损害赔偿金，它可以对法定赔偿进行扩张，赔偿数额、赔偿金支付方式等都可自行约定，对现行法定赔偿灵活补充，有利于受害人寻求法律救济，以弥补现行离婚损害赔偿制度功能的不足。但是夫妻忠诚协议不能违反法律的禁止性规定，不能违背公序良俗原则，不能危害家庭关系，不能侵害第三人的合法权益，有违性道德的契约一般也无效。如夫妻允许配偶性自由协议（比如包二奶协议），对婚外同居情人的赠与协议等。如果忠诚协议剥夺了配偶的人身自由权、婚姻自由权、通信自由权、人格尊严等公民法定权利，这样的忠诚协议也应认定无效。[1]

---

〔1〕 "专家称夫妻间可签'忠诚协议'追究过错方责任"，载 http：//news.ifeng.com/mainland/detail_ 2010 _11/10/3054042_ 0.shtml，最后访问时间：2020 年 12 月 15 日。

结　婚

结婚是指男女双方依照法律规定的条件和程序，确立夫妻关系的一种民事法律行为。《民法典》婚姻家庭编设专章对婚姻成立的必备条件和禁止条件作了规定，也明确了结婚的法定程序。依法成立的婚姻受国家保护，但欠缺了结婚法定条件的违法婚姻则会成为婚姻无效的情形，受胁迫或受欺诈缔结的婚姻也赋予了当事人一方申请撤销的权利，《民法典》规定无效的婚姻或者被撤销的婚姻自始没有法律约束力。有了无效婚姻和可撤销婚姻的规定，我国的结婚制度愈加完善，结婚条件和结婚程序能在更大程度上得到遵守。

▦ 知识目标

1. 掌握结婚的实质要件和形式要件。
2. 了解婚姻无效的原因。
3. 了解婚姻无效或被撤销的法律后果。

▦ 能力目标

1. 能理解未办理结婚登记的法律后果。
2. 能区分无效婚姻和可撤销婚姻。
3. 能理解婚姻无效或被撤销的法律后果并在法律实务中加以运用。

项目一　结婚制度

▦ 引例

原告苏某（男）与被告赵某经他人介绍，双方在没有办理结婚登记手续的情况下于 2019 年 9 月举行婚礼并以夫妻名义同居生活，自 2020 年 8 月始，原告苏某与被告赵某感情恶化，经常打架，赵某遂返回娘家居住。原告苏某与被告赵某同居前原告苏某给赵某送去彩礼现金 160 000 元、请客费用 5000 元。另外，原告苏某诉称送与赵某的黄金首饰（金手镯、金戒指、金耳环）均不在家中，要求赵某返还，但赵某否认收受苏某的黄金首饰，并且苏某也未能提交相关票据予以证明黄金首饰的重量和价格。被告赵某的陪嫁物大部分为消耗品，且价值不明。

问题：男方苏某支付的彩礼是否应当返还？

基本理论

结婚制度是婚姻家庭制度的重要组成部分，通过结婚可以在本无关系的两个人之间确立夫妻关系。但是结婚不仅仅是男女当事人之间的大事，还关系到民族的健康、社会的稳定、经济的发展和人类自身的生存与发展。自阶级社会形成以来，通过法律的手段规范婚姻的成立，是大部分国家法律制度的一项重要内容。每个国家都应当从本国的实际情况出发，制定与本国的国情相应的结婚制度。

一、结婚制度的历史沿革

结婚制度始于个体婚制，是随着原始社会末期私有财产的出现而出现的，并随着社会的发展而呈现出不同的形式。以下将对古代中西方几种主要的结婚形式进行介绍。

（一）掠夺婚

掠夺婚，即抢婚，是指男子以暴力掠夺女子为妻的婚姻。这种结婚形式出现于对偶婚制向一夫一妻制过渡的时期。它反映了人类婚姻由母权制向父权制过渡的历史。

（二）有偿婚

有偿婚，有偿婚是个体婚形成初期的结婚方式之一，是指以男方向女方或其父母支付某种代价作为结婚条件的婚姻。这种有偿婚是把女子当作货物，由男方用财物或劳力来换取的婚姻，因此，女子在婚姻中的地位较低。根据男方支付代价的不同，又可以分为三种形式：①买卖婚。是指男方向女方支付一定的金钱或财产作为身价而成立的婚姻。买卖婚是中国古代普遍通行的嫁娶方法。相传"伏羲制嫁娶，以俪皮[1]为礼"，实则开买卖婚之先河。②互易婚。也称交换婚或换亲，即双方父母各以其女交换为子妇或男子各以其姐妹交换为妻的婚姻。交换婚实质上是买卖婚的变相形式，其特点就是以人作为给付的代价，以人易人。③劳役婚。是指男方向女方家庭提供一定量的劳役作为结婚条件而成立的婚姻。劳役婚的成因一般是男方家既无钱财又无姊妹，只能提供一定的劳动作为娶妻的交换条件。这种以劳力代替财物的方式，仍然是有偿婚的性质。

（三）聘娶婚

聘娶婚，是指男方家庭向女方家庭支付一定数量的聘财作为结婚条件而成立的婚姻，是一种世俗的仪式婚，有严格的礼仪程序。我国的聘娶婚源于西周时期的"六礼"，即纳采、问名、纳吉、纳征、请期、亲迎六个步骤。唐朝时，将"六礼"上升为法律规定。《礼记》有云："六礼备，谓之聘；六礼不备，谓之奔。"六礼程序为：①纳采，取"纳其采择"之意，是指男方遣媒人向女方家提亲，女方经过斟酌应允之后，

---

〔1〕　指成对的鹿皮。

男方才能备礼赘见。②问名，即男方遣媒人到女方家问明女子的名字、生辰八字，以便"卜其吉凶"。③纳吉，即男方将女子的名字、生辰八字取回后，在宗庙进行占卜。卜得吉兆后，备礼通知女方家，决定缔结婚姻，如果不吉，则终止议亲。④纳征，又称纳币，即男方家给女方家送聘礼，女方家接受聘礼，"婚姻之事于是定"，产生人身上的约束力。纳征是最重要的一个步骤，也是"六礼"的核心所在。⑤请期，即男家择定婚期，备礼告知女方家，在形式上商请女方家同意。⑥亲迎，即新郎亲自到女方家迎娶新娘，履行一定仪式后，婚礼告成。亲迎是我国古代夫妻关系确立的基本依据。"庙见"之后，女方便成为男方宗族的正式成员。"六礼"程序后来有所变通，但仍为聘娶婚，也是一种变相的买卖婚姻。

（四）宗教婚

在古代，大多数宗教立国的国家都用宗教经典规范人们的结婚行为，并规定了一定的结婚仪式，这便是宗教婚。在欧洲中世纪，基督教的宗教婚盛行于欧洲各国，至今仍有极大的影响。中世纪，基督教的教会法在调整婚姻家庭关系方面具有很大的权威。当时的基督教认为婚姻是神作之合，结婚须向当地教会申请，婚事须经过教会公告，举行婚礼时须由神职人员主持并当着神职人员的面举行宣誓仪式，否则婚姻不能有效成立。教会法除为婚姻的成立规定了宗教仪式之外，也规定了婚姻成立应当具备的条件，如双方合意等。随着欧洲中世纪的结束以及宗教改革的进行，宗教婚逐渐被法律婚所取代，但宗教婚的影响力至今仍在。

（五）共诺婚

共诺婚又称为自由婚或契约婚，是指依照民事方式，经过男女双方意思表示一致而成立的婚姻。欧洲中世纪末期的宗教改革直接导致了婚姻还俗运动，欧洲各国相继肯定了法律婚的地位，只要男女双方达成合意，就可以依法律成立婚姻，即共诺婚。共诺婚是以契约说为其理论基础的，婚姻即契约，当然须以双方意思表示一致为成立条件。共诺婚的出现是婚姻发展史上的一个极大的进步，它还婚姻以世俗的面目，并使得婚姻的自主权由父母手中归还给了当事人，使当事人享有了自主支配自己婚姻的权利。

二、结婚的概念和特征

结婚，又称为婚姻的成立或婚姻的缔结，是指男女双方依照法律规定的条件和程序，确立夫妻关系的一种民事法律行为。结婚有广义和狭义之分。广义的结婚不仅包括夫妻关系的确立，也包括婚约的订立。狭义的结婚仅指男女双方按照法律的条件和程序确立夫妻关系的行为，不包括婚约的订立。古代社会多采用广义说，强调婚约的重要性，近现代社会多采用狭义说，婚约不具有法律上的约束力。我国现行《民法典》没有规定婚约，不承认婚约的效力。

结婚行为具有以下三个特征：其一，结婚行为的主体是男女两性。婚姻关系的产生，是以两性的生理差别为基础的，人类性的本能和自身的繁衍是婚姻之所以存在的意义。虽然有些国家承认了同性婚姻，但同性婚姻毕竟不具备婚姻的自然属性——繁衍后代的功能，因此，我国《民法典》只认可男女两性的婚姻。其二，结婚行为是一种民事法律行为。准备结婚的男女必须依照法律规定的条件和程序进行，否则不发生婚姻的效力。由于结婚是民事法律行为，因此，结婚的当事人还必须具备相应的民事行为能力。其三，结婚行为的后果是确立夫妻关系。男女双方因结婚而确立了夫妻身份，互为配偶，相互享有和承担法律规定的权利和义务。一旦确立夫妻关系后，未经法定程序，不得随意解除。

三、婚约

婚约是指男女双方以将来结婚为目的所订立的事先约定。订立婚约的行为称为订婚，订立婚约的当事人双方具有未婚夫妻的身份。关于婚约的性质，西方法学界有两种见解。一种是契约说，认为婚约是作为本约的结婚契约的预约，虽然不得强制履行，但无正当理由而不履行者要承担违约责任；另一种是非契约说，认为婚约是民事行为，而不是独立的契约，婚约不是契约之债。因此，任何人不得根据婚约提起结婚之诉，在婚约中约定不履行的违约金也归无效，违反婚约的损害赔偿之债属于侵权行为之债。《德国民法典》采用这种学说。社会主义国家的婚姻法，如苏联及东欧的社会主义国家，均未对婚约作出规定，我国《民法典》也没有规定婚约的内容。

（一）婚约的历史类型

婚约在历史上大致经历了两个发展阶段：早期型婚约和晚期型婚约。

1. 早期型婚约。有偿婚出现后，男方须向女方家支付一定的代价才能缔结婚姻，婚约由此开始。在奴隶社会和封建社会，婚约是结婚的必经程序，具有法律约束力。但早期型婚约的订立主体不是婚姻当事人，是男女双方的父母，婚姻当事人在订立婚约上没有任何自由意志。婚约订立后双方不得反悔，无故毁约的，将受到法律制裁。在我国古代，订婚后又毁约的性质很严重，如唐律中规定毁约的一方要追究刑事责任，可能处杖刑、徒刑。罗马法也规定，订婚后无故毁约的，须负赔偿责任。欧洲中世纪的教会法则规定，对违反婚约者应给予宗教上的处罚。

2. 晚期型婚约。进入近现代以后，婚约较早期有了很大的变化，无论法律对订立婚约是否有规定，婚约都不再具有法律效力。晚期型婚约具有以下特点：其一，订立婚约不再是结婚的必经程序。是否订立婚约，由当事人自主决定。有些国家在法律中规定了婚约，但并不要求当事人在结婚前必须订立婚约，婚约只是可供当事人自由选择的一个程序。有些国家则在立法上取消了关于婚约的规定，当事人可以订立婚约，但婚约不受法律保护。其二，订立婚约的主体由原来的家长变更为拟结婚的男女双方，只要经过男女双方合意即可订立婚约。但是订立婚约的双方当事人是未成年人时，则须取得法定监护人的同意，其目的在于保护未成年人的合法权益。其三，婚约不再具有人身约束力，当事人一方或双方可随时解除婚约。婚约不得强制执行，不得基于婚约诉请结婚。但是，因解除婚约而引起的财产纠纷应予以妥善解决。双方解除婚约的，可能会因此而产生财产上或精神上的损害赔偿以及赠与物的处理问题。一般情况下，婚约解除之后，双方基于婚约而赠与对方的财物应当返还，至于因解除婚约而造成的实际财产损失，各国规定不尽相同。有的国家认为应当追究违约责任，有的国家认为过错方负有赔偿责任。某些国家对于因一方过错而解除婚约造成他方精神损害的，在法律上也赋予无过错方请求赔偿的权利，如墨西哥、秘鲁、瑞士等国家。

（二）我国对婚约的态度及处理原则

我国《民法典》对婚约的内容没有进行规定，订婚不再是婚姻成立的必经程序，法律既不提倡订婚，也不禁止订婚，是否订立婚约由当事人双方自行决定。即使双方订立婚约，婚约也没有法律效力，法律对婚约不予保护，不强制履行。只有双方完全自愿才能履行婚约；如果一方要求解除婚约，只需向对方作出意思表示即可，无需征得对方的同意，也无需经过法定的诉讼程序。因一方过错导致婚约解除，无过错方无权要求过错方赔偿因不履行婚约所遭受的损失。但是解除婚约，往往会引起当事人之间的财物纠纷，该纠纷则属于民法调整的财产关系的范畴，当事人诉至法院的，人民法院应当受理。现实生活中因解除婚约而导致的财产纠纷有多种情况，应区别对待。

1. 对属于包办买卖性质的订婚所收受的财物，应依法没收或酌情返还。

2. 对以订婚为名诈骗钱财的，原则上财物应归还受害人，实施诈骗行为，构成犯罪的，应依法追究刑事责任。

3. 对双方或单方以结婚为目的实施的财物赠与行为，应当与一般的以价值转移为目的的赠与行为相区别。婚约期间的赠与行为是为了促使婚约的履行，保证结婚目的的实现而为之。因此，对于这种附条件的赠与行为，在目的不能实现时，赠与人有权要求受赠方返还赠与物。但是须返还的赠与物，一般以价值较大且非消耗品为前提，已消耗的赠与物，不得请求返还。

4. 当事人一方按照习俗将彩礼交付对方的行为，如果婚约解除，一方请求返还已给付的彩礼的，如果查明双方未办理结婚登记手续的，人民法院应当予以支持。婚前给付彩礼的行为在我国大部分地区仍盛行，尤其在农村地区盛行，彩礼已经成为男女双方确立恋爱关系的一种象征。因此，彩礼的给付往往是基于当地的风俗习惯，是以结婚为目的的给付行为，如果双方解除婚约，不能结婚，彩礼理所应当退还支付的一方。

法条链接

《最高人民法院关于适用〈中华人民共和国民法典〉婚姻家庭编的解释（一）》

第 5 条：当事人请求返还按照习俗给付的彩礼的，如果查明属于以下情形，人民法院应当予以支持：①双方未办理结婚登记手续；②双方办理结婚登记手续但确未共同生活；③婚前给付并导致给付人生活困难。

适用前款第②、③项的规定，应当以双方离婚为条件。

四、结婚的要件

结婚行为是建立夫妻身份关系的一种法律行为，不同于一般的民事法律行为，必须具备法定的成立要件。在法律中规定结婚的要件，实质上是国家对婚姻的成立进行干预、审查和监督的一种方式。凡是欠缺结婚要件的男女结合，不具有婚姻的效力。

（一）结婚的实质要件

结婚的实质要件也称结婚的必备要件，是指结婚当事人在结婚时必须符合法律规定的条件，包括应当具备的条件和禁止结婚的条件。我国《民法典》第 1046 ~ 1048 条就结婚条件作了规定。

1. 男女双方完全自愿。《民法典》第 1046 条规定："结婚应当男女双方完全自愿，禁止任何一方对另一方加以强迫，禁止任何组织或者个人加以干涉。"这一规定是婚姻自由原则在结婚制度中的具体体现，它要求双方当事人在结婚问题上意思表示完全一致。具体而言，只要是在法律允许的范围内，当事人是否结婚，与谁结婚，是当事人自己的事情，只要双方达成合意即可。无论任何人，包括双方父母，都不得干涉他人结婚的行为。男女双方完全自愿包含以下内容：

（1）男女双方完全自愿的前提是男女双方都应当具备表达自愿的能力，也即是说双方当事人应当具备结婚的行为能力。如果当事人一方或双方是无民事行为能力人，显然不可能作出结婚的真实意思表示，当然也无从做到男女双方完全自愿。譬如未达法定婚龄的人作出的同意结婚的意思表示就是无效的，因为这一类人尚无法正确理解结婚的意义及后果。

（2）男女双方完全自愿，强调了三个方面的内容：其一，强调的是双方的自愿行为，如果是一方一厢情愿想与对方结婚，不属于双方完全自愿，任何一方不得强迫对方与其结婚；其二，男女双方完全自愿，强调的是男女双方本人自愿，而不是双方父母或其他人的自愿，因此，可以排除第三方对当事人的包办强迫；其三，双方完全自愿还强调了完全同意的含义，不是勉强同意，不是被迫同意，当事人的同意无需受外界的任何影响。

（3）男女双方完全自愿，这种自愿应当是男女双方真实的意思表示。现实生活中，可能由于某种客观和主观上的原因使得当事人不能真实地表达自己的意愿。譬如当事人遭到对方的恐吓、胁迫，从而在恐惧心态下被迫同意结婚的情况，这种作出同意结婚的意思表示就不真实，因而也不具有法律效力，受胁迫的一方当事人可以请求撤销该婚姻。又比如一方隐瞒重大疾病，而另一方并不知情，在这种情况下所谓的自愿结婚也存在意思表示瑕疵，因为一方故意隐瞒疾病的情况很可能会影响到相对方结婚的意愿。

（4）男女双方完全自愿，也就是双方当事人就结婚问题达成一致意见，亦即达成结婚的合意。结婚须当事人双方合意，是现代世界各国法律的共同要求。通常当事人的合意应当符合法定的方式。如有的国家规定，男女双方的合意须在主管结婚机关或官员面前作出意思表示；有的国家规定，除在主管结婚机关作出意思表示外，还必须有两个证人在场；有的国家则规定，须以双方填写"结婚申请书"以表示同意。在我国，要求双方当事人应当亲自到婚姻登记机关申请结婚，由婚姻登记机关依法予以确认。除此之外的其他场所表示的结婚合意，都不具有法律效力。

2. 男女双方达到法定婚龄。法定婚龄，又称适婚年龄，是指法律规定的最低结婚年龄，当事人双方只有在该年龄之上才能结婚，不达该年龄，不得结婚。男女双方结婚须有结婚的行为能力，而达到法定婚龄的才可能具备结婚能力。结婚是一种特殊的民事法律行为，结婚将引起一系列的法律后果，也直接影响着人口的再生产，因此，当事人不但要具备相应民事行为能力，还应当达到法定婚龄，具备结婚的行为能力才能结婚。结婚虽然是个人行为，但婚姻关系的自然属性和社会属性都要求行为人必须达到一定的年龄，古今中外的法律莫不对此作出了规定。我国《民法典》第 1047 条明确了结婚的年龄："结婚年龄，男不得早于 22 周岁，女不得早于 20 周岁。"

（1）法定婚龄的立法依据。确定法定婚龄的依据主要有两方面：自然因素和社会因素。自然因素，即人的生理、心理发育情况和智力成熟情况以及该国的地理、气候条件。只有男女双方身心基本发育成熟，才能履行结婚的义务。人类自身的身心发育往往会受到一个国家的地理、气候条件的影响，通常，热带地区的人较寒带地区的人发育要早，相应地其法定婚龄也较低，而寒带地区的人因发育较晚，其法定婚龄也相对较高。社会因素也是影响法定婚龄的一个重要因素。社会因素即一个国家在一定时期的政治、经济发展状况、人口状况及其发展速度、历史传统以及民族的风俗习惯等。在不同的国家、不同的历史时期、不同的社会环境下，法定婚龄也有所不同。例如在我国古代改朝换代之初期，由于战事频仍，医疗水平也相对较低，建立新朝代后往往要多鼓励早婚早育，以期促进人口发展，因此，法定婚龄可能会稍低。我国现阶段人口增长过快，因此法定婚龄也要符合这种现状。

世界各国关于法定婚龄的立法情况都要符合本国的政治、经济、文化发展状况以及人口的发展情况，但总体来说，法定婚龄呈逐渐提高的趋势。有些国家的法定婚龄低于成年年龄，在这些国家已经达到法定婚龄但不具有完全民事行为能力的人结婚，须征得其法定代理人的同意。

（2）我国现行的法定婚龄。我国现行的法定婚龄在 1950 年《婚姻法》的基础上，男女各提高了 2 岁。我国的法定婚龄与世界各国相比较，属于高法定婚龄，但是这种规定完全符合我国现阶段的实际情况。既考虑了男女双方的生理和心理发展状况，又考虑到我国人口基数大、人口增长速度快的现实情况，兼顾了公民个人利益和社会公共利益。当事人双方要求结婚，必须达到法定婚龄。如果有一方未达法定婚龄，在登记时弄虚作假，如用他人户口簿骗取结婚证的，当事人或利害关系人有权向法院申请婚姻无效，但申请时当事人已达到法定婚龄的，则不予支持。

3. 双方符合一夫一妻制的要求。《民法典》在婚姻家庭编关于结婚的条件中并未规定要符合一夫一妻制，但是结合我国《民法典》婚姻家庭编的基本原则以及无效婚姻的规定，"符合一夫一妻制"的规定理所应当属于结婚的必备条件。一夫一妻制要求结婚的男女双方当事人必须单身，双方都是无配偶的人才可以结婚。如果一方已婚且没有解除该婚姻关系，则不得与他方结婚，否则构成重婚，而重婚是婚姻无效的原因之一。因此，男女双方结婚必须符合一夫一妻制。我国古代通行的一夫一妻多妾制，本质上仍是一夫多妻制，是现代社会及法律所不允许的。

4. 双方不具有法律禁止结婚的亲属关系。

（1）禁婚亲的立法依据。禁止一定范围的亲属结婚，是各国法律的通制。之所以要限制一定范围内的血亲结婚，主要是基于以下三方面的要求：一是自然规律的要求。在古代社会，科学技术不发达，遗传学、优生学尚未产生，但人们从长期的实践生活中发现血缘相近的人结婚，会影响种族的繁衍和后代的健康。《左传》中有言"男女同姓，其生不蕃"就包含了这个道理。二是伦理道德的要求。近亲结婚有碍于社会善良风俗，有悖于伦理教化，有碍于人类长期形成的婚姻家庭之伦理道德，容易造成亲属身份上的紊乱。有些国家禁止一定范围内的姻亲结婚，就是基于伦理道德的要求。三是优生学、遗传学的要求。随着科学的发展，遗传学和优生学的出现为禁婚亲提供了科学依据。根据优生学及遗传学的原理，夫妻如果血缘关系太近，容易将生理和精神上的缺陷遗传给下一代，贻害民族的健康，影响人口的素质及人类的发展。

（2）禁婚亲的范围。各国立法都禁止直系血亲通婚，但对于旁系血亲的禁婚范围则有所不同，关于姻亲的禁婚，各国规定也大相径庭。根据我国《民法典》第1048条的规定，直系血亲或者三代以内的旁系血亲禁止结婚。直系血亲，是指所有的直系血亲，不论代数，均不得通婚。三代以内的旁系血亲的范围包括以下三类人：其一，兄弟姐妹之间，包括同父同母的全血缘的兄弟姐妹和同父异母或同母异父的半血缘的兄弟姐妹。他们是同源于父母的两代以内的旁系血亲。其二，堂兄弟姐妹、表兄弟姐妹之间，他们是同源于祖父母或外祖父母同辈份的三代以内的旁系血亲。其三，叔伯与侄女、姑与侄子、舅与外甥女、姨与外甥之间，他们是同源于祖父母或外祖父母的不同辈分的三代以内的旁系血亲。我国《民法典》禁止三代以内的旁系血亲通婚，主要是禁止表兄弟姐妹之间的通婚。表兄弟姐妹之间的婚姻又叫中表婚[1]，在我国长期盛行。由于当时的通婚圈范围较小，加之同姓不婚、亲上加亲的宗法观念，一些家庭便选择异姓近亲作为最佳的婚配对象。但是中表婚的男女双方容易具有相同的病态基因，后代再现该疾病的风险高，对后代的健康有着极大的影响。在我国明清时期已经意识到这个问题，因此一度在法律上禁止中表婚，但后来终因"习俗已久，莫能更易"而解禁。我国 1950 年《婚姻法》也没有禁止中表婚，因中表婚的习俗由来已久，禁止中表婚的条件不够成熟，直至 1980 年《婚姻法》才增加了禁止三代以内旁系血亲结婚的规定，一直沿用至今。《婚姻登记条例》第 6 条规定"属于直系血亲或者三代以内旁系血亲的"，婚姻登记机关不予登记。即使利用欺骗手段取得结婚登记，禁婚亲也是婚姻无效的原因之一。

（3）拟制血亲间的通婚问题。有许多国家在立法中明文禁止法律拟制的直系血亲间的通婚，但我国婚姻法对拟制血亲间的通婚问题未作规定。目前实践中的做法是，禁止法律拟制的直系血亲之间通婚，否则不符合婚姻伦理道德的要求。此外，我国《民法典》规定养父母与养子女、继父母和受其抚养教育的继子女之间的权利和义务，适用本法对父母子女关系的规定。因此，尽管《民法典》没有明确禁止拟制的直系血亲之间的通婚，但是依照该规定，拟制的直系血亲等同于父母子女关系，因而也适用法律关于禁止结婚的规定。至于法律拟制的旁系血亲之间，只要不是三代以内的旁系血亲，无论辈分相同或不同，均不在禁止结婚的范围。

（4）姻亲间的通婚问题。有些国家禁止姻亲结婚，主要是受到婚姻家庭伦理道德的约束。有很多国家禁止直系姻亲之间通婚，如禁止公公和儿媳、岳母和女婿之间的通婚，因为这种结合有违人伦道德。现实生活中，这类关系类似于父母子女关系，所以，虽然我国《民法典》中并没有明文禁止，但依据伦理道德的要求，以限制结婚为宜。至于旁系姻亲之间，只要没有法律禁止结婚的血缘关系，则可以通婚。

法条链接

最高人民法院中南分院于 1953 年 7 月 14 日作出的《关于"公公与媳妇"、"继母与儿子"等可否结婚问题的复函》规定："关于没有婚姻关系存在的公公与媳妇、继母与儿子、叔母与侄、子与父妾、女婿与岳母、养子与养母、养女与养父等可否结婚，婚姻法对于这些人之间虽然无禁止结婚的明文规定，为了照顾群众影响，以及防止群众思想不通，因而引起意外事件的发生，最好尽量说服他们之间不要结婚；但如果双方态度坚决，经说服无效时，为免发生意外，当地政府也可斟酌具体情况适当处理（如劝令他们迁居等）"。

---

〔1〕 中国古代称父亲的姊妹（姑）的子女为外兄弟姊妹，称母亲的兄弟（舅）、姊妹（姨）的子女为内兄弟姊妹。外为表，内为中，故外兄弟姊妹与内兄弟姊妹又称"中表兄弟姊妹"。后称同姑、舅、姨的子女通婚者，为"中表婚"。

（二）结婚的形式要件

结婚的形式要件又称结婚的程序，是法律规定婚姻成立所必须采取的形式，是相对于实质要件而言的。大多数国家都规定婚姻的成立必须要履行法定的程序才有效，采取要式婚姻的国家，对婚姻形式要件的规定也不相同，主要的类型有：登记制、仪式制、登记与仪式结合制。我国以办理结婚登记为结婚的法定程序。《民法典》第1049条规定："要求结婚的男女双方应当亲自到婚姻登记机关申请结婚登记。符合本法规定的，予以登记，发给结婚证。完成结婚登记，即确立婚姻关系。未办理结婚登记的，应当补办登记。"在我国，结婚登记是婚姻关系成立的唯一标准，不论当事人是否举行结婚仪式，双方是否同居生活，只要登记结婚，双方在法律上就互为配偶。

实行结婚登记，是国家对婚姻行为进行管理和监督的有效手段，也有利于保障婚姻自由、一夫一妻以及男女平等的婚姻制度的实施，可以更好地维护婚姻当事人的合法权益。通过男女双方亲自办理结婚登记从而防止包办、买卖婚姻以及重婚行为的出现。

1. 结婚登记的机关。我国《婚姻登记条例》第2条第1款规定："内地居民办理婚姻登记的机关是县级人民政府民政部门或者乡（镇）人民政府，省、自治区、直辖市人民政府可以按照便民原则确定农村居民办理婚姻登记的具体机关。"由此可知，在我国，办理结婚登记的机关主要是县级人民政府民政部门或乡（镇）人民政府。婚姻登记机关管辖的范围，原则上和当事人的户籍所在地相同。当事人双方户口在同一地区的，到共同的户口所在地的婚姻登记机关办理结婚登记；双方户口不在同一地区的，可以到任一方的户口所在地的婚姻登记机关办理结婚登记。

法条链接

《婚姻登记条例》第4条第1款规定："内地居民结婚，男女双方应当共同到一方当事人常住户口所在地的婚姻登记机关办理结婚登记。"

2. 结婚登记的程序。依据我国《婚姻登记条例》，结婚登记可以分为三个相关联的步骤：申请、审查和登记。

（1）申请。当事人自愿结婚的，双方都须亲自到一方户口所在地的婚姻登记机关申请结婚登记，办理结婚登记的当事人应当出具下列证件和证明材料：①本人的户口簿、身份证；②本人无配偶以及与对方当事人没有直系血亲和三代以内旁系血亲关系的签字声明。离婚后申请再婚的，应当持相应的离婚证件，如离婚证、准予离婚的调解书或判决书。婚姻登记管理机关不得要求婚姻当事人提供《婚姻登记条例》规定以外的其他证件和证明材料，包括不得强迫婚姻当事人提供婚前健康检查证明。当事人应当如实提供以上证件及证明材料，不得弄虚作假。

（2）审查。婚姻登记机关对当事人提出结婚的申请，应当进行审核和检查。婚姻登记机关应当对当事人出具的证件、证明材料进行审查并询问相关情况，以确定当事人是否符合结婚的法定条件，了解双方当事人是否达到法定婚龄，是否具有结婚的合意，是否有配偶，是否存在禁止结婚的亲属关系，是否有医学上认为不应当结婚的疾病，同时检查双方所带证件是否齐全。婚姻登记机关的登记员应当依法审查相关事项，恪尽职守。

（3）登记。婚姻登记机关对当事人双方请求结婚提供的证件和证明材料进行审查后，对于符合结婚条件的，应当当场予以登记，发给结婚证。对离过婚的，还应当同时注销其离婚证。如果双方当事人离婚后又打算复婚的，复婚登记适用结婚登记的规定。当事人办理结婚登记后，从取得结婚证起即确立夫妻关系，当事人互享并互负婚姻法上的权利义务。至于当事人是否要按习俗举行婚礼，或者是否开始同居生活，并不影响双方在法律上的配偶关系。

经审查，发现办理结婚登记的当事人有下列情形之一的，婚姻登记机关不予登记：①未到法定结婚年龄的；②非双方自愿的；③一方或者双方已有配偶的；④属于直系血亲或者三代以内旁系血亲的。婚姻登记机关对当事人不符合结婚条件不予结婚登记的，应当向当事人说明理由。

婚姻登记机关颁发的结婚证是证明夫妻关系效力的证明书。在现实生活中，由于种种原因，会出现当事人遗失或损毁结婚证的情况。如果当事人需要继承配偶遗产或以夫妻身份申请出国探亲，需要证明夫妻关系的，当事人可以持户口簿、身份证向原办理婚姻登记的机关或者一方当事人常住户口所在地的婚姻登记机关申请补领。婚姻登记机关对当事人的婚姻登记档案进行查证，确认属实的，应当为当事人补发结婚证。

3. 未办理结婚登记的法律后果。在我国，由于受传统观念的影响，法制意识的淡薄，人们对婚姻登记的重要性缺乏必要的认识，婚姻登记制的历史较短，因而在某些地区，尤其是偏远的农村地区，认为只要依照习俗举办了婚礼婚姻即告成立，致使事实婚姻[1]长期、大量存在。因此，我国对事实婚姻采有条件承认的态度：男女双方补办婚姻登记的，婚姻关系的效力从双方均符合婚姻法所规定的结婚的实质要件时起算。未办理结婚登记而以夫妻名义共同生活的男女，起诉到人民法院要求离婚的，采区别对待的方式处理：①1994 年 2 月 1 日民政部《婚姻登记管理条例》公布、实施以前，男女双已经符合结婚实质要件的，按事实婚姻处理。②1994 年 2 月 1 日民政部《婚姻登记理条例》公布、实施以后，男女双方符合结婚实质要件的，人民法院应当告知其在案件受理前补办结婚登记；未补办结婚登记的，按解除同居关系处理，自始不具有婚姻的效力，当事人同居期间所得的财产，按照共同共有的原则处理，同居生活期间所生子女为非婚生子女。未办理结婚登记而以夫妻名义共同生活的男女，一方死亡，另一方以配偶身份主张享有继承权的，按照上述解释分别处理，以有无婚姻效力作为有无继承权的依据。

---

〔1〕 我国所指的事实婚姻即指具备结婚的实质要件仅欠缺形式要件的事实婚姻。

引例分析

　　该案一审法院认为，本案争议的焦点是彩礼是否应当返还以及返还多少的问题。我国《民法典》规定禁止借婚姻索取财物，原告苏某给被告赵某送彩礼后，双方未办理结婚登记手续，属于同居且生活时间较短，依据法律规定，对原告要求被告返还彩礼的请求，应当予以支持。至于彩礼返还多少的问题，对于索要的彩礼，根据双方同居时间、数额的大小、过错程度、共同生活期间发生琐事以及本案的实际情况等综合考虑，应酌情予以返还。遂判决被告赵某返还给原告苏某彩礼现金 80 000 元，至于黄金首饰，因原告苏某未能提供证据，不能要求赵某返还。

　　赵某不服一审判决，提起上诉称：①一审法院认定事实错误，上诉人将苏某赠送的彩礼 16 万元，全部用于婚姻支出，一审法院判决退还彩礼 80 000 元没有事实根据。②赵某与苏某结婚后，苏某经常对赵某实施家庭暴力，婚姻不能长久是因为苏某家暴所致，且住院治疗费也是由女方的家人支付，因此不应当退还彩礼。③根据相关法律规定，退还彩礼应当根据双方共同生活的时间长短、双方的过错程度等因素确定退还的数额，上诉人赵某和被上诉人共同生活一年左右，期间上诉人赵某多次遭受被上诉人的家庭暴力，因此被上诉人应当对婚姻不能长久承担主要责任。故一审法院判决没有考虑实际情况，就判令上诉人退还彩礼判决不当，请求二审法院查明事实，依法改判驳回被上诉人的全部诉讼请求。二审法院经审理认为，原判认定事实清楚，适用法律正确。上诉人上诉称被上诉人苏某陪送的彩礼 16 万元全部用于婚姻支出，不应当返还彩礼之理由与法律规定相悖。我国婚姻法明确禁止借婚姻索取财物，因而彩礼是否被使用，不能成为不退还彩礼的理由。上诉人称结婚后，被苏某家暴并住院治疗，但上诉人在上诉期间一直未能提供相关证据予以印证。故该上诉理由不予采纳。上诉人认为应当根据双方共同生活时间长短、双方过错程度等因素来确定退还彩礼的数额，而本案原判已考虑了上诉情节，并且参照相关规定判令其返还 80 000 元并无不当，故上诉人认为返还比例过高之理由不能成立，予以驳回。最终判决：驳回上诉，维持原判。

相关法律规范

　　1.《民法典》第 1046~1051 条。

　　2.《婚姻登记条例》第 2~8 条。

　　3.《最高人民法院关于适用〈中华人民共和国民法典〉婚姻家庭编的解释（一）》第 1、6、7、18 条。

思考与练习

　　1. 我国的结婚条件和程序是什么？

　　2. 为什么民法典不再禁止患有一定疾病的人结婚？

　　3. 如果表兄弟姐妹之间承诺不生育后代，是否可以允许结婚？

婚检制度

2003 年 10 月 1 日,《婚姻登记条例》实施,全国推行自愿婚检,取消了强制婚检制度。但不可否认,进行婚前健康检查的确是保证下一代健康的最简单有效的办法。婚检的内容主要是对男女双方进行常规体格检查和生殖器检查,以便发现疾病,保证婚后的婚姻幸福及下一代的身体健康。强制婚检取消后,各地相继出现了一些问题:自愿婚检率低,同时出现新生儿缺陷率较高的问题。全国人大常委会 1994 年 10 月 27 日颁布并于 2009 年、2017 年两次修订的《中华人民共和国母婴保健法》(以下简称《母婴保健法》)第 12 条规定:"男女双方在结婚登记时,应当持有婚前医学检查证明或者医学鉴定证明。"自愿婚检制度与《母婴保健法》的规定自相矛盾。

强制婚检制度主要目的是着眼未来,为了孩子的健康着想,我国《母婴保健法》第 8 条规定:"婚前医学检查包括对下列疾病的检查:①严重遗传性疾病;②指定传染病;③有关精神病。经婚前医学检查,医疗保健机构应当出具婚前医学检查证明。"第 38 条规定:"……指定传染病,是指《中华人民共和国传染病防治法》中规定的艾滋病、淋病、梅毒、麻风病以及医学上认为影响结婚和生育的其他传染病。严重遗传性疾病,是指由于遗传因素先天形成,患者全部或者部分丧失自主生活能力,后代再现风险高,医学上认为不宜生育的遗传性疾病。有关精神病,是指精神分裂症、躁狂抑郁型精神病以及其他重型精神病。……"另外,《母婴保健法》第 9 条规定:"经婚前医学检查,对患指定传染病在传染期内或者有关精神病在发病期内的,医师应当提出医学意见;准备结婚的男女双方应当暂缓结婚。"虽然《民法典》对于婚前患有重大疾病的已经不再认定为婚姻无效的原因,但是对于婚前未告知相对方患有重大疾病的,可以请求撤销婚姻。因此,婚前患有重大疾病虽然不再是禁止结婚的原因,但通过婚检知道双方是否患有这些曾经被认为不宜结婚的疾病对于准备结婚的当事人而言有重要的参考意义。

虽然不再实行强制婚检,但是由于婚检对于减少下一代的健康隐患极其重要,很多地区大力推行婚前健康检查制度,甚至推出免费婚检制度,其目的是为了检查结婚当事人是否患有医学上认为不应当结婚的疾病,从而减少出生缺陷,提高人口健康素质。2005 年 6 月 24 日,黑龙江省人大常委会对《黑龙江省母婴保健条例》进行了修正,保留"准备结婚的男女双方应当接受婚前医学检查和婚前健康教育,凭婚前医学检查证明,到婚姻登记机关办理婚姻登记"等内容。这是自 2003 年 10 月 1 日实行自愿婚检以来,第一个恢复强制婚检制度的省份。[1]

---

[1] "黑龙江成为国内唯一恢复强制婚检制度省份",载 http://news.sina.com.cn/c/2005-08-03/02096594078s.shtml,最后访问时间:2020 年 12 月 20 日。

有些地方则开始推行免费婚检制度。如广州市从 2007 年率先实施免费自愿婚检制度，以提高婚检率。据广州市 2011 年公开发布的信息显示，取消强制婚检之前，广州的婚检率约在 93% 左右，取消之后仅有 7%，部分区甚至只有 4%。同时，新生婴儿中地贫儿（患有地中海贫血的未成年人）的比例最高时候超过了 17%。推行免费婚检制度后婚检率逐年回升，2010 年达到 45.3%。[1]

人们对强制婚检态度褒贬不一，但即使是赞同强制婚检的人，也认为婚前检查应作一些改变，譬如可以采取一些灵活的方式，不应该由一个部门统一婚检；婚姻登记者只要是在正规的医院进行了相应检查，都应该得到承认。同时，婚检项目的设定也需要进行科学的论证，保留必须要检查的项目，去除不必要的检查项目。而且要对婚检者的信息严格保密，以打消婚检者的顾虑。此外，强制婚检还应该是免费的。因为出发点是为提高整个国家、民族的人口素质，所以财政理应埋单。[2]

我们再来了解一下国外的婚检制度。

俄罗斯实施的是自愿婚检。《俄罗斯宪法》规定，俄罗斯所有公民都享有维护健康和接受医疗服务的权利。依据这一宗旨，1995 年制定的《俄罗斯联邦家庭法典》对婚前健康检查作出了具体的规定：其一，申请结婚者享有接受免费婚检的权利。他或她只需到户籍部门开一张介绍信，就可以到医疗机构进行免费体检；其二，检查结果为医疗秘密，只有经被检查人的同意，才可以将结果告知打算与之结婚的另一方；其三，如有一方向另一方隐瞒性病或艾滋病，后者有权请求法院认定婚姻无效。该法律还规定，即使当事人被查出患有危险的传染病，有关部门也无权阻止其进行结婚登记。不过，如果夫妻一方隐瞒艾滋病并传染给对方，当事人将被追究刑事责任，最高可判处 5 年监禁。不过，俄罗斯的婚检制度多年来一直遭受冷遇。很多人甚至不知道有这个制度，他们也没有很强的婚检观念。

法国认为婚检是一项义务。法国没有"强制性婚前体检"的说法，不过婚前体检是公民必须履行的义务。也就是说婚检是法国人办理结婚手续中不可缺少的一个步骤。在法国，去市政府登记结婚，必须提供检查日期不早于登记日期 2 个月的"婚前健康证明"，否则就没法成为法律认可的夫妻。法国的婚检制度比较合理：婚前检查项目明确、检查场所自由选择、检查结果完全保密，检查费用根据个人医疗保险的规定，大部分都可以报销。对大多数准备结婚的法国人来说，他们平常在哪家诊所看病，就找哪位医生做婚前体检。

医生通常要求双方同时到场，并将结果同时告诉两个人，负责任的医生还会提醒他们注意事项，也有些人去政府特别开设的母婴保健中心做婚检。法国出具的"婚前

---

〔1〕 "广州缺陷婴儿出生率上升 时隔九年恢复强制婚检"，载 http://health.sohu.com/20120224/n335737408.shtml，最后访问时间：2020 年 12 月 20 日。

〔2〕 "强制婚检"，载搜狗百科 http://baike.soso.com/v50005482.htm，最后访问时间：2020 年 12 月 20 日。

健康证明"只有一页纸，具体措辞由 1992 年通过的一项法律严格规定，医生只需盖章、签名。健康证明的用语专业、"含蓄"，是为了让医生和新人共同明确婚前体检的法定项目，同时为被检查人的健康隐私严格保密。体检的结果只有医生和被检查者知道，婚姻登记部门只核准"检查已做"的事实，无法获得具体的检查结果，更无权依据结果对新人成婚的意愿作任何裁决。而医生对新人婚检是履行职责，并无额外的利润可图。

日本不强制进行婚检，但大部分人都愿意做婚前体检。在日本，婚前健康检查完全是出于自愿。但是在日本人看来，结婚前交换健康诊断书是常识。特别是在眼下艾滋病有蔓延之势的情况下，人们更觉得婚前健康检查很重要。为了表示对对方负责，他们会很主动地交换健康诊断书，这是他们建立夫妻关系的一个重要的内容。日本的婚前检查，很注意保护个人隐私，如果医生泄漏个人隐私，不仅有违职业道德，而且要受到有关法律的制裁。一般医院、诊所、保健所都可以做婚前检查，检查费用因医院而异，保健所则免费检查艾滋病病毒。婚前检查的内容也比较尊重个人隐私，如不记载父母和兄弟姐妹的健康状况和病历，家族病史不在检查之列。检查内容有两项：化验血液和化验尿液。男女共查的疾病有乙肝、丙肝、衣原体、淋病、梅毒、疱疹、艾滋病毒；女性还要检查念珠菌、滴虫、弓形体、宫颈癌四项。有些人生育子女之前，会再做一次检查，检查项目和婚前检查内容相同，主要是为后代的健康考虑。总体而言，日本人普遍重视健康，加上有很好的保护隐私措施，日本人愿意做婚前健康检查。[1]

项目二　无效婚姻和可撤销婚姻

引例

申请人蒋某向法院申请其与被申请人徐某的婚姻无效。蒋某与徐某，系经媒人介绍相识，因徐某婚前患大脑痴呆病，丧失部分自主生活能力，申请人曾以书信形式向被申请人父母保证婚后不歧视被申请人。2016 年 4 月 5 日，申请人与被申请人双方到婚姻登记机关进行登记结婚。2018 年 5 月 25 日抱养一女，取名蒋某玖，一直随申请人生活。2017 年元月，申请人外出打工，被申请人因无自主生活能力，被送回其娘家生活至今。2020 年 8 月，被申请人徐某被平顶山精神病医院诊断为"病控性精神病"。蒋某在外地打工期间结识一女子，两人感情甚好，蒋某想与该女子结婚，又听人说与精神病人结婚婚姻无效，遂向法院提出宣告婚姻无效的申请。

问题：申请人蒋某在明知被申请人徐某患有疾病的情况下与其结婚，是无效婚姻

---

[1] "看看国外如何做婚检"，载 http://www.xywy.com/baby/jthl/hunjian/20081225_452181.html，最后访问时间：2020 年 12 月 20 日。

还是可撤销婚姻？法院应当怎样处理？

基本理论

2001 年修正的《婚姻法》第 10～12 条新增加了关于无效婚姻和可撤销婚姻的规定，自此，我国正式确立了婚姻无效制度和可撤销婚姻制度，并吸纳至《民法典》中。婚姻无效制度是结婚制度的重要组成部分，能够保护合法婚姻，预防和制裁违法婚姻，保障法律规定的结婚条件和程序的实施，保护善意当事人及子女的合法利益。

一、婚姻无效制度和可撤销制度设立的必要性

婚姻无效制度自古以来就有。自人类社会出现婚姻制度后，合法性就成为婚姻的本质属性。不论哪个国家，不论在哪个年代都要通过立法手段为婚姻的成立设定各种要件，包括实质要件和形式要件，只有符合这些要件的男女两性结合，才为当时的社会制度所认可，才具有婚姻的法律效力。发展到今天，婚姻无效制度越来越完善，大多数国家除了规定无效婚姻之外，还规定了可撤销婚姻。我国的立法例即是如此。

中外历史都不乏无效婚姻的规定。我国古代的礼和法对违法结合的婚姻效力也是予以否定的，律法中将违法结合的婚姻认定为违律嫁娶，在某些朝代甚至还要给予当事人刑事处罚。古巴比伦王国的《汉穆拉比法典》也有相关规定："倘自由民娶妻而未订婚约，则此妇非其妻"，即把事先未订立婚约的结合视为无效婚姻。在欧洲中世纪寺院法时代，由于基督教教义禁止离婚，教会把无法共同生活的男女双方的婚姻基于一定理由宣告为无效婚姻，作为对禁止离婚的救济手段，由此也创立了近代的无效婚姻制度。近现代的西方国家大多采纳了教会法关于婚姻无效与撤销的理论，设立了婚姻无效制度。

我国当代的婚姻无效制度发展相对滞后。1950 年和1980 年《婚姻法》都没有对婚姻的无效做出规定。1994 年 2 月 1 日民政部发布的《婚姻登记管理条例》确立了我国婚姻无效制度的雏形，简单地规定了对无效婚姻的处理意见。直至 2001 年《婚姻法》修正后，才用 3 个条款确立了我国无效婚姻制度的基本内容，这是我国婚姻立法的一大进步。

我国设立婚姻无效、可撤销制度主要是基于以下理由：

1. 完善结婚制度的内在要求。以婚姻为基础的家庭是社会的细胞，承担着多方面的社会职能。婚姻状况如何，不仅关系到当事人的利益，而且也关系到子女、家庭和社会的利益。因此，婚姻法用法定的结婚条件和程序来规范人们的结婚行为，只有符合结婚的实质要件和形式要件的婚姻才具有法律效力。但是，对于欠缺婚姻成立要件的男女两性的结合，却没有明确其法律后果，这就使结婚制度处于不完整状态。婚姻法制度不完善，不利于对合法婚姻的保护和对违法婚姻的制裁。无效婚姻制度作为保障合法婚姻的有效手段，是结婚制度中不可或缺的内容，也是婚姻法中必不可少的部分。

2. 预防和制裁无效婚姻的有力手段。在现实生活当中，违法婚姻屡禁不止，虽然规定了结婚的条件和程序，但是，在没有婚姻无效制度的情形下，一些人对结婚的法律效力缺乏认识，造成早婚、近亲结婚、包办、买卖婚姻等违法婚姻大量存在，特别是在偏远的农村地区，这种情况更为普遍。如果确立了婚姻无效制度，司法机关在处理违法婚姻的时候便有了明确的法律依据，对于无效的婚姻人民法院应当宣告无效；对于可撤销的婚姻，当事人可以请求撤销。通过对违法婚姻的制裁，可以促使人们更好地遵守法律的规定。

3. 维护法律的统一性和权威性的需要。设立该制度之前，人民法院对于本应宣布无效的婚姻都按离婚处理，以致违法婚姻解除的后果与合法婚姻解除的后果完全相同，违法婚姻与合法婚姻从法律上来说似乎没有区别。一些群众也认为"婚姻法遵守不遵守，后果都一样"，这显然不利于结婚法定条件和程序的贯彻执行。在 2001 年《婚姻法》颁布之前，人民法院对于这一类案件按照离婚程序处理，但婚姻登记机关则根据1994 年的《婚姻登记管理条例》的规定，对此类情形宣布婚姻无效。行政程序和诉讼程序的不统一，导致了我国婚姻法的不统一。因此，现实状况迫切要求增设无效婚姻制度，从而维护婚姻法的统一性和权威性。

我国现行《民法典》关于婚姻无效制度采取了无效婚姻与可撤销婚姻并行的双轨制，这比一律采取自始无效的单轨制有更大的优势。单轨制重视对违法婚姻及当事人的制裁，但却难免忽视对无过错方和弱势一方的必要保护；而双轨制对违法婚姻实施区别对待，对那些违法性质严重，有悖于公序良俗或对现行婚姻制度造成重大冲击的，应做自始无效处理；对那些违法性质较轻的，则归入可撤销婚姻的范畴。因此，双轨制更利于对相关当事人及子女利益的保护。正是基于以上原因，我国的婚姻无效制度选择了无效婚姻与可撤销婚姻并行的双轨制。

二、无效婚姻

（一）婚姻无效的原因

无效婚姻是指不具备特定的结婚实质要件的男女结合，因而在法律上是不具有婚姻效力的结合。

根据我国《民法典》第 1051 条的规定，婚姻无效的原因有：①重婚的。重婚即有配偶者又与他人登记结婚或者与他人以夫妻名义同居生活的违法行为。②有禁止结婚的亲属关系的。即婚姻当事人双方属于直系血亲或三代以内的旁系血亲。③未达法定婚龄的。当事人或利害关系人申请宣告婚姻无效时婚姻当事人的一方或双方仍未达到法定婚龄的，人民法院应当宣告婚姻无效。

当事人以上述事由之外的情形申请宣告婚姻无效的，人民法院应当判决驳回当事人的申请。当事人依据上述事由向人民法院申请宣告婚姻无效的，应以法定的无效原因存在为前提，申请时或起诉时，法定的无效婚姻情形已经消失的，人民法院不予支持。例如，结婚时，一方或双方未达法定婚龄，提出申请时，双方已达法定婚龄的；重婚的，其前一婚姻关系已依法解除，现在不存在重婚事实等等。在无效婚姻存在的原因消失后，再宣告婚姻无效，不但毫无意义，而且也不利于对婚姻当事人及子女利益的维护。

（二）申请婚姻无效的请求权人

根据我国有关司法解释的规定，有权依据《民法典》第1051条规定向人民法院就已办理结婚登记的婚姻申请宣告婚姻无效的主体，也就是宣告婚姻无效的请求权人，包括婚姻当事人及利害关系人。其中，利害关系人包括：①以重婚为由申请宣告无效的，为当事人的近亲属及基层组织；②以未到法定婚龄为由申请婚姻无效的，为未达到法定婚龄者的近亲属；③以有禁止结婚的亲属关系为由申请宣告婚姻无效，为当事人的近亲属。

（三）宣告婚姻无效的程序

我国宣告婚姻无效的机关仅限人民法院，得依诉讼程序确认并宣告无效。根据《民法典》及相关司法解释，宣告婚姻无效时应注意以下几个问题：

1. 宣告婚姻无效，须由婚姻当事人或利害关系人向人民法院提出申请，或由婚姻当事人向人民法院起诉离婚，否则，宣告婚姻无效的程序无法启动。利害关系人申请人民法院宣告婚姻无效的，该利害关系人为申请人，婚姻关系当事人双方均为被申请人，如果夫妻一方死亡的，生存一方为被申请人；夫妻双方均已死亡的，不列被申请人。夫妻一方或者双方死亡后一年内，生存一方或者利害关系人依据《民法典》第1051条的规定申请宣告婚姻无效的，人民法院应当受理。

2. 有关婚姻无效的规定属于强制性规范，不以婚姻当事人的意志为转移，因此，即使婚姻当事人起诉离婚，人民法院受理案件后，经审查确属无效婚姻的，应当依法作出宣告婚姻无效的判决。人民法院审理当事人及利害关系人申请宣告婚姻无效的案件，对婚姻效力的审理不适用调解，经审查确属无效婚姻的，应当依法作出宣告婚姻无效的判决。原告如申请撤诉的，不予准许。有关婚姻无效的判决一经作出，即发生法律效力，不允许当事人上诉。

3. 人民法院在审理无效婚姻案件时，涉及财产分割和子女抚养的，应当对婚姻效力的认定和其他纠纷的处理分别制作裁判文书。关于财产分割及子女抚养问题，可以调解。调解达成协议的，另行制作调解书。对财产问题和子女抚养问题的判决不服的，当事人可以上诉。

4. 申请宣告婚姻无效的案件与离婚案件有所区别。人民法院就同一婚姻关系分别受理了离婚和申请宣告婚姻无效案件的，对于离婚案件的审理，应当待申请宣告婚姻无效案件作出判决后进行。如果婚姻关系被确认为有效，才可以继续审理离婚案件；如果婚姻关系被宣告无效后，涉及财产分割和子女抚养的问题，应当继续审理。

5. 依法宣告婚姻无效并收缴双方的结婚证书。人民法院根据当事人的申请，依法宣告婚姻无效的，应当收缴双方的结婚证书并将生效的判决书寄送当地婚姻登记管理机关。婚姻登记机关收到人民法院宣告婚姻无效或者撤销婚姻的判决书副本后，应当将该判决书副本收入当事人的婚姻登记档案。

6. 当事人以结婚登记程序存在瑕疵为由提起民事诉讼，人民法院不予受理。当事人在履行结婚登记程序时存在瑕疵，譬如一方当事人未亲自到场办理结婚登记，借用或冒用他人身份证进行登记，当事人以此为由主张撤销结婚登记的，告知其可以依法申请行政复议或者提起行政诉讼。如果当事人向法院提出申请的婚姻不但在登记程序上存在瑕疵，而且同时具备《民法典》第 1051 条所列婚姻无效的事由之一的，人民法院可以因不具备婚姻的实质要件为由宣布婚姻无效。

三、可撤销婚姻

可撤销婚姻是指男女双方或者一方不具备结婚的合意，因受胁迫而结婚或因隐瞒重大疾病一方受到欺诈而结婚的违法婚姻。受胁迫的一方或者受欺诈的一方在除斥期间内可以向人民法院请求撤销该婚姻。

（一）婚姻可撤销的原因

根据我国《民法典》的规定，可撤销婚姻有两种情形：受胁迫的婚姻和因隐瞒重大疾病而受到欺诈的婚姻。

1. 受胁迫的婚姻。我国《民法典》第 1052 条规定，"因胁迫结婚的，受胁迫的一方可以向人民法院请求撤销婚姻。请求撤销婚姻的，应当自胁迫行为终止之日起 1 年内提出。被非法限制人身自由的当事人请求撤销婚姻的，应当自恢复人身自由之日起 1 年内提出"。最高人民法院《关于适用〈中华人民共和国民法典〉婚姻家庭编的解释（一）》第 18 条明确了胁迫的含义"行为人以给另一方当事人或者其近亲属的生命、身体、健康、名誉、财产等方面造成损害为要挟，迫使另一方当事人违背真实意愿结婚的，可以认定为民法典第 1052 条所称的'胁迫'。"一般而言，胁迫的一方多为婚姻当事人，但也包括第三人胁迫的情形，无论是谁发出的胁迫，只要使得婚姻关系相对方感受到这种威胁并产生恐惧心理进而被迫同意结婚的，都可以认定为受胁迫的婚姻。被胁迫而结婚的当事人之间明显欠缺结婚的合意，违背男女双方完全自愿的规定，违背婚姻自由原则。但考虑到没有达成结婚的合意，仅为结婚的私益要件，因此，由受胁迫的当事人自己决定是否撤销该婚姻，《民法典》不作自始无效的规定。

2. 一方隐瞒重大疾病另一方受到欺诈的婚姻。我国《民法典》第 1053 条规定："一方患有重大疾病的，应当在结婚登记前如实告知另一方；不如实告知的，另一方可以向人民法院请求撤销婚姻。请求撤销婚姻的，应当自知道或者应当知道撤销事由之日起一年内提出。"这是《民法典》婚姻家庭编新增加的关于撤销婚姻的规定。我国法律曾经把婚前患有一定疾病的情况视为婚姻无效的原因，但是在世界各国婚姻立法例中，几乎都没有类似规定，我国《民法典》也遵循趋势尊重了当事人的结婚权利，尊重当事人的意思自治。如果患有疾病的男女自愿结婚，其结婚行为并不会损害他人利益，也没有违背公序良俗，原则上应予尊重，否则便是剥夺了结婚自由权，不符合人人平等的法律基本准则。因此我们认为，民法典将婚姻法规定的"婚前患有医学上认为不应当结婚的疾病"作为婚姻无效的情形进而修改为可撤销婚姻的情形，无疑更加科学合理。

禁止患有一定疾病的人结婚，主要是为了提高人口素质，防止某些疾病遗传或传染的风险。我国自 1950 年第一部《婚姻法》开始就把患有某些医学上认为不应当结婚的疾病视为禁止结婚的原因。因为患有遗传性、传染性疾病、精神病的患者结婚生子，不符合优生优育法则，可能会给子女后代造成不幸，也不利于整个民族乃至整个人类的发展。2001 年《婚姻法》修订后则认为婚前患有医学上认为不应当结婚的疾病且婚后尚未治愈的是婚姻无效的原因。但随着科学技术的发展，曾经被认为不宜结婚的疾病已经被治愈，同时，社会的包容度越来越高，人们愈加认为属于结婚私益要件的内容不应该由法律强行干预。某些疾病虽然有传染性，或者有遗传性，但是愿意缔结婚姻的当事人双方并不在意，并且一方在知情后仍不管不顾要求结婚，这种婚姻对本人和社会并无危害，因此没有禁止双方结婚的必要，法律当然应该允许缔结婚姻关系。但是，如果在结婚登记前为了保证能和对方顺利结婚而故意隐瞒自己身患重大疾病的情况，就是婚姻欺诈，而在这种欺诈行为之下，受欺诈方结婚意愿的表达存在瑕疵，如果其知道对方故意隐瞒疾病后仍然不能原谅，则当然允许其享有请求撤销婚姻的权利。

（二）申请撤销婚姻的请求权人

根据我国《民法典》的规定，婚姻撤销的请求权仅属于受胁迫的一方或者未被告知结婚登记前患有重大疾病的一方，其他任何人及单位均无此权利。当事人是否行使撤销请求权，取决于自己的意愿，而其意愿也可能在婚后发生变化。如果受胁迫方或者未被告知患有重大疾病的一方婚后有意继续保持婚姻关系，则无需行使撤销请求权。当事人行使撤销请求权，应区分两种情况：如果是受胁迫的婚姻，应当自胁迫行为终止之日起 1 年内提出，如果被非法限制人身自由的，上述期限自恢复人身自由之日起 1 年内提出。如果是隐瞒重大疾病的婚姻，未被告知结婚登记前患有重大疾病的一方应当自知道或者应当知道撤销事由之日起 1 年内提出。因此，撤销婚姻的请求权受除斥期间的限制。该期限不适用诉讼时效中止、中断或延长的规定，也就是说，这里的 1 年是不变期间。超过了 1 年的申请时效的，撤销权消灭，当事人不得向人民法院提出撤销婚姻的请求，只能按离婚程序来解除婚姻关系。

（三）申请撤销婚姻的程序

依据《民法典》的规定，受胁迫的一方或者未被告知结婚登记前患有重大疾病的一方只能向人民法院请求撤销婚姻，婚姻当事人需要通过诉讼程序才能达到撤销婚姻的结果。婚姻登记机关作为行政机关已不再具有撤销婚姻的权利，也就是说，婚姻当事人不能通过行政程序撤销婚姻，这也表明我国在立法上对撤销婚姻的态度更为慎重。人民法院审理婚姻当事人请求撤销婚姻的案件，应当适用简易程序或者普通程序。

四、婚姻无效或被撤销的法律后果

我国《民法典》第1054条规定："无效的或者被撤销的婚姻自始没有法律约束力，当事人不具有夫妻的权利和义务。同居期间所得的财产，由当事人协议处理；协议不成的，由人民法院根据照顾无过错方的原则判决。对重婚导致的无效婚姻的财产处理，不得侵害合法婚姻当事人的财产权益。当事人所生的子女，适用本法关于父母子女的规定。婚姻无效或者被撤销的，无过错方有权请求损害赔偿。"

由此可知，婚姻被宣告无效或被撤销后将产生以下法律后果：

1. 无效婚姻或可撤销婚姻的溯及力。我国《民法典》第1054条规定，无效的或者被撤销的婚姻自始没有法律约束力，这里所称的"自始没有法律约束力"，是指无效婚姻或可撤销婚姻在依法被宣告无效或被撤销时，才确定该婚姻自始不受法律保护，也就是说，被宣告无效或被撤销的婚姻具有溯及力，可以回溯至婚姻关系成立之初，从违法结合之时起就不发生法律效力，当事人之间自始不产生配偶身份，也不产生婚姻法上的权利义务关系。

2. 当事人不具有夫妻关系。由于被宣告无效或被撤销的婚姻自始无效，因此，当事人自始不具有配偶身份，不具有婚姻法上基于夫妻身份而享有的权利和义务，不适用婚姻法中有关夫妻人身关系和财产关系的各项规定。

3. 当事人之间的财产关系。①无效婚姻或被撤销婚姻的当事人不适用《民法典》有关法定夫妻财产制的规定，同居期间所得财产按共同共有，由当事人协议处理，双方可按照协议分割其同居期间的财产，协议不成时"由人民法院根据照顾无过错方的原则判决"。②因重婚而导致婚姻无效的，在处理财产问题时应注意保护合法婚姻当事人的财产权益，使其免受侵害。③无效婚姻或被撤销婚姻的当事人之间，不具有法定的扶养义务和受扶养的权利，也不适用夫妻一方有权向另一方追索扶养费的规定。当然，当事人一方出于自愿扶养的除外。④无效婚姻或被撤销婚姻的当事人，不得以配偶身份互为第一顺序的法定继承人；在一方的父或母死亡时，不适用《民法典》中关于丧偶儿媳对公、婆，丧偶女婿对岳父母尽了主要赡养义务的，作为第一顺序的法定继承人的规定。但一方死亡时，另一方可依《民法典》第1131条的规定，作为继承人以外的依靠被继承人扶养的人，或者继承人以外的，对被继承人扶养较多的人，可以分给适当遗产。

4. 父母子女关系。无效婚姻或可撤销婚姻中子女的法律地位在《民法典》中是这样规定的："当事人所生的子女，适用本法关于父母子女的规定。"被宣告无效的婚姻和被撤销的婚姻既然自始无效，那么自始无效的婚姻中所生子女无疑是非婚生子女，但这并不等于不保护非婚生子女的合法权益。虽然婚姻无效，但子女与父母之间的天然血缘关系不会因婚姻无效而解除，因此，无效婚姻中当事人所生子女，适用婚姻法有关父母子女关系的规定：子女如何抚养，可先由双方协商，协商不成时，由人民法院判决；子女无论由父亲或母亲抚养，都是双方的子女，父母都应当负担子女必要的抚养费和教育费；不抚养子女的一方享有探望子女的权利。

5. 无过错方的损害赔偿请求权。根据《民法典》第 1054 条的规定，婚姻无效或被撤销的，无过错方有权向人民法院起诉请求损害赔偿。无过错方是指对于缔结婚姻没有过错的一方，在婚姻被认定为无效或被撤销后理应获得相应的赔偿。过错方承担的损害赔偿责任，应当包括因缔结婚姻造成的财产损失，比如男方支付的彩礼费用，也包括婚姻被宣告无效或被撤销给无过错方带来的精神损害。

五、无效婚姻和可撤销婚姻的区别

无效婚姻和可撤销婚姻有很多相似的地方，如婚姻被宣布无效或者被撤销，均是自登记之日起无效，双方当事人均不具有夫妻的权利和义务，对同居期间所得财产的处理原则也相同，同居期生育的子女，都适用婚姻法有关父母子女的规定。但两者仍存在一定的区别：

1. 结婚时欠缺的条件不同。无效婚姻的当事人违反了结婚的禁止性条件，登记结婚时欠缺的是结婚要件中的公益要件；可撤销婚姻欠缺的是婚姻当事人"结婚必须男女双方完全自愿"的条件，违反的是结婚的合意要件，在缔结婚姻时要么存在胁迫行为，要么存在欺诈行为，属于违反私益要件的行为。

2. 时效不同。宣告无效婚姻是绝对无效，只要符合宣告无效婚姻的 3 种情形之一即无效，不因时间的经过而消灭，除非当事人或利害关系人申请时，法定的无效婚姻情形已经消失的。而可撤销婚姻是相对无效，它有时间限制，因时间的经过而消灭。即受胁迫的一方撤销婚姻的请求，应当自胁迫行为终止之日起 1 年内提出；被非法限制人身自由的当事人请求撤销婚姻的，应当自恢复人身自由之日起 1 年内提出；受欺诈的一方自知道或者应当知道对方患有重大疾病之日起 1 年内提出，该期间属于除斥期间，不适用诉讼时效中止、中断或延长的规定。

3. 请求权人不同。有权依就已办理结婚登记的婚姻申请宣告婚姻无效的主体，包括婚姻当事人及利害关系人；而请求撤销婚姻的主体只能是因受胁迫一方或者受欺诈一方的婚姻关系当事人本人，任何第三人和单位都不得提出。

引例分析

我国《民法典》婚姻家庭编规定，男、女双方结婚，必须符合法定结婚条件。婚姻有效的条件之一是男女双方完全自愿，不许任何一方对他方加以强迫或任何第三者加以干涉。本案的申请人为保证结婚而做出的约定自然证明其是完全自愿的，但是被申请人因为自幼先天性智力发育不全，表现痴呆症状，丧失部分自主生活能力，属限制民事行为能力人，不具备完全自愿的能力，所以不具备双方完全自愿的条件。但是，我国民法典允许患有一定疾病的人结婚，前提是应当如实告知另一方。本案例中作出保证的一方是自愿的，应当依法认定该婚姻的效力。所以，申请人蒋某无权向法院申请宣告婚姻无效，法院应当驳回申请人蒋某的诉讼请求。因蒋某在结婚前已经知道女方患有疾病并且同意结婚，因此，该婚姻也不属于可撤销婚姻。

男女双方在结婚前患有影响夫妻关系的重大疾病，且未告知对方的，对方享有请求撤销婚姻的权利；如果在结婚前男女双方知道彼此的患病情况，则不能提出撤销婚姻的请求，依法应属有效婚姻。这样既可保障公民的结婚权利，也有利于维护公民之间的诚信友爱。

相关法律规范

1. 《民法典》第 1054、1071 条。

2. 《婚姻登记条例》第 9 条。

3. 《最高人民法院关于适用〈中华人民共和国民法典〉婚姻家庭编的解释（一）》第 9~16、17~22、69~70 条。

思考与练习

1. 无效婚姻和可撤销婚姻有什么区别？

2. 无效婚姻的后果是什么？

拓展阅读

事实婚姻

一、事实婚姻的概念及其效力

事实婚姻是和法律婚姻相对应的，是指不符合婚姻成立的形式要件，但以夫妻名义同居生活的男女两性结合。事实婚姻与法律婚姻相比较，仅欠缺法律婚姻所要求的形式要件。一般来说，事实婚姻的当事人双方不但以夫妻名义同居生活，且以长期共同生活为目的，双方具有公开的夫妻身份，且为群众所公认。因此，事实婚姻有别于其他非婚同居的行为，

对于事实婚姻是否具有法律效力的问题，各国的态度不一。对于欠缺结婚的实质要件的事实婚姻，各国法律多大认定为无效婚姻或可撤销婚姻，但是具备结婚的实质要件仅欠缺形式要件的事实婚姻，各国在其是否具有法律效力的问题上采取了不同的

原则。[1] 主要有三种类型：一是不承认主义，即法律不承认事实婚姻的法律效力，双方当事人的关系等同于同居关系；二是承认主义，即法律承认符合结婚实质要件的事实婚姻具有法律效力，事实婚姻享有和法律婚姻相同的法律效力；三是相对承认主义，即法律为事实婚姻设定某些有效的条件，一旦条件具备，该事实婚姻即具有法律效力，不具备相应条件的，不发生法律效力。通常法律设定的条件有：达到法定的同居年限；经过法院确认；补办法定手续。

二、我国对待事实婚姻的态度

在我国，由于受传统观念的影响，法制观念的淡薄，人们对婚姻登记的重要性缺乏必要的认识，因而在某些地区，尤其是偏远的农村地区，认为只要依照习俗举办了婚礼婚姻即告成立，致使事实婚姻长期、大量存在。而有些人因为不具备法定的结婚条件，也选择事实婚姻来规避法律的审查和监督。因此，事实婚姻对于我国推行婚姻自由、男女平等、一夫一妻制的实现显然是一个障碍。但是鉴于我国建国初期的实际情况，我们只能逐步地否定事实婚姻，否则对于婚姻当事人，尤其是妇女和子女的合法权益的保护将会极其不利。

中华人民共和国成立后，我国对待事实婚姻的态度经历了一个发展变化的过程，由最初的无条件承认到有条件承认再到不承认最后到今天的相对承认，共经历了四个阶段。

第一个阶段：自中华人民共和国成立到 1986 年 3 月 15 日之间为无条件承认时期。在此期间，司法实践中承认符合结婚实质要件的事实婚姻的法律效力。中华人民共和国成立后，1953 年 3 月中央人民政府法制委员会在《有关婚姻问题的解答》中指出：1953 年 3 月贯彻婚姻法运动以前的事实婚姻，仅欠缺结婚登记手续的，仍承认其夫妻关系的效力。1979 年 2 月《最高人民法院关于贯彻执行民事政策法律的意见》中规定：双方或一方不满婚姻法结婚年龄的婚姻纠纷，如未生育子女的，在做好工作的基础上应解除其非法的婚姻关系；对双方已满婚姻法结婚年龄的事实婚姻纠纷，应按一般的婚姻案件处理。1989 年 11 月 21 日最高人民法院在《最高人民法院关于人民法院审理未办理结婚登记而以夫妻名义同居生活案件的若干意见》中明确指出：1986 年 3 月 15 日《婚姻登记办法》施行之前，未办结婚登记手续即以夫妻名义同居生活，群众也认为是夫妻关系的，一方向人民法院起诉"离婚"，如起诉时双方均符合结婚的法定条件，可认定为事实婚姻；如起诉时一方或双方不符合结婚的法定条件，应认定为非法同居关系。据此来看，在该时期对只缺欠结婚形式要件的事实婚姻是一律承认其效力的，实行与法律婚姻同等对待。

第二个阶段：1986 年 3 月 15 日至 1994 年 2 月 1 日之间，是有条件承认时期。1989 年 11 月 21 日最高人民法院在《最高人民法院关于人民法院审理未办理结婚登记而以

---

[1]　我国所指的事实婚姻即指具备结婚的实质要件仅欠缺形式要件的事实婚姻。

夫妻名义同居生活案件的若干意见》中指出：人民法院对于未办结婚登记而以夫妻名义同居生活的，"基于这类'婚姻'关系形成的原因和案件的具体情况复杂，为保护妇女和未成年人的合法权益，有利于婚姻家庭关系的稳定，维护安定团结，在一定时期内，有条件的承认其事实婚姻关系，是符合实际的。"并对此类案件的审理提出了具体意见：1986 年 3 月 15 日《婚姻登记办法》施行之后，未办结婚登记手续即以夫妻名义同居生活，群众也认为是夫妻关系的，一方向人民法院起诉"离婚"，如同居时双方均符合结婚的法定条件，可认定为事实婚姻关系；如同居时一方或双方不符合结婚的法定条件，应认定为非法同居关系。由此可见，这个时期承认事实婚姻的前提是双方在同居之初双方均符合结婚的法定条件，才可认定为事实婚姻关系。如果双方在同居时并没有符合结婚的实质要件，譬如未达到法定婚龄，则起诉离婚时双方即使已具备结婚的实质要件，譬如已满法定婚龄，也认为是非法同居关系。因此，这个阶段是有条件承认事实婚姻的阶段。

第三个阶段：1994 年 2 月 1 日至 2001 年 4 月 28 日之间，是绝对不承认事实婚姻效力的时期。1994 年 2 月 1 日民政部颁布的《婚姻登记管理条例》第 24 条规定："未到结婚年龄的公民以夫妻名义同居的，或者符合结婚条件的当事人未经登记以夫妻名义同居的，其婚姻关系无效，不受法律保护。"最高人民法院在《关于适用新的〈婚姻登记管理条例〉的通知》进一步明确指出，自 1994 年 2 月 1 日起，没有配偶的男女，未办结婚登记即以夫妻名义同居生活的，按非法同居关系处理。此后一段时间，我国不再承认事实婚姻的法律效力，直到 2001 年《婚姻法》修正，明确未办理结婚登记的，应当补办登记为止。在此期间，所有事实婚姻均按照非法同居关系处理。虽然事实婚姻不再具有民事法律效力，但事实重婚行为在现实中仍然存在，并且危害着一夫一妻的婚姻制度，为了制裁这种行为，最高人民法院在 1994 年给四川省高级人民法院的批复中明确规定：有配偶的人与他人以夫妻名义同居生活的，或者明知他人有配偶而与之以夫妻名义同居生活的，仍应按重婚罪定罪处罚。

第四个阶段：2001 年 4 月 28 日以后是相对承认时期。2001 年 4 月 28 日《婚姻法》修正后，其第 8 条规定："……未办理结婚登记的，应当补办登记"。2001 年 12 月 27 日施行的《最高人民法院关于适用〈中华人民共和国婚姻法〉若干问题的解释（一）》第 4 条规定："男女双方根据婚姻法第 8 条规定补办结婚登记的，婚姻关系的效力从双方均符合婚姻法所规定的结婚的实质要件时起算。"从法理上分析，法律规定"补办"，显然认为其具有追溯力。由此，我国对待事实婚姻的态度取决于当事人自己的决定，只要符合结婚实质要件的事实婚姻的当事人补办结婚登记，其事实婚姻关系可以溯及既往地合法化，得到承认与保护，从其具备结婚实质要件时就认为是合法有效的婚姻。当然，如果当事人没有补办结婚登记，则该事实婚姻仍按照同居关系来对待。

情境训练　补办结婚登记的婚姻效力的认定

情境案例

刘某系独生子，母亲在其高中时因病去世。刘某经朋友介绍认识了与自己同年同月同日生的陈某，双方感觉共同点很多，遂发展为恋爱关系，并于 2012 年 5 月 1 日举办了盛大的婚礼。由于当时两人都是 21 岁，刘某尚未达到结婚年龄，没有办理结婚登记。2013 年 12 月刘某父亲因车祸去世，在县城留有一套房产，价值 100 万。刘某在父亲死后把房产转移到自己名下。刘某和陈某在 2014 年初生育一子后于当年 5 月份去民政局补办了结婚登记。2018 年，刘某和陈某因感情破裂协议离婚，离婚时双方对刘某父亲的遗产归属产生纠纷。刘某认为父亲去世时双方并未办理结婚登记，房产理应属于自己。陈某则认为当时两人已经是夫妻，遗产应归夫妻双方共同所有。

训练目标

通过案例的分析学习，能准确判断补办结婚登记的婚姻效力，并能据此分析判断遗产的归属问题，学会处理法律纠纷。

训练方法

课堂讨论法、情景模拟、角色扮演法、调解法。

训练步骤

1. 学生分小组进行讨论，分析刘某和陈某的婚姻关系发生法律效力的时间，并列举相关法律规定。

2. 继续分析在婚姻生效期间，一方继承的遗产已经办理过户手续，另一方在离婚时是否可以主张该遗产为共同财产，理由和法律依据是什么？

3. 各小组进行交流、阐述本组意见，并共同分析得出结论。

单
元
六

家庭关系

家庭关系是指基于婚姻、血缘或法律拟制而形成的一定范围的亲属之间的权利和义务关系。家庭关系依据主体为标准可以分为夫妻关系、父母子女关系和其他近亲属之间的关系。《民法典》婚姻家庭编规定了亲属的范围，并设专章对"家庭关系"进行了规范和阐述，明确了"家庭关系"在婚姻家庭编中的作用和意义，强化了社会主义核心价值观，重视家庭关系的文明建设，体现了保护婚姻家庭的理念。

知识目标

1. 了解亲属的概念、亲属在法律上的分类、亲系的分类及其依据。
2. 了解夫妻人身关系、财产关系的具体内容。
3. 了解我国父母子女关系和其他近亲属关系的具体内容。

能力目标

1. 能正确区别三代以内的旁系血亲。
2. 能判断法定夫妻财产中哪些是共同财产，哪些是特有财产。
3. 能正确理解父母子女的权利义务并能在法律实务中加以应用。

项目一　亲属关系

引例

王男幼年丧父，随母改嫁到离家很远的地方，与家乡亲友断绝了往来。王男在大学期间与同班同学李女相恋，约定毕业后结婚。毕业前，王男携其母去女家拜访，在交谈中得知王男的祖母和李女的妈妈是同胞姐妹后，双方的父母均不同意此婚事，认为辈分不对且为很近的亲属。但王男和李女感情甚笃，坚持要求结婚。

问题：王男和李女是何亲属关系？婚姻登记机关应否给王男和李女登记？

基本理论

一、亲属的概念和种类

（一）亲属的概念

亲属，是指人们基于婚姻、血缘和法律拟制而形成的人与人之间的社会关系。婚姻是亲属之源，血亲是亲属之流。血亲也可依法拟制，通过收养而形成。姻亲则是以婚姻为中介而发生的。为了正确把握亲属的概念，依法调整亲属关系，应当注意以下几个问题：

第一，广义的亲属与狭义的亲属。作为现实存在的亲属关系，包括生物学意义上的亲属和法律意义上的亲属。生物学意义上的亲属，是因遗传学规律自然形成的血缘亲属，它可以世代延续下去，属于广义的亲属。法律意义上的亲属，是指基于婚姻、血缘和法律拟制而形成的社会关系，这种关系一经法律调整，便在具有亲属身份的主体之间产生法定的权利义务。属于狭义的亲属。婚姻家庭法所研究的主要是狭义的亲属即法律意义上的亲属。

第二，亲属与家庭成员的区别。作为社会的基本生活单位，家庭是由同居一家、共同生活的亲属组成的，家庭成员一般均为近亲属，例外的情形极为罕见。有亲属关系的人，甚至是有近亲属关系的人，不可能都是同一家庭的成员，而是分属于不同家庭的。两者的区别在于，家庭成员间不仅有亲属关系，还有以家庭为单位的共同经济和共同生活的关系。依据《民法典》第 1045 条第 2 款、第 3 款的规定：配偶、父母、子女、兄弟姐妹、祖父母、外祖父母、孙子女、外孙子女为近亲属。配偶、父母、子女和其他共同生活的近亲属为家庭成员。

第三，亲属与家属的区别。家属是家长的对称，从历史上来看，家庭是由家长和家属组成的。家长和家属在社会上和法律上的地位都是不平等的。家长在家庭中享有支配家庭财产和家庭成员人身的权利。家属是家长制的产物。虽非亲属而以永久共同生活为目的同居一家者，视为家属。而亲属是指一切相互间具有婚姻、血缘和法律拟制血亲但并不一定在一起生活的人。现实生活中虽有家长、家属的称谓，但并不具有法律上的意义。

（二）亲属的种类

对亲属种类的划分，在不同的社会制度下，由于家庭立法原则不同，也就有不同的划分标准。

1. 我国古代亲属的分类。在中国古代，以宗法制度为中心，将亲属分为宗亲、妻亲和外亲三大类。

宗亲。指同祖同宗的亲属，也称内亲。包括同一祖先的男性亲属以及嫁来之妇和未嫁之女。宗亲在古代亲属制度中居于最重要的位置。

妻亲。指夫对妻的血亲之间的亲属关系。包括妻的父母、妻的兄弟姐妹及其配偶、子女等，均为妻亲。

外亲。指与女系血亲相联系的亲属，包括与母亲相联系的亲属和与出嫁女儿相联系的亲属。前者如外祖父母、舅、姨、姨表兄弟姐妹等；后者如女婿、外孙子女和姑父及其子女等。

2. 我国现代亲属的分类。

（1）配偶。在婚姻关系存续期间，夫妻双方互为配偶。配偶是亲属关系的核心，是产生血亲和姻亲的基础。在我国现行法律中，配偶是居首位的近亲属。

（2）血亲。血亲是指相互之间具有血缘联系的亲属。血亲根据血缘来源的不同可分为自然血亲和拟制血亲两种。

第一，自然血亲，是指出于同一祖先，相互之间存在血缘联系的亲属。例如，父母与子女；祖父母与孙子女；外祖父母与外孙子女；兄弟姐妹之间；伯、叔、姑与侄、侄女；舅、姨与甥、甥女；堂兄弟姐妹之间；表兄弟姐妹之间等，均为自然血亲。

第二，拟制血亲，是指本无天然的血缘联系，依法确认后，其与自然血亲有相同的权利义务的亲属，所以也称法定血亲或准血亲。例如，养父母与养子女，继父母与受其抚养教育的继子女，均为拟制血亲的父母子女。

（3）姻亲。姻亲是以婚姻关系为中介而形成的亲属，但配偶本身是除外的。姻亲又可分为三种：

第一，血亲的配偶。指自己的直系和旁系血亲的配偶。如儿媳、女婿、伯母、婶母、舅母、姑父、姨父、兄嫂、弟妇、姐夫、妹夫等。

第二，配偶的血亲。指自己配偶的直系血亲和旁系血亲。如公婆、岳父母、夫之兄弟姐妹及其子女、妻之兄弟姐妹及其子女等。

第三，配偶的血亲的配偶。指自己配偶的血亲的配偶。我国亲属关系中的连襟（指夫与妻之姐妹之夫）和妯娌（指妻与夫之兄弟之妻），便是这方面的例证。

二、亲系和亲等

（一）亲系

亲系是指以血缘和婚姻联系为基础的亲属系统。狭义上讲亲系仅指血亲的系统，广义上的亲系还包括姻亲的系统。按不同的联系标准，亲系可分为以下几种：

1. 父系亲和母系亲。父系亲是以父为中介而产生的亲属。例如，己身与祖父母、伯、叔、姑及其子女等。母系亲是是以母为中介而产生的亲属。例如，己身与外祖父母、舅、姨及其子女等。中国古代的亲属制度是父系本位，重父系亲而轻母系亲的。按照我国现行法的规定，父系亲和母系亲并无轻重之分、亲疏远近之别。

2. 男系亲和女系亲。男系亲是指与男子的血统相联系的亲属。女系亲是指与女子的血统相联系的亲属。这是封建宗法制度下，按照重男轻女的观念划分的。我国封建法律以男系亲为宗亲，在亲系中处于主要的地位，而女系亲如外亲和妻亲，在亲系中则处于次要的、疏远的地位。我国现行婚姻法以男女平等为原则，男系亲和女系亲的地位并无区别。

3. 直系亲和旁系亲。

（1）直系血亲和旁系血亲。直系血亲指具有直接血缘联系的血亲。凡是"己身所从出"和"从己身所出"的血亲均为直系血亲。如己身上对父、祖父、曾祖、高祖是为己身所从出；下对子、孙、曾孙、玄孙，是从己身所出，这种直上直下的系统都属于直系血亲。旁系血亲指具有间接血缘联系的血亲。凡是血缘上具有"同源"关系的，除直系血亲外均为旁系血亲。包括辈分相同或不相同的旁系血亲。如己身与姑表兄弟姐妹是辈分相同的旁系血亲；己身与舅、姨等是辈分不相同的旁系血亲。

（2）直系姻亲和旁系姻亲。直系姻亲指的是直系血亲的配偶。如儿媳、女婿、孙媳、孙女婿、继父、继母等。在很多国家有禁止直系姻亲结婚的规定，我国法律没有相关的规定，但习惯上是不能结婚的。旁系姻亲指配偶的旁系血亲以及旁系血亲的配偶。如兄嫂、弟媳、姐妹夫、伯叔母、姑父、舅母、姨父等。旁系姻亲的关系法律不予调整。

4. 长辈亲、晚辈亲和平辈亲。长辈亲是指辈分高于自己的亲属，如父母辈的亲属和祖父母辈的亲属。晚辈亲是指辈分低于自己的亲属，如子女辈的亲属和孙子女辈的亲属。平辈亲是指与自己同辈的亲属，如兄弟姐妹、堂兄弟姐妹、表兄弟姐妹。

（二）亲等

亲等是计算亲属关系亲疏远近的单位。由于亲属的远近直接关系到伦理关系、权利义务关系和其他的社会关系及法律关系，所以古今中外都将亲等计算作为亲属制度的重要内容。

由于各国法律不同，使用的亲等计算制也不同。世界上主要有以下两种亲等计算法：

1. 罗马法的亲等计算法。罗马法亲等计算法历史悠久，影响较大，开始于古罗马时代，后来成为国际上通用的亲等计算方法。

（1）直系血亲计算方法：直系血亲是以己身为基点，向上或向下数，以间隔一世为一亲等。例如，父母与子女为一亲等直系血亲，祖父母（外祖父母）与孙子女（外孙子女）为二亲等直系血亲，依此类推。

（2）旁系血亲计算方法：是从己身上数至双方最近的共同长辈直系血亲，再从该长辈直系血亲下数至对方，两边各得一世数，将其相加即为旁系血亲的亲等数。例如，兄弟姐妹为二亲等旁系血亲；伯、叔、姑与侄、侄女，舅、姨与甥、甥女，为三亲等旁系血亲；堂兄弟姐妹、表兄弟姐妹为四亲等旁系血亲，依此类推。

下表为己身与姨表兄弟之间的亲等计算图例，依据罗马法的亲等计算法，己身与姨表兄弟属于四亲等旁系血亲。

2世+2世＝4亲等

按罗马法的亲等计算法，己身与姨表兄弟为四亲等旁系血亲。

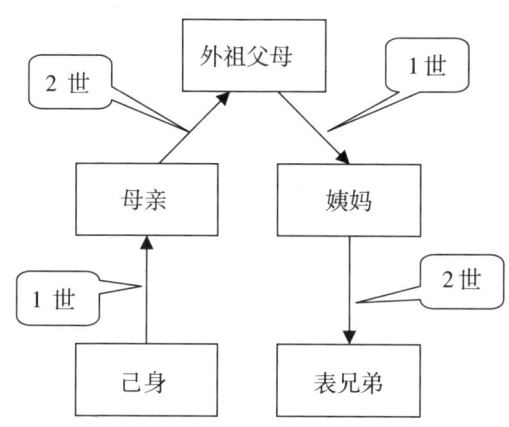

图1　罗马法旁系血亲亲等计算示意图

2. 寺院法的亲等计算法。寺院法亲等计算法，起源于基督教教规，至今仍为少数国家所沿用。也分为直系血亲计算方法和旁系血亲计算方法。

（1）直系血亲计算方法：直系血亲亲等的规则与罗马法相同，即以一代为一亲等。

（2）旁系血亲计算方法：计算旁系血亲亲等的规则与罗马法不同。其计算规则如下：先从己身上数至己身与对方最近的共同的长辈直系血亲，得一世数，再从对方上数至该长辈直系血亲，又得一世数，如果两边的世数相同，即以此数定其亲等，如果两边世数不同，则按世数多的一边定其亲等。例如，兄弟姐妹为一亲等旁系血亲；伯、叔、姑与侄、侄女，舅、姨与甥、甥女，为二亲等旁系血亲；堂兄弟姐妹、表兄弟姐妹亦为二亲等旁系血亲，依此类推。由于旁系血亲的行辈可能相同，也可能不同，这种计算法往往不能准确地反映旁系血亲间的亲疏远近关系。罗马法的旁系血亲亲等计算规则与寺院法相比较，前者显然优于后者。

3世＞1世

按寺院法的亲等计算法，己身与叔公、伯公为三亲等的旁系血亲。

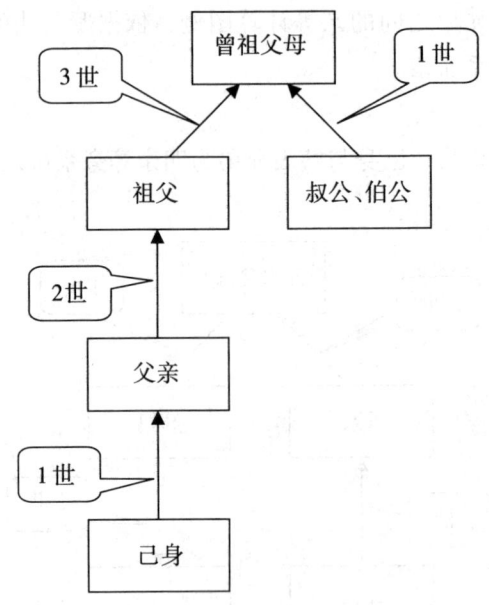

图2　寺院法旁系血亲亲等示意图

3. 我国法律中代数的计算法。《民法典》中用代数的不同来表示亲属关系的亲疏远近，代即世辈，一辈为一代，计算亲属的代数分为直系血亲和旁系血亲两个方面的计算，如五代以内旁系血亲、三代以内旁系血亲等。这种表示方法也可用于直系血亲。

（1）直系血亲计算方法：计算直系血亲的代数时，以己身为一代，然后分别向上和向下数，一辈为一代，相隔一世即为两代。例如，父母子女为两代直系血亲，祖父母与孙子女、外祖父母与外孙子女为三代直系血亲，以此类推。

（2）旁系血亲计算方法：计算旁系血亲的代数时，须以同源关系为依据。首先从己身和该旁系血亲分别上数至同源最近的直系血亲，如果两边均为三代，则属于第三代的旁系血亲；如果两边得出的代数不同，按大的代数计。譬如一边为三代，一边为四代，则属于第四代的旁系血亲。例如，同源于父母的兄弟姐妹，是两代的旁系血亲；同源于祖父母、外祖父母的表（堂）兄弟姐妹，是三代的旁系血亲。应当注意的是，用我国世代来表示血亲关系的远近时，不能与罗马法的亲等计算法进行换算，四亲等内的旁系血亲并不相当于三代内的旁系血亲。例如，己身与叔伯祖父（即伯公、叔公）是四亲等旁系血亲，却已出了三代，属于四代内的旁系血亲。我国婚姻法的世代计算法虽简便易行，但精确性不够。

按我国的代数计算法，一边为4代，一边为2代，以数额大的记为代。

即己身与叔公、伯公为四代的旁系血亲。

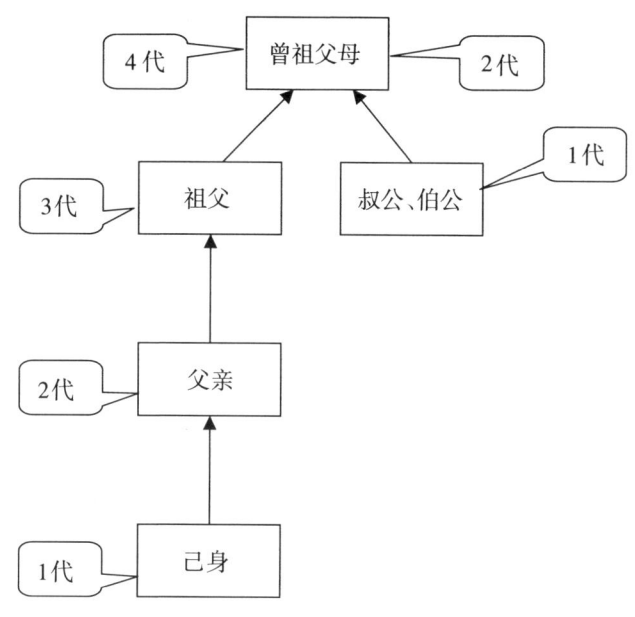

图3 我国的代数计算法示意图

4. 中国古代丧服制度中的亲属等级。中国古代没有亲等这一名目，它是以服制的不同来表示亲属的亲疏远近的。丧服制度始创于礼，后入于律，服制的效力不仅及于亲属关系，而且及于其他诸多领域。

服制分五等，重轻有差，用以分别亲属的亲疏远近。亲者，近者其服重。疏者，远者其服轻。五服以内的为有服亲，五服以外的为袒免亲即无服亲。

第一等：斩衰。为三年之服。丧服以粗麻布制作，且不缝下边。例如，子与在室女为父母丧，嫡孙为祖父母丧，妻为夫丧，有斩衰三年之服。

第二等：齐衰。服期长短有别。丧服以稍粗的麻布制作。齐衰有杖期（一年之服，须持丧杖）、不杖期（一年之服，不持丧杖）、五月、三月之别。例如，子为出母、嫁母丧，夫为妻丧（父母不在时），有齐衰杖期之服。孙为祖父母丧，出嫁女为父母丧，夫为妻丧（父母在时），有齐衰不杖期之服。曾孙、曾孙女（在室）为曾祖父母丧，有齐衰五月之服。玄孙、玄孙女（在室）为高祖父母丧，有齐衰三月之服。

第三等：大功。为九月之服。丧服以粗熟布制作。例如，妻为夫之祖父母丧，父母为众子妇丧，有大功之服。

第四等：小功。为五月之服。丧服以稍粗的熟布制作。例如，己身为伯叔祖父母、堂伯叔父母丧，妻为夫之伯叔父母丧，有小功之服。

第五等：缌麻。为三月之服。丧服以稍细的熟布制作。例如，己身为族伯叔父母丧，为妻之父母丧，有缌麻之服。

由于服制的差别不仅以世数为依据，还受着尊卑、性别、名分、恩义等因素的影响，不能准确地表示亲属关系亲疏远近的程度。随着中国婚姻家庭法的近现代化，它已经成为历史。

三、亲属关系的发生和终止

亲属关系的发生和终止都有赖于一定事实的出现。这种事实分为两类，一类是自然事实，另一类是自然人主体或有权机构依照特定程序创设或者消灭亲属关系的行为。无论是哪一类都具有双重属性：一是客观性，二是规范性。

（一）亲属关系的发生

引起亲属关系发生的事实主要有三种：

1. 出生。出生是形成自然血亲的唯一原因。婚内子女的出生引起亲子关系和其他自然血亲关系或旁系血亲关系的发生。非婚生子女与生父的自然血亲关系经生父认领后始为发生，其生父不明确的，并不意味着没有父亲血缘，只是在事实上和法律上有待确认而已。

2. 结婚。结婚即婚姻关系的确立，它将产生"婚缘亲属关系"，其中最重要的是配偶关系，同时也包括一系列姻亲关系。

3. 亲属拟制行为。这种拟制包括两种：一种是成立收养关系，另一种是继父母与继子女间形成事实上的抚养教育关系。在这两种情形下，不仅是形成直系的拟制亲属，而且同时发生旁系的拟制亲属。

（二）亲属关系的终止

亲属关系的终止亦即亲属关系的消灭。引起亲属关系终止的事实分为两大类：一类是亲属关系中一方死亡（包括自然死亡和宣告死亡）；另一类是解除身份关系的行为。

解除身份关系的行为包括三种不同情形：

1. 离婚。离婚一旦发生法律效力，配偶关系当然消灭。但是血亲关系，尤其是父母子女关系并不受配偶离婚的影响。在我国，配偶双方离婚后，习惯上不再保留原有的姻亲关系，法律也不禁止当事人在离婚后与原来的姻亲结婚。

案例

张某向人民法院提起离婚诉讼，人民法院主持调解后，张某和兰某达成离婚协议。张某签收离婚调解书后，即持离婚调解书与小花登记结婚。兰某签收离婚调解书时得知张某在其签收离婚调解书之前已结婚的消息后，向人民法院提起诉讼，要求追究张某重婚罪的刑事责任。

根据我国《民事诉讼法》的规定，调解书经双方当事人签收后，具有法律效力。张某签收调解书之后、兰某签收调解书之前，调解书尚未发生法律效力，张某、兰某之间婚姻关系的效力仍然存在。婚姻关系存续期间，张某与小花登记结婚，构成法律上的重婚。但张某基于已收到离婚调解书的事实与小花结婚，主观上不具有重婚的故意，重婚情形也在兰某签收离婚调解书后消除，故情节显著轻微，危害不大，根据《刑法》第13条的规定，不认为是犯罪。

2. 婚姻被撤销或宣告无效。被撤销或宣告无效的婚姻是自始无效的，婚姻一旦被撤销或被宣告无效，除了自然血亲之外，其他一切因此而形成的亲属关系均归无效。

3. 解除法律拟制的亲属关系。主要存在三种情形：其一，也是最重要的，是解除收养关系；其二，形成事实上抚养教育关系的继父母与继子女间，通过协议或裁判解除抚养教育关系；其三，未成年子女因生父母与继父母离婚，继父母终止对原继子女的抚养教育。

案例

李某夫妇没有生育能力，收养一女小云，小云成年登记结婚时，因李某夫妇反对其结婚对象，小云以断绝父女关系、母女关系相威胁，与李某夫妇签订了解除父女关系和母女关系协议书，但没有办理解除收养手续。小云结婚后，与李某夫妇没有任何往来。李某去世后李妻年迈生活困难，要求小云支付赡养费，小云以母女关系已解除为由，拒绝履行赡养费的支付义务。

自然血亲的父母子女关系，能否通过协议方式解除，我国法律没有作出规定。但拟制血亲的父母子女关系，根据《民法典》的有关规定，可以通过协议方式解除，但收养关系解除自办理解除收养关系登记之日起生效。本案中李某夫妇、小云虽达成了解除收养关系的协议，但未办理解除收养关系登记手续，因此，收养关系解除的效力没有发生，小云不得以父女、母女关系已经解除为由，拒绝履行对李某夫妇的赡养义务。

（三）亲属关系的法律效力

亲属关系一经法律调整，一定范围内的亲属之间就会产生一系列的法律后果，这就是亲属关系的法律效力。依照我国现行法律，亲属关系的法律效力主要表现在：

1. 在婚姻家庭法上的效力。

（1）一定范围的亲属有互相扶养的义务；

（2）一定范围的亲属有互相继承遗产的权利；

（3）一定范围的亲属具有法定的共同财产；

（4）一定范围的亲属间禁止结婚；

（5）一定范围的亲属是无民事行为能力人和限制民事行为能力人的监护人。

2. 在其他民事法律上的效力。

（1）法定代理和监护的效力。一定范围的亲属得为无民事行为能力人和限制民事行为能力人的监护人和法定代理人；

（2）对下落不明人的申请宣告效力。一定范围的近亲属可依法向法院提出宣告失踪和宣告死亡的申请；

（3）按照亲属关系的亲疏远近确定法定继承人的范围和顺序，一定范围的亲属可以成为遗嘱继承人；晚辈直系血亲在特定情况下有代位继承权。

3. 在刑法上的效力。犯罪构成效力。刑法中规定的某些犯罪，也是同亲属身份有关的。某些犯罪主体和被害人之间具有特定的亲属身份，如虐待罪和遗弃罪；暴力干涉婚姻自由罪的犯罪主体，一般也多为被干涉者的亲属；某些犯罪的主体须为已有特定亲属关系或明知他人有特定亲属关系的人，如重婚罪；某些告诉才处理的犯罪，可由被害人的近亲属告诉；等等。

4. 在诉讼法上的效力。

（1）回避效力。一定的亲属关系为回避的原因，《民事诉讼法》规定，审判人员、书记员等是本案当事人、诉讼代理人的近亲属，必须回避，当事人有权用口头或者书面方式申请他们回避。《刑事诉讼法》也有类似规定。

（2）代为辩护或代理的效力。在民事诉讼中，没有诉讼行为能力的当事人由作为其法定代理人的亲属代为诉讼；在刑事诉讼中，一定的亲属得为被告的辩护人；被告人的近亲属经被告的同意可依法提出上诉，还可依法提出申诉等。

此外，亲属关系在劳动法、行政法等领域，也有相应的法律效力。亲属关系的法律效力，并不仅仅局限于婚姻家庭法领域。研究亲属关系的法律效力，是法学中相关学科的共同任务。

引例分析

在本案中，王男与李女是表侄与表姑的关系。王男的祖母与李女的妈妈是同胞姐妹，王男的父亲与李女是表兄妹，故王男与李女为姑侄关系。根据我国《民法典》亲等的计算法，王男与李女是四代旁系血亲，不在法律规定的禁婚亲属范围，如果符合结婚的其他实质要件，婚姻登记机关应予以登记。

相关法律规范

1.《民法典》第 1045 条。

2.《刑事诉讼法》第 108 条。

3. 司法解释及文件：

（1）《最高人民法院关于适用〈中华人民共和国民事诉讼法〉的解释》（2020 年12 月 29 日 法释〔2020〕20 号）第 85 条。

（2）《最高人民法院关于适用〈中华人民共和国行政诉讼法〉的解释》（2018 年 2月 6 日 法释〔2018〕1 号）第 14 条。

4. 部门规章及规范性文件：

（1）《外国人在中国永久居留审批管理办法》（2004 年 8 月 15 日 公安部、外交部令 74 号发布）第 27 条。

第27条 本办法中下列用语的含义：

①"直系亲属"指父母（配偶的父母）、祖父母（外祖父母）、已满18周岁的成年子女及其配偶、已满18周岁的成年孙子女（外孙子女）及其配偶；

②"以上"、"以内"皆包括本数。

（2）《国务院港澳办公室关于港澳同胞及其亲属身份解释的通知》（1991年4月19日〔91〕港办二字第383号）。

各省、自治区、直辖市人民政府办公厅：

最近，一些省、市、自治区侨务部门反映，由于对港澳同胞及其亲属身份的界定不够明确，在实际工作中各地掌握不一，对外造成一些不好的影响，希望对港澳同胞等有关身份予以明确解释，以利于政策的贯彻执行，经商有关部门，现将《关于港澳同胞等几种人身份的解释（试行）》发给你们，作为工作的依据，不对外公布。各级人民政府根据当地的实际情况，对港澳同胞及其眷属在升学、住房、就业等方面给予适当照顾。

在试行中，有什么问题，望及时函告我们，以便修改补充。

1991年4月19日

附：关于港澳同胞等几种人身份的解释（试行）

一、港澳同胞：指香港或澳门居民中的中国公民。即在香港享有居留权的永久性居民中的中国公民和虽未取得居留权但系经内地主管部门批准、正式移居香港的中国公民，以及持有澳门正式居民身份证，而不是"临时逗留证"的中国公民。

二、定居内地的港澳同胞：指回内地的港澳同胞。不论年龄大小和何时回内地，都是定居内地的港澳同胞。

三、港澳学生：指回内地就读但未在内地定居的港澳同胞。

四、回内地的港澳学生：指从港澳回内地定居就读的港澳同胞。不论年龄大小，就读于何种学校，都是回内地的港澳学生。

五、港澳同胞眷属：指港澳同胞在内地的眷属。包括：配偶、父母、子女（含媳妇、女婿）、兄弟姐妹、祖父母、外祖父母、孙儿、孙女、外孙儿、外孙女，以及同港澳同胞有长期抚养关系的其他亲属。

港澳同胞回内地定居后，其内地眷属仍视为港澳同胞眷属。

港澳同胞去世后，其在内地的配偶、父母、子女（含媳妇、女婿）兄弟姐妹、祖父母、外祖父母、孙儿、孙女、外孙儿、外孙女，仍视为港澳同胞眷属。

思考与练习

一、结合本项目原理，作出正确选择

1. 下列关于亲属的说法正确的是（   ）

A. 亲属关系即亲属法律关系

B. 亲属即家属

C. 家庭成员间不仅有亲属关系

D. 婚姻是亲属之流，血亲是亲属之源

2. 将亲属分为配偶、血亲和姻亲的依据是（　　）

A. 亲系

B. 亲属关系的远近

C. 行辈

D. 亲属关系发生的原因

3. 外甥与姨妈之间为（　　）

A. 三代以内直系血亲

B. 三代以内直系姻亲基

C. 三代以内旁系血亲

D. 三代以内旁系姻亲

4. 王光的祖母与李颖的祖父是同胞兄妹，现王光、李颖要求结婚，婚姻登记机关认为他们是（　　）

A. 二代以内的旁系血亲，不予登记

B. 三代以内的旁系血亲，不予登记

C. 四代的旁系血亲，可以登记

D. 直系血亲，不予登记

5. 老杨弟弟的妻子是老杨的（　　）

A. 血亲的配偶

B. 配偶的血亲

C. 配偶的血亲的配偶

D. 血亲的配偶的血亲

二、结合本项目原理，回答下列问题

1. 什么是亲属？亲属有哪些种类？

2. 什么是亲系？如何区别直系血亲和旁系血亲？

3. 什么是亲等？简述罗马法亲等计算法和寺院法亲等计算法的不同。

4. 各种亲属关系发生和终止的原因是什么？

5. 亲属在法律上的效力主要有哪些？

6. 案例分析：

宋某的祖父母与张某的外祖父母是同胞兄弟姐妹，宋、张已达结婚年龄，亦无结婚禁止的疾病。二人感情甚好，希望早日结婚。现二人到结婚登记机关申请结婚登记。婚姻登记人员为他们办理了登记，二人顺利领了结婚证书。问：

（1）按照罗马法与寺院法的亲等计算法，宋张二人是几亲等？

（2）按照我国亲属计算方法，宋张二人是几代亲？

（3）我国《婚姻法》规定的近婚亲范围如何？婚姻登记机关准予宋张二人结婚是否符合我国法律的规定？

▮▮▮ **拓展阅读**

1. 阅读《红楼梦》贾府谱系图，巩固我国亲属计算方法。

2. 史尚宽：《亲属法》，中国政法大学出版社 1998 年版。

3. 杨大文主编：《亲属法》，法律出版社 2003 年版。

情境训练　配偶关系的认定

▮▮▮ **情境案例**

原告（女），系台湾居民，在广州从事宠物美容工作。被告（男），广东云浮人。原被告双方于 2013 年 5 月 12 日相识，于 2015 年 1 月发展为恋人关系。原告于 2015 年 3 月怀孕，并于同年 4 月告知被告其已怀有被告的孩子。双方于 2015 年 5 月 1 日在被告家乡举办结婚喜宴后，原告回台湾待产，双方因故未办理结婚登记。2015 年 12 月 27 日，双方的儿子张某某出生。2016 年 1 月 11 日，原告、被告补办了结婚登记。2018 年 10 月 8 日，原告向人民法院提起离婚诉讼，经人民法院主持调解，双方达成离婚协议。人民法院制作离婚调解书后，原告于 2018 年 12 月 10 日签收了调解书，但被告于 2018 年 12 月 12 日前往法院签收离婚调解书的途中遭遇车祸死亡。被告死亡后，原告因继承问题与被告的父母发生纠纷，人民法院经审理认定：原被告双方的婚姻关系存续期间为 2015 年 5 月 1 日至 2018 年 12 月 12 日。

▮▮▮ **训练目标**

通过案例的分析学习，掌握配偶关系发生、终止的法律事实的认定，并能根据法律规定处理配偶关系认定的有关纠纷。

▮▮▮ **训练方法**

课堂讨论法、情景模拟、角色扮演法、调解法。

▮▮▮ **训练步骤**

1. 学生分小组讨论，根据案例素材，分析原被告的婚姻关系产生、终止的时间。

2. 学生讨论原被告补办结婚登记后，婚姻关系从何时起具有法律效力，受法律的保护，列举出依据的相关法律法规。

3. 学生对原告是否可以"以被告配偶的身份继承被告遗产"提出主张并进行辩论，形成对本案的处理意见。

项目二　夫妻关系

引例 1

2015 年 8 月，原告黄某（女）与被告戴某（男）经他人介绍认识并确立恋爱关系。同年 11 月 7 日，黄某与戴某到婚姻登记机关办理结婚登记手续。2016 年 4 月 12 日，已怀有身孕的黄某回娘家居住，期间，戴某因购买肥料的款项不足找到黄某，黄某不愿支付，双方为此发生纠纷，有肢体冲突，致使有孕在身的黄某膝盖受伤。事情发生后，戴某及其亲戚多次到黄某娘家，要求与黄某和好，遭黄某拒绝。2016 年 5 月 19 日，黄某诉至人民法院要求与戴某离婚，2016 年 6 月 9 日法院判决不准离婚。之后，黄某与戴某一直继续分居生活、双方互不往来。黄某在第一次起诉离婚未果后的 7 月，未经戴某同意将怀孕 7 个多月的胎儿引产。黄某于 2017 年 8 月 15 日再次以夫妻感情确已破裂为由起诉要求与戴某离婚。戴某认为黄某在 2016 年 4 月 7 日检查时胎儿是正常的，黄某没有经过戴某的同意私自引产，致使戴某精神受到伤害，侵犯其生育权，要求黄某赔偿精神损失费 5000 元。

问题：什么是生育权？法院是否应该支持戴某关于侵犯其生育权的赔偿请求？法院是否应该支持黄某的离婚诉讼请求？

引例 2

45 岁的邬某与丈夫结婚后感情一直很好。但是，自从 2019 年谢某（系有夫之妇）与她的丈夫相识来往后，丈夫经常深夜不归。于是，心存疑虑的邬某便跟踪丈夫，结果发现丈夫果然与谢某有不正当关系。邬某每次捉了"现场"后，就与谢某理论并发生争吵。邬某的丈夫为此多次殴打邬某，同时起诉到法院要求离婚。2020 年 10 月，谢某与邬某之夫同住旅店一屋被公安民警查获，两人均承认与对方有不正当性关系，并有结婚的想法。邬某认为自己本来没有错，结果因为"第三者"谢某的介入，造成丈夫闹离婚。邬某遂将一纸诉状递到四川省泸县人民法院，称被告谢某侵犯了其配偶权，致使其夫不但在家对其施用暴力，还起诉要求与自己离婚。邬某向法院请求判令被告谢某停止侵犯其"配偶权"，并赔偿精神抚慰金 1 万元。

问题：什么是配偶权？法院是否应该支持邬某要求第三者赔偿的诉讼请求？

基本理论

一、夫妻关系概述

（一）夫妻关系的概念和特征

夫妻关系是指符合结婚条件的男女，以共同生活为目的，依法结为夫妻，互为配偶的特殊人际关系。因此，夫妻关系必须以合法有效的婚姻关系作为前提。从婚姻家庭法律层面来看，主要是夫妻双方在人身方面和财产方面享有的权利和承担的义务。夫妻关系是家庭关系中最重要的关系。夫妻关系的本质特征表现为以下三方面：其一，夫妻必须是符合法律规定的男女两性结合。男女双方须符合法律规定的结婚条件，并履行法定的结婚程序，才能结为夫妻。重婚行为、同居行为等要么不符合结婚的实质要件，要么不符合结婚的形式要件，因而双方之间不是夫妻关系。其二，夫妻以永久共同生活为目的。不具有该目的的同居行为不成立婚姻，也不构成夫妻关系。其三，夫妻是共同生活的伴侣，必须共同承担生育和抚养子女、赡养和扶助老年人等责任。其四，夫妻关系具有专属性。夫妻关系是基于配偶身份产生的权利义务关系，该权利义务仅属于具有配偶身份的男女之间，并且具有对等性。

（二）夫妻关系的历史沿革

夫妻双方在家庭中的地位，是与男女两性的社会地位相一致的。夫妻关系的性质及特点取决于当时的社会经济基础，随着社会经济基础的发展，夫妻双方在家庭中的地位也会随之发生变化。

1. 奴隶社会、封建社会的夫妻关系。奴隶社会、封建社会的夫妻在家庭中的地位，以男尊女卑、夫权统治为特征。我国古籍载："出乎大门而先，男帅女，女从男，夫妇之义由此始也，妇人，从人者也，幼从父兄，嫁从夫，夫死从子。""夫者，妻之天也。""夫为妻纲。"这些都表明夫妻的地位是不平等的，妻无独立的人格，处于服从丈夫的地位，夫妻关系完全是一种尊卑、主从的关系。这种不平等的关系，公开被法律所确认，在人身关系上，夫的地位比妻高。如《唐律疏议》规定："其妻虽非卑幼，义与其亲卑幼同。"在财产关系上，妻对家庭财产只有使用权而无处分权和继承权。在婚姻关系上，丈夫有纳妾和休妻的特权，而妻子除了形式上的两愿离婚即"和离"方式外，没有离婚的权利。同时，妻还受封建礼教的束缚，对丈夫要"从一而终"，即使丈夫死亡，也要为夫守节。在刑事责任上，夫妻相犯也是同罪不同罚：夫犯妻采取从轻、减轻处罚原则；妻犯夫，采取从重处罚原则。

西方社会把这种夫妻关系称为夫妻一体主义，又称夫妻同体主义。即夫妻因婚姻成立而合为一体，双方的人格互相吸收。从表面看，夫妻的地位是平等的。实际上，只是妻的人格被夫所吸收，妻处于夫权的支配之下。故夫妻一体主义不过是夫权主义的别名。欧洲中世纪的亲属法采用这种立法体系，我国古代也是如此。

2. 资本主义社会的夫妻关系。资本主义社会的夫妻关系在法律形式上渐趋平等。资产阶级在早期反封建的斗争中提出了男女平等的口号，资产阶级革命胜利后，相应地在其亲属法中也规定了不少反映男女平等的内容。但是，资本主义国家早期的亲属法带有明显的不平等思想，对已婚妇女的人身权利和财产权利，甚至她们的行为能力都作了各种限制。随着社会的发展，许多西方国家对有关夫妻地位的法律作了修改，夫妻双方的法律地位在形式上日益平等。

这种立法主义，西方称为夫妻别体主义，或称夫妻分离主义，与夫妻一体主义相对应。即指夫妻婚后仍各是独立的主体，各有独立的人格，双方法律地位平等。夫妻双方虽受婚姻效力的约束，仍各有法律行为能力。资产阶级的亲属法多采取夫妻别体主义。

3. 现代社会的夫妻关系。现代各国基本上都在法律中规定了男女平等，夫妻双方在婚姻家庭中享有同等的权利并互负义务。但是，由于各国都会受到来自经济、政治、历史、文化以及不同习俗的影响，虽然很多国家在形式上规定了男女平等，但实际生活中往往难以做到真正的平等，女性不论是在社会还是在家庭的地位仍有待提高。如在我国，由于受传统的男尊女卑思想的影响，在一些家庭中仍然存在夫妻不平等的情况，甚至不少职业女性婚后放弃工作一心相夫教子，没有独立的经济来源容易导致家庭地位的不平等，并为以后的婚姻家庭生活埋下隐患。

（三）我国民法典对夫妻关系的规定

我国《民法典》第 1055 条规定："夫妻在婚姻家庭中地位平等。"这是男女平等原则在婚姻家庭中的具体体现，是对夫妻法律地位的原则性规定，有关夫妻权利义务的规定都遵循这一原则。夫妻是家庭的基本成员，只有在家庭地位平等的基础上，才可能实现权利上的平等。根据我国《民法典》的规定，夫妻在人身关系和财产关系两个方面的权利和义务都是完全平等的。法律不允许夫妻任何一方只享受权利而不承担义务，或者只承担义务而不享受权利。

我国《民法典》对夫妻关系还规定了一系列具体内容：夫妻双方都有各自使用自己姓名的权利；子女可以随父姓，也可以随母姓；夫妻都有参加生产、工作、学习和社会活动的自由，一方不得对他方加以限制或干涉。在抚养、教育、保护子女等问题上，父母的权利和义务平等。有关财产关系方面的规定，如抚养、夫妻共同财产、夫妻相互间的继承权、离婚时的财产分割等问题，也都以双方的人身关系完全平等为依据。

二、夫妻人身关系

夫妻人身关系，是指没有直接财产内容的夫妻人格、身份和地位方面的权利义务关系，它与夫妻财产关系构成夫妻关系的全部法律内容。在我国民法典婚姻家庭编中夫妻人身关系主要体现为以下内容。

（一）夫妻姓名权

这是指婚姻当事人的姓名权不受婚姻关系的影响，男女双方在婚姻关系成立后，都有保持自己原有姓名的权利。姓名权是人格权的重要组成部分，是一项重要的人身权利。一个人有无使用自己姓名的权利，是区分有无独立人格的重要标志。

在我国封建社会，实行男娶女嫁的婚姻制度，女方在婚后即加入夫宗，成为夫家的家庭成员，并改随夫姓，当然，男子入赘的除外。因此，大多数情况下女方在婚后一直没有独立的姓名权。为改变这种现状，中华人民共和国成立后的两部《婚姻法》都规定了"夫妻双方都有各用自己姓名的权利。"这里虽然提到夫妻双方的姓名权，但其主要用意在于保护女性婚后的姓名使用权。在婚姻关系存续期间，夫妻中的任何一方都有权利继续使用或依法改变自己姓名的权利，他方不得干涉，也不得盗用或冒用对方的姓名。夫妻各自的姓名权不受女方成为男方家庭成员或男方成为女方家庭成员的影响。我国婚姻法平等地保护夫和妻各自的姓名权，但是，夫妻双方就姓名问题另有约定的法律也不限制，譬如双方可以约定妻随夫姓或夫随妻姓。

夫妻享有平等的姓名权在子女姓名的确定上也有重要意义。我国《民法典》第1015条规定："自然人应当随父姓或者母姓……"由此，子女的姓氏可以由父母根据自己家庭的情况协商确定，而不是一概随父姓。我国《民法典》关于子女姓氏的规定，对于贯彻夫妻平等的基本原则有着积极的作用，也有利于破除以男系为中心的宗法制度对社会的影响。在实践中还有另外一种情况，子女想在父姓和母姓之外选取姓氏，或者取一些较为离奇和个性化的姓名，据此，《民法典》规定，公民原则上应当随父姓或母姓，但是有下列情形之一的，可以在父姓和母姓之外选取姓氏：①选取其他直系长辈血亲的姓氏；②因由法定扶养人以外的人扶养而选取扶养人姓氏；③有不违背公序良俗的其他正当理由。少数民族自然人的姓氏可以遵从本民族的文化传统和风俗习惯。

（二）夫妻人身自由权

我国《民法典》第1057条规定："夫妻双方都有参加生产、工作、学习和社会活动的自由，一方不得对另一方加以限制或者干涉。"这是我国《民法典》关于夫妻人身自由权利的规定，其立法目的主要是为了保障已婚妇女参加生产、工作、学习和社会活动的自由，防止丈夫干涉妻子人身自由。中华人民共和国成立之前，已婚妇女的社会地位低下，没有参加工作及社会活动的自由，大多数人只能在家里从事家务劳动，伺候丈夫和公婆，由于没有独立的经济来源，其社会地位和家庭地位都很低。为了改变女性地位低下的情况，在法律中明文规定夫妻双方的人身自由极有必要。夫妻的人身自由包括以下三个方面的内容：

1. 参加生产、工作的自由。生产泛指一切生产活动；工作反映的也是劳动生产，体现为一定的社会职业。夫妻双方都有参加生产、工作的权利，其意义在于：①男女双方，尤其是女方，并不因结婚而丧失参加社会劳动、参加工作的权利。②已婚男女参与生产、工作的权利是平等的。这是男女平等原则、夫妻在家庭中地位平等原则在夫妻人身关系中的具体体现和基本要求。只有赋予已婚妇女享有与丈夫同等的生产、工作的权利，只有使她们从繁重的、无偿的家务劳动中解放出来，走入有偿的社会劳动中，才能体现妇女的社会价值，从而使她们和丈夫不论是在社会上还是在家庭中都处于平等的地位，否则男女平等、夫妻平等就会成为一句空话。

2. 参加学习的自由。夫妻双方，尤其是已婚妇女都有参加学习的自由。这里的学习，不仅包括正规的在校学习，也包括职业培训以及其他各种形式的专业知识与专业技能的学习。保证妇女的学习自由权，对于提高妇女的文化素质、提高妇女的就业率有着积极的作用。没有学习，妇女在工作中就没有优势，就无法和男性做到真正的平等。此外，夫妻双方通过学习可以不断提高自身的素质，也有利于实现家庭的教育职能。

3. 参加社会活动的自由。所谓社会活动，指参政、议政活动，科学、技术、文学、艺术和其他文化活动，各种群众组织、社会团体的活动，以及各种形式的公益活动等。参加社会活动、与他人或团体进行社会交往是公民人身自由中非常重要的组成部分。夫妻通过参加社会活动服务于社会，同时也可以满足自己精神上的需要，体现自身的价值。由于在我国的传统文化中，妇女的社会地位低下，因此法律作出这一规定，主要是为了保障已婚妇女在经济、文化和社会生活中享有与丈夫平等的权利，实现夫妻地位的平等。

夫妻在行使上述人身自由权时，不得滥用权利损害对方及家庭的利益。任何一方在行使该项权利时都应以合法、合理为限，并应互相尊重，禁止各种干涉人身自由的行为。

（三）夫妻双方的婚姻住所决定权

婚姻住所决定权是指夫妻双方有选择、决定婚后共同生活的住所的权利。我国《民法典》第 1050 条规定："登记结婚后，按照男女双方约定，女方可以成为男方家庭的成员，男方可以成为女方家庭的成员。"这一规定体现了夫妻双方在住所选择上享有平等的权利，其立法宗旨是提倡男方成为女方的家庭成员，以改变我国传统的"妇从夫居"的婚姻居住方式，其最终目的也是为了实现男女平等这一基本原则。根据民法典的规定，夫妻双方对于婚后共同生活的住所的选择，应由夫妻双方自愿约定，一方不得强迫对方接受自己的选择，任何第三方也不得干涉。经双方约定，既可以女方到男方家落户，即"妻从夫居"，也可以男方到女方家落户，即"夫从妻居"。当然，也可以约定婚后另组新家庭，不到任何一方的原生家庭落户，即从新居。如果婚后不满结婚时的约定，双方可以协商变更。但是，不管是女方到男方家落户，还是男方到女方家落户，成为对方的家庭成员后，与对方的亲属只是姻亲关系，不具有法律上的权利义务关系。

法律规定男女双方可以互为家庭成员的主要目的是为了提倡男方到女方家落户，这样可以解决我国农村存在的有女无儿户的实际困难，更好地维护《宪法》规定的计划生育政策的实施，树立新型的婚姻家庭观和生育观。无论是女方到男方家落户，还是男方到女方家落户，夫妻的法律地位都是平等的，落户的一方不受对方及第三方的歧视。

（四）共同亲权

根据《民法典》第 1058 条的规定，夫妻双方平等享有对未成年子女抚养、教育和保护的权利，共同承担对未成年子女抚养、教育和保护的义务。抚养是指父母抚育子女的成长，并为他们的生活、学习提供一定的物质条件。教育是指父母要按照法律和道德要求，采取正确的方法，对其未成年子女进行教导，并对其行为进行必要的约束，其目的是保障未成年子女的身心健康。保护是指父母应当保护其未成年子女的人身安全和合法权益，预防和排除来自外界的危害，使其未成年子女的身心处于安全状态。[1] 父母双方共同行使亲权，已成为现代亲权制度的基本原则，但亲权的行使曾经也是父亲一方的权利，而母亲对子女的亲权在我国古代社会及早期资本主义社会均被剥夺。我国民法典确定的共同亲权原则是男女平等、夫妻地位平等的具体体现，夫妻双方对未成年子女平等地享有抚养、教育和保护的权利，双方共同行使权利，在涉及未成年子女重大权益方面应当秉持协商一致的原则共同决定，不允许一方利用经济地位的优势排斥对方行使该权利。在承担对未成年子女的抚养、教育和保护义务时，父母双方不能以各种理由包括没有经济来源等不履行法定的义务。

（五）夫妻相互扶养的义务

夫妻在家庭中处于核心地位，夫妻关系是家庭关系的定海神针，彼此应当相互扶助，相互扶持，相互救助和帮助。我国《民法典》第 1059 条规定，"夫妻有相互扶养的义务。需要扶养的一方，在另一方不履行扶养义务时，有要求其给付扶养费的权利"。夫妻相互扶养义务是基于配偶身份产生的权利义务，是以夫妻身份的确立和存续为条件的。夫妻间的扶养权利和义务始于婚姻登记之日，如果婚姻关系终止，则夫妻间的扶养权利和义务也随之消灭。

夫妻相互扶养既是一种权利，也是一种义务，夫妻任何一方均享有接受对方扶养的权利，同时也要承担扶养对方的义务。夫妻间的扶养主要包括夫妻之间相互为对方提供经济上的供养和生活上的扶助，以此维系婚姻家庭日常生活的正常进行，比如不能因为房屋属于一方的婚前个人财产而不允许对方居住，不能因为一方没有经济来源而对其正常消费活动予以限制等。夫妻间的扶养权利和义务具有以下特点：其一，夫妻间的扶养权利和义务是完全平等的，任何一方不得只强调自己享有接受扶养的权利而拒绝承担扶养对方的义务。其二，夫妻间的扶养权利和义务是法定的，只要在夫妻婚姻关系存续期间，不论婚姻实际情况和夫妻的感情状态如何，是否分居、是否正在起诉离婚等，都不影响夫妻相互履行扶养的义务。其三，夫妻间的扶养权利和义务具有法律强制性，无论夫妻双方就财产的归属作出怎样的约定，都不能对抗夫妻间相互

---

〔1〕 黄薇主编：《中华人民共和国民法典婚姻家庭编释义》，法律出版社 2020 年版，第 63 页。

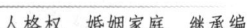

扶养的法定义务，即使约定财产归属其中一方，也不能免除夫妻间法定的扶养义务。第四，夫妻之间的扶养义务是相互的，任何一方需要扶养时，对方有能力的情况下都必须承担相应的义务。如果对方不履行扶养义务，需要扶养的一方，有权要求对方支付扶养费。

司法实践中有配偶遗弃患病一方，拒不履行扶养义务的情况，因此，法律规定了违反夫妻间的扶养义务需要承担的法律后果，这样规定主要是为了保护弱者的权益。当夫妻一方没有固定收入或缺乏生活来源，或者无独立生活能力或生活困难，或因患病、残疾、年老等原因需要扶养，另一方不履行扶养义务时，需要扶养的一方有权要求对方给付扶养费以维持其必要的生活费用。当夫妻间因履行扶养义务发生纠纷的，需要扶养的一方可以向人民调解组织提出调解申请，也可以向人民法院起诉追索扶养费，通过民事诉讼程序强制有扶养义务的一方履行扶养义务。对于拒绝履行扶养义务，情节恶劣构成遗弃罪的，不但不能免除其扶养义务，还应依法追究其刑事责任。

法条链接

《刑法》第261条：对于年老、年幼、患病或者其他没有独立生活能力的人，负有扶养义务而拒绝扶养，情节恶劣的，处5年以下有期徒刑、拘役或者管制。

（六）夫妻同居和互相忠实的义务

夫妻同居义务是指男女双方以配偶的身份共同生活的义务。这里的共同生活，既包括共同的婚姻住所，也包括共同的两性生活、共同的精神生活、互相扶助、共同承担家庭生活义务等等。夫妻忠实义务主要是指贞操忠实义务，即专一的夫妻性生活义务。广义的夫妻忠实义务还包括不得恶意遗弃配偶他方，不得为第三人利益牺牲、损害配偶方的利益。我国婚姻家庭法律中的夫妻忠实义务主要是指前者，具体包括：不重婚；不与配偶以外的第三人共同居住；不从事性交易等。违反忠实义务不仅伤害夫妻感情，也不利于一夫一妻制度的维护。

我国《民法典》第1043条规定了"夫妻应当互相忠实、互相尊重，互相关爱"的条款；第1042条第2款规定"禁止重婚。禁止有配偶者与他人同居"；在婚姻家庭编"离婚"一章中规定"重婚或与他人同居"是人民法院判决离婚的法定理由之一，并规定"重婚或与他人同居"导致离婚的，无过错方有权请求损害赔偿。由以上规定可以看出，虽然法律对夫妻间同居的权利和义务未做直接规定，但是从侧面确立了夫妻间的同居义务，并倡导夫妻之间互相忠实的生活准则。夫妻同居义务和忠实义务的确立有利于解决我国现实生活中频繁出现的因重婚、"包二奶"等违反夫妻忠实义务导致的婚姻家庭纠纷，为追究各种侵犯婚姻的违法行为提供了法律依据。但是夫妻忠实义务因其具有强烈的人身性，不能被强制执行，因此，当事人一方在此情况下可以请求离婚并要求过错方进行损害赔偿。

（七）夫妻日常家事代理权

夫妻日常家事代理权是指夫妻因日常家庭事务与第三人为一定法律行为时相互代理的权利，即夫妻于日常家事处理方面互为代理人，互有代理权，只要属于家事上的开支，夫妻任何一方都有家事方面的单独处理权，也就是说夫妻一方在行使日常家事代理权时，无论对方对该代理行为知晓与否、追认与否，夫妻双方均应对该行为的法律后果承担连带责任。我国《民法典》编纂时增加了家事代理权的内容，第 1060 条规定，"夫妻一方因家庭日常生活需要而实施的民事法律行为，对夫妻双方发生效力，但是夫妻一方与相对人另有约定的除外。夫妻之间对一方可以实施的民事法律行为范围的限制，不得对抗善意相对人。"

在家庭生活中，日常家事琐碎繁杂，涉及衣食住行的方方面面，如果夫妻从事这些日常事务都必须双方到场或者在一方不能到场的情况下要取得对方的授权委托，则显然既不符合交易习惯，又不切合实际。因此我国《民法典》明确规定了夫妻日常家事代理权，使得日常生活中的家事代理有了明确的法律依据，这有助于厘清涉及家庭交易的法律关系，保护无过错第三人的合法权益，维护交易安全及社会秩序的稳定。夫妻日常家事代理权的内容一般限于家庭日常事务，比如为家庭共同生活的吃饭、穿衣、出行的支出，家庭生活中的医疗、保险、旅游以及未成年子女的抚养费、教育费等等，虽然是夫妻一方实施的民事法律行为，但其后果及于配偶一方，配偶一方不得因为不知情的原因否认交易的法律后果。如果夫妻双方约定一方只能实施某些民事法律行为，而不得为其他民事法律行为，除非第三方知道该约定，否则夫妻双方就日常家事代理权的限制不能对抗善意第三人。

（八）夫妻遗产继承权

继承，是指被继承人死亡时，依照法律规定或死者的遗嘱将其遗留下的财产转归他人所有的法律制度。我国法律保护公民的合法继承权。《民法典》第 1061 条规定："夫妻有相互继承遗产的权利。"民法典继承编也规定，配偶、子女和父母为法定的第一顺序继承人。我国法律确保了夫妻间的遗产继承权。夫妻双方有相互继承遗产的权利，是基于其配偶身份而产生的财产权利，夫妻双方继承遗产的权利是平等的，夫妻一方去世后，男方可以继承女方的遗产，女方也可以继承男方的遗产，只要发生继承时双方仍然是夫妻身份，夫或妻一方的继承权不受任何人或单位的干涉，继承权也不会因为生存一方再婚而消失。夫妻互享继承权也是夫妻双方在婚姻关系、家庭关系中地位平等的一个重要标志，是男女平等原则的重要体现。因为夫妻遗产继承权源于合法有效的婚姻关系，因此，不具备合法的婚姻关系的同居、重婚行为的男女双方不具有相互继承遗产的权利。由于历史上女方长期没有继承权的事实，现阶段更应注重保护妇女的合法继承权。

夫妻相互继承遗产时，应注意保护属于夫妻一方或其他家庭成员的个人财产，因为在采用法定夫妻财产制或双方约定实行混合财产制的情况下，存在着夫妻共同财产和夫妻一方特有财产。继承开始时，应先分割夫妻共同财产以及其他家庭成员的共有财产，确定遗产范围，不能将生存一方的财产列为遗产，否则会侵害生存一方的合法权益。生存一方取得遗产后，有权依照自己的意愿使用、处分该财产。我国《民法典》第 1157 条规定："夫妻一方死亡后另一方再婚的，有权处分所继承的财产，任何组织或者个人不得干涉。"

根据我国《民法典》继承编的相关规定，夫妻一方有下列情形之一的，丧失继承权：故意杀害配偶的；为争夺配偶遗产而杀害其他继承人的；遗弃或虐待配偶，情节严重的；伪造、篡改或销毁遗嘱，情节严重的等。但是，除杀害情形外，夫妻一方确有悔改表现，配偶表示宽恕的，不丧失继承权。当然，夫或妻一方也可以通过立遗嘱的方式决定自己财产的分配。

三、夫妻财产关系

夫妻财产关系有广义和狭义之分，广义的夫妻财产关系是指夫妻财产制及基于夫妻身份关系而产生的扶养、遗产继承等方面的权利义务关系。狭义的夫妻财产关系仅指夫妻财产制。夫妻财产关系以夫妻人身关系为前提，是夫妻人身关系的直接后果。夫妻关系尚未缔结或因不符合结婚要件而不被法律承认的，不产生相应的财产关系；如果配偶死亡或双方离婚也会导致财产关系的终止。

（一）夫妻财产制概说

规定夫妻财产关系的法律制度就是夫妻财产制，其内容包括各种夫妻财产制的设立、变更与废止；夫妻婚前财产和婚后所得财产的归属、管理、使用、收益和处分；家庭生活费用的负担；夫妻债务的清偿；婚姻关系终止时夫妻财产的分割等问题。这里的夫妻财产既包括积极财产如各种财产权利，也包括消积财产如债务。同时夫妻财产既包括有形的财产，如实物，也包括无形的财产，如知识产权、股权等财产内容。这些财产随着夫妻身份的确立而确立，随着夫妻身份的消灭而消灭，夫妻财产制集身份法与财产法的特点于一身，是婚姻效力的一项重要法律内容，也是近现代家庭财产制的核心所在。

夫妻财产制的确立，受制于一个国家的经济制度、社会制度，也受制于这个国家的法律文化、民族传统、风俗习惯等。因而，在不同的历史时期，不同国家的夫妻财产制可能会有很大的差别。根据不同的角度，可以对夫妻财产制进行不同的分类：

1. 根据夫妻财产制产生原因的不同，可以分为法定财产制和约定财产制。

（1）法定财产制。是指在夫妻婚前或婚后均未就夫妻财产关系作出约定，或约定无效时，依法律规定直接适用的夫妻财产制。这是法律对夫妻财产关系所做的一般的、标准化的规定。

（2）约定财产制。是指由婚姻当事人依照法律的规定，通过协议的方式确定适用何种夫妻财产制形式的法律制度。约定夫妻财产制可以由夫妻双方根据自身的财产状况和利益需求，依法选择适合自身的夫妻财产制，因而，约定财产制是夫妻人格独立、家庭地位平等的体现。这种立法例得到了大多数国家的肯定，并具有优先于法定财产制适用的效力。

夫妻双方对夫妻财产内容达成的协议，不仅与婚姻当事人的利益休戚相关，而且可能会影响到第三人的利益。因此各国都建立了适合本国国情的约定财产制。根据各国法律对夫妻财产约定的范围是否受限制来看，又包括两种：自由式的夫妻财产制约定形式和选择式的夫妻财产制约定形式。自由式的夫妻财产制约定形式是指法律未设定具体的夫妻财产制类型，财产协议的内容完全由当事人自由协商，只要内容合法且不违反一般契约的禁止性规定，法律就予以承认。而选择性的夫妻财产制约定形式，是指法律明确规定可供选择的约定财产制形式以及约定不得抵触的情形，当事人只能在法律规定的范围内进行选择。这种约定夫妻财产制的权利义务关系，对内、对外效力等均已预先指明，因而无论是对于婚姻当事人还是司法机关以及与之交易的第三人，优点都是显而易见的。这一财产约定形式为世界绝大多数国家和地区的夫妻财产立法所采用。

2. 根据夫妻财产制的内容和特点的不同，夫妻财产制在历史上有以下类型：

（1）妆奁制。妆奁制又称嫁资制，它是关于妆奁的提供、所有、管理、处分、收益及返还的法律制度。妆奁是妇女因结婚而带往夫家的财产，是妻或妻的血亲对丈夫的赠与，婚姻关系一经成立，其所有权便归于夫。我国古代也有女子出嫁赠送妆奁的习俗。这种财产制度对于女方极其不利，女方没有独立的人格，没有独立的财产，因而近现代不再使用这种制度。

（2）吸收财产制。吸收财产制，是指婚姻成立后，妻子原有的财产及婚后财产均归于夫，只是在个别情况下，夫应当在婚姻关系解除时将妻的婚前财产返还妻家。这是古代通行的财产制度，这种财产制是基于夫妻一体主义而产生的，妻的人格于婚后被夫所吸收，财产也被吸收。

（3）统一财产制。统一财产制是指在婚姻关系成立后，妻将其婚前财产估价定额，把所有权转移给夫，仅保留对该项财产的返还请求权的法律制度。在婚姻关系终止时，丈夫应当将妻的婚前财产原物或折价金额返还给妻子或其继承人。这是早期资本主义国家法律所采用的夫妻财产制。这种财产制注意到了妻方一定的财产权益，与吸收财产制相比，有了较大进步。但它将妻对婚前财产的所有权转变为对夫的债权，实际上使女方处于十分不利的地位。因此，统一财产制虽然有所进步，但是在不承认夫权的当今社会已无存在的价值。

（4）联合财产制。联合财产制又称管理共同制。是指婚后夫妻的婚前财产和婚后所得财产仍归各自所有，除特有财产外，夫妻财产联合在一起，交由夫管理。夫对妻的婚前财产有使用权、收益权、孳息的所有权，甚至可不经妻子的同意，进行必要的处分。从这一财产制的运作来看，一方面它赋予夫管理、收益妻子财产的权利，另一方面由夫负担家庭生活费用和财产管理费用，夫的权利和义务基本是对等的，在理论上具有一定的公平性。但这种财产制仅适合阶级社会上层，如果双方都有一定的婚前财产，适用该制度才可能相对公平。因此，二战后该制度陆续被各国所废除。

（5）共同财产制。共同财产制是指将夫妻双方财产的全部或部分合并为共同财产，归夫妻共同共有，婚姻终止时才依法分割的法律制度。基于共有范围的不同，大致又可分为一般共同制、婚后所得共同制、动产及所得共同制、婚后劳动所得共同制等。①一般共同制，是指不论是夫妻婚前财产还是婚后所得财产，均属于夫妻共同所有。在这一财产制下，属于夫妻共同财产的范围是最为广泛的，只要夫妻之间存在婚姻事实，就可以成为全部夫妻财产的共同共有人。②婚后所得共同制，即夫妻在婚姻关系存续期间所得的财产归夫妻双方共同所有，但法律另有规定的除外。这一财产制为当今大多数国家所采用，我国也是采用这一财产制作为法定财产制。③动产及所得共同制，即夫妻婚前的动产以及婚后所得的财产为夫妻共同共有。④婚后劳动所得共同制，即夫妻在婚姻关系存续期间一方或双方劳动所得和从事经营活动所得，以及其他形式的劳动报酬所得的财产归夫妻双方共同所有，非劳动所得如继承、接受赠与等归各自所有的财产制。

在实行共有财产制的国家，通常对婚后所得财产的共有范围会做一些限制性规定，从而保留一部分夫妻个人财产。这部分财产被称为夫妻特有财产，又称夫妻保留财产，是指夫妻婚后在实行共同财产制的同时，依法律规定或夫妻约定，夫妻各自保留一定范围的个人所有的财产。其目的是为保障夫妻个人财产所有权，满足个人对财产的特殊要求。特有财产制是与共同财产制并存的，是对共同财产制的必要补充。

（6）分别财产制。分别财产制是指夫妻婚前和婚后所得财产均归各自所有，并各自享有独立的所有权、管理权、使用权和处分权，分别对自己的债务承担责任的夫妻财产制形式。分别财产制是建立在夫妻别体主义的基础之上的，双方没有婚前婚后财产之分，也无所谓个人财产，婚姻共同生活所需费用由夫和妻共同分担。分别财产制虽然体现了男女在家庭中的地位平等，保证了已婚妇女的独立财产权，但另一方面也存在着不足。虽然各国法律都规定了男女平等，但在妇女就业率较低、经济收入普遍低于男子、家务负担重的情况下，双方拥有的财产数量实际上是有较大差距的，如果完全采用分别财产制也会造成实际上的不平等。英美法系的大多数国家以此制为法定财产制，但也不排斥夫妻双方通过契约的方式约定部分共同财产。

此外，还可以以夫妻财产制的适用情况为标准分为普通的夫妻财产制与非常的夫妻财产制；还有共同财产制与分别财产制折中的财产制，有的称为所得参与制，有的称为剩余共同制、婚姻财产增值共有制等。夫妻财产制种类繁多，形式多样，但共同财产制与分别财产制是各国夫妻财产制中的两种主要形态，而从各国的立法趋势来看，这两种夫妻财产制也开始互相采纳对方的合理因素，以使夫妻财产制变得更为合理。

（二）我国的法定夫妻财产制

我国现行《民法典》对夫妻财产制采取的是法定夫妻财产制与约定夫妻财产制相结合的模式。也就是说，夫妻可以通过约定设定婚姻关系存续期间的财产或婚前财产归各自所有、共同所有或部分各自所有、部分共同所有，如果双方没有约定，则当然适用法定财产制。我国的法定夫妻财产制采取夫妻共同财产制和夫妻个人特有财产制相结合的模式，在我国《民法典》中，既规定了法定的夫妻共同财产，又规定了法定的夫妻个人特有财产，两者共同构成了我国的法定夫妻财产制。这种制度既限定了夫妻共有财产的范围，又规定了夫妻个人特有财产的内容，兼顾了家庭和个人的利益。

1. 夫妻共同财产制。我国的法定夫妻共同财产制是婚后所得共同制，是指在婚姻关系存续期间，夫妻双方或一方所得的财产，除另有约定或夫妻个人特有财产外，均为共同所有，夫妻对共同所有的财产，平等地享有占有、使用、收益和处分的权利的财产制度。它具有以下三个特征：其一，夫妻共同财产所有权的主体，只能是具有婚姻关系的夫妻双方。没有合法有效的婚姻关系的男女不能成为夫妻共同财产的所有权人，而夫妻分居期间各自所得的财产，尽管事实上处于分离状态，但法律上双方仍互为配偶，因而分居期间一方所得财产应认定为夫妻共同财产。其二，夫妻共同财产所有权取得的时间只能是夫妻关系存续期间。婚前取得的财产权利，不能认定为夫妻共同财产。其三，夫妻共同财产的来源，包括夫妻一方或双方婚后所得的财产，但双方另有约定或法律规定属于个人特有财产的除外。

（1）夫妻共同财产的范围。根据《民法典》第1062条的规定，夫妻在婚姻关系存续期间所得的下列财产，归夫妻双方共同所有：

第一，工资、奖金、劳务报酬。工资是作为劳动报酬按期支付给劳动者的货币或实物，不仅指职工的基本工资，还包括各种形式的补贴、福利等，都属于夫妻共同财产的范围。奖金是为了奖励或表扬而在工资之外对劳动者所给予的物质补偿，包括金钱和实物。劳务报酬是指工资、奖金之外的其他脑力劳动或体力劳动所获得的酬劳。

第二，生产、经营、投资的收益。生产指人们使用工具、机器设备等创造各种生产资料和生活资料，生产出市场所需的各种产品的活动，包括农村承包经营户从事的农副业生产活动。所有生产收益均归夫妻共同所有。经营主要指从事各种商业活动，如个体工商户的经营、合伙经营、企业经营、公司经营等。各种商业活动的经营所得也属于夫妻共同财产。投资所得包括通过股票、债券投资以及商业投资等行为获得的财产增值或负债，投资所得也属于夫妻共同财产。据此，如果夫妻一方将个人财产用于投资，则本金仍归原所有者个人所有，但是这些财产通过经营活动得到的增值或收益，依法则应属于夫妻双方共同共有，相应地，其所负债务一般也属于夫妻共同债务。

第三，知识产权的收益。知识产权是一种智力成果权，既会产生人身权利，也会产生财产权利。人身权是作者基于其智力成果依法享有的以人身利益为内容的权利，具有人身专属性，不能由他人共享，如著作权中的署名权等人身权就只能归作者本人所有，配偶不享有署名权。但权利人也可能因其知识产权而获得财产性利益，如专利许可费、作品稿酬等财产权利，应归夫妻共有。根据《最高人民法院关于适用〈中华人民共和国民法典〉婚姻家庭编的解释（一）》第24条的规定，知识产权的收益，是指"婚姻关系存续期间，实际取得或者已经明确可以取得的财产性收益"。

第四，非特定性的继承或赠与所得的财产。根据我国《民法典》第1063条的规定，一般情况下因继承或赠与所得财产，归夫妻双方共同所有，但是，遗嘱或赠与合同中确定只归夫妻一方的财产，不属于夫妻共同财产。这样规定的目的是为了保护被继承人和赠与人的意志，尊重其对个人财产的处分权。因此，在婚姻关系存续期间，法定继承所得以及发生在遗嘱继承和赠与中，被继承人或赠与人未指定归一方所有的财产，均属于夫妻共同财产。

第五，其他应当归共同所有的财产。其他应当归共同所有的财产是指在婚姻关系存续期间，夫妻一方或双方取得的除上述共同财产之外的不属于个人所有的其他财产。根据相关司法解释，这类财产包括三部分：①一方以个人财产投资取得的收益，但是个人财产产生的孳息和自然增值除外；②男女双方实际取得或者应当取得的住房补贴、住房公积金；③男女双方实际取得或者应当取得的养老保险金、破产安置补偿费等。离婚时夫妻一方尚未退休、不符合领取养老保险金条件的，该养老保险金不属于夫妻共同财产。但是，婚后以夫妻共同财产缴付养老保险费的，婚姻关系存续期间个人实际缴付部分应当认定为夫妻共同财产。

此外，根据相关司法解释，由一方婚前承租、婚后用共同财产购买的房屋，房屋权属证书登记在一方名下的，应当认定为夫妻共同财产。军人名下的复员费、自主择业费等一次性费用，以夫妻婚姻关系存续年限乘以年平均值[1]，所得数额也是夫妻共同财产。

第六，夫妻共同债务。夫妻财产除了积极财产外，还包括消极财产，即对外负担的债务。夫妻共同负担的债务，以夫妻共同财产清偿。至于何为夫妻共同债务，近年来产生了一些争议。为此《民法典》第1064条作出了明确规定："夫妻双方共同签名或者夫妻一方事后追认等共同意思表示所负的债务，以及夫妻一方在婚姻关系存续期间以个人名义为家庭日常生活需要所负的债务，属于夫妻共同债务。夫妻一方在婚姻关系存续期间以个人名义超出家庭日常生活需要所负的债务，不属于夫妻共同债务；但是，债权人能够证明该债务用于夫妻共同生活、共同生产经营或者基于夫妻双方共

---

[1]　年平均值，是指将发放到军人名下的上述费用总额按具体年限均分得出的数额。其具体年限为人均寿命70岁与军人入伍时实际年龄的差额。见《最高人民法院关于适用〈中华人民共和国民法典〉婚姻家庭编的解释（一）》第71条第2款。

同意思表示的除外。"据此，如果夫妻一方在婚姻关系存续期间以个人名义为日常家庭生活需要所负的债务，如为家庭成员支付保险费、旅游费、医疗费以及孩子的学费、早教费等而承担的债务，属于夫妻共同债务。如果夫妻一方在婚姻关系存续期间以个人名义实施的超出日常家庭生活所负的债务，比如为自己的好友支付大额医疗费从而负担的债务，则不能认定为夫妻共同债务。司法实践中有债权人凭借自己与夫妻一方签订的借条或借据主张夫妻一方所负债务为夫妻共同债务的，应当特别查明夫妻一方是否与债权人串通而侵犯夫妻另一方的合法权益。此外，根据《最高人民法院民一庭关于夫妻一方对外担保之债能否认定为夫妻共同债务的复函》的规定，夫妻一方对外担保之债不应当认定为夫妻共同债务。

（2）夫妻共同财产的处理权。夫妻对财产的共有是共同共有，因此，夫妻双方不论职业、地位、收入，对共同财产不分份额地平等享有权利和承担义务。双方对共同财产均有占有、使用、收益、处分的权利。处分权是所有权最重要的权能，是财产所有人最基本的权利。我国《民法典》第1062条第2款明确规定："夫妻对共同财产，有平等的处理权。"依据司法解释，平等的处理权主要包括两个方面：

第一，日常家事代理权。夫或妻在处理夫妻共同财产上的权利是平等的。因日常生活需要而处理夫妻共同财产的，任何一方均有权决定。此即配偶的日常家事代理权，夫妻双方互为代理人。

第二，非因日常生活需要对夫妻共同财产的处理权。夫或妻非因日常生活需要对夫妻共同财产做重要处理决定，夫妻双方应当平等协商，取得一致意见。他人有理由相信其为夫妻双方共同意思表示的，另一方不得以不同意或不知道为由对抗善意第三人。《民法典》第311条"善意取得的构成条件"进一步明确了这种行为：一方未经另一方同意出售夫妻共同共有的房屋，第三人善意购买、支付合理对价并办理产权登记手续，另一方主张追回该房屋的，人民法院不予支持。但是，由于夫妻一方擅自处分共有财产造成另一方损失的，离婚时另一方有请求赔偿的权利。实践中常有类似的情况，如夫或妻一方与第三人发生不动产物权交易，而该不动产虽然是夫妻共同财产但却登记在夫或妻一方的名下，第三人如果尽了必要的注意与审查义务，支付了合理的对价且办理了产权登记手续，那么为了交易安全，应当保护善意第三人的合法权利，第三人可以依法取得该不动产物权。

夫妻对共同财产平等地享有权利，也平等地承担义务。夫妻共同生活费用，应以夫妻共同财产负担，如果共同财产不足以负担时，由夫妻双方以个人财产分担。夫妻为婚后家庭共同生活所负的债务或为履行抚养、赡养义务等所负债务，都是夫妻共同债务，应当以夫妻共同财产清偿。

（3）夫妻共同财产制的终止。在我国，通常情况下，夫妻共同财产因夫妻一方死亡或离婚而终止，进而产生了夫妻共同财产分割的问题。因一方死亡而终止夫妻共同财产的，依据我国《民法典》继承编的相关规定，分割遗产时，应当先将共同所有财产的一半分出为配偶所有，其余的为被继承人的遗产；因离婚而终止夫妻共同财产的，详见单元七"离婚"，这里不再赘述。

除此之外，还存在婚内分割夫妻共同财产的情况。一般而言，在婚姻关系存续期间，不需要也不应当对夫妻共同财产进行分割。但是，根据《民法典》第1066条的规定，有下列重大理由且不损害债权人利益的可以分割共同财产：其一，一方有隐藏、转移、变卖、毁损、挥霍夫妻共同财产或者伪造夫妻共同债务等严重损害夫妻共同财产利益的行为；其二，一方负有法定扶养义务的人患重大疾病需要医治，另一方不同意支付相关医疗费用。如一方的父母或其他负有法定扶养义务的人患有重病急需一笔手术费用，而另一方不同意给付时，在不解除婚姻关系的情况下，为保障一方有能力履行其法定义务，准许分割夫妻共同财产是一个妥当的解决办法。这一规定既具有科学性和合理性，在实践中也具有可操作性。

2. 法定的夫妻个人财产。法定的夫妻个人财产，也称夫妻特定财产，是指夫妻在婚后实行共同财产制时，依据法律的规定，夫妻各自保留的一定范围的个人所有财产。夫妻双方对各自的特有财产，享有独立的管理、使用、收益和处分的权利，他人不得干涉。我国《民法典》第1063条就法定的夫妻特有财产的范围作了具体规定，包括以下财产：

（1）一方的婚前财产。婚前财产是指夫妻一方在结婚前就已经取得的财产。包括婚前个人劳动所得财产、继承或受赠的财产以及其他合法财产。夫妻一方的婚前财产，不管是动产还是不动产，有形财产还是无形财产，只要合法取得，就依法受到法律保护，不会因婚姻关系的持续而转化为夫妻共同财产，但是当事人另外有约定的除外。判断是否属于婚前财产的关键在于财产权的取得时间。如果财产权的取得是在婚前，即使婚后才实际占有该财产，其性质仍属于婚前个人财产。如遗产继承开始时当事人尚未结婚，但取得遗产时已结婚，则该遗产仍属于其婚前财产。如果婚前个人财产在婚后共同生活中自然毁损、消耗、灭失，离婚时一方不得要求以夫妻共同财产抵偿。

《最高人民法院关于适用〈中华人民共和国民法典〉婚姻家庭编的解释（一）》第78条明确了支付了首付款但由夫妻共同还贷的房屋的所有权归属问题。夫妻一方婚前签订不动产买卖合同，以婚前个人财产支付首付款并在银行贷款，婚后用夫妻共同财产还贷，不动产登记于首付款支付方名下的，离婚时该不动产可由双方协议处理，协议不成的，人民法院可以判决该不动产归产权登记一方，尚未归还的贷款为产权登记一方的个人债务。

（2）一方因受到人身损害获得的赔偿或者补偿。因人身损害受到的赔偿或补偿是与个人生命健康直接相关的财产，通常包括医疗费、残疾人生活补助费等费用，医疗费是由致使身体受到伤害的加害人支付的、专门用于供受害人治疗、康复的费用。残疾人生活补助费，是国家或集体为了保障残疾人的基本生活需要所发放的费用。由于公民的身体健康权与公民的人身密不可分，因此，公民因个人的身体健康受到伤害而依法获得的补偿，理应归受损害的公民个人所有。如此规定，既符合《民法典》的相关规定，也为受害人能够得到有效治疗、残疾人能够正常生活提供了法律保障。《关于适用〈中华人民共和国民法典〉婚姻家庭编的解释（一）》第 30 条明确规定，军人的伤亡保险金、伤残补助金、医药生活补助费属于个人财产。

（3）遗嘱或赠与合同中确定只归夫或妻一方的财产。根据我国《民法典》的规定，非指定的继承或赠与所得的财产，属于夫妻共同财产。但为了尊重被继承人或赠与人的个人意愿，保护公民对其财产的自由处分权，如果被继承人或赠与人在遗嘱或赠与合同中明确指出，该财产只遗赠或赠给夫妻一方，那么应当尊重被继承人或赠与人的意愿，该财产属于夫妻特有财产，归一方个人所有。

现实生活中，由父母出资为子女购房的情况较为普遍，对此，应根据具体情况处理。《关于适用〈中华人民共和国民法典〉婚姻家庭编的解释（一）》第 29 条规定：当事人结婚前，父母为双方购置房屋出资的，该出资应当认定为对自己子女个人的赠与，但父母明确表示赠与双方的除外。当事人结婚后，父母为双方购置房屋出资的，依照约定处理；没有约定或者约定不明确的，按照民法典第 1062 条第 1 款第 4 项规定的原则处理。这样规定充分考虑到作为出资人的男方父母或女方父母为子女购房的初衷和意愿，更符合中国的国情和社会常理。如果离婚时一概将一方父母出资购买的房屋认定为夫妻共同财产，不但违背了父母为子女购房的初衷，实际上也侵害了出资购房父母的利益，因此，一方父母出资购买的房屋且登记在一方名下的，应视为对自己子女的赠与，属于个人特有财产。

（4）一方专用的生活用品。一方专用的生活用品是指婚后以夫妻共同财产购置的供夫或妻一方使用的生活消费品。其具有专属于个人使用的特点，如个人的衣服、鞋帽、眼镜等。专用的生活用品的价值主要体现在其人身依附性上，具有排他性。判断它的依据是，他人在使用这些物品时，无法体现物品的主要价值。在司法实践中，婚后购置的贵重首饰，价值较大的图书资料以及摩托车、拖拉机、汽车等生活、生产资料，虽属个人使用，但人身依附性并不强，也应视为夫妻共同财产进行分配。

（5）其他应当归一方的财产。这是指依照其他有关法律的规定而归属于特定行为人本人享有所有权的财产。如夫妻一方参加体育竞赛活动取得优胜而荣获的奖杯、奖牌，这类物品虽然主要体现了优胜者的荣誉权，但奖杯、奖牌本身往往也具有不菲的价值，其所有权理所应当归获得奖杯、奖牌的本人。随着社会经济的发展、新的财产类型的出现以及个人独立意识的增强，夫妻个人特有财产的范围将会有所增加，因此，法律作了一个兜底条款的规定以保护夫妻一方的财产权利。另据相关司法解释的规定，夫妻一方个人财产在婚后产生的孳息和自然增值也属于个人财产。

夫妻可以约定将各自的特有财产交由一方管理；夫妻一方也可以将自己的特有财产委托对方代为管理。对方代为管理的，适用民法典关于代理的一般规定。对家庭生活费用的负担，在夫妻共同财产不足以负担家庭生活费用时，夫妻应当以各自的特有财产分担。

（三）我国现行的约定夫妻财产制

夫妻约定财产制是法律允许夫妻用协议的方式，对夫妻在婚姻关系存续期间所得财产以及婚前财产所有权的归属、管理、使用、收益、处分以及债务的清偿等作出约定，从而部分或全部排除法定夫妻财产制适用的财产制度。约定财产制与法定财产制相比较，具有优先适用的效力。也就是说，如果夫妻双方对财产关系有约定的，依照约定；如果没有约定或约定无效的，则适用法定财产制。我国《民法典》第1065条对约定财产的内容、形式和效力等作了具体规定。

法条链接

《民法典》第1065条第1款：男女双方可以约定婚姻关系存续期间所得的财产以及婚前财产归各自所有、共同所有或者部分各自所有、部分共同所有。约定应当采用书面形式。没有约定或者约定不明确的，适用本法第1062条、第1063条的规定。

1. 约定的条件。夫妻对财产关系进行约定是一种双方民事法律行为，它不仅要符合民事法律行为的一般要件，还要符合《民法典》的有关规定，因为该约定是基于配偶这一特殊身份发生的。夫妻对财产关系的约定需要符合下列条件：①夫妻财产约定具有身份属性。它以婚姻关系为基础，从属于夫妻关系，因而缔约的主体须为夫妻，该合同不能独立于婚姻关系而存在。未婚同居、婚外同居者对财产关系的约定，不属于夫妻财产约定。②缔约双方必须具有完全民事行为能力。如果一方婚后丧失民事行为能力，则不能成为夫妻财产约定的当事人。③约定须双方自愿。夫妻对财产的约定必须出于真实的意思表示，以欺诈、胁迫手段或乘人之危使对方在违背真实意思的情况下作出的约定，对方有权请求变更或者撤销。④约定的内容必须合法，不得利用约定规避法律以损害国家、集体或他人的利益，不得违背社会公共利益。此外，约定的内容不得超出夫妻财产的范围，如不得将其他家庭成员的财产列入约定财产的范围，不得利用约定逃避对第三人的债务，否则该约定无效。

2. 约定的形式。《民法典》第1065条第1款规定，"约定应当采用书面形式"。这样规定的目的，在于更好地维护夫妻双方的合法权益以及第三人的利益，维护交易安全，避免发生纠纷。夫妻以书面形式对其财产作出约定后，是否进行公证，由当事人自行商定。

3. 约定的时间。关于约定的时间，可以在结婚前，也可以在婚姻关系存续期间。但是，婚前作出约定的，须在婚姻关系正式成立之后才发生约定财产的效力。

4. 约定的内容。根据我国《民法典》第1065条的规定，"男女双方可以约定婚姻关系存续期间所得的财产以及婚前财产归各自所有、共同所有或者部分各自所有、部分共同所有。"也就是说，夫妻既可以对婚姻关系存续期间所得的财产进行约定，也可以对婚前财产进行约定；既可以对全部夫妻财产进行约定，也可以对部分夫妻财产进行约定；既可以约定财产所有权的归属或者使用权、管理权、收益权、处分权的行使，也可以约定家庭生活费用的负担、债务清偿责任、婚姻关系终止时财产的分割等事项；既可以概括地约定采用某种夫妻财产制，也可以具体地对某一项夫妻财产进行约定。实践中，较多采用的夫妻财产制有分别财产制、一般共同制以及混合财产制等。当事人还可以就某项具体财产进行约定，如约定一方从事生产经营的收益归其本人所有，或约定一方因身体受到伤害获得的赔偿金归夫妻共同所有。

5. 约定的效力。夫妻约定财产的效力，分为对内效力和对外效力。

（1）对内效力，是指夫妻对婚姻关系存续期间所得的财产以及婚前财产的约定，对双方当事人具有约束力，这是约定财产制最基本、最直接的效力。双方按照约定享有财产所有权以及管理权等其他权利，并承担相应的义务。只要夫妻财产约定成立并生效，夫妻间的财产关系即应按照约定处理，非经对方同意，任何一方不得擅自修改或撤销；夫妻离婚时，就财产分割发生争议的，应当优先按照协议内容处理。

（2）对外效力，是指夫妻财产协议对签订协议的当事人之外的第三人所具有的法律效力。《民法典》第 1065 条第 3 款规定："夫妻对婚姻关系存续期间所得的财产约定归各自所有，夫或者妻一方对外所负的债务，相对人知道该约定的，以夫或者妻一方的个人财产清偿。"至于相对人是否知道该约定，由夫或妻一方承担举证责任。因此，夫妻财产约定是否具有对外效力，关键在于相对人是否知道该约定。如果相对人事先知道夫妻双方约定实行分别财产制，仍与夫或妻一方为债权债务关系，则该夫妻财产约定具有对抗相对人的效力，相对人不得要求另一方偿还债务；如果相对人不知道夫妻双方约定实行分别财产制的，则该财产协议不具有对抗相对人的效力，即一方财产不足以清偿相对人债务时，相对人可以请求另一方清偿，另一方清偿后，可以根据该夫妻财产协议向对方行使追偿权。为了保证相对人的合法利益，法律规定由夫妻一方或双方对相对人是否知道该约定承担举证责任，举证不能的，视为相对人不知道该约定。

6. 约定的变更和撤销。按照一般的民事法律规则，夫妻财产约定生效后也可以依法变更或撤销。变更，是对原有夫妻财产协议进行修改；撤销，是指取消原有夫妻财产协议并终止该协议的效力。夫妻双方可以在平等自愿的基础上，对已经约定的内容进行变更，也可以通过协商一致终止该约定。撤销原有的夫妻财产协议后，夫妻双方可以适用法定夫妻财产制，也可以重新约定夫妻财产。

▦▦▦ 引例分析 1

人民法院审理后认为：原、被告经他人介绍认识谈恋爱后结婚，原、被告的婚姻基础一般。婚后时常发生矛盾，在法院判决不准离婚后一年多的时间里，原、被告互不来往，互不尽夫妻义务，夫妻感情已经破裂。原告要求与被告离婚的请求，应予准许。

　　生育权是一项特殊的人身权，是人生来具有的与人身不可分的一种权利，夫妻双方均有生育的权利，也有不生育的自由。在黄某怀孕以后，胎儿就成为黄某人身的组成部分，这时，戴某的生育权通过黄某来实现；如果双方意见一致，戴某的生育权就能够实现，如果双方的意见不一致，则只能依照黄某的意愿决定，戴某的生育权就不能实现。戴某虽然享有生育权，但其生育权的实现，不得侵害黄某不生育的人身自由权。因此黄某怀孕后，是否生育子女，应由黄某自己决定，黄某没有和戴某协商，自行终止妊娠，其行为并未违反法律规定。所以戴某提出的要求黄某赔偿其精神损失的意见，于法无据，不予采纳。

　　法院最后作出判决：①准予原告黄某与被告戴某离婚。②驳回被告戴某要求原告黄某赔偿精神损失 5000 元的诉讼请求。[1]

引例分析 2

　　此案在法庭合议期间，存在两种意见：一种意见认为："配偶权"只是在我国《民法典》修改的过程中被作为一种权利要求提出来，并没有被修改后的《民法典》所确认。故不能超越法律的规定，直接确认"配偶权"是一项权利。同时，我国《民法典》关于离婚后无过错方有权请求损害赔偿的规定，其赔偿请求的对象限于离婚案件中的另一方当事人，而不是"第三者"，可见"第三者"问题不属于《民法典》调整的范畴，且谢某与邬某丈夫的通奸行为并没有违反一夫一妻制，不具违法性，从而不能认定为构成侵权，谢某的行为只能受到道德的谴责，但不应该承担法律上的责任。

　　另一种意见则认为：我国《民法典》第 3 条规定："民事主体的人身权利、财产权利以及其他合法权益受法律保护，任何组织或者个人不得侵犯。"人格权益作为一种民事权益，当然也包括人格权利和人格利益。我国《民法典》婚姻家庭编虽未规定"配偶权"，但原告对其合法的婚姻依法享有作为配偶在精神上的安宁与自由这一人格利益。因此，原告的这一人格利益理应受法律保护。被告与原告之夫通奸的行为违反了社会公德，侵害了原告的合法的人格利益，具有违法性，构成侵权。被告不但应受到道德的谴责，还应承担相应的民事法律责任。最终，法院采纳了第二种意见。四川省泸县人民法院作出一审判决：被告谢某停止对原告邬某人格利益的侵害，并赔礼道歉。但认为：原告的婚姻未破裂，也未造成其他严重后果，因此，原告要求赔偿精神损害的诉讼请求，不应支持。同时，判决案件受理费和其他诉讼费共计 400 元由被告谢某承担。

相关法律规范

　　1.《民法典》第 10、1015、1043、1050、1055～1066、1127、1157 条。

　　2.《刑法》第 261 条。

---

　　[1]　杜杰锋："本案原告是否侵犯男性的生育权"，载 http://www.110.com/ziliao/article-181007.html，最后访问时间：2020 年 12 月 25 日。

3. 司法解释:

(1)《最高人民法院关于适用〈中华人民共和国民法典〉婚姻家庭编的解释（一）》第 24~25、27~30、33、71~77 条;

(2)《最高人民法院关于适用〈中华人民共和国民法典〉婚姻家庭编的解释（一）》第 23、26、28、32、38、79~80、82 条。

思考与练习

1. 我国的夫妻人身关系包括哪些方面的内容?

2. 按照我国法定财产制的规定，哪些财产是夫妻共有财产? 哪些是个人特有财产?

3. 夫妻约定财产归各自所有的，该约定对第三人是否有效? 为什么?

4. 夫妻约定财产制与法定夫妻财产制相比有什么优势?

5. 如何理解夫妻间的扶养义务?

6. 案例分析:

文某（女）和黄某大学毕业后均在广州工作，经人介绍两人相识后很快闪婚。婚后，两人约定实行夫妻分别财产制，婚前财产归各自所有，婚后收入也归各自所有，对于家庭的共同开支，则采取 AA 制。婚后两年，文某被确诊患尿毒症，需要进行透析治疗，但只有找到合适肾源，进行换肾手术，才有可能痊愈。无论是透析还是换肾，其费用对于二人来说，都过于沉重。两人商量后决定放弃正规医院的治疗，找非法黑透析点进行透析。半年后，文某再次急救入院，此时文某病情严重，需要及时换肾。所幸肾源已找到，但昂贵的手术费用文某及娘家人都无法支付。文某便问丈夫是否能将其积蓄取出支付医疗费。不料黄某竟然以双方签订了夫妻分别财产制的协议为由，拒绝了文某的要求，认为自己没有义务支付妻子的医疗费，并且不再照顾妻子。双方沟通无果，文某无奈之下向人民法院起诉丈夫，要求其支付医疗费用。问:

(1) 黄某是否有义务支付妻子的医疗费用? 是否有义务照顾生病的妻子?

(2) 文某、黄某约定的财产分别制协议是否能对抗夫妻间的扶养义务?

(3) 如果黄某拒不履行人民法院的裁判，人民法院可采取什么措施?

拓展阅读

西方的配偶权

西方的夫妻人身关系叫配偶权关系。西方法律中的配偶权，与我国《民法典》中的夫妻人身关系同属一类，但在具体内容上却有所不同。我国《民法典》中的夫妻人身关系，比较侧重于夫妻基于自身而形成的权利义务关系;而西方的配偶权，则比较侧重于配偶针对另一方人身所产生的权利义务关系。[1]

---

[1] "夫妻人身关系"，载 http://www.110.com/falv/hunyin/jiatingguanxi/fuqi/2010/0630/2999_3.html，最后访问时间: 2020 年 12 月 24 日。

从世界各国亲属法的规定来看，配偶权的内容除了"姓名权""择业自由权"之外，主要包括以下权利义务：

一、夫妻同居义务

夫妻同居义务指男女双方以配偶身份共同生活的权利和义务。其内容不仅包括共同婚姻住所，而且还包括共同物质生活、精神生活和夫妻性生活等内容，其中夫妻性生活是重要的内容。在性生活方面，包含作为和不作为两个方面的义务。作为义务，是指对配偶提供满足性需求的义务。不作为的义务，是指夫妻相互坚守贞洁的义务，即不与配偶以外的任何异性为通奸、同居等非法行为。否则，就构成对夫妻同居义务的不履行，就应承担相应的法律后果。

目前，许多国家和地区的立法都明确规定了夫妻双方应互负同居义务，非因正当理由，任何一方不得拒绝履行同居义务。例如《瑞士民法典》《意大利民法典》等都有类似规定。我国香港地区也有类似规定。各国婚姻法在规定同居义务的同时，也规定了因正常理由或因各种不同的法定事由可以停止同居义务的履行。正常理由包括一方因处理公私事务的需要而在较长时间内合理离家，或一方因生理原因而不能履行同居义务等。法定事由包括婚姻已经破裂，一方提出离婚或分居的诉讼；一方擅自将住所迁至国外或在不适当的地点定居；一方的人格、经济的安全或家庭的幸福因共同生活受到严重威胁等等。

二、夫妻相互忠实的义务

所谓忠实，也称为忠诚，主要指贞操义务。其内容包括：①专一的夫妻性生活义务即贞操义务；②不得恶意遗弃配偶；③不得为第三人利益损害和牺牲配偶的利益。在范围上，它只要求夫妻双方在婚姻关系存续期间，应当相互忠实，在婚前的行为则属于个人行为，不在此列。婚姻关系一旦解除，双方不再履行相互忠实的义务。

在国外，关于夫妻之间的忠实义务的法律规定具有十分悠久的历史。但夫妻的忠实义务，在其产生之初，并不是针对夫妻双方的，而只是妻子单方面的片面的义务。在实际生活中，对妻子的贞操要求十分严格，对违反者的处罚也十分严厉和残酷，但对丈夫的通奸等婚外性行为却十分宽容。现代世界各国法律为适应婚姻家庭形式和观念的发展变化，对夫妻关系的法律规定做了相应的调整，大都规定了夫妻之间应履行相互忠实的义务。与此同时，许多国家的法律除了规定夫妻互负贞操义务之外，还规定了违反这一义务的法律责任。对夫妻当事人而言，违反忠实义务可作为离婚原因和处罚事由，对于与不忠配偶方发生性关系的"第三者"，受害人亦可基于侵权行为而请求损害赔偿。

三、日常家事代理权

日常家事代理权是指夫妻双方因家庭事务而与第三人为一定法律行为时的代理权，被代理方须对代理方从事家事行为所产生的债务承担共同责任。日常家事代理权是维护财产交易安全、保障第三人利益的一项重要措施，也是夫妻共同生活的法律要求和日常生活顺利进行的必要保障。在家庭生活中，需处理的日常事务琐碎繁杂，如超市购物、菜市买菜、子女教育、保健娱乐、接受馈赠、雇工等，如果夫妻从事这些行为都须双方共同出场或者取得对方的授权委托，则不胜其烦，既不符合社会生活的习惯，又不切合实际。如果一方滥用日常家事代理权，另一方有权对其行为予以限制。如经过登记或正式通知第三人，另一方则不承担责任；反之，如未经登记或不为第三人所知，则不可对抗第三人，另一方也方应承担责任。

情境训练　侵犯妻子"生育权"行为的认定与处理

情境案例

孙某（女）与张某（男）结婚后发现丈夫不能生育，患有无精症。由于结婚前张某从没说起过他不能生育，做婚前检查时，也隐瞒了这项生理缺陷，两人顺利登记结婚。婚后孙某发现丈夫不能生育，曾一度想过离婚，但在丈夫的哀求之下未离婚。张某为了补偿孙某，主动与妻子签订了一份书面协议，内容是："如果因为张某的原因导致孙某与他婚姻破裂，张某将向孙某赔偿现金 65 万元，作为离婚后对妻子未能生育子女的补偿。"2012 年 3 月孙某从陕西出差回来发现丈夫有外遇，决定到法院起诉离婚，并希望通过"补偿协议"索取"生育权"赔偿。因为孙某与张某结婚已 13 年，目前 38 岁，将很难以正常方式生育自己的孩子。丈夫的背叛严重伤害了她的感情，她希望法院能够按照协议判给她 65 万元的精神损害赔偿。法庭上，被告张某同意离婚，但不同意按照协议给孙某支付生育补偿。

训练目标

能结合法律的规定准确分析"生育权"及协议的效力问题，同时根据相关法律规定，对本案作出准确判断。

训练方法

课堂讨论法、情景模拟、角色扮演法、调解法。

训练步骤

1. 学生分组讨论，并依照该案例拟定补偿协议，形成书面材料。

2. 对于关系生育权的问题要进行充分的讨论，联系所学内容分析协议是否有效。

3. 各小组进行交换本组意见，并共同分析得出结论。

项目三　父母子女关系和其他近亲属关系

引例 1

甲因妻无法怀孕，遂瞒其妻乙与"专门"代孕者丙自愿达成"借腹生子"（租借）

协议如下：甲支付丙定金 3 万元，租期内包吃包住，另支付 1000 元/月的生活费；丙在租期两年内必须一直居住在甲的别墅内，并自愿与甲进行性生活直到为甲生下孩子才能离开别墅；若在租期内未能受孕，不再支付其他费用，到期自行离开；若丙生男孩可获 30 万，生女孩获 20 万；丙生完小孩拿完钱后，甲丙之间、丙与孩子之间不存在任何关系。

问题：本案的"借腹生子协议"是否有效？法律是否支持？丙与孩子之间是否存在关系？甲乙与孩子之间是何关系？

引例 2

甲和乙是兄弟，均已结婚，并与父母分居，各自单独生活。2016 年 8 月，甲乙请来舅舅和姑姑作见证人，达成分工赡养父母的协议。协议内容如下：甲负责父亲的生养死葬，乙承担母亲生养死葬的义务。2018 年 6 月，其父因心脏病去世，后事均由甲按协议操办。2019 年 8 月，其母患癌症住院治疗，需要高昂的医疗费。乙压力山大，无奈只能和哥哥协商，要求哥哥承担一部分医疗费。甲以赡养协议已约定了各自承担的赡养义务，且已完成了对父亲的赡养义务为由，拒绝承担母亲的医疗费。

问题：如何看待此份赡养协议？是否能免除甲赡养母亲的义务？

引例 3

姜某和宋某 1986 年结婚，于 1988 年生下儿子姜某孝。由于姜某和宋某无固定收入，姜某孝基本都是由姥爷、姥姥看护。后来夫妻二人外出打工，每年回家 1 次，姜某孝则跟姥爷、姥姥住，而生活费由父母分月寄送。2007 年姜某和宋某因车祸和癌症先后去世，姜某孝完全靠姥爷、姥姥的抚养直至完成研究生学业，毕业后便找到收入可观的稳定工作。此时姥爷、姥姥年事已高，生活无法自理，由姜某孝的 3 对舅舅、姨妈赡养。2012 年，姜某孝将姥爷、姥姥接到自己家过年，后来舅舅、姨妈们便以各种理由推脱，不愿接二老回家，并向姜某孝表明，因各自家庭条件一般，承担老人家的赡养费较为吃力，而姜某孝从小由二老抚养长大，现在出息了，应当由他赡养老人。姜某孝与舅舅、姨妈等人交涉无果，遂向人民法院起诉要求舅舅、姨妈承担赡养二老的义务。

问题：舅舅、姑姑是否有赡养二老的义务？姜某孝是否有赡养姥爷、姥姥的义务？

基本理论

一、父母子女关系概述

父母子女关系即亲子关系，父母子女是血缘关系中最近的直系血亲，是家庭核心成员，因此父母子女关系在家庭关系中的地位仅次于夫妻关系。

根据我国《婚姻法》的规定，父母子女关系一般分为以下两大类：

（一）自然血亲的父母子女关系

这是基于子女出生这一法律事实而发生的父母子女关系，包括父母与婚生子女、父母与非婚生子女关系。自然血亲关系是客观存在的，不能人为解除，虽然其权利义务关系可依送养而消除，但并不影响双方的自然血亲关系，自然血亲关系只能因父母子女一方死亡而消灭。

（二）拟制血亲的父母子女关系

拟制血亲关系又称准血亲关系，是因收养或再婚的法律行为及事实上的抚养行为，在法律上确认使本无血缘关系的双方享有与自然血亲同等的权利义务而形成的。主要包括养父母与养子女关系、继父母与受其抚养教育的继子女关系。拟制血亲的父母子女关系是依法产生的，故其权利义务关系也可以因法律行为而消灭，如解除收养、继父（母）与生母（父）离婚都会引起拟制血亲关系的终止。

二、父母与婚生子女

自从建立了调整婚姻家庭关系的法律制度，人类社会的两性结合就有了合法与非法之分，相应的，所生子女也就有了婚生和非婚生之分，从而出现了婚生子女和非婚生子女的概念。

（一）婚生子女的概念

关于婚生子女的概念，各国法规定虽不尽相同，但大多认为因婚姻关系受孕或出生的子女为婚生子女。

在英美法系国家中，英国普通法规定子女出生或受孕时，父母处于合法有效的婚姻状态，即为婚生子女，但不承认无效婚姻中出生子女的婚生地位。美国法在认定子女出生问题上，规定如果其父母有婚姻关系，则该子女为婚生子女。夫妻在子女出生前离婚或丈夫死亡的，如果该子女在婚姻关系终止后的合理期间（通常按 10 个月或300 日计）内出生，其婚生地位不受影响。美国大多数州的有关规定比英国法宽松，承认几乎所有具有婚姻表象的结合中出生的子女具有婚生地位。如《纽约州家庭法》第24 条第 1 款规定，父母在子女出生前或出生后，已举行世俗的或宗教的婚姻仪式，或者已按普通法规定完婚，婚姻被认为有效并经婚姻举行地法律认可的，所生子女为婚生子女，而不论该婚姻现在是无效的、可撤销的，还是已经被撤销的或以后将被撤销或判决无效。

在大陆法系国家和地区中，《法国民法典》第 312 条规定，夫妻婚姻期间受孕的子女，夫为其父。《德国民法典》第 1591 条第 1 款规定，妻于婚前或婚姻关系存续中受胎，而夫于妻之受胎期间内有同居之事实者，其结婚后所生子女为婚生子女，即使婚姻被宣告为无效亦不受影响。《日本民法典》第 772 条规定："妻于婚姻中怀胎的子女，推定为夫的子女；自婚姻成立之日起 200 日后，或自婚姻解除或撤销之日 300 日内所生子女，推定为于婚姻中怀胎的子女。"

我国 2001 年《婚姻法》和现行《民法典》虽然都使用了婚生子女的称谓，但均未对婚生子女的概念作出规定，也尚无婚生子女的推定制度。因此，明确婚生子女的概念，是完善我国亲子关系法首先需要解决的问题，对婚生子女的概念可以规定为："于婚姻关系存续期间受胎或出生的子女为婚生子女。"

（二）婚生子女的推定

婚生子女的推定是指子女婚生性或者丈夫为子女生父的一种法律上的推定，即在婚姻关系存续期间受胎所生的子女可推定为婚生子女。

在设立婚生子女推定制度的国家，对于婚生子女的推定标准主要有两种立法例：一种是受胎论，主要是法国、日本采用。即在婚姻关系存续期间受孕而出生的子女可推定为婚生子女。另一种是出生论，即在婚姻关系存续期间出生的及在婚姻关系存续期间受孕而出生的子女可推定为婚生子女，主要是德国、俄罗斯等大陆法系国家和英美法系国家采用。

我国无婚生子女的推定制度。在实践中一般认为，夫妻双方在婚姻关系存续期间受胎或出生的子女，均可推定为婚生子女。

（三）婚生子女的否认

婚生子女的否认是指有关当事人可依法否认推定的婚生子女为自己亲生子女的制度。

用婚生子女的推定制度去认定子女为婚生子女，在现实生活中难免会出现受推定的子女实际上是婚外性关系所生子女的情况，即存在推定与事实不符的问题，为保障当事人的合法权益，体现法律的公平性，各国法律亦同时规定了婚生子女的否认制度，这是对婚生子女推定制度的限制。各国婚生子女的否认制度，尽管具体内容不尽相同，但均涉及以下几个方面的问题：

1. 婚生子女否认的原因。对于否认的原因，多数国家采取概括主义，即只要提供足以推翻子女为婚生的证据即可。如夫妻在妻受胎期间没有同居的事实；丈夫有生理缺陷或无生育能力等。

2. 婚生子女否认权的主体。关于婚生子女否认权的主体，有的如日本、法国等国规定为单一主体，即只有丈夫享有否认权；有的如德国、瑞士等国规定为二元主体，即丈夫和子女享有否认权；有的如保加利亚、南斯拉夫等国规定为三元主体，即夫、妻和子女均享有否认权。在我国，《民法典》第 1073 条规定了对婚生子女的确认和否认制度：对亲子关系有异议且有正当理由的，父或者母可以向人民法院提起诉讼，请求确认或者否认亲子关系。对亲子关系有异议且有正当理由的，成年子女可以向人民法院提起诉讼，请求确认亲子关系。

3. 否认的效力和抚育费的返还。亲子关系诉讼属于身份关系诉讼，主要包括否认婚生子女和认领非婚生子女的诉讼，即否认法律上的亲子关系或承认事实上的亲子关系。《关于适用〈中华人民共和国民法典〉婚姻家庭编的解释（一）》第39条明确规定亲子关系诉讼中一方当事人拒绝鉴定将导致法院推定另一方主张成立的法律后果。在处理有关亲子关系纠纷时，如果一方提供的证据能够形成合理的证据链条，证明当事人之间不存在亲子关系，另一方没有相反证据又坚决不同意做亲子鉴定的，人民法院可以推定请求否认亲子关系一方的主张成立，也就是不配合法院进行亲子鉴定的一方要承担败诉的法律后果。我国的司法解释关于拒绝进行亲子鉴定的推定事实上确认了婚生子女的否认制度。

法条链接

《最高人民法院关于适用〈中华人民共和国民法典〉婚姻家庭编的解释（一）》第39条第1款：父或者母向人民法院起诉请求否认亲子关系，并已提供必要证据予以证明，另一方没有相反证据做亲子鉴定的，人民法院可以认定否认亲子关系一方的主张成立。

婚生子女否认的请求一经法院查实认可并作出裁决，子女就丧失婚生资格，但在法院作出裁决之前，不影响婚生关系的存在。一旦法院作出确认的裁决，各国立法均规定受欺诈人对婚姻关系存续期间支出的抚育费用享有返还请求权。我国对于受欺诈人于婚姻关系存续期间支出的抚养费如何处理未作规定，但是从最高人民法院在1992年4月2日《关于夫妻关系存续期间男方受欺骗抚养非亲生子女离婚后可否向女方追索抚养费的复函》中可知，离婚后受欺诈人在不知情的情况下继续给付的抚养费可以要求实施欺诈的一方返还，但我国对于受欺诈人在婚姻关系存续期间受骗支出的抚育费则没有明确规定应予返还。

法条链接

1992年4月2日《最高人民法院关于夫妻关系存续期间男方受欺骗抚养非亲生子女离婚后可否向女方追索抚养费的复函》："在夫妻关系存续期间，一方与他人通奸生育了子女，隐瞒真情，另一方受欺骗而抚养了非亲生子女，其中离婚后给付的抚育费，受骗方要求返还的，可酌情返还；至于在夫妻关系存续期间受骗方支出的抚育费用应否返还，因涉及的问题比较复杂，尚需进一步研究，就你院请示所述具体案件而言，因双方在离婚时，其共同财产已由男方一人分得，故可不予返还。"

4. 婚生子女否认权的时效和限制。在各国法律中，为了促使当事人及时行使权利，尽快确定子女的法律地位，对于婚生子女否认的请求权是有时效限制的。对于时效期限，有的规定为1个月，如美国路易斯安那州；有的规定为90天，如比利时；有的规定为6个月，如法国、罗马尼亚；有的规定为1年，如日本；有的规定请求撤销父亲身份的期限为2年，如德国。至于诉讼时效从何时起算，各国规定也有所不同。多数国家规定从知悉需要行使权利时开始，也有个别国家规定否认权于子女出生时否认权人在出生地的，以子女出生之日起算；子女出生时不在出生地的，以其返回出生地时起算等。[1] 我国现行法律对婚生子女否认权尚无时效限制。

三、父母与非婚生子女

（一）非婚生子女的概念及法律地位

非婚生子女是指没有合法婚姻关系的男女所生的子女。非婚生子女包括：未婚男女所生子女、已婚男女与第三人所生子女、经法院否认确定的非婚生子女、妇女被强奸后所生子女等。

从生育的自然属性上看，非婚生子女与婚生子女并无区别。但纵观各国历史，对于非婚生子女无论在法律上还是在实际生活中都备受歧视。随着社会的不断进步，在保障人权、平等自由思想的作用下，现代社会对非婚生子女的态度已有了极大转变，其法律地位也有了很大的改善。大多数国家已相继通过立法形式根除对非婚生子女的歧视，规定了非婚生子女与婚生子女享有同等权利，但仍有少数国家保留有对非婚生子女的歧视性规定，如《日本民法典》第900条第4款规定，非婚生子女在继承时，其应继份为婚生子女的1/2。

在我国，非婚生子女与婚生子女具有同等的法律地位。法律有关婚生子女间的权利义务规定同样适用于非婚生子女。

法条链接

《民法典》第1071条：非婚生子女享有与婚生子女同等的权利，任何组织或者个人不得加以危害和歧视。

不直接抚养非婚生子女的生父或者生母，应当负担未成年子女或者不能独立生活的成年子女的抚养费。

（二）非婚生子女的准正和认领

为了确定非婚生子女的法律地位，保护其合法权益，更好地确定非婚生子女与生父母间的关系，当代世界大多数国家都建立了确认非婚生子女法律地位的制度即认领制度，有些国家还设立了准正制度。

1. 非婚生子女的准正。非婚生子女的准正是指非婚生子女因生父母结婚或司法宣告而取得婚生子女的资格。准正制度源于罗马法，后被寺院法和日耳曼法所继承。罗马法上，为了保护非婚生子女的利益，法律规定父对于结婚前所生子女，因与其母结婚而取得家父权，对子女视为婚生。

（1）准正的形式。一般分为两种：①因生父母结婚而准正。又分两种情况：一是仅以结婚为准正要件。如《德国民法典》规定，生父与生母结婚，非婚生子女成为婚

---

〔1〕　参见李志敏主编：《比较家庭法》，北京大学出版社1988年版，第212~214页。

生子女。二是以结婚和认领为准正的双重要件。只结婚而不办理认领手续的，不发生准正的效力。世界大多数国家立法例均采取双重要件形式，如法国、瑞士、日本等国。②因法官宣告而准正。指因生父母一方死亡或有婚姻障碍，致使结婚准正不能，可依一方当事人或子女的请求，经法官宣告子女为婚生子女。

（2）准正的效力。准正的效力就是使非婚生子女取得婚生子女的资格，产生与婚生子女相同的权利义务。关于效力发生的时间，一般从父母结婚或被法官宣告为婚生之日起计算。有的国家如瑞士规定准正具有追溯力，一经准正便自子女出生之日起发生婚生效力。

我国尚无非婚生子女的准正制度，在实践中，非婚生子女的生父母结婚，该子女一般被视为婚生子女。虽然尚未确立非婚生子女的准正制度，但我国明确规定非婚生子女享有与婚生子女同等的权利。对非婚生子女，法律要求不得危害和歧视，更不得遗弃、虐待，否则构成犯罪应追究刑事责任。

2. 非婚生子女的认领。非婚生子女的认领是指非婚生子女的生父自愿承认或由法院判决后承认非婚生子女为自己的子女的法律行为。一般是在无法准正的情况下才会发生对非婚生子女的认领。认领分为两种形式：自愿认领和强制认领。

（1）自愿认领。自愿认领又称为任意认领，是指生父母承认非婚生子女是自己所生并自愿承担抚养责任，无需他人或法律的强制。一般自愿认领的权利归于父亲享有，其父的家庭其他成员不享有此权利。该权利的性质为形成权，原则上对此权利的行使无任何限制。自愿认领可分为单独行为的自愿认领和以同意为条件的自愿认领。[1] 前者通常为生父的单方法律行为，无须经非婚生子女或生母的同意。后者是目前大陆法系国家普遍实行的认领制度，即生父自愿认领须经非婚生子女或生母的同意，子女及其利害关系人可以否认生父母的认领。

在自愿认领中，多数国家规定生父为非婚生子女的认领人，少数国家规定生父、生母均可为认领人，如日本。认领方式主要有公证认领、登记认领、事实认领几种方式。事实认领指生父已经抚养非婚生子女并且有认为该子女是自己子女的意思表示，视为认领。

为防止他人冒认子女，发生欺诈，损害非婚生子女及其生母的名誉，造成生父认领困难和障碍，法律设立认领的否认与撤销制度。即在认领发生后，如发现认领人非子女之生父，法律给有关当事人以否认权，可向人民法院申请撤销认领。

（2）强制认领。强制认领是指非婚生子女的生父不愿承认存在亲子关系时，有关当事人可向人民法院请求确定亲子关系，由人民法院予以判决强制认领。

强制认领的原因主要有：①未婚所生子女，生母指认的生父不承认该子女系其所生，生母或非婚生子女向人民法院提起确认生父之诉；②已婚妇女与第三人所生的子

---

〔1〕 参见胡平主编：《婚姻家庭继承法论》，重庆大学出版社 2000 年版，第 318 页。

女，女方指认第三人为孩子生父而遭否认时，生母或非婚生子女向人民法院提起确认生父之诉。

（三）我国非婚生子女的认领及其法律地位

我国尚未建立非婚生子女的认领制度。在实践中，关于确认非婚生子女地位婚生化的做法是：基于分娩事实，非婚生子女与生母的关系一般无须加以特别证明即可按生母的婚生子女对待。非婚生子女与生父的关系，一般有两种情况：一是生父自愿认领，二是生父不承认生母的指认，否认该子女为其所生，继而生母向法院提起确认生父之诉。此类诉讼与否认亲子关系的诉讼一样，最主要的是要有充分的证据证明，否则无法确认亲子关系是否存在，也就无法进行非婚生子女的认领。在实践中，目前最为充分的证据就是亲子鉴定，认为亲子关系鉴定具有较强的证明力。但是由于很多亲子关系当事人拒绝进行鉴定，认为不做鉴定就可以逃避义务和责任，对此，实践中在处理有关亲子关系纠纷时，如果一方提供的证据能够形成合理的证据链条，如生母在能够证明受胎期间有与被告同居或有过性关系，或被被告强奸的事实，而对方予以否认，法院认为如有必要，可委托有关部门进行亲子鉴定。上述证据材料如能合理证明当事人之间可能存在亲子关系，另一方没有相反证据又坚决不同意做亲子鉴定的，人民法院可以推定请求确认亲子关系一方的主张成立，也就是不配合法院进行亲子鉴定的一方要承担败诉的法律后果。

法条链接

《最高人民法院关于适用〈中华人民共和国民法典〉婚姻家庭编的解释（一）》第 39 条第 2 款：父或者母以及成年子女起诉请求确认亲子关系，并提供必要证据予以证明，另一方没有相反证据又拒绝做亲子鉴定的，人民法院可以认定确认亲子关系一方的主张成立。

四、继父母与继子女

（一）继父母与继子女的概念

母亲或父亲的再婚配偶对于子女来说是继父母，其母之后夫称继父，其父之后妻称继母。继子女，是指夫与前妻或妻与前夫所生的子女，夫或妻对其再婚配偶的子女称为继子女。继父母与继子女之间的关系，基于生父母一方死亡后另一方再婚，或父母离婚后一方或双方再婚而形成。可见，继父母子女关系的基础是姻亲关系。

继父母子女关系可分为三种类型：

1. 名分型。父或母再婚时，继子女已成年并已独立生活，或虽未成年，但仍由其生父或生母抚养教育，并未与继父母共同生活及受其抚养教育。他们形成的是纯粹的直系姻亲关系。

2. 共同生活型。父或母再婚后，未成年的或未独立生活的子女随生父（母）与继母（父）共同生活，继父或继母对其进行抚养教育。他们形成的是法律拟制血亲关系，继父母与继子女间形成了抚养关系。

3. 收养型。继父或继母经继子女的生父母同意，可依法收养继子女，从而使继父母与继子女间的关系转化为养父母子女关系，形成法律拟制血亲关系。

（二）继父母与继子女的法律地位

我国法律明确规定禁止虐待、歧视继子女，否则将追究行为人相应的法律责任。继父母子女之间的权利义务关系，适用父母子女关系的规定。

▦▦▦ **法条链接**

《民法典》第 1072 条：继父母与继子女间，不得虐待或者歧视。

继父或者继母和受其抚养教育的继子女间的权利义务关系，适用本法关于父母子女关系的规定。

根据上述对继父母子女关系的不同分类，对继父母子女的法律地位和相互间承担的权利义务的行使应注意以下三个方面：

1. 未形成抚养关系的继父母与继子女。未形成抚养教育关系的继父母与继子女之间仅属于姻亲关系，他们之间只是亲属称谓上或名义上的父母子女关系，没有法律上的权利义务关系，双方不负抚养赡养义务。

2. 形成抚养关系的继父母与继子女。形成抚养教育关系的继父母与继子女之间属于法律上的拟制血亲关系，他们之间具有与自然血亲的父母子女相同的权利义务。但这种拟制血亲关系并不解除继子女与其生父母间的权利义务关系。也就是该继子女与没有和他共同生活的生父或生母的关系依然存在，他们之间的自然血亲的父母子女关系并不因未共同生活而消除。可见，该类继子女与生父母和继父母之间均有权利义务关系，也就是该类继子女具有双重的法律地位，享有双重权利，负有双重义务。

3. 形成收养关系的继父母与继子女。继子女由继父或继母依法收养，彼此的权利义务关系转化为养父母子女关系，双方适用《民法典》有关养父母子女关系的规定。但与单纯收养关系不同之处在于，继父母子女间形成的收养关系仅使子女与不直接抚养自己的生父或生母的权利义务关系消灭，与共同生活的生父或生母依旧保持父母子女间的权利义务关系。

（三）继父母子女关系的解除

目前我国法律并未明确规定继父母子女关系的解除问题，所以能否解除应视具体情况而定。

1. 未形成抚养教育关系的继父母与继子女，可因生父或生母与继母或继父的婚姻关系终止而解除。

2. 形成抚养教育关系的继父母与继子女关系是否解除，视以下具体情况而定：

（1）在生父与继母或生母与继父离婚、生父或生母死亡时，继父或继母与继子女已经形成的拟制血亲关系继续存在，抚养关系不当然解除。因此在此情况下，继父或继母对形成抚养关系的未成年继子女仍有抚养教育的权利义务；受继父母抚养长大并已独立生活的继子女，对无劳动能力又无生活来源、生活困难的继父母有赡养义务，应承担给付生活费的义务。

（2）虽然形成抚养教育关系的继父母与继子女关系原则上不能因生父（母）死亡或生父（母）与继母（父）婚姻终止而自然解除，但法律仍允许基于一定的特殊原因解除：①继父母要求解除抚养关系，且生存一方的生父或生母或有其他近亲属具有抚养能力的，允许解除；②未成年子女不堪忍受继父母虐待要求解除的；③因停止抚养的事实而解除，如继子女离开继父或继母随另一方生父或生母生活；④继父母与成年子女关系恶化的，可协议或诉讼解除。

五、父母与子女的权利义务

我国《民法典》关于父母子女间权利义务的规定，不仅适用于父母与婚生子女之间，同样也适用于父母与非婚生子女、养父母与养子女及形成抚养教育关系的继父母与继子女之间。

（一）父母对未成年子女有抚养、教育和保护的权利和义务

1. 父母对未成年子女有抚养的义务。抚养是指父母在经济上对子女的供养和在生活上对子女的照料。抚养费包括子女生活费、教育费、医疗费等费用。父母对未成年子女的抚养义务是无条件的，除非父母死亡或将子女送养，否则，对未成年子女的义务不会解除。一般情况下，父母仅对未成年或不能独立生活的子女负有抚养义务，一般至子女18周岁为止，但已满16周岁未满18周岁的公民且能够以自己的劳动收入为主要生活来源的人除外。"不能独立生活的子女"，是指尚在校接受高中及其以下学历教育，或者丧失或未完全丧失劳动能力等非因主观原因而无法维持正常生活的成年子女。父母不履行抚养义务，未成年的或不能独立生活的子女对父母有追索抚养费的权利。应当注意，夫妻离婚后对未成年子女依旧有抚养义务，因为父母子女关系并不会因夫妻离婚而终止，因而仍应当履行抚养义务。拒不履行抚养义务、恶意遗弃未成年子女，情节严重构成犯罪的，应当依法追究其刑事责任。

 法条链接

《民法典》第26条：父母对未成年子女负有抚养、教育和保护的义务。

第1067条：父母不履行抚养义务的，未成年子女或者不能独立生活的成年子女，有要求父母给付抚养费的权利。

2. 父母对未成年子女有教育的义务。教育是指父母在思想品德、智力和体质上对子女的关怀、培养和帮助。父母是子女的第一任老师，家庭教育对子女无论是在品德、性格还是智力养成上都发挥着至关重要的作用，父母有义务为子女身心健康成长尽责。

根据《未成年人保护法》《义务教育法》的有关规定，父母对子女的教育一般包括以下几方面的内容：①父母应当尊重未成年人受教育的权利，必须使适龄的未成年人依法入学接受并完成义务教育，不得使在校接受义务教育的未成年人辍学；②父母应当在思想品德上对子女加以正确引导和教诲。应以健康的思想、品行和适当的方法教育未成年人，引导未成年人进行有益身心健康的活动，预防和制止未成年人吸烟、酗酒、流浪、沉迷网络以及赌博、吸毒、卖淫等行为。父母或者其他监护人不依法履行监护职责，或者侵害未成年人合法权益的，由其所在单位或者居民委员会、村民委员会予以劝诫、制止；构成违反治安管理行为的，由公安机关依法给予行政处罚。对侵犯未成年人合法权益的行为，任何组织和个人都有权予以劝阻、制止或者向有关部门提出检举或者控告。

法条链接

《民法典》第 1068 条：父母有教育、保护未成年子女的权利和义务。未成年子女造成他人损害的，父母应当依法承担民事责任。

3. 父母对未成年子女有保护的义务。保护，是指父母应保护未成年子女的人身安全和合法权益，防止和排除来自自然的损害以及他人的非法侵害。一方面父母自己不得危害子女生命、健康，如做出溺婴、弃婴等违法犯罪行为；另一方面父母应防止、排除外界对子女的侵害，主要表现为父母是未成年子女的法定监护人和法定代理人，当未成年子女人身或财产权益受到侵害时，父母有权以法定代理人身份提起诉讼，请求排除妨碍、赔偿损失；在子女被人拐骗、脱离家庭或监护人时，父母有权要求归还子女，并有权请求司法机关追究拐骗者的刑事责任。

我国《民法典》规定父母为未成年子女的监护人，代理未成年子女为各种民事法律行为，保护被监护人的人身、财产权利及其他合法权益。财产上的权利义务主要表现为对子女财产的管理；未成年子女对他人造成的损失，父母需承担民事责任。监护人不履行监护职责或者侵害被监护人合法权益的，应当承担法律责任。父母以任何手段危害子女生命健康的行为都是违法的，但并不意味着不允许采取必要的教育管教手段。父母对未成年子女的抚养、保护和教育，既是权利也是义务，以健康的思想、品格教育未成年人，最终目的都是引导未成年子女身心健康成长。

法条链接

《民法典》第 27 条：父母是未成年子女的监护人。

未成年人的父母已经死亡或者没有监护能力的，由下列有监护能力的人按顺序担任监护人：

①祖父母、外祖父母；

②兄、姐；

③其他愿意担任监护人的个人或者组织，但是须经未成年人住所地的居民委员会、

村民委员会或者民政部门同意。

（二）子女对父母的义务

1. 成年子女对父母有赡养、扶助和保护的义务。我国《宪法》规定，"公民在年老、疾病或者丧失劳动能力的情况下，有从国家和社会获得物质帮助的权利""成年子女有赡养扶助父母的义务""禁止虐待老人"。《民法典》第 26 条规定，"成年子女对父母负有赡养、扶助和保护的义务"；第 1067 条规定，"成年子女不履行赡养义务的，缺乏劳动能力或者生活困难的父母，有要求成年子女给付赡养费的权利"。《老年人权益保障法》规定，"老年人养老主要依靠家庭，家庭成员应当关心和照料老年人""禁止歧视、侮辱、虐待或者遗弃老年人"。

赡养是指子女对父母的供养，即在物质上和经济上为父母提供必要的生活条件。扶助是指子女对父母在精神上和生活上的关心、帮助和照料。赡养、扶助的义务主体一般是指有独立生活能力的成年子女。有独立生活能力的成年子女对父母的赡养是法定义务，不得附加任何条件。赡养人不得以放弃继承权或者其他理由，拒绝履行赡养义务。根据我国《老年人权益保障法》的规定，赡养义务的具体内容包括：①赡养人应当履行对老年人经济上供养、生活上照料和精神上慰藉的义务，照顾老年人的特殊需要。②赡养人对患病的老年人应当提供医疗费用和护理。③赡养人应当妥善安排老年人的住房，不得强迫老年人迁居条件低劣的房屋。老年人自有的或者承租的住房，子女或者其他亲属不得侵占、擅自改变产权关系或者租赁关系。老年人自有的住房，赡养人有维修的义务。④赡养人有义务耕种老年人承包的田地，照管老年人的林木和牲畜等，收益归老年人所有。⑤家庭成员应当关心老年人的精神需求，不得忽视、冷落老年人；与老年人分开居住的家庭成员，应当经常看望或者问候老年人。赡养的方式既可以是与父母共同生活直接履行赡养义务，也可以采用经常联系、探望并提供生活条件及费用的方式。有多名子女的，应该根据各子女的经济状况，共同承担对父母的经济扶助。赡养人之间可以就履行赡养义务签订协议，并征得老年人同意。居民委员会、村民委员会或者赡养人所在组织监督协议的履行。赡养人不履行赡养义务，老年人有要求赡养人付给赡养费的权利。赡养费的数额一般要兼顾赡养人的经济负担能力及父母的实际生活需要，应不低于子女本人或当地的平均生活水平。子女不履行赡养义务时，无劳动能力的或生活困难的父母，有要求子女付给赡养费的权利。另外，我们不能单纯理解为"只有无劳动能力的或生活困难的父母才有要求子女付给赡养费的权利"，而应理解为"有独立生活能力的成年子女对父母都应当履行赡养义务，有劳动能力、生活并不困难的父母同样有要求子女履行赡养义务的权利"。因追索赡养费而发生的纠纷，权利人可以要求家庭成员所在组织或者居民委员会、村民委员会调解，也可直接向人民法院提起诉讼。义务人有能力赡养而拒绝赡养，情节严重构成遗弃罪的，将被依法追究刑事责任。

2. 子女应当尊重父母的婚姻权利。婚姻自由是我国婚姻制度的最基本的要求。在现实生活中，父母再婚特别是老年人再婚问题依然会面临社会和家庭的双重阻力。在社会上将老年人再婚看作"老不正经"，在家庭中仍有很多子女对父母再婚持敌对态度，从而使许多老年人因为害怕社会和家庭带来的压力，而无法再次成婚。为保障婚姻自由权利的实现，子女应当尊重父母的婚姻权利，不得干涉父母再婚以及婚后的生活。子女对父母的赡养义务，不因父母的婚姻关系变化而终止。《民法典》第1069条强调子女应当尊重父母的婚姻自由权利，特别是尊重父母的离婚、再婚自主权，且无论父母的婚姻关系如何，子女都必须尽赡养义务。该法条的设置就是为避免父母因再婚而受到子女的虐待或遗弃，从而保障父母的婚姻自主及再婚后的生活条件，子女不得因父母再婚而不履行其赡养父母的义务。

法条链接

《民法典》第1069条：子女应当尊重父母的婚姻权利，不得干涉父母离婚、再婚以及婚后的生活。子女对父母的赡养义务，不因父母的婚姻关系变化而终止。

《老年人权益保障法》第76条：干涉老年人婚姻自由，对老年人负有赡养义务、扶养义务而拒绝赡养、扶养，虐待老年人或者对老年人实施家庭暴力的，由有关单位给予批评教育；构成违反治安管理行为的，依法给予治安管理处罚；构成犯罪的，依法追究刑事责任。

《刑法》第257条：以暴力干涉他人婚姻自由的，处2年以下有期徒刑或者拘役。犯前款罪，致使被害人死亡的，处2年以上7年以下有期徒刑。第一款罪，告诉的才处理。

（三）父母子女之间有相互扶养的义务

扶养是指特定亲属间一方对他方承担生活供养义务的法律关系。提供扶养的人即扶养人为义务人，接受扶养的人即受扶养人为权利人。扶养的概念有广义和狭义之分，这里所指的扶养是广义的扶养。广义的扶养是指一定范围内的亲属间相互供养和扶助的法定权利义务关系。广义的扶养没有亲属身份、辈分的区别，是平辈间的扶养、长辈对晚辈的抚养、晚辈对长辈的赡养的统称。《民法典》不仅规定了夫妻、父母子女、祖孙、兄弟姐妹等近亲属之间的法定扶养关系，还规定了基于遗嘱及协议而产生的扶养关系，也就是遗嘱扶养和协议扶养，但这些是"基于法律行为的扶养"，与婚姻家庭中基于亲属身份关系的法定扶养有所不同。

父母子女之间的相互扶养，可以从以下几个方面进行理解：

1. 对子女的抚养、教育、保护义务，是夫妻双方的义务，即使夫妻双方离婚，子女随一方生活，另一方也不得以子女不随其生活为由不履行义务。

法条链接

《民法典》第1084条：父母与子女间的关系，不因父母离婚而消除。离婚后，子

女无论由父或者母直接抚养，仍是父母双方的子女。

离婚后，父母对于子女仍有抚养、教育、保护的权利和义务。

离婚后，不满两周岁的子女，以由母亲直接抚养为原则。已满两周岁的子女，父母双方对抚养问题协议不成的，由人民法院根据双方的具体情况，按照最有利于未成年子女的原则判决。子女已满 8 周岁的，应当尊重其真实意愿。

2. 父母对未成年子女的抚养是生活保持义务。对于无独立生活能力的子女，无论子女是否婚生、父母婚姻关系是否存在，父母对子女的抚养义务都是无条件的，从子女出生开始，到成年且具独立生活能力为止，父母均应承担抚养义务，保障子女的生存所需，使子女身心健康成长，此外还应提供子女所必需的一切生活费用，包括抚养费、教育费等各种经济保障。

3. 父母对成年子女的抚养是生活扶助义务。在我国，对于具有完全民事行为能力且独立生活的成年子女，父母无须再履行抚养义务，当然，如果父母自愿给予子女以经济上的帮助，法律也不会干涉。但如果成年子女不具有独立生活能力或出于某种原因不能维持生活，比如完全或部分丧失劳动能力或者尚在学校就读，确无独立生活能力和条件的，父母也要根据需要和可能，在具备负担能力的前提下，负担子女的生活费用或给予一定的帮助。

4. 成年子女对父母的扶养是生活扶助义务。如果父母与成年子女一起生活，子女自然应当承担赡养父母的义务；若不在一起生活，则应当根据当地物价等因素给父母一定的生活费，一般不低于子女本人或当地的平均生活水平。子女对父母的扶养，可以分为物质上的扶助供养和精神身心上的关心慰藉。对于前者，可视父母的真实生活情况和成年子女的给付能力而确定扶养生活费用的负担；对于后者，则主要是道德上的义务，但我国《老年人权益保障法》也以法律的形式明文规定家庭成员应当关心老年人的精神需求，不得忽视、冷落老年人；与老年人分开居住的家庭成员，应当经常看望或者问候老年人。

5. 发生父母不履行抚养义务或子女不履行扶养义务的情况时，依照法律相关规定，权利人均可向有关部门请求调解或向人民法院提出追索扶养费的诉讼。人民法院应当根据实际情况确定扶养费的数额、给付方式等，对于拒不履行扶养义务，情节严重构成遗弃罪、虐待罪的，还应根据《刑法》追究刑事责任。

（四）父母子女之间有相互继承遗产的权利

《民法典》第 1070 条规定，父母和子女有相互继承遗产的权利。

父母子女间的继承权是基于双方为"最近的直系血亲"这一身份而产生的。依照《民法典》继承编的规定，配偶、子女、父母为第一顺序的法定继承人，相互享有继承遗产的权利。父母包括生父母、养父母和有扶养关系的继父母，子女包括婚生子女、非婚生子女、养子女和有扶养关系的继子女。父母和子女的遗产继承权是平等的，不受性别、年龄、长幼、结婚与否的限制。

六、其他近亲属关系

（一）祖孙关系及祖孙间的扶养

祖孙关系是（外）祖父母与（外）孙子女间的权利义务关系。根据《民法典》及有关法律的规定，祖孙关系包括自然血亲和拟制血亲的祖孙关系，具体包括：有自然血缘的祖孙关系、因收养而形成的祖孙关系、形成抚养关系的继祖孙关系。

一般情况下，子女由父母抚养，父母由子女赡养，祖孙间不发生扶养关系。当有特殊的情况出现，父母子女间无法直接履行抚养、赡养的权利义务时，（外）祖父母与（外）孙子女间便产生一定的扶养义务。

法条链接

《民法典》第 1074 条：有负担能力的祖父母、外祖父母，对于父母已经死亡或者父母无力抚养的未成年孙子女、外孙子女，有抚养的义务。

有负担能力的孙子女、外孙子女，对于子女已经死亡或者子女无力赡养的祖父母、外祖父母，有赡养的义务。

根据《民法典》第 1074 条的规定，祖孙间履行扶养义务是有条件的，具体包括：

1. （外）祖父母抚养（外）孙子女须具备以下条件：

（1）（外）祖父母有负担能力。有负担能力是指以自己的劳动收入和其他收入满足其第一顺序扶养权人（即需要扶养的配偶、子女、父母）的合理生活、教育、医疗等需要后仍有剩余。若祖父母或外祖父母中数人均有负担能力，则应根据他们的经济情况共同负担。

（2）（外）孙子女的父母已经死亡或父母无力抚养。死亡包括自然死亡和宣告死亡。父母无力抚养是指不能以自己的收入满足子女的合理的生活、教育、医疗等需要。

（3）（外）孙子女为未成年人。若（外）孙子女已满 18 周岁但不能独立生活，即使父母已经死亡或父母无力抚养，有负担能力的（外）祖父母也没有抚养的义务。

2. （外）孙子女赡养（外）祖父母须具备以下条件：

（1）（外）孙子女有负担能力。若孙子女或外孙子女中数人均有负担能力，则应根据他们的经济情况共同负担。如果孙子女和外孙子女已经结婚，则应将其配偶的收入综合考虑在内，以夫妻共同财产履行扶养义务。即使夫妻间约定实行分别财产制，生活费用的负担也不得违反扶养的有关规定。

（2）（外）祖父母的子女已经死亡或子女无力抚养。死亡亦包括自然死亡和宣告死亡。子女无力抚养是指子女不能以自己的收入满足父母的合理的生活、医疗等需要。

3. 祖孙间的继承权

根据《民法典》的规定，祖父母、外祖父母是第二顺序法定继承人，没有第一顺序法定继承人或第一顺序法定继承人均放弃或丧失继承权时，祖父母、外祖父母可继承孙子女、外孙子女的遗产。（外）孙子女在其父母先于（外）祖父母死亡时，可以代位继承（外）祖父母的遗产。

需要特别指出的是继父母与继子女间的扶养关系形成后，其拟制效力仅及于继父母与其抚养教育的继子女之间，不必然及于继父母的近亲属。只有在继祖父母、继外祖父母对继孙子女、继外孙子女进行了生活上的照料和物质上的帮助的情况下，双方的扶养关系才能成立。

（二）兄弟姐妹关系及兄弟姐妹间的扶养

兄弟姐妹关系是兄弟姐妹间的权利义务关系，是血缘最密切的同辈旁系血亲。根据《民法典》及有关法律的规定，兄弟姐妹关系包括自然血亲的兄弟姐妹和拟制血亲的兄弟姐妹，具体包括：同胞兄弟姐妹、同父异母兄弟姐妹、同母异父兄弟姐妹、养兄弟姐妹和与形成扶养关系的继父母的子女形成的继兄弟姐妹。

有扶养关系的继兄弟姐妹是指继兄弟姐妹间因发生事实上的扶养关系而产生的一种拟制血亲，若没有发生扶养关系的事实出现，则继兄弟姐妹间只是一种姻亲关系，相互间不产生扶养义务。

▓▓▓▓ 法条链接

《民法典》第1075条：有负担能力的兄、姐，对于父母已经死亡或者父母无力抚养的未成年弟、妹，有扶养的义务。

由兄、姐扶养长大的有负担能力的弟、妹，对于缺乏劳动能力又缺乏生活来源的兄、姐，有扶养的义务。

在一般情况下，兄弟姐妹均由父母抚养，但因发生某种客观原因导致父母不能或无力履行抚养义务时，兄弟姐妹间才会产生扶养义务。所以，兄弟姐妹间履行扶养义务也是有条件的，具体包括：

1. 兄、姐扶养弟、妹须具备以下条件：

（1）兄、姐有负担能力。如果兄、姐中数人均有负担能力，则应根据他们的经济情况共同负担。

（2）父母已经死亡或无力抚养。

（3）弟、妹未成年。若弟、妹已满十八周岁而不能独立生活，即使父母已经死亡或父母无力抚养，有负担能力的兄、姐也没有扶养的义务。如果某一未成年人既有有负担能力的（外）祖父母，又有有负担能力的兄、姐，则他们处于同等的地位，应由他们根据自己的经济情况共同负担扶养义务。

2. 弟、妹扶养兄、姐须具备以下条件：

（1）弟、妹由兄、姐扶养长大。由兄、姐扶养长大的弟、妹是指长期依靠兄、姐提供全部或主要扶养费用直到以自己的收入作为主要生活来源的弟、妹。

（2）弟、妹有负担能力。

（3）兄、姐缺乏劳动能力又缺乏生活来源。缺乏劳动能力是指劳动能力不足或丧失劳动能力。缺乏生活来源是指维持生存所必需的生活费用和用品不足，当然也包括丧失生活来源的情况。兄、姐只有同时具备这两个条件，弟、妹对其才有可能有扶养义务。

3. 兄弟姐妹间的继承权。根据《民法典》的规定，兄弟姐妹是第二顺序法定继承人，没有第一顺序法定继承人或第一顺序法定继承人均放弃或丧失继承权时，被继承人的兄弟姐妹可以继承遗产。

需要特别指出的是，对于继兄弟姐妹之间是否形成扶养关系，关键在于继兄姐是否对与其父母形成抚养关系的继弟妹进行了生活上的照料和物质上的帮助，只有如此，才可认定继兄弟姐妹间形成了扶养关系。祖孙之间、兄弟姐妹之间的扶养义务是补充性的义务，均以不严重恶化自己的生活为前提。

引例分析 1

本案的借腹生子协议是丙有偿为甲生子的协议，虽然是甲丙真实意思的产物，但因其采用婚外性生活的方式以借腹生子，一违背性道德，二违反公序良俗原则，三协议内容变相限制丙的人身自由，侵犯丙之基本人权。故协议本身属无效协议。

由于受到传统伦理道德的影响，目前我国法律并未对代孕进行开放，从卫生部2001年颁布的《人类辅助生殖技术管理办法》的规定可以看出，我国对于代孕的态度是禁止的。现各国一般都立法禁止以营利为目的的代孕行为。另外需注意区别对待本案中的"借腹生子"和采用人工生育技术的代孕，两者有本质区别，此借腹生子与通奸在很大程度上相吻合，采用此方式生育子女可能引发较为严重的伦理道德问题，甚至会成为破坏家庭关系的导火索。

若仅就亲子关系而言，根据《民法典》的相关规定，丙是孩子生物学上的母亲，此关系不会因一纸协议而灭失，但代孕母丙在实践中并不会承担法律上有关亲权的权利义务；甲为孩子的父亲，适用亲权的法律规定；乙对孩子的婚生性享有否认权。

引例分析 2

本案涉及子女对父母的赡养法律制度的问题。按照《民法典》的规定，子女对父母有赡养扶助的义务。成年子女不履行赡养义务的，缺乏劳动能力或者生活困难的父母，有要求成年子女给付赡养费的权利。赡养费一般包括老年人基本赡养费、生病治疗费用、生活不能自理的护理费、住房费用、必要的精神消费支出和保险金费用等。只要是具有履行能力的子女都应承担赡养义务。子女之间为了赡养老人的方便，也可以约定赡养上的分工。但约定不能对抗或否定法律规定，即不能因为子女之间的内部分工约定而拒绝履行法定的赡养义务。

本案中，甲乙达成的赡养分工协议，在不违背父母意愿时，可以视为父母双方都生存时对赡养具体方式的约定。但不等于可以免除子女对父母任何一方的赡养义务。因此，在父亲去世后，甲仍需承担对母亲的赡养义务。

引例分析3

根据《民法典》的规定，子女对父母的赡养义务是无条件的，不能以任何理由进行推脱，姜某孝的舅舅姨妈们是二老的子女，有义务赡养二老。虽然姜某孝的父母已去世，自己也是由姥爷姥姥抚养成人的，但（外）孙子女对（外）祖父母的赡养义务，是在祖父母的子女已死亡或子女无力赡养时才承担的。所以在本案中，虽然舅舅姨妈家庭条件一般，但是还是能够承担父母的赡养费的，因此姜某孝并无赡养姥爷姥姥的义务，当然姜某孝出于对二老的感激，愿意承担老人一部分生活费，法律是不会禁止的。

相关法律规范

1. 《民法典》第23~39、1067~1075条。

2. 《最高人民法院关于适用〈中华人民共和国民法典〉婚姻家庭编的解释（一）》。

3. 《中华人民共和国老年人权益保障法》。

思考与练习

1. 亲子关系的种类有哪些？

2. 如果我国要确定婚生子女的推定与否认、非婚生子女的认领制度，应该如何作规定？亲子鉴定在亲子诉讼中起到什么作用？

3. 继父母与继子女抚养关系的形成条件是什么？继父母子女关系解除的原因和后果是什么？

4. 我国法律规定的父母子女间的权利和义务有哪些？相互间实现权利和履行义务时的强制和限制规定有哪些？

5. 祖孙间在什么条件下产生权利和义务关系？

6. 兄弟姐妹间在什么条件下产生权利和义务关系？

7. 就我国现行的扶养制度尚有许多不足之处，仍需要不断完善，谈谈你的看法。

8. 应该如何完善我国的人工生育亲子关系立法？

拓展阅读

人工生育

20世纪以前，人类繁衍后代的方式一直是始于男女自然性交，终于母亲分娩。但人类科学技术的不断发展及现代医学技术、生物遗传工程理论日新月异的进步，不断地冲击着人类传统的生育方式。人工生殖技术的广泛运用，激烈地冲击了人类业已形成的观念和制度，生育子女的方式已不局限于传统的育龄夫妇自己生育，"人工生育子女"方式已被越来越多人接纳，最多的运用是通过医学、生物遗传手段，使无法生育或不想生育的夫妇有可能获得自己的子女。人工生育子女是指采用人工方法取出精子或卵子，然后用人工方法将精子或受精卵胚胎注入妇女子宫内，使其受孕所生育的子女。在现代科学技术条件下，人工生育主要有以下几种方式：

1. 同质人工授精。同质人工授精是指采用不同形式、方法使丈夫的精子和妻子的卵子经医疗技术手段，实施人工授精，由妻子怀孕分娩生育子女。

2. 异质人工授精。异质人工授精是指用丈夫以外的第三人提供的精子（供精）与妻子的卵子，或用丈夫的精子与妻子以外的第三人提供的卵子（供卵），或同时使用供精和供卵，实施人工授精，由妻子怀孕分娩生育子女。对子女而言，实际上有两个父亲或母亲，一是生物学上的父亲或母亲——供精者或供卵者，一是社会学上的父亲或母亲——生母之夫或生父之妻。

3. 代孕。代孕是指用现代医疗技术将丈夫的精子注入自愿代孕者的体内受精，或将受精卵细胞或胚胎植入代孕母亲体内，由孕母替他人完成怀孕到分娩，生育后的子女由丈夫、妻子以亲生父母的身份抚养。

目前，大多数国家对人工生育子女尚无明确的法律规定，由于受到传统伦理道德的影响，我国法律还未对代孕进行开放，代孕只能在法律之外存在。人工生育子女虽然在一定程度上能解决不育夫妇无子女的难题，但与此同时也对传统法律制度提出挑战。特别是由此引发的婚姻家庭继承法上的问题，一般集中于代孕与生育权的关系上以及其带来的亲子关系认定难题上。我国《最高人民法院关于夫妻关系存续期间以人工授精所生子女的法律地位的复函》中指出："在夫妻关系存续期间，双方一致同意人工授精，所生子女应视为夫妻双方的婚生子女，父母子女间权利义务关系，适用婚姻法的有关规定。"适用该复函的前提是供精者须为匿名者，也就是只要夫妻双方协议一致同意使用匿名供精者的精子受孕的，不论所生子女是否与父母具有血缘关系，均应视为夫妻双方的婚生子女。另根据2001年卫生部颁发的《人类辅助生殖技术管理办法》第3条第2款的规定，医疗机构和医务人员不得实施任何形式的代孕技术。"这意味着我国立法对有偿代孕和有偿供卵一律持否定态度。

但上述规定并不能解决生活中所出现的全部问题，法律的禁止并不能阻止有偿供卵、代孕的发生。如何确定人工生育子女的法律父母，为子女找到合适的抚养人，如何确定人工生育子女的亲子身份等问题，便成了法律依然所要面临的难题。

无资质医院开展试管婴儿技术、代孕黑市火爆等问题已经引起国家层面关注。据悉，卫生部已召集专家就"代孕"问题征集意见。一旦代孕的相关法律法规通过并公布，我国实现一定条件下的合法代孕将变成现实，但专家表示代孕能够合法开展最快恐怕也要 5 年到 10 年[1]，即最快恐怕也要到 2018 年至 2023 年才能实现。

情境训练 亲子关系的认定

情境案例

林某和周某没有登记结婚但于 2003 年共同生育一女小雯，之后双方因性格不合，经常发生争吵，故分开生活，小雯一直由林某抚养。2012 年 3 月，失去工作的林某在支付女儿的生活费用上感到非常困难，便以女儿的名义请求法院要求周某支付女儿的抚养费。在法庭上，周某拒绝了支付抚养费的要求，并声称林某私生活混乱，小雯并非自己亲生。于是林某请求进行亲子鉴定，并提供知晓两人当年关系的共同朋友所作的证词。对此周某表示反对，但是又无法提供相反证据，并且拒绝进行亲子鉴定。

训练目标

1. 周某与小雯是什么关系？为什么？

2. 法院对于周某拒绝进行亲子鉴定又无法提供相应证据的情况将如何作出判决？为什么？

3. 周某是否需要向小雯支付抚养费？为什么？抚养费的支付标准应据何判定？

训练方法

1. 学生分组进行讨论，分析各种亲子关系的形成条件，明确拒绝进行亲子鉴定的法律后果。

2. 完成【训练目标】的各项内容，并找出相对应的法条作为理据。

3. 将上述问题所体现的知识点整理分析，每组进行口头汇报。

训练步骤

1. 能准确分析各种亲子关系的形成条件。

2. 能准确找到相对应的法条以解决亲子关系问题。

3. 能准确分析案情，做到知识点理解透彻，阐述过程条理清晰。

---

[1] 李秋萌："卫生部召集专家征集'代孕'意见 合法至少需 5 至 10 年"，载京华网 http：//epaper. jing-hua. cn/html/2013-03/12/content_ 1973929. htm，最后访问时间：2017 年 7 月 18 日。

单
元
七

离 婚

离婚是夫妻双方在法律上终止合法有效婚姻关系的行为。离婚自由是婚姻自由的重要组成部分，它与结婚自由共同构成婚姻自由这一婚姻法的基本原则，也是婚姻自由的保障。离婚不仅会影响当事人的法律地位，还涉及未成年子女的抚养、夫妻共同财产的分割等问题。离婚制度在婚姻家庭法中占有重要地位，对于正确处理离婚纠纷，改善我国的婚姻家庭关系有重要意义。

知识目标

1. 了解我国法律对协议离婚的条件规定。
2. 准确把握夫妻感情确已破裂的标准。
3. 正确认识诉讼离婚的程序。

能力目标

1. 能正确判断哪些是夫妻共同财产，哪些是个人财产。
2. 能够运用相应法律规定处理司法实践中的离婚案件纠纷。

项目一 离婚制度概述

引例

王某（男）与李某（女）协议离婚，约定两套婚后共有的房屋归李某所有，王某放弃李某名下的其他财产，离婚后不得再有争议。后王某起诉要求撤销该离婚协议。

王某称离婚协议并非自己的真实意思表示，因为自己的信用记录有问题，且为了是回避限购政策而"假离婚"购房，双方口头约定购房后复婚。王某提供了证人证言，证明双方离婚后仍以夫妻名义旅游、参加亲友聚会；离婚后李某的银行贷款文件上，王某还作为担保人；王某还提交了自己缴纳双方居住房屋的各种费用的凭证。

李某称离婚协议是双方真实的意思表示，合法有效，王某经常赌博，极少照顾家庭，故净身出户。

一审法院判决驳回了王某的诉请，王某上诉，二审法院维持一审判决。

问题：本案中，王某起诉要求撤销该离婚协议是否符合法律规定？为什么？

一、婚姻终止的概念和原因

婚姻终止，又称婚姻关系的消灭，是指合法有效的婚姻关系因为发生一定的法律事实而归于消灭。引起婚姻关系终止有两种法律事实：一是配偶一方死亡；二是夫妻双方离婚。这两种法律事实尽管条件和特征不同，但是，无论出现哪种事实，其法律后果都是使原有的婚姻关系终止。

（一）婚姻因配偶一方死亡而终止

死亡有两种情况，一种是自然死亡，一种是宣告死亡。以自然死亡和宣告死亡为婚姻关系终止的原因，是世界各国立法的通则。

1. 婚姻关系因配偶一方自然死亡而终止。婚姻关系的自然属性决定了夫妻一方的死亡，婚姻关系自然终止。对此，一般法律无需另行明文规定。

2. 婚姻关系因配偶一方被宣告死亡而终止。宣告死亡是法律上推定被宣告死亡人已经死亡。法律上推定死亡与自然死亡具有相同的法律效果。《民法典》第46条规定：自然人下落不明满4年，或因意外事件，下落不明满2年，利害关系人可以向人民法院申请宣告该自然人死亡。当然，宣告死亡只是一种法律上的推定，被宣告死亡人并未真正死亡。一旦被宣告死亡人重新出现，或者以后确定其未死亡的，经本人或利害关系人申请，人民法院应当撤销对其宣告死亡的判决。对此，《民法典》第51条规定："被宣告死亡的人的婚姻关系，自死亡宣告之日起消除。死亡宣告被撤销的，婚姻关系自撤销死亡宣告之日起自行恢复，但是，其配偶再婚或者向婚姻登记机关书面声明不愿意恢复的除外。"

（二）婚姻因离婚而终止

1. 离婚的概念及特征。离婚是指夫妻双方按照法律规定的条件和程序解除婚姻关系的民事法律行为。它与婚姻成立相对立，因此又称婚姻解除，是婚姻终止的重要形式。婚姻关系自离婚发生法律效力之日起解除。离婚不仅直接影响夫妻双方的人身关系，而且关系到未成年子女的抚养与夫妻共同财产的分割。离婚具有以下特点：

第一，离婚的主体是具有合法婚姻关系的男女双方。离婚只能发生在具有合法有效婚姻关系的男女双方之间。对于无效婚姻或者可撤销婚姻，可以依法宣告其无效或者予以撤销，并不按离婚来处理；对于未办理结婚登记即以夫妻名义同居生活的，其婚姻关系无效，不受法律保护，可以直接按解除同居关系处理。

第二，离婚在性质上是身份行为。离婚是一种直接导致夫妻身份关系消灭的法律行为，因此，离婚的意思表示必须由夫妻双方本人作出，离婚过程也必须由夫妻双方亲自参与，不能适用代理，任何人也无权代替，也不能对他人的婚姻关系提出离婚。在离婚诉讼中，除不能表达意志者外，人民法院开庭审理时，夫妻双方都应当出庭。

离婚的后果也必须由夫妻双方共同承受。

第三，离婚双方当事人法律地位平等。夫妻双方无论采取哪种方式要求离婚，无论哪一方提出离婚，双方法律地位都是平等的，任何人不能将自己的意志强加给对方。

第四，离婚必须符合法律规定的条件和程序。离婚虽然是以解除夫妻关系为目的的行为，但因为离婚可能会涉及未成年子女的抚养与夫妻共同财产的分割，因此，各国法律都规定了离婚的条件和程序。夫妻双方离婚必须符合离婚的条件，并按照法律规定的程序办理，得到国家法律的认可，才能发生婚姻解除的法律效果。当事人未经法定程序签订的协议或者未经对方同意的擅自解除婚姻的行为都不发生法律效力，夫妻双方的婚姻关系并不因此而解除。

第五，离婚会产生一定的法律效果。离婚作为一种重要的民事法律行为，会产生一定的法律后果，如夫妻人身关系的消灭、未成年子女抚养关系的变更、夫妻共同财产的分割与债务的清偿等，因此，离婚不仅关系到双方当事人的利益，还关系到未成年子女与社会的利益。离婚终止婚姻关系的法律后果与配偶一方死亡而使婚姻关系终止的法律后果也不同。配偶一方死亡的，只是终止婚姻关系的对内效力，即因婚姻关系主体不存在而终止，但婚姻关系对外效力并不当然消灭，如生存一方与死亡配偶亲属之间的姻亲关系并不当然消灭。而离婚终止夫妻之间的一切权利义务关系，与对方姻亲关系也随之消灭，具有对外和对内的效力。

2. 离婚与相关概念的区别。离婚与婚姻无效、婚姻撤销从形式上看都是使已经成立的婚姻关系归于消灭，有某些相似之处，但是，它们属于性质不同的法律制度，婚姻无效与婚姻撤销都是处理违法婚姻的法律制度。

第一，离婚与婚姻无效的区别。一是离婚是在双方自愿或一方要求的情况下，对现存合法有效婚姻关系的解除，而婚姻无效是对欠缺婚姻成立的法定要件而被宣告不具有婚姻关系。二是离婚自发生法律效力之日起即解除婚姻关系，没有溯及既往的效力，而婚姻无效自始无效。《民法典》第1054条第1款规定："无效的或者被撤销的婚姻自始没有法律约束力，当事人不具有夫妻的权利和义务。……"三是离婚只能由夫妻双方提起，而婚姻无效之诉不受此限制，除可由无过错一方当事人提出，也可以由第三人或有关机关提出。四是离婚法律后果在于解除合法有效的婚姻关系，分割夫妻共同财产，子女权利义务不受影响。而婚姻无效是违法婚姻解除，不存在夫妻共同财产分割问题。《民法典》第1054第1款还规定，"同居期间所得的财产，由当事人协议处理；协议不成的，由人民法院根据照顾无过错方的原则判决。对重婚导致的无效婚姻的财产处理，不得侵害合法婚姻当事人的财产权益。当事人所生的子女，适用本法关于父母子女的规定。"即无效婚姻所生子女为非婚生子女，在被宣布婚姻无效或撤销后，与婚生子女享有同等的权利义务。

第二，离婚与婚姻被撤销的区别。一是离婚是对合法有效婚姻的解除，而婚姻被撤销是对有瑕疵婚姻的纠正。二是离婚的请求权限于夫妻双方行使，而撤销婚姻的请求权除由夫妻双方行使外，利害关系人和有关机关依法也可以行使。三是离婚在程序上既可以依诉讼程序进行，也可不依诉讼程序进行，且无时间限制，在婚姻关系持续期间任何时候都可以提出。而婚姻撤销则必须依诉讼程序进行且有诉讼时效限制。《民法典》第 1052 条规定："因胁迫结婚的，受胁迫的一方可以向人民法院请求撤销婚姻。请求撤销婚姻的，应当自胁迫行为终止之日起 1 年内提出。被非法限制人身自由的当事人请求撤销婚姻的，应当自恢复人身自由之日起 1 年内提出。"第 1053 条规定了夫妻一方隐瞒疾病的可撤销婚姻："一方患有重大疾病的，应当在结婚登记前如实告知另一方；不如实告知的，另一方可以向人民法院请求撤销婚姻。请求撤销婚姻的，应当自知道或者应当知道撤销事由之日起 1 年内提出。"四是离婚只能发生于夫妻双方生存期间，而婚姻撤销既可发生双方生存期间，也可以发生在双方或一方死亡之后。

3. 离婚的种类。离婚从不同的角度可以进行不同的划分，一般可分为以下几类：

第一，根据夫妻双方对离婚的态度，可分为双方自愿离婚和一方要求离婚，也称合意离婚和片意离婚。前者是指夫妻双方有离婚的共识，一致要求解除婚姻关系，因此，合意离婚又称双方自愿离婚或两愿离婚；而后者是指夫妻只有一方明确要求离婚，而另一方则不同意离婚。

第二，根据处理离婚的程序，可以分为依行政程序办理的离婚和依诉讼程序办理的离婚，也称非诉离婚和诉讼离婚。

第三，根据婚姻解除的方式，可以分为协议离婚和判决离婚。协议离婚是指以双方达成的离婚协议为基础，依据法定程序解除婚姻关系；判决离婚是指双方不能达成全面的离婚协议，由人民法院依法判决解除婚姻关系。

当然，以上分类并不是绝对的，有时候会有交叉。如在我国双方自愿离婚即协议离婚应依行政程序处理，一方要求离婚可以依诉讼程序办理，在诉讼过程中经调解达成离婚协议时，其性质仍属协议离婚；调解不成时，法院依法判决。在有的国家，即使双方自愿离婚也要经过诉讼程序。

二、我国离婚制度的历史发展

（一）我国古代社会的离婚制度

在我国古代，由于结婚是"合两姓之好"，离婚就是"绝两姓之好"，因此，离婚也称作绝婚，主要有以下四种方式：

1. 出妻，即法定弃妻。出妻是我国古代最主要的离婚方式。所谓出妻，又称休妻，是指妻子有法律规定的过错时，丈夫可依法将妻子休弃，终止婚姻关系的行为。其中，"七出"或"七去"是允许男子休妻的七种法定理由。"七出"最早见于《大戴礼记·本命》，它说"妇有七去：不顺父母，去；无子，去；淫，去；妒，去；有疾，去；多言，去；盗窃，去"。我国古代的礼制不仅是一般行为规范，更是法的渊源和灵魂。正是"法本于礼","法出于礼",礼制规范成为立法与法依据,自汉代以后,唐、宋、元、明、清法律都将"七出"纳入法律中,基本内容一致。妇女具有"七出"之一种情形,不需经过官府,丈夫写成休书就可弃去。

作为例外情况,封建礼制也以"三不去"对"七出"加以限制。《大戴礼记》说:"有三不去:有所娶无所归,不去;与更三年丧,不去;前贫贱后富贵,不去"。

2. 和离,即协议弃妻。古代的协议弃妻,不同于现代意义的协议离婚,是我国古代一种通过协议允许夫妻离婚的法律制度。《唐律·户婚》规定:"若夫妻不相和谐而离者,不坐"。这种方式也称"和离"。自唐律之后,各朝代律例也沿此制。"夫妻不相和谐而离者",不能作现代意义理解,在不具备"七出"条件的情况下,男方发起离婚提议,女方也同意,法律允许离婚。在男尊女卑的社会里,妻只能终身屈从于夫,鲜有"不相安谐"之说。所谓不相安谐,只能是丈夫单方面的好恶,不可能是双方的合意,所以和离的前提必须是由男方作出决定,不一定要取得女方同意。

3. 义绝,即强制离异。义绝是指夫妻之间因一方与他方一定亲属之间或双方亲属之间发生某种情事而情义断绝,法律规定这种婚姻关系应当解除。如果不自动解除,国家就要强迫解除,并给予惩罚。《唐律·户婚》规定:"诸犯义绝者,离之,违者徒一年。"明、清律规定一样:"若犯义绝应离而不离者,亦杖八十"。据《唐律疏议》中记载,有下列五种义绝情形:①夫殴妻之祖父母、父母,及杀妻之外祖父母、伯叔父母、兄弟、姑、姊妹;②夫妻祖父母、外祖父母、伯叔父母、兄弟、姑、姊妹自相杀;③妻殴詈夫之祖父母,杀伤夫外祖父母、伯叔父母、兄弟、姑、姐妹;④妻与夫之缌、麻以上亲奸,或夫与妻母奸;⑤妻欲害夫。从义绝构成的条件看,都是亲属之间的互相侵犯行为。

4. 呈诉离婚,即官府断离,指由夫妻双方中一方基于特定缘由向官府提起离婚诉讼,由官府判令离异。不同朝代的法律都明确规定某些特定原因出现,夫妻一方可呈诉官府断离。男方呈诉离婚的法定理由有:"妻背夫在逃""男妇虚执翁奸""妻杀妾子""妻魇魅其未"等。女方呈诉理由是:"夫抑勒或纵容其妻妾与人通奸""夫逃亡三年以上不归""夫典雇其妻""翁欺奸男妇""夫强奸前夫男妇或前夫女"等。

(二)中华人民共和国的离婚制度

中华人民共和国的离婚制度,源于革命根据地的离婚立法。1950年《婚姻法》奠定了中华人民共和国离婚制度的法律基础,对废除封建社会的婚姻制度,改造民国遗留下来的婚姻关系起了很大推动作用。该法对双方自愿离婚和一方要求离婚都作了明确规定,对于"男女双方自愿离婚的,准予离婚;男女一方坚决要求离婚的,经区人民政府和司法机关调解无效时,亦准予婚。"确立了"保障离婚自由,反对轻率离婚"的指导思想,保障夫妻双方享有平等自由离婚的权利。该法创设了离婚行政程序和诉讼程序,但是没有规定判决离婚的条件。1980年《婚姻法》在此基础上第一次确立了准予离婚的法定条件，并修改补充了离婚的程序。它首次明确将"夫妻感情破裂，调解无效"作为准予离婚的概括性原则，确立了抽象的破裂离婚主义，并完善了离婚的法律后果。2001 年修改了该部《婚姻法》，对感情确已破裂的认定作了进一步的规定，并增设了离婚损害赔偿等制度。2019 年 5 月 28 日颁布的《民法典》中第五编"婚姻家庭"对离婚程序、夫妻共同财产分割及夫妻共同债务清偿、离婚补偿和离婚损害赔偿等制度有修订，使离婚制度更加完善。

我国现行离婚制度是以《民法典》以及涉及离婚问题的法律法规和司法解释等构成的法律体系。其基本精神体现如下：

1. 保障离婚自由，反对轻率离婚。中华人民共和国成立后的两部《婚姻法》及 2001 年修订的《婚姻法》与 2020 年 5 月 28 日颁布的《民法典》，都贯穿着"保障离婚自由，反对轻率离婚"的指导思想，同时这也是在司法实践中处理离婚问题的基本原则，保障婚姻自由原则的贯彻落实。婚姻关系应以感情为基础，夫妻之间的感情可能因为各种矛盾和冲突而彻底破裂，致使其婚姻名存实亡。如果夫妻双方感情确已破裂，又无恢复的可能，勉强维持这种婚姻关系，对夫妻双方、孩子、家庭与社会都不利，也与婚姻的内在要求不相吻合。因此，法律应当为当事人及时从这种婚姻的困境中解脱出来提供明确的途径，准予其离婚，以使他们能够重新建立新的美满婚姻。

当然，保障离婚自由，并不等于当事人在离婚问题上为所欲为。《民法典》在保障离婚自由的同时，坚决反对对离婚不严肃的态度及滥用离婚自由权利的行为。婚姻关系作为一种重要的伦理关系和法律关系，是社会关系的重要组成部分。一个婚姻的解体意味着一个家庭的破裂，它不仅关系到夫妻双方本人的利益，而且还对子女、双方的亲属在物质上和精神上产生重大的影响。因此，夫妻双方相互承担着明确的道德责任和法律义务。这种责任和义务不能随意抛弃。因此，任何轻率的离婚都有悖于社会道德和法律义务。反对轻率离婚，既是婚姻关系的内在要求，也是维护婚姻当事人利益和社会利益的必然要求。《民法典》关于离婚的条件、程序和法律后果等规定，既是对离婚自由的保障，又是对轻率离婚的限制与约束。

2. 诉讼离婚实行破裂离婚主义，但在离婚后果上兼采取过错离婚主义。在判决离婚认定的标准上，《民法典》坚持破裂离婚主义，第 1079 条第 2 款规定，如果夫妻感情确已破裂，调解无效的，应当准予离婚。值得注意的是，《民法典》第 1079 条所列举的过错形态，只是法院用来确定夫妻感情是否确已破裂的具体标准和依据，而不是为了限制或约束过错方的离婚请求权。只是在离婚的法律后果上，将夫妻一方的过错行为作为分割夫妻共有财产的因素，而法定的过错行为则可产生损害赔偿。因而，从某个角度来看，我国的诉讼离婚也兼有一定的过错离婚主义的色彩。

3. 保护妇女和未成年子女的合法权益。保护妇女和未成年子女的合法权益是我国婚姻法的基本原则之一。如《民法典》第 1082 条对男方离婚诉权进行了限制：女方在怀孕期间、分娩后一年内或者终止妊娠后 6 个月内，男方不得提出离婚。对于夫妻共有财产的分割、债务的清偿、经济帮助等方面，都注重保护妇女的合法权益。在离婚子女的抚养问题上，明确以未成年子女的利益为优先考虑因素，在确定子女的抚养归属、抚养费的给付、抚养关系的变更以及父母的探视等方面，均以有利于未成年子女健康成长为原则。

引例分析

这个案例非常典型。王某与李某双方假离婚，约定财产全部归李某，王某净身出户，王某再去购买房产，然后复婚，这种做法的风险极大：中国至今没有无效离婚或可撤销离婚的法律规定。离婚仅以离婚登记或确认解除婚姻关系的法律文书为准，与原因无关。婚姻登记机关只是形式审查，对双方的感情状况和结婚、离婚的真实动机，无从考究，也不负实质审查的义务。婚姻自由，是否同意复婚，完全取决于当事人本人，即使有书面承诺，因限制了人身自由，故也是无效的。

离婚协议中对财产的处理，只有在被胁迫或被欺诈的情形下，才能要求法院撤销或者变更，注意：①不适用民法"等价有偿""公平"的原则，不能主张重大误解、显失公平；②必须在离婚登记1年之内提起诉讼。

相关法律规范

1.《中华人民共和国民法典》第46、51、1052~1054、1079、1082条。

思考与练习

1. 简述婚姻终止的概念和种类。
2. 离婚与婚姻无效、婚姻被撤销有什么区别？

项目二　协议离婚

引例1

2014年6月4日，李某和徐某登记结婚。2016年，婚前二人按揭购买的房屋取得产权证并依约定登记在李某名下继续还贷。2017年1月31日，二人因感情不和办理离婚手续。经协商，一致同意将共同拥有的市值约150万元的房产归李某所有，剩余贷款全部由徐某负责偿还。2017年7月16日，二人办理了复婚手续。2018年11月，孩子出生。还清房贷后，又按揭购买了同一单元不同楼层的房子，办理产权登记时将房屋登记在徐某名下。2019年2月5日，因李某无法忍受徐某的婚外情，两人再次协议离婚。离婚协议约定："孩子由李某抚养，徐某每月支付7000元抚养费至孩子满18周岁，汽车和李某名下的20万元存款归李某所有；登记在徐某名下的房子归李某所有（面积稍大一些），登记在李某名下并且第一次离婚时约定归李某所有的房子归徐某所有。"李某咨询后得知，约定给徐某的那套房子是她（复）婚前的个人财产，无需作为夫妻共同财产进行分割。2019年5月5日，李某与徐某协商修改离婚协议未果，李某起诉到法院，请求确认其拥有争议房产的全部所有权。

问题：

1. 第一次离婚协议是否已经履行？

2. 李某以重大误解为由主张撤销第二次的离婚协议是否能获支持？

引例 2

原告王某某与被告邱某某于 1999 年 12 月 20 日登记结婚，2000 年 6 月生育一女孩邱某曼。2007 年 9 月，被告邱某某购买了一辆东风自卸卡车，并以其自己的名义与该县公路局签订了借户协议，该车借（入）户该局，但由被告使用该车在公路局的工程施工中从事运输。2010 年 9 月 12 日，原、被告协议离婚，双方达成如下协议：①邱某曼由原告抚养，被告支付抚养费 100 000 元，2010 年 12 月 31 日支付 60 000 元，2011 年 12 月 31 日支付 40 000 元，邱某曼自上初中至能自理生活的费用由被告承担；②共同财产东风汽车一辆，三室一厅住房归被告所有；③共同债权债务全部归被告。

2011 年 1 月 16 日，邱某曼向被告提起追索抚养费诉讼，并提出财产保全申请。某某县人民法院裁定对被告在某某县公路局的运费款 61 000 元给予冻结后，作出了民事判决。该判决生效后执行中，被告在公路局打借款单领款，支付了判决确定的抚养费。2010 年 10 月 30 日，争议卡车在公路局的被告名下应付款账与往来账分别入账 185 816.08 元与 179 203.08 元，扣去税款及其他余额分别为 168 669.38 元与 134 656.98 元。2011 年 4 月 1 日，该两笔款项转入被告的账户，合计 303 326.36 元。

原告王某某向法院起诉称：2010 年 9 月 12 日，双方协议离婚。2011 年，邱某曼起诉被告追索抚育费，原告才发现被告离婚时隐藏债权数额巨大，要求分得债权 200 000 元。被告邱某某答辩称：原、被告离婚时协议约定"共同债权债务全部归男方"，被告并不存在隐藏共同财产的事实。要求驳回原告的诉讼请求。

问题：请问夫妻一方在离婚时隐瞒对外债权，另一方能否再次要求分割共同财产？法院会支持原告王某某的诉讼请求吗？

基本理论

一、协议离婚概述

协议离婚，是指夫妻双方自愿离婚达成合意，同时在离婚后果上达成一致意见，经过婚姻登记机关认可即可解除婚姻关系的一种离婚方式。协议离婚是夫妻双方自愿的结果，属于双方自愿离婚或两愿离婚。协议离婚以婚姻登记机关办理离婚登记为要件，因此，又称登记离婚；而婚姻登记机关为行政机关或行政机关的组成部分，因此，又称行政离婚，相对于法院判决的诉讼离婚。协议离婚是一种相对自由的离婚方式，能使不愿意继续保留夫妻关系的当事人和平、理智地分手，减少彼此进一步的伤害，防止个人隐私扩散，在没有外力干扰的情况下双方当事人就未成年子女的抚养和财产的分割达成解决方案，便于执行。这种离婚方式手续简便易行，多数人愿意接受。协议离婚作为一种法律制度已被很多国家采纳，如日本、比利时、卢森堡、泰国等国家建立了这一制度，并与判决离婚共同发挥作用。《民法典》第 1076 条与第 1078 条规定了协议离婚以及离婚登记。可见，协议离婚也是我国离婚制度的一个重要组成部分，能够最大限度地保护离婚自由，充分体现了私法自治原则。目前，越来越多的离异夫妻选择使用这种方式，体现了我国离婚发展的新趋向。

二、我国协议离婚的条件

协议离婚是婚姻自由的一种表现，虽然法律允许夫妻双方协议离婚，但不是允许草率离婚。因此，协议离婚有法定的条件，而不是由夫妻双方率性而行。根据《民法典》及相关法律法规的规定，协议离婚必须符合以下条件：

1. 双方当事人必须具有合法的夫妻身份。离婚是解除合法婚姻关系的行为，具有很强的人身属性，只能由具有夫妻身份的当事人本人行使，任何第三人都不得代替一方或双方去登记离婚。婚姻登记机关在办理登记离婚时，应当首先查明双方的夫妻身份。无婚姻关系的同居等关系，婚姻登记机关不予受理。

2. 双方当事人应当是完全民事行为能力人。离婚是重要的民事法律行为，只有双方当事人具有完全民事行为能力，才能独立自主地处理自己的婚姻问题，才能进行登记离婚。根据《婚姻登记条例》第 12 条的规定，当事人属于无民事行为能力人或限制民事行为能力人的，婚姻登记机关不予受理。对于夫妻一方是无民事行为能力人或限制民事行为能力人的离婚，只能依诉讼离婚程序离婚，并由其法定代理人代理诉讼。

3. 双方当事人须有离婚的合意。协议离婚以夫妻双方订立离婚协议为基础，因此，夫妻双方订立有效的离婚协议，是协议离婚必备的积极条件。离婚协议是一种解除婚姻关系的契约，因而是一种身份契约，同时也是一种要式契约。协议离婚应当是夫妻双方意思表示一致的结果，这种意思表示应当是自愿的、真实的，而不是受对方或他人的欺诈、胁迫或重大误解做出的。虚假的、受胁迫或受欺诈的而协议离婚，或者是双方为追求各自的或共同的利益而恶意串通的"假离婚"无效。《民法典》第 1076 条规定：夫妻双方自愿离婚的，应当签订书面离婚协议，并亲自到婚姻登记机关申请离婚登记。

4. 双方当事人必须就子女抚养和财产分割等问题作出适当的处理。离婚不仅仅是夫妻双方婚姻关系的解除，而且还涉及未成年子女的抚养、夫妻共有财产的分割、夫妻共同债务的清偿、经济帮助等法律后果。因此，协议离婚夫妻双方不但要有离婚的合意，还要就未成年子女的抚养、夫妻共有财产的分割等法律后果作出适当的按排。《民法典》第 1076 条第 2 款还规定：离婚协议应当载明双方自愿离婚的意思表示和对子女抚养、财产以及债务处理等事项协商一致的意见。

法条链接

《婚姻登记条例》第12条：办理离婚登记的当事人有下列情形之一的，婚姻登记机关不予受理：

①未达成离婚协议的；

②属于无民事行为能力人或者限制民事行为能力人的；

③其结婚登记不是在中国内地办理的。

《民法典》第1076条：夫妻双方自愿离婚的，应当签订书面离婚协议，并亲自到婚姻登记机关申请离婚登记。

离婚协议应当载明双方自愿离婚的意思表示和对子女抚养、财产以及债务处理等事项协商一致的意见。

三、我国协议离婚的程序

（一）办理协议离婚登记的机关

根据《民法典》与《婚姻登记条例》的相关规定，离婚登记与结婚登记一样，都要到婚姻登记管理机关去办理登记手续。婚姻登记管理机关具体来说，在城市是街道办事处或者市辖区、不设区的市人民政府的民政部门；在农村是乡、镇人民政府。婚姻登记机关的管辖范围是以地域管辖原则来确定。当事人协议离婚，双方户口在同一地的，到当地婚姻登记机关申请离婚登记；双方户口不在一地的，到任何一方户籍所在地的婚姻登记机关申请离婚登记。

（二）协议离婚登记的程序

根据《婚姻登记条例》的规定，协议离婚在程序上必须经过申请、审查和登记三步。

1. 申请。《婚姻登记条例》第10条第1款规定："内地居民自愿离婚的，男女双方应当共同到一方当事人常住户口所在地的婚姻登记机关办理离婚登记。"第11条第1款规定："办理离婚登记的内地居民应当出具下列证件和证明材料：①本人的户口簿、身份证；②本人的结婚证；③双方当事人共同签署的离婚协议书。"离婚协议应当写明双方当事人离婚的意思表示、子女由何方抚养、抚养费数额及给付方式、夫妻共同财产的分配、夫妻共同债务的清偿方案等内容。

2. 审查。婚姻登记机关对于当事人的协议离婚申请，应当根据《民法典》和《婚姻登记条例》的规定进行严格的审查。首先，应审查当事人的证明和证件是否真实有效。其次，审查当事人是否符合登记离婚的条件，当事人是否具有民事行为能力，是否确系双方自愿离婚。最后，审查离婚协议的内容，对子女的安排和财产的处理约定清楚、合理，有无规避法律或者侵害第三人利益等。登记机关在审查过程中当事人应如实提供情况，不得隐瞒或欺骗。如果登记机关发现那些违反婚姻法骗取离婚或虚假离婚的，应当不予登记。

3. 登记。婚姻登记机关经过审查以后，对符合《民法典》和《婚姻登记条例》规定的申请，应准予离婚。《婚姻登记条例》第 13 条规定，婚姻登记机关应当对离婚登记当事人出具的证件、证明材料进行审查并询问相关情况。对当事人确属自愿离婚，并已对子女抚养、财产、债务等问题达成一致处理意见的，应当当场予以登记，发给离婚证。夫妻双方从取得离婚证时起解除夫妻关系。离婚证与人民法院的离婚民事判决书、离婚民事调解书具有同等的法律效力，是证明婚姻关系已经解除的法律文件。经审查，对于不符合《婚姻登记条例》规定的，婚姻登记机关则不予登记，并应向当事人说明理由。

（三）协议离婚中的"冷静期"

近年来，我国离婚率逐年升高，"闪离"现象越来越突出，其中不少夫妻因一时冲动而离婚。依据以前《婚姻法》的相关规定，只要夫妻双方自愿离婚，到婚姻登记机关申请离婚；婚姻登记机关审查双方确实是自愿并对子女和财产问题已有适当处理时，就发给离婚证。为了防止轻率离婚，减少冲动式离婚，维护家庭关系的稳定，《民法典》第 1077 条规定：自婚姻登记机关收到离婚登记申请之日起 30 日内，任何一方不愿意离婚的，可以向婚姻登记机关撤回离婚登记申请。前款规定期限届满后 30 日内，双方应当亲自到婚姻登记机关申请发给离婚证；未申请的，视为撤回离婚登记申请。这一规定被人们形象地称为"离婚冷静期"。许多国家都有实施类似这样的离婚冷静期制度。当然，《民法典》设置的"离婚冷静期"只适用于协议离婚，不涉及家庭暴力等适用诉讼离婚的情形。该制度的设置也与"离婚自由"并不冲突。

四、在实践中协议离婚常见的问题

1. 离婚登记后，双方就子女抚养、财产分割引起纠纷，要求人民法院重新处理。《最高人民法院关于适用〈中华人民共和国民法典〉婚姻家庭编的解释（一）》第 69、70 条对此明确规定："离婚协议中关于财产以及债务处理的条款，对男女双方具有法律约束力。当事人因履行上述财产分割协议发生纠纷提起诉讼的，人民法院应当受理。""夫妻双方协议离婚后就财产分割问题反悔，请求撤销财产分割协议的，人民法院应当受理。人民法院审理后，未发现订立财产分割协议时存在欺诈、胁迫等情形的，应当依法驳回当事人的诉讼请求。"

2. 附协议离婚条件的财产分割协议的效力。离婚财产分割协议是指夫妻双方在婚姻关系存续期间达成的以离婚法律事实出现为条件的财产分割协议。这种协议可以表现为单纯的以财产分割为内容，也可以与未成年子女抚养混合在一起。这种财产分割协议一般以协议离婚为条件，且都在离婚诉讼前订立，在社会生活与司法实践中普遍存在。夫妻在婚姻关系存续期间达成财产分割协议，但是，由于种种原因，夫妻一方或双方反悔，未能到婚姻登记机关办理协议离婚手续，而到人民法院起诉离婚。在这种情况下，往往一方当事人主张原来达成的离婚协议合法有效，要求人民法院按照该协议的约定判决解除婚姻关系并对财产分割和子女抚养问题作出处理；而另一方则否认该协议的效力，要求人民法院根据实际情况依法作出处理。对于这种争议，《最高人民法院关于适用〈中华人民共和国民法典〉婚姻家庭编的解释（一）》第69条规定：当事人达成的以离婚协议或者到人民法院调解离婚为条件的财产以及债务处理协议，如果双方协议离婚未成，一方在离婚诉讼中反悔的，人民法院应当认定该财产以及债务处理协议没有生效，并根据实际情况依法对夫妻共同财产进行分割。

3. 关于假离婚、骗离婚如何处理。假离婚，是指婚姻当事人双方为了共同或各自的目的，约定暂时离婚，待目的达到后再复婚的行为。在实践中，假离婚有两种情形：一种是向婚姻登记机关进行登记；另一种则是在人民法院达成假离婚的调解协议。在实践中，假离婚中的预谋都是夫妻共同策划的。当事人夫妻离异时，夫妻感情正常或者尚未完全破裂，离婚并非他们的真实意思。双方通过暂时离婚是为了实现其他目的，如为了逃避夫妻共同债务。假离婚因为一般是通过婚姻登记机关或人民法院办理的，原则上应当认定其发生离婚的法律效力。根据最高人民法院有关司法解释的精神，对于在婚姻登记机关进行假离婚登记而发生的纠纷，人民法院不予受理，应由当事人向原登记机关申请解决。

骗离婚，是指当事人一方出于某种不可告人的目的，捏造虚假的事实或隐瞒真实情况，向对方许诺先离婚再复婚，从而骗取对方同意离婚的行为。这类纠纷在现实生活中往往是婚姻当事人一方欺骗对方，通过假离婚而达到真离婚的目的。在骗离婚中，提出离婚是一方当事人的真实意思，但又用欺骗的手段蒙骗对方，使其确信离婚不过是实现某一目的的手段而同意离婚。受骗一方在办理离婚手续后，期待所谓的目的实现后恢复夫妻关系。骗离婚既是当事人单方的欺骗行为，又是基于欺骗而产生的合意离婚行为。这种行为是违背另一方当事人真实意愿的，骗离婚实际上是一种无效的违法民事行为，从根本上破坏了正常的婚姻家庭关系，具有很大的社会危害性。这种无效离婚，受欺诈方可以向婚姻登记机关或人民法院提出。婚姻登记机关或人民法院受理后，对于能够和好的夫妻，应做调解工作，宣布离婚无效，收回离婚证或判决离婚无效。如果调解后不能恢复夫妻关系，经调查确实是骗离婚的，应当宣布其离婚无效，维持原婚姻关系。但是，在司法实践中，受欺诈方比较难以举证证明对方是以欺诈手段达到真离婚的目的，相应的请求因而难以得到法律的支持。

4. 关于托人代办或冒名顶替领取离婚证如何处理。离婚是与身份紧密相关的民事法律行为，只能由具有夫妻身份的当事人在有完全民事行为能力时进行，法律禁止托人代办或冒名顶替申请办理离婚登记。因此，婚姻登记机关在审查离婚申请的过程中，一旦发现有人代办或冒名顶替申请办理离婚登记的情形，应驳回离婚申请，不予登记。即使是托人代办或冒名顶替而蒙混过关，骗取离婚证，登记机关一经发现，应立即宣布其离婚行为无效，收回离婚证。

引例分析 1

1. 我国《民法典》第 1076 条规定："夫妻双方自愿离婚的，应当签订书面离婚协议，并亲自到婚姻登记机关申请离婚登记。离婚协议应当载明双方自愿离婚的意思表示和对子女抚养、财产以及债务处理等事项协商一致的意见。"可见，协议离婚也是我国离婚制度的一个重要组成部分，能够最大限度地保护离婚自由，充分体现了私法自治原则。目前，越来越多的离异夫妻选择使用这种方式，体现了我国离婚发展的新趋向。本案中李某和徐某经协商，一致同意将共同拥有的市值约 150 万元的房产归李某所有，剩余贷款全部由徐某负责偿还。其协议已经实际履行且合法有效。

2. 李某以重大误解为由主张撤销第二次的离婚协议不能获支持。根据《最高人民法院关于适用〈中华人民共和国民法典〉婚姻家庭编的解释（一）》第 69 条、第 70 条的规定，"当事人达成的以协议离婚或者到人民法院调解离婚为条件的财产以及债务处理协议，如果双方离婚未成，一方在离婚诉讼中反悔的，人民法院应当认定该财产以及债务处理协议没有生效，并根据实际情况依照民法典第 1087 条和第 1089 条的规定判决。当事人依照民法典第 1076 条签订的离婚协议中关于财产以及债务处理的条款，对男女双方具有法律约束力。登记离婚后当事人因履行上述协议发生纠纷提起诉讼的，人民法院应当受理。""夫妻双方协议离婚后就财产分割问题反悔，请求撤销财产分割协议的，人民法院应当受理。人民法院审理后，未发现订立财产分割协议时存在欺诈、胁迫等情形的，应当依法驳回当事人的诉讼请求。"本案中，李某与徐某协议离婚并签订离婚协议，约定房屋的分配，双方离婚时签订《离婚协议书》对上述房屋的权益进行协商并予以处理具有法律依据。不存在欺诈、胁迫等情形，《离婚协议书》是双方真实意思表示，且不违反法律的强制性规定，对双方均具有法律约束力。一审法院应根据查明的事实，判决驳回李某要求撤销离婚协议中就诉争房屋的约定。

引例分析 2

本案是在夫妻双方协议离婚后，一方发现对方还有其他夫妻财产没有分割并起诉请求再次分割的财产纠纷。这类案件主要涉及两个争议焦点：一是对涉案财产能否认定为夫妻共同财产；二是对于夫妻离婚时没有涉及的财产，能否认定持有一方故意隐瞒夫妻财产。本案争议分析如下：

1. 本案争议的运输费是否属夫妻共同财产。根据原告提供的购车发票等证据表明原、被告对该卡车具有所有权，而依据我国《民法典》第 1062 条规定，被告邱某某在婚姻存续期间为公路局进行运输所取得的运费，属于"生产、经营的收益"的范畴，应当属于夫妻共同财产。

2. 隐藏的财产如何分割。首先，被告隐藏了共同财产（债权）。被告在诉讼中否认对东风汽车运费债权的所有权，说明被告主观上有隐藏的故意；客观上被告在双方协议离婚时，对于夫妻共同财产没有列明该运输债权，且于离婚后入账，其行为应认定为对夫妻共同财产的隐藏。其次，离婚协议中"债权债务全部归被告"的约定并未涉及对争议债权的处分。被告否认争议债权的事实，表明当时争议债权不属其意思表示范围，也就不可能包含在协议中的债权之内。由于被告隐藏债权，原告当时不知道债权的存在，其意思表示也就不含有对争议债权的处分。所以，原、被告争议的债权，不属离婚协议约定处分的债权范围。再次，根据《民法典》第1092条的规定，离婚时一方隐匿、转移、变卖、毁损夫妻共同财产或伪造债务企图侵占另一方财产的，分割夫妻共同财产时，对隐藏、转移、变卖、毁损夫妻共同财产或伪造债务的一方，可以少分或不分。本案中被告故意隐藏财产，企图侵占原告的合法财产，理应少分或不分。

法院经审理后认为：本案被告对共同财产进行了隐藏，可以少分，原告要求分得200000元的请求过高，酌定分得180000元为宜。法院作出判决：被告邱某某在某某县公路局隐藏的债权（运费款）303326.36元属原、被告夫妻关系存续期间的共同财产，其中180000元归原告王某某所有。

▓ 相关法律规范

1. 《中华人民共和国民法典》第148、1076~1078条；

2. 《最高人民法院关于适用〈中华人民共和国民法典〉婚姻家庭编的解释（一）》第69~70条；

3. 《婚姻登记条例》第10~12条。

▓ 思考与练习

1. 协议离婚应具备哪些条件？

2. 我国协议离婚的程序？

3. 实践中协议离婚常见的问题有哪些？

项目三　诉讼离婚

▓ 引例1

王某（女）与夏某某（男）于2012年4月12日登记结婚，2013年生女孩夏甲。后双方因生活琐事发生矛盾，不久便分居生活，夫妻关系恶化。2019年1月2日，王某向法院提起离婚诉讼，请求法院判决：双方离婚，婚生女夏甲随夏某某生活。夏某某在庭审中辩称：同意与王某离婚，但要求婚生女夏甲随王某生活。经法官多次调解和教育，双方仍表示同意离婚，但均不同意抚养婚生女夏甲。最终法院判决不准双方离婚。

问题：在王某与夏某某双方自愿离婚的情况下，法院为什么判决不准双方离婚？

▓ 引例2

原告小丽与被告大明于 2006 年 5 月登记结婚，婚后育有一儿一女。但婚后大明实施家庭暴力，且长期嫖娼，与多名女性保持不正当的性关系，染上了性病，对夫妻感情造成极为严重的伤害，双方长期分房而居。对于大明种种不检点的行为，小丽忍无可忍，于是她诉至法院，要求判决双方离婚，女儿归小丽抚养、儿子归大明抚养，并按照小丽占 70%、大明占 30% 的比例分割房屋。

在法院诉讼中，大明同意夫妻一人带养一个孩子，虽然自认其与两名女性有婚外不正当交往，但坚决不同意女方多分财产。法院一审判决：一、准予双方离婚；二、女儿归小丽抚养，儿子归大明抚养，双方均无需另行支付抚养费；三、登记在小丽名下的三套房屋（评估价格合共 617 万元）归小丽所有；登记在大明名下的四套房屋和登记在双方名下的一套房屋（评估价格合共 438 万元）归大明所有。

大明不服一审判决，提出上诉，请求对夫妻共同财产进行平均分配。二审判决驳回上诉，维持原判。

问题：法院为什么判决小丽占 70%、大明占 30% 的比例分割房屋？

基本理论

一、诉讼离婚概述

诉讼离婚，又称裁判离婚，是指夫妻一方向人民法院提起离婚诉讼，人民法院依法通过调解或判决解除当事人婚姻关系的一种离婚方式。诉讼离婚是世界各国普遍采用的离婚方式。在有的国家，诉讼离婚是唯一的离婚方式。在外国立法中，诉讼离婚采用不同的立法例：有责主义、无责主义和破裂主义。有责主义是指夫妻一方应当以对方有违背婚姻义务或者其他足以导致婚姻关系解除的过错为由而诉请离婚。无责主义是指夫妻一方因婚姻共同生活中发生违背婚姻目的的事由（如精神病久治不愈、婚后出现无法治愈的性功能障碍、失踪达一定期限等）而诉请离婚。破裂主义是指夫妻一方或双方认为婚姻关系破裂，夫妻不能继续共同生活而诉请离婚。《民法典》第 1079 条规定：夫妻一方要求离婚的，可以由有关组织进行调解或者直接向人民法院提起离婚诉讼。人民法院审理离婚案件，应当进行调解；如果感情确已破裂，调解无效的，应当准予离婚。由此可见我国实行破裂主义的立法原则。

与协议离婚相比，诉讼离婚具有以下特点：

1. 诉讼离婚适用范围广泛。如夫妻一方要求离婚而另一方不同意离婚的；夫妻双方都同意离婚但就未成年子女的抚养、财产的分割等问题没能达成协议的；未依法办理结婚登记而以夫妻名义共同生活且为法律承认的事实婚姻；尽管双方符合协议离婚的条件，但是基于某种特殊原因而不愿进行离婚登记，要求诉讼离婚的；等等。在实践中，夫妻一方不在我国境内居住，或者一方下落不明或被宣告失踪，或一方正在被劳动教养或被监禁期间不能亲自去婚姻登记机关申请的离婚案件，也适用诉讼离婚。

随着我国经济和社会的发展，人口流动性越来越大，离开自己户籍所在地的人口日益增多，要求离婚但回户籍所在地办理离婚有困难，一方向被告经常居住地人民法院提起离婚诉讼，人民法院也可以受理。

2. 诉讼离婚中，人民法院对离婚的真实性、合法性审查较为严格。相对于协议离婚，诉讼离婚要求当事人必须提出明确的诉讼请求及事实和理由，人民法院通过行使审判权来解决离婚争议。离婚之诉不仅要解决是否准予离婚的问题，还要在准予离婚同时解决离婚的诸多法律后果，如未成年子女的抚养、夫妻共有财产的分割、夫妻共同债务的清偿、经济帮助、探望权的行使和离婚损害赔偿等。因此，对上述事实人民法院审查更为严格。严格审查诉讼案件，可以防止借机离婚逃避债务等不合法的情形。在审理程序上，法院对离婚诉讼更多的是采取职权主义，即依职权主持审理。

3. 离婚判决具有强制性。离婚协议只是夫妻就双方婚姻关系、未成年子女抚养以及财产问题达成的一种民事契约，双方按照协议的约定履行自己的义务并享有自己的权利，但是，如果一方不按照协议履行义务，对方不能凭双方达成的离婚协议直接申请人民法院执行，还需要向人民法院提起民事诉讼，请求人民法院确认该离婚协议并予以强制执行。而法院调解或判决离婚作出的民事调解书或民事判决书，赋予一方当事人直接向人民法院申请执行的法律效力。

二、诉讼外调解

《民法典》第 1079 条第 1 款规定："夫妻一方要求离婚的，可以由有关组织进行调解或者直接向人民法院提起离婚诉讼。"可见，对于离婚纠纷，既可以在诉讼前由有关部门进行调解，也可以不经调解而直接向人民法院提起诉讼离婚。诉讼外调解，也指非诉讼离婚调解，是夫妻一方要求离婚的，在当事人所在单位、群众团体、基层组织和行政主管部门等人民法院以外的有关部门主持下进行调解的程序。诉讼外程序并非当事人离婚的必经程序，不具有法律强制性，应当遵守自愿、合法原则。任何人、任何部门都不得强制或变相强制当事人达成某项协议，也不得阻止或妨碍当事人就离婚问题向人民法院提出诉讼。诉讼外调解是离婚诉讼前解决纠纷的一种措施，并不影响当事人提起诉讼。

我国确立诉讼外调解原则具有重要意义：①我国民间自古就有调解处理婚姻纠纷的传统，以这种方式处理婚姻纠纷，可以避免当事人情绪对立，易为当事人所接受；②有关部门对双方当事人与双方纠纷情况比较熟悉，容易抓住矛盾的重点进行说服教育和疏导，使纠纷容易得到妥善解决；③可以充分发挥各级组织与群众团体的作用，及时消解纠纷，有利于当事人生活和社会秩序安定，也减少法院的诉讼案件，减轻人民法院的工作负担。

离婚当事人经过有关组织与部门的调解，可能会出现三种不同的结果：①调解和好，消除矛盾，继续保持婚姻关系；②通过调解双方达成离婚协议，并就子女抚养、财产分割等问题达成一致意见，由一方要求离婚转化为双方自愿离婚，此时，双方应到婚姻登记机关办理离婚登记；③调解无效，一方坚持要求离婚，另一方坚持不离或双方虽同意离婚但对离婚后果仍存在争议的，则由夫妻一方向人民法院提起离婚诉讼。

■ 法条链接

《民法典》第1079条：夫妻一方要求离婚的，可以由有关组织进行调解或者直接向人民法院提起离婚诉讼。

人民法院审理离婚案件，应当进行调解；如果感情确已破裂，调解无效的，应当准予离婚。

有下列情形之一，调解无效的，应当准予离婚：

①重婚或者与他人同居；

②实施家庭暴力或者虐待、遗弃家庭成员；

③有赌博、吸毒等恶习屡教不改；

④因感情不和分居满2年；

⑤其他导致夫妻感情破裂的情形。

一方被宣告失踪，另一方提起离婚诉讼的，应当准予离婚。

经人民法院判决不准离婚后，双方又分居满一年，一方再次提起离婚诉讼的，应当准予离婚。

三、诉讼离婚程序

离婚诉讼程序是夫妻一方为原告，另一方为被告，以解除婚姻关系为目的而提起诉讼，由人民法院受理和进行审理，作出准许或不准许解除婚姻关系以及子女抚养和夫妻共同财产分割的裁判所适用的法定程序。

1. 起诉和受理。依照《民事诉讼法》和《最高人民法院关于适用〈中华人民共和国民事诉讼法〉的解释》的相关规定，公民提起离婚诉讼的，原则上应由被告住所地人民法院管辖；但被告离开住所地超过1年，由原告住所地人民法院管辖；夫妻双方离开住所地超过1年，由被告经常居住地人民法院管辖，没有经常居住地的，由原告起诉时被告居住地人民法院管辖；被告不在中华人民共和国领域内居住、下落不明或宣告失踪、被劳动教养或者被监禁的，由原告住所地或经常居住地人民法院管辖；非军人对非文职军人提起离婚诉讼的，由原告住所地人民法院管辖；双方当事人都是军人的，由被告住所地或者被告所在的团级以上驻地的人民法院管辖；中国公民双方在国外但未定居，一方向人民法院起诉离婚的，应由原告或者被告原住所地人民法院管辖。

起诉时，原告须向法院递交起诉状和副本，写明原告和被告的一般情况、起诉的理由和请求、依据的事实和证据。符合上述规定的，人民法院应当立案受理，但对于

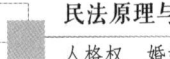
人民法院已经判决不准离婚的案件，或经人民法院调解和好，原告自动撤诉的离婚案件，如没有新情况、新理由，6 个月之内不得再起诉，即使起诉，人民法院也不予受理。

2. 调解。《民法典》第 1079 条第 2 款规定："人民法院审理离婚案件，应当进行调解；如果感情确已破裂，调解无效的，应当准予离婚。"这里规定的调解是诉讼中调解，是指在人民法院主持下双方当事人自愿协商，达成协议，解决纠纷。这是人民法院审理离婚案件的必经程序，是人民法院行使审判职能的重要方式。诉讼调解贯穿人民法院审理离婚案件的整个过程，在一审、二审程序和审判监督程序中均可以进行。

诉讼中调解与诉讼外调解不同，诉讼内调解有以下两个特点：①它既是人民法院行使国家审判权的一种方式，与审判结合进行，又是人民法院在审理离婚案件的整个过程中必须贯彻的原则；②诉讼中的调解，重在发挥人民法院的主导作用，在整个案件审理的过程中，人民法院都可以依职权主动进行调解，以促使当事人达成协议。双方当事人达成的离婚协议必须得到人民法院的认可与批准，生成离婚民事调解书后发生法律效力。

离婚诉讼中的调解，可能会有三种结果：①双方达成和好协议，原告撤诉，将调解协议记录在卷。②双方达成离婚协议，人民法院审判人员根据调解协议，制作民事调解书，调解书与判决书具有同等的法律效力。双方领取了离婚调解书，婚姻关系即告解除。③调解无效，夫妻双方既不同意和好，又不能达成调解协议，由人民法院依法作出判决。

3. 判决。人民法院对离婚诉讼调解无效时，应依法对当事人争议的诉讼标的作出强制性判决。人民法院根据不同的案情，可能会有判决离婚或判决不准离婚两种判决结果。是否判决离婚，是以夫妻感情是否破裂作为判断标准。人民法院判决准予离婚时，应对未成年子女的抚养、夫妻共有财产等问题一并作出处理。如果人民法院认为夫妻感情尚未破裂，判决不准离婚，就会驳回原告的离婚诉讼请求。无论是准予离婚还是不准离婚的一审判决，当事人都有 15 天的上诉期，未在上诉期内依法上诉的，一审判决发生法律效力。一审判决准予离婚的，人民法院在宣告判决时必须告知当事人在判决发生法律效力前不得另行结婚。在上诉期内依法上诉的，案件进入二审程序。二审人民法院审理离婚上诉案件时，也可以调解，如经调解双方达成协议的，调解书生效后一审判决即视为撤销。二审判决属于终审判决，一经送达即发生效力。另根据《民事诉讼法》第 202 条的规定，当事人对已经发生法律效力的解除婚姻关系的判决、调解书，不得申请再审。当然，对于涉及财产分割的，可以申请再审。《最高人民法院关于适用〈中华人民共和国民法典〉婚姻家庭编的解释（一）》第 83 条规定："离婚后，一方以尚有夫妻共同财产未处理为由向人民法院起诉请求分割的，经审查该财产确属于离婚时未涉及的夫妻共同财产，人民法院应当依法予以分割。"

四、我国法律对诉讼离婚的限制

（一）对现役军人配偶离婚权的限制

《民法典》第 1081 条规定："现役军人的配偶要求离婚，应当征得军人同意，但是军人一方有重大过错的除外。"这是《民法典》对现役军人配偶的离婚权利的限制。这条规定是出于对军人特殊保护理念，属于特别规定，应当优先适用。本条限制的是军人配偶的实体离婚权利，而不是其离婚请求权。即军人的配偶起诉要求离婚的，人民法院应当受理，只是当现役军人不同意离婚而无重大过错时，人民法院一般应当判决不准离婚。根据本条规定，并不能得出军人不同意离婚的，就绝对不能判决离婚的结论，也不能以此来否定夫妻感情确已破裂这一所有诉讼离婚判决的法定理由。根据最高人民法院的相关司法解释和司法实践经验，在适用本条款时，应当注意以下几个方面的问题：

1. 明确本条规定的现役军人范围。现役军人是指具有军籍，正在中国人民解放军或者武装警察部队服役的男女军人。已经退伍、转业的军人，或者在军事单位工作但没有取得军籍的职工不属于现役军人。另外，正在被劳动教养或服刑的军人，不享受现役军人的待遇。

2. 本条仅适用于非军人一方向现役军人一方提出离婚的情形。如果是现役一方向非军人一方提出离婚，或者双方都是现役军人的离婚纠纷，则应按《民法典》的一般规定处理，不适用本条的规定。这条规定也不适用双方协议离婚的情形。

3. 关于"重大过错"的认定标准。对于如何界定"重大过错"，《民法典》并未作出明定。根据《最高人民法院关于适用〈中华人民共和国民法典〉婚姻家庭编的解释（一）》第 64 条规定："民法典第 1081 条所称的'军人一方有重大过错'，可以依据民法典第 1079 条第 3 款前 3 项规定及军人有其他重大过错导致夫妻感情破裂的情形予以判断。"如果军人一方有下列情形之一的，可以认定为军人有重大过错：重婚或与他人同居的；实施家庭暴力或虐待、遗弃家庭成员的；有赌博、吸毒等恶习屡教不改的。如果军人有其他违背社会公德并对夫妻感情造成严重伤害的行为，如强奸、嫖娼等违法犯罪行为的，也可以认定为军人有重大过错。

4. 对破坏军婚的刑事处罚。现役军人的配偶提出离婚，如第三者插足破坏军人婚姻家庭且构成犯罪的，依照《刑法》的有关规定以破坏军婚罪追究第三者的刑事责任。军人不同意离婚的，判决不准离婚。

▎▎▎ **法条链接**

《民法典》第 359 条：现役军人的配偶要求离婚，应当征得军人同意，但是军人一方有重大过错的除外。

《中华人民共和国刑法》第 259 条：明知是现役军人的配偶而与之同居或者结婚

的，处 3 年以下有期徒刑。

（二）对男方离婚请求权的限制

《民法典》第 1082 条规定："女方在怀孕期间、分娩后 1 年内或者终止妊娠后 6 个月内，男方不得提出离婚；但是，女方提出离婚或者人民法院认为确有必要受理男方离婚请求的除外。"这是保护妇女、儿童合法权益原则在离婚制度上的具体体现。因为女方在怀孕期间和分娩、堕胎后的一定期间内，身体与精神上均有一定的负担，或者是有胎儿、婴儿需要护理照料。如果男方在此时提出离婚，必然会给女方带来强烈的精神刺激和沉重的心理负担。因此，在上述期间内，限制男方的离婚请求权很有必要，是保护孕妇、产妇的身心健康，以及胎儿、婴儿的健康发育与成长的需要，也是社会主义核心价值观的必然要求。

在具体适用这一规定时，应注意以下几个方面的问题：

1. 这一特殊规定，仅仅是在特殊时期对男方离婚请求权的限制，而并非对男方离婚请求权的剥夺。这是一种程序性的规定，并不涉及是否准予离婚等实体问题。在上述特定时期期满后，男方仍可依法行使其离婚请求权。

2. 女方在此期间提出离婚，不受这一特殊规定的限制。因为这一特殊规定的设立，其目的就在于保护妇女、儿童的权益。如果在这期间女方提出离婚，往往是因自身或胎儿、婴儿受到损害而迫不得已提出，也表明她对离婚及其后果已有思想准备，如不及时受理，可能更加不利于对孕妇、产妇和胎儿、婴儿利益的保护。当然，如果男女双方在此期间自愿离婚，法院也应受理。

3. 人民法院认为确有必要受理男方离婚请求的，也不受这一规定的限制。在实践中，"确有必要"一般指女方有重大过错的行为，包括：①女方婚后与他人发生性关系而怀孕，男方提出离婚；②在此期间双方确实存在不能继续共同生活的重大而紧迫的事由，如女方对男方有危及生命、人身安全的威胁；③女方有虐待、遗弃婴儿的行为。在上述情形出现时，人民法院可以受理男方的离婚请求，至于是否准许离婚，仍应根据具体案情和法律作出判断。

4. 人民法院在未发现女方怀孕时判决离婚，宣判后，女方发现怀孕提起上诉的，查明事实后，第二审法院应立即撤销原判决，驳回原告的离婚请求，不必发回原审法院重新审判。女方分娩后 1 年内，婴儿死亡的，原则上仍适用上述规定。

 法条链接

《民法典》第 1082 条：女方在怀孕期间、分娩后 1 年内或者终止妊娠后 6 个月内，男方不得提出离婚；但是，女方提出离婚或者人民法院认为确有必要受理男方离婚请求的除外。

（三）对判决不准离婚和调解和好的再次起诉离婚的限制

《民事诉讼法》第 124 条第 7 项规定，判决不准离婚和调解和好的离婚案件，如没有新情况、新理由，原告在 6 个月内又起诉的，不予受理。这既可以防止当事人缠诉现象的发生，又可以给当事人一个冷静的机会，让他们重新审视自己的婚姻，以挽救那些感情尚未破裂的婚姻。在适用这一规定时，应当注意：

1. 这项限制仅适用于原离婚诉讼的原告，原离婚诉讼的被告则不受此限。因此，原离婚诉讼的被告在 6 个月内作为原告提起离婚诉讼的，即使没有新情况、新理由，人民法院也应当受理。

2. 原告在判决不准离婚或者调解和好后 6 个月内不得提出离婚诉讼，其限制条件是没有新情况、新理由，即原告新提出的事实、理由与其在原离婚诉讼中所提出的事实与理由没有变化或没有本质的变化。但如果出现了诸如感情确已破裂的新情况、新理由，也可在 6 个月内提起诉讼，经审查确属新情况、新理由的，人民法院应当依法受理。

依照上述法律规定，在人民法院判决不准离婚后，起诉的一方要经过 6 个月后才能再次起诉离婚。但是，如果再次起诉后因为对方坚决不同意离婚等原因，法院也不一定会判决离婚，那就可能会出现当事人多次起诉离婚却难以离婚的情形。为了保障当事人的离婚自由，避免夫妻双方矛盾激化，对于感情确已破裂的夫妻，应当判决离婚。《民法典》第 1079 条第 5 款规定："经人民法院判决不准离婚后，双方又分居满 1 年，一方再次提起离婚诉讼的，应当准予离婚。"

五、判决离婚的法定标准

（一）我国判决离婚法定标准概述

人民法院对调解无效的离婚案件必须作出判决，判决不准离婚或者准予离婚。判决离婚的法定标准，又称为判决离婚的法定理由，是指法律规定的是否准予离婚的标准或依据。经过中华人民共和国 30 多年立法和司法实践的不断发展和完善，我国在 1980 年《婚姻法》中明确将"夫妻感情确已破裂，调解无效"作为判决准予离婚的法定标准。《民法典》第 1079 条第 2 款也规定："人民法院审理离婚案件，应当进行调解；如果感情确已破裂，调解无效的，应当准予离婚。"夫妻感情确已破裂，就是我国离婚制度中判决准予离婚的法定标准，也是人民法院处理离婚案件的基本原则。这一判决离婚的法定标准，包含了两个方面的内容：一方面，夫妻感情确已破裂。夫妻感情确已破裂是指夫妻感情已不复存在，不能继续夫妻共同生活并且不能期待夫妻双方有和好的可能。夫妻感情虽然属于人的心理、情感的精神活动范畴，并具有个性化的主观色彩和深层的隐蔽性，但是这种主观意识总会通过一些客观状况如行为表现出来。《民法典》第 1079 条第 3 款继而明确将夫妻一方或双方严重妨碍婚姻共同生活的过错行为、2 年以上分居的客观事实及其他情形作为夫妻感情破裂的客观判断标准。另一方面是以调解无效来推定夫妻感情已经破裂，并以此来作为夫妻感情破裂的主观标准。

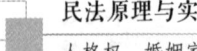

其中，感情确已破裂是法院判决准予或不准离婚的实质要件，而调解无效是程序要件。二者互为表里，形成了不可分割的有机整体。人民法院判决是否准予离婚，其核心问题是审查夫妻感情是否确已破裂。因此，我国在裁判离婚的条件上采用了破裂主义的立法原则。

（二）夫妻感情确已破裂的具体认定

1. 认定夫妻感情确已破裂的法定具体标准。《民法典》肯定了司法解释中所列举的常见性、多发性离婚原因，在第 1079 条第 3 款、第 4 款规定了调解无效，应准予离婚的几种情形，作为认定夫妻感情确已破裂的具体依据：

（1）重婚或有配偶者与他人同居的。重婚，是指有配偶又与他人结婚的行为，包括有配偶而与他人进行结婚登记的法律重婚和有配偶而与他人以夫妻名义同居的事实重婚。在司法实践中，重婚行为主要有以下几种：①已经与配偶登记结婚，又与他人登记结婚的；②与配偶登记结婚，与他人没有登记结婚而以夫妻名义同居生活的；③与配偶和他人都未登记结婚，但与配偶在 1984 年 2 月 1 日前即以夫妻名义同居，形成事实婚姻，法律认可该婚姻的效力，双方当事人互为配偶，一方又与他人以夫妻名义同居的；④没有配偶，但明知对方有配偶而与之登记结婚或以夫妻关系同居。所谓有配偶者与他人同居，是指有配偶者与婚外异性，不以夫妻的名义，持续、稳定地共同居住。其特征是双方有较为固定的同居住所，但对外不以夫妻名义共同生活。这两种行为既违反了《民法典》规定的一夫一妻原则，也违反了夫妻互相忠实的义务，属于破坏婚姻秩序的重大过错行为，不仅伤害了夫妻感情，而且也损害了对方对婚姻的合理期待，导致夫妻正常的共同生活无法继续维持。因此，夫妻一方重婚或与他人同居的，经调解无效，应认定为夫妻感情确已破裂，准予离婚。

（2）实施家庭暴力或虐待、遗弃家庭成员的。家庭暴力、虐待、遗弃都是发生在家庭中的、对其他家庭成员造成一定损害的行为。关于家庭暴力、虐待、遗弃，在单元一中有详细说明，不再赘述。在适用本条款时，应注意三点：其一，《民法典》第 1079 条第 3 款第 2 项所指的家庭暴力、虐待和遗弃行为是夫妻感情破裂的情形之一，因此，实施家庭暴力、虐待和遗弃家庭成员的行为人应为夫妻一方，但受害人不限于其配偶，也包括其他家庭成员；其二，适用该条款时应就具体事件衡量夫妻一方所受侵害的严重性。在我国司法实践中，如果夫妻一方所实施的家庭暴力、虐待行为，已逾越了夫妻通常所能忍受的程度，使对方无法与其继续共同生活的，应认定为夫妻感情确已破裂；其三，对于认定是否构成"遗弃"，应当认真了解夫妻之间、家庭成员之间平时的感情状况和遗弃的具体事实与情节。如果夫妻之间、家庭成员之间平时感情较好，遗弃行为的情节也不严重，应当以批评教育为主，着重调解和好；如果夫妻之间、家庭成员之间感情一直不好，遗弃行为是经常的、一贯的，已严重伤害了夫妻感情，经调解无效，应认定为夫妻感情确已破裂。

（3）配偶一方有赌博、吸毒等恶习屡教不改的。所谓赌博，是指用财物、金钱等作赌注，以一定的方式比输赢的行为。所谓吸毒，是指采取吸闻、食用、注射等方式将毒品纳入体内的行为。本条款并非指一般的赌博、吸毒等行为，而是须达到已成恶习并屡教不改，即在一定时期内逐渐养成，并经过教育仍不悔改的赌博、吸毒等不良行为。本条款是例示性规范，除了明确规定的赌博、吸毒等恶习之外，还应包括其他会严重危害夫妻感情的行为，如酗酒、嫖娼、卖淫、淫乱等。近几年来，因终日沉溺于上述某种恶习而导致离婚的案件数量呈上升的趋势，其中妻子提出离婚的占大多数。人民法院在处理这类案件时，应当查明具体事实和有不良恶习一方的一贯表现。如果当事人情节严重已构成犯罪，或一贯不履行家庭义务屡教不改，对方对其已丧失信心，夫妻难以共同生活，确无和好可能的，应认定为夫妻感情确已破裂。

（4）因感情不和分居满2年的。本条所称的分居，是指夫妻之间已停止了性生活，经济上不再合作，生活上不再互相关心、扶助。在适用该条规定时，应当满足三个条件：①在客观上夫妻双方不存在共同生活的事实状态，夫妻之间已没有互相关心、同床共枕等固定婚姻意义上的共同生活。②夫妻一方或双方在主观上有分居生活的意愿，即主观上拒绝夫妻共同生活。这种意愿可以是双方的合意，也可以是单方面的。因而，仅有夫妻分居生活的客观事实，尚不能构成法律意义上的分居。如夫妻因客观原因（学习、出差、治病等）而分开生活，因并非主观上愿意分居，故不属于法律意义上的分居。③分居的期间须满2年。即从夫妻最后一次分居之日起已经持续分居2年以上。分居期间不得累加，而应在起诉离婚前的最后一日前已连续不间断地分居满2年。以一定期间的分居作为婚姻破裂的证明，是实行破裂离婚主义的国家普遍采用的客观标准，因为婚姻破裂最为客观的表现就是夫妻共同生活的终止。因此，当夫妻分居满2年，而且相互间不履行法律规定的权利义务，经调解无效，说明夫妻关系徒具形式，缺乏实质内容，应认定为夫妻感情确已破裂。

（5）一方被宣告失踪，另一方提出离婚诉讼的，应推定夫妻感情确已破裂。《民法典》第1079条第4款规定："一方被宣告失踪，另一方提起离婚诉讼的，应准予离婚。"这一条款构成了准予离婚的另一客观标准。《民法典》第40条规定："自然人下落不明满2年的，利害关系人可以向人民法院申请宣告该自然人为失踪人。"配偶一方离开最后住所地音讯消失的次日起下落不明满2年的，人民法院经其利害关系人（配偶、父母、成年子女、祖父母、外祖父母、孙子女、外孙子女等）申请，经公告查找3个月确无下落的，即可宣告该下落不明人为失踪人。当某人被宣告失踪后，说明其婚姻关系已名存实亡，其配偶提出离婚诉讼法院应判决准予离婚。该条款并不以夫妻感情已破裂作为离婚的标准，而是以配偶一方失踪的客观事实来推定婚姻已无存在的意义。但是，申请宣告失踪与离婚诉讼是两种完全不同的法律制度。《最高人民法院关于适用〈中华人民共和国民事诉讼法〉的解释》第217条规定："夫妻一方下落不明，另一方诉至人民法院，只要求离婚，不申请宣告下落不明人失踪或者死亡的案件，人民法院应当受理，对下落不明人用公告送达诉讼文书。"可见，夫妻一方下落不明满 2年的，其配偶可不通过宣告失踪程序而直接提出离婚诉讼。

（6）其他导致夫妻感情破裂的情形。造成夫妻感情破裂的原因是多种多样的，法律不可能一一列举。为此，《民法典》第 1079 条第 3 款在具体列举 4 项判决准予离婚的条件后，又设置了一个兜底性条款，即"其他导致夫妻感情破裂的情形"，从而为人民法院在基于各种各样原因提出的离婚诉讼中认定夫妻感情确已破裂提供了依据。这可以参照《最高人民法院关于人民法院审理离婚案件如何认定夫妻感情确已破裂的若干具体意见》中列举的 14 种情形来认定。

2. 司法实践中判断夫妻感情是否确已破裂，应当从婚姻基础、婚后感情、离婚原因、夫妻关系的现状和有无和好的可能等方面综合分析，以下是司法实践中综合认定夫妻感情是否确已破裂的具体方法。判断夫妻感情是否确已破裂，应当从婚姻基础、婚后感情、离婚原因、夫妻关系的现状和有无和好的可能等方面综合分析。

（1）看婚姻基础。婚姻基础，是指男女双方建立婚姻关系时的感情状况和相互了解的程度。它是婚姻得以缔结的根本和起点，对婚姻关系的维持起着重要的奠基作用。看婚姻基础就是要调查了解双方结合的方式、恋爱时间的长短、结婚的动机和目的。也就是看双方结婚是自主自愿，还是父母或他人包办强迫的；是以爱情为基础的，还是以金钱、地位或财产为目的而结合的；双方是通过较长时间的自由恋爱充分了解而结合的，还是"闪婚"的；双方是真心相爱、想白头偕老，还是为了其他目的的权宜之计，或者是出于同情、感恩而结合的等。这些因素对婚后感情变化和离婚纠纷的产生都会有直接或间接的影响。一般而言，在离婚纠纷中，婚姻基础好的夫妻婚后感情比较好，通过调解较容易和好。相反，如果婚姻基础本来就较差，婚后又没有建立起真正的夫妻感情，重新和好的可能性就小一些。

（2）看婚后感情。看婚后感情就是看夫妻共同生活期间的感情状况。婚后感情好的夫妻，在婚后生活中能互敬互爱、互相尊重、互相关心，共同承担抚养子女、赡养老人的社会责任。这种情形下夫妻一方要求离婚，如调解无效，以判决不准离婚为宜。婚后感情一般的夫妻，在婚后的生活中，感情时好时坏，有矛盾也有和谐。发生纠纷后，经过双方自我反思，或经亲友的劝解，一般能和好如初。如夫妻一方要求离婚，如果没有难以排解的特别重大原因，经调解无效的，一般也不宜判决离婚。婚后感情不好的夫妻，在其婚后共同生活中未能建立起夫妻感情，或者夫妻感情逐渐变冷，甚至矛盾尖锐的，如果导致离婚的原因无法排除，确实无和好的可能，不立即解除双方的婚姻，将会进一步激化矛盾，发生意外事件，应当认定夫妻感情确已破裂，判决准予离婚。

（3）看离婚的原因。离婚的原因，是指引起离婚的最根本的因素，即引起夫妻纠纷的主要矛盾或夫妻双方争执的焦点与核心问题。任何一对要求离婚的夫妻，都会向法庭陈述许多离婚的原因。这些原因有的是单一的，有的是复合的；有的是主观上的，有的是客观上的；有的是真实的，有的是虚假的；有的是直接的，有的是间接的；有的是可以调解排除的，有的是不可调和的。在司法实践中，有些当事人陈述的离婚原因与真实的离婚原因并不一致；有些当事人为了达到离婚的目的，往往会夸大事实，制造假象来掩盖其真实的目的；而有一些当事人为了达到不离婚的目的，也会想尽一切办法否定原告的离婚理由。因此，人民法院一定要查明产生离婚纠纷的真正原因。只有掌握了当事人离婚的真正原因，才能分清是非，明确责任，正确评估离婚的原因与夫妻感情破裂之间的内在联系，有针对性地做好调解工作，合理地解决离婚纠纷。

（4）看夫妻关系的现状和有无和好的可能。这是在综合判断上述情况的基础上进一步把握夫妻关系的现状和各种有利于和好的因素，对婚姻的发展前景进行估计和预测。如夫妻双方对立情绪的大小、是否分居、夫妻间的权利义务是否终止、对子女是否尽到抚养义务、过错方有无悔改表现等，这些情况对判断夫妻关系能否和好很重要，它决定着调解工作的方向，也为最后判决提供了依据。因此，判断有无和好的可能，既要看夫妻感情的实际状况，也要看双方当事人的态度，包括坚持不离婚的一方有无争取和好的愿望及其实际行动。如果夫妻感情尚未完全破裂，仍有和好的希望，人民法院应努力做好调解和不准离婚。反之，则应判决准予离婚。

引例分析 1

在离婚案件中，离婚双方必须对婚姻关系的解除、未成年子女的抚养和夫妻共同财产的分割等问题一并起诉请求法院处理，而不是仅对夫妻双方的婚姻关系进行处理。在本案中，虽然夫妻双方在婚姻问题上都同意离婚，即同意解除双方的婚姻关系，但均拒绝抚养未成年子女。

《民法典》第 1084 条规定：父母与子女间的关系，不因父母离婚而消除。离婚后，子女无论由父或者母直接抚养，仍是父母双方的子女。离婚后，父母对于子女仍有抚养、教育、保护的权利和义务。婚姻关系与父母子女关系属于两种不同性质的法律关系。婚姻关系是基于法律关系而成立，亦可因法律关系而解除；而父母子女关系是基于出生事实而形成的自然血亲关系。离婚只能解除夫妻婚姻关系，不能消除父母子女的血缘关系和身份关系，也不能消除父母对子女的抚养义务与责任。因此，离婚后，父母对子女仍要承担抚养和教育的义务。在本案离婚诉讼案件中，夫妻双方同意离婚，但均不愿抚养未成年子女的，即不愿意承担抚养未成年子女的义务，为了最大化维护未成年人的合法权益，法院不应当支持原告的离婚诉讼请求。

引例分析 2

在诉讼离婚案件中，对于夫妻共同财产的分配，原则上是均等分配，但是对无过错方应予以适当照顾。《民法典》第 1087 条第 1 款规定："……由人民法院根据财产的具体情况，按照照顾子女、女方和无过错方权益的原则判决。"可见，《民法典》规定了离婚诉讼中照顾无过错方的原则，这样在民事法律层面可以实现对过错方的惩罚和对无过错方的利益保护和救济，有利于实现和维护社会主义核心价值观。

在司法实践中，对于离婚案件具体适用照顾无过错方原则时，对于无过错多分或有过错少分的比例应当重点考虑以下因素：一是过错方的过错程度；二是抚养未成年子女的因素；三是需要分割的夫妻共同财产的价值。如果要分割的夫妻共同财产价值较高，则离婚双方可分得的财产不宜差距过大，这需要在每个具体的个案中对每个有影响的因素进行认定，然后综合各种因素进行权衡，作出一个公平合理的分割方案。

本案中，法院判决遵循了对无过错方进行适当照顾的原则，对无过错的女方多分得夫妻共同财产 179 万元。法院主要考虑了大明的过错程度较严重，其长时间的婚外性行为，造成夫妻感情产生难以弥补的创伤，导致夫妻感情破裂；而小丽为无过错方，应当适当多分财产，法院判决符合法律的规定。

相关法律规范

1. 《中华人民共和国民法典》第 1079、1081~1082 条。

2. 《最高人民法院关于适用〈中华人民共和国民法典〉婚姻家庭编的解释（一）》第 64 条。

3. 《最高人民法院关于适用〈中华人民共和国民法典〉婚姻家庭编的解释（一）》第 83 条。

4. 《中华人民共和国刑法》第 181 条。

5. 《中华人民共和国民事诉讼法》第 21~22、124、202 条。

6. 《最高人民法院关于适用〈中华人民共和国民事诉讼法〉的解释》第 3~4、6~8、12~17 条。

思考与练习

1. 我国婚姻法对诉讼离婚的限制有哪些？

2. 诉讼离婚的概念和程序？

3. 如何判断夫妻感情确已破裂？

项目四　离婚的法律后果

引例 1

原告叶某某与被告陈某于 2010 年 1 月协议离婚。婚生儿子随被告陈某生活。原、被告在离婚时约定，原告享有探望权，每月探望小孩不少于 4 次。离婚后，原告曾于 2010 年 1 月、2 月、4 月、6 月、8 月、10 月、11 月、12 月及 2011 年 1 月共计 11 次探望过小孩。原、被告双方在探望小孩的方式、时间上意见不一致，经常为此发生纠纷与争吵。

原告叶某某于 2011 年 2 月向法院起诉称，原、被告自 2010 年离婚后，婚生子随被告生活。双方约定原告每月有不少于 4 次的探望权。但被告以种种理由阻挠原告行使探望权，使原告的权利受到严重影响。双方为此经常发生摩擦，原告遂诉至法院，要求将探望时间定为每月两次，每次 1 至 2 天，且探望的方式也应做相应调整。

问题：请问夫妻双方离婚后当事人就探望权单独提起诉讼的，法院是否应当支持？

引例 2

郑某某与肖某于 2006 年 10 月结婚，2014 年 9 月经试管技术生育一子。郑某某在广东省粤北某公司工作，肖某在广州市某机关工作。郑某某于 2018 年 1 月向人民法院起诉称，双方夫妻感情已完全破裂，请求判决：双方离婚；婚生儿子由其抚养。肖某辩称，同意离婚，但为了儿子的权益，请求儿子由其抚养。法院经审理认为：双方均认可夫妻感情确已破裂并同意离婚，因此，准予双方离婚；关于子女抚养问题，抚养权的确定应以有利于子女的健康成长为依据。综合郑某某和肖某的情况，认定未成年儿子由肖某抚养更有利于他健康成长。据此判决：①准许郑某某与肖某离婚；②婚生儿子由肖某抚养，郑某某每月支付抚养费 1500 元；③郑某某在不影响儿子正常生活、学习的情况下，对儿子享有探视权，具体时间和方式由双方协商。郑某某不服一审判决，提出上诉，请求撤销一审判决，改判婚生儿子由其抚养。二审法院驳回上诉，维持原判。

问题：你认为法院应该从哪些方面出发认定由某一方抚养更有利于于未成年健康成长？

基本理论

离婚的法律后果，是指夫妻双方解除婚姻关系的行为在法律上所产生的后果。离婚使夫妻之间因婚姻所发生的身份关系、财产关系上的一切权利义务关系向将来发生终止，并由此产生未成年子女抚养与教育、夫妻共有财产分割、共同债务清偿、一方对他方经济帮助、离婚损害赔偿等系列后果。这些后果涉及男女平等原则的贯彻和妇女及子女合法权益的保护，关系到婚姻纠纷的妥善解决。离婚的效力只能产生于离婚法定手续完成后，它只对将来发生效力，不发生溯及既往的效力。离婚效力发生的时间，在协议离婚中，以登记离婚之日或调解离婚协议书有效成立之日为准；在判决离婚中，则以离婚判决生效之日为准。

一、夫妻身份关系消灭

夫妻身份关系因结婚而发生，因离婚而消灭。离婚使夫妻之间的身份关系解除，基于夫妻身份而产生的一切权利义务关系随之消灭。这是离婚最为直接的法律后果。国外婚姻家庭立法与学说通常认为，离婚对当事人身份上的效力主要包括六个方面：①夫妻姓氏的恢复与保留；②同居的义务消灭；③再婚自由及其限制；④继承人资格丧失；⑤日常家事代理权消灭；⑥姻亲关系消灭。

《民法典》对于夫妻人身关系的内容规定得较为简略，离婚对当事人身份上的效力主要表现在以下几个方面：

第一，夫妻身份消灭。男女因结婚而产生夫妻身份关系，互为配偶，具有固定的配偶身份和称谓，并由此而产生人身上、财产上的各种权利义务关系。夫妻间的配偶身份和称谓因离婚归于消灭。

第二，获得再婚自由。我国实行一夫一妻制度，夫妻双方在婚姻关系存续期间不得与任何第三人结婚。在婚姻关系因配偶一方死亡或离婚而终止后，男女双方恢复单身状态，即享有再婚的权利。离婚后男婚女嫁，彼此不得干涉。不过在有的国家，对离婚当事人的再婚自由作了某些限制性规定，如相奸者禁止结婚，女方在禁婚期内禁婚。

第三，夫妻扶养义务终止。《民法典》第 1059 条第 1 款规定了"夫妻有互相扶养的义务"。但离婚后，随着夫妻身份关系消灭，夫妻之间相互扶养的义务解除，任何一方不再享有要求对方扶养的权利，也不存在扶养对方的义务。

▉▉▉ **法条链接**

《民法典》第 1059 条：夫妻有相互扶养的义务。需要扶养的一方，在另一方不履行扶养义务时，有要求其给付扶养费的权利。

第四，夫妻相互继承权丧失。《民法典》第 1061 条规定"夫妻有相互继承遗产的权利"，且第 1127 条规定配偶还是第一顺序的法定继承人。但这种法定继承人的资格应以夫妻关系的存续为前提，在婚姻关系因离婚而被解除时，自然丧失，不再具有法定继承人的资格。

第五，夫妻同居义务、忠实义务消灭。作为夫妻，不仅具有同居的权利和义务，而且也负有相互忠实的义务。《民法典》第 1043 条第 2 款规定"夫妻应当互相忠实"。离婚后夫妻身份关系终止，夫妻间同居义务、相互忠实义务也随之消灭。

第六，夫妻间日常家事代理权终止。《民法典》第 1060 条第 1 款规定："夫妻一方因家庭日常生活需要而实施的民事法律行为，对夫妻双方发生效力，但是夫妻一方与相对人另有约定的除外。"因日常生活需要而处理夫妻共同财产的，任何一方有权决定。夫妻互为代理人，这是婚姻的效力之一。因婚姻关系消灭，这种代理权当然地归于消灭。

▉▉▉ **法条链接**

《民法典》第 1060 条

夫妻一方因家庭日常生活需要而实施的民事法律行为，对夫妻双方发生效力，但是夫妻一方与相对人另有约定的除外。

夫妻之间对一方可以实施的民事法律行为范围的限制，不得对抗善意相对人。

第七，姻亲关系消灭。姻亲关系，是指夫妻结婚后，一方与对方的亲属或双方的亲属之间所形成的亲属关系。姻亲关系因婚姻成立而发生，但婚姻关系终止时是否消灭，依终止的原因不同而有所区别。当婚姻因配偶一方死亡而终止时，姻亲关系并不当然消灭。《民法典》第1129条规定："丧偶儿媳对公婆，丧偶女婿对岳父母，尽了主要赡养义务的，作为第一顺序继承人。"说明配偶一方死亡后，生存方与直系姻亲之间的关系有依然存在的情况。但是婚姻关系因双方离婚而终止，姻亲关系也随之消灭。

二、离婚对父母子女的法律后果

离婚对父母子女的法律后果，主要包括三个方面：离婚后父母子女之间的关系、离婚后未成年子女的抚养和离婚后未成年子女抚养教育费的负担。

（一）离婚后父母子女之间的关系

《民法典》第1084条第1款规定："父母与子女间的关系，不因父母离婚而消除。离婚后，子女无论由父或者母直接抚养，仍是父母双方的子女。"该条第2款又规定："离婚后，父母对于子女仍有抚养、教育、保护的权利和义务。"夫妻关系可以因离婚而解除，但双方对所生子女的权利义务依然存在。这是因为父母子女关系是基于血缘关系而成立的，这种血缘关系客观存在，不能通过法律程序人为地加以终止。在我国，亲子关系还包括养父母与养子女之间的关系、继父母与形成扶养教育关系的继子女之间的关系。这种拟制的血亲关系不因养父母或继父母与生父母的离婚而必然终止。具体来说，离婚后父母子女关系需要明确三种情形：

1. 父母与子女的关系，不因父母离婚而解除。父母与子女的关系，又称亲子关系，是指基于婚姻法规定的父母子女之间的权利义务关系，不是指生物血缘关系。在法律上，父母子女关系可分为四种：婚生父母子女、非婚生父母子女、养父母子女、形成抚养教育关系的继父母与继子女。

2. 养父母子女间的身份关系及其他权利义务关系，也不因为养父母离婚而解除。养父母离婚后，养子女无论是由养父或养母抚养，仍是养父母身份的养子女。在特殊情况下，如养父母离婚经亲生父母与有识别能力的养子女同意，双方自愿达成协议，未成年的养子女一方可解除收养关系，由亲生父母一方或双方抚养。

3. 对于离婚后的继父母与继子女之间的关系，《最高人民法院关于人民法院审理离婚案件处理子女抚养问题的意见》（已失效）第13条规定："生父与继母或生母与继父离婚时，对曾受其抚养教育的继子女，继父或继母不同意继续抚养的，仍应由生父母抚养。"据此，离婚后，已形成事实上的抚养教育关系的继父母与继子女，如继子女未成年并随生父或生母生活的，该继子女与继父母的关系，可自然解除。受继父母长期抚养教育的继子女，在已成年的情况下，继父母与继子女已经形成的身份关系和权利义务关系则不能因为离婚而自然解除；只有在继父母或继子女一方或双方提出解除继父母子女关系并符合法律要求的条件下，才能解除。但由继父母养大成人并独立生活的继子女，对于生活困难、无劳动能力的继父母的晚年生活费用应当继续承担。

（二）离婚后未成年子女的抚养

1. 离婚后未成年子女抚养关系的确定。《民法典》第1084条第3款规定："离婚后，不满两周岁的子女，以由母亲直接抚养为原则。已满两周岁的子女，父母双方对抚养问题协议不成的，由人民法院根据双方的具体情况，按照最有利于未成年子女的原则判决。子女已满8周岁的，应当尊重其真实意愿。"离婚后未成年子女是由父亲还是由母亲抚养，直接关系到未成年子女的身心健康和成长。具体处理原则如下：

第一，不满两周岁的子女，以由母亲直接抚养为原则。不满两周岁的子女一般应随母亲生活。依照以前《婚姻法》的相关规定，离婚后，哺乳期内的子女，以随哺乳的母亲抚养为原则；如双方因抚养问题发生争执不能达成协议时，由人民法院根据子女的权益和双方的具体情况判决。《民法典》第1084条将"哺乳期"修订为不满两周岁；将"以随哺乳的母亲抚养为原则"修订为以由母亲直接抚养为原则。这样的规定更加明确，也更具有可操作性。

但在司法实践中，母亲有下列情形之一的，可随父方生活：①患有久治不愈的传染性疾病或其他严重疾病，子女不宜与其共同生活的；②有抚养条件不尽抚养义务，而父方要求子女随其生活的；③因其他原因，子女确无法随母方生活的。如果父母双方协议2周岁以下子女随父方生活，并对子女健康成长无不利影响的，可予准许。

第二，对于两周岁以上的未成年子女的抚养问题，应先由父母双方协商，在自愿的基础上达成抚养协议。如果在有利于保护子女利益的前提下，由父母双方协议轮流抚养子女的，也可予准许。对于不能达成抚养协议的，应由人民法院依据父母双方的思想品质、抚养能力、生活环境、与子女的感情联系等多方面的因素，以判决的方式确定抚养关系。但如果父方和母方均要求随其生活，一方有下列情形之一的，可予优先考虑：①已做绝育手术或因其他原因丧失生育能力的；②子女随其生活时间较长，改变生活环境对子女健康成长明显不利的；③无其他子女，而另一方有其他子女的；④子女随其生活，对子女成长有利，而另一方患有久治不愈的传染性疾病或其他严重疾病，或者有其他不利于子女身心健康的情形，不宜与子女共同生活的。⑤如果父方与母方抚养子女的条件基本相同，双方均要求子女与其共同生活，但子女单独随祖父母或外祖父母共同生活多年，且祖父母或外祖父母要求并且有能力帮助子女照顾孙子女或外孙子女的，可作为子女随父或母生活的优先条件予以考虑。

第三，对于8周岁以上的未成年子女随父或随母生活发生争执的，应考虑该子女的意见。依照《民法典》第19条的规定，8周岁以上的未成年人为限制民事行为能力人。8周岁以上的未成年子女已有一定识别能力，是随父还是随母生活，应尊重并考虑他们本人的意见。

■■■ 法条链接

《民法典》第 19 条

8 周岁以上的未成年人为限制民事行为能力人，实施民事法律行为由其法定代理人代理或者经其法定代理人同意、追认；但是，可以独立实施纯获利益的民事法律行为或者与其年龄、智力相适应的民事法律行为。

第四，对继子女、养子女的抚养问题，除遵循上述一般原则外，相关司法解释还规定：①生父与继母或生母与继父离婚时，对曾受其抚养教育的继子女，继父或继母不同意继续抚养的，仍应由生父母抚养；②《收养法》施行前，夫或妻一方收养的子女，对方未表示反对，并与该子女形成事实收养关系的，离婚后，应由双方负担子女的抚育费；夫或妻一方收养的子女，对方始终反对的，离婚后，应由收养方抚养该子女。

2. 离婚后未成年子女抚养关系的变更。未成年子女抚养关系确定后，如果父母的抚养条件发生重大变化，或子女要求变更抚养关系的，可由双方协议变更；协议不成时，可由人民法院根据有利于子女利益和双方的具体情况判决。一方要求变更子女抚养关列情况之一的，应予以支持：①与子女共同生活的一方因患严重疾病或因伤残无力继续抚养子女的；②与子女共同生活的一方不尽抚养义务或有虐待子女行为，或者其与子女共同生活对子女身心健康确有不利影响的；③8 周岁以上未成年子女，愿随另一方生活，该方又有抚养能力的；④有其他正当理由需要变更的。

3. 离婚后父母一方对子女的探望权。离婚后父母一方对子女的探望权包含以下内容：

第一，探望权的概念。所谓探望权，又称探视权，是指父母离婚后，不直接抚养子女的一方依法享有对未与其共同生活的子女进行探视、看望和交往的权利。它是与直接抚养权相对应的一项法定权利，可以保证夫妻离异后非直接抚养子女的一方能够定期与子女相聚，有利于弥补家庭解体后给父母子女之间造成的感情伤害，有利于未成年子女心身的健康成长。从法理上讲，探望权是基于父母子女关系而享有的一种身份权。夫妻离婚并不能消灭父母和子女之间的身份关系。探望权正是基于父母子女关系而享有的身份权利，是一种实体权，父或母有权单独行使。《民法典》第 1086 条第 1 款规定了父母的探望权："离婚后，不直接抚养子女的父或者母，有探望子女的权利，另一方有协助的义务。"

第二，探望权的行使。探望以时间长短为标准可分为看望式探望与逗留式探望。前者是指非直接抚养子女的一方在约定或法院判决确定的时间、地点探视、看望子女。这种探望时间短、方式灵活。后者是指由探望人在约定或法院判决确定的时间内，领走该子女并按时送回子女的探望。该种探望时间较长，有利于对子女的了解和交流，但要求探望人有一定的居住、生活条件和较充裕的时间。《民法典》第 1086 条第 2 款规定:"行使探望权利的方式、时间由当事人协议;协议不成的,由人民法院判决。"探望权的行使首先应由父母本着有利于未成年子女心身健康的原则,就探望的时间、地点和方式进行协商。如果能协商妥善解决,不仅有利于平衡各方和子女的利益,而且还容易执行,对各方和子女的影响都较小。如果协商不成,探望权人可向人民法院提出请求,由人民法院依法判决,确定探望的时间和方式。

虽经人民法院作出探望权的判决,但在一方当事人不配合的情况下,探望权很难得到实现,因此,我国法律规定了探望权的强制执行。《最高人民法院关于适用〈中华人民共和国民法典〉婚姻家庭编的解释(一)》第 68 条明确规定:"对于拒不协助另一方行使探望权的有关个人或者组织,可以由人民法院依法采取拘留、罚款等强制措施,但是不能对子女的人身、探望行为进行强制执行。"这主要是因为探望权涉及相关当事人的人身问题,因此,直接对探望行为强制执行,不仅不能维护申请人的利益,而且可能会给未成年子女的身心健康造成伤害。

第三,探望权的中止与恢复。探望权的中止,是指因发生一定的法定事由,不宜继续行使探望权,由人民法院依法暂时停止其探望的法律制度。探望权是法律赋予非直接抚养子女一方的法定权利,其目的在于保障子女的健康成长,因而一般不能加以限制、剥夺。但如果探望权的行使不利于子女的身心健康,甚至会严重损害子女的利益时,法律对其进行必要的限制符合探望权设立的宗旨。《民法典》第 1086 条第 3 款规定:"父或者母探望子女,不利于子女身心健康的,由人民法院依法中止探望;中止的事由消失后,应当恢复探望。"在适用该条款时应注意以下几个方面的问题:①提出中止探望权的请求权人。《最高人民法院关于适用〈中华人民共和国民法典〉婚姻家庭编的解释(一)》第 67 条规定:"未成年子女、直接抚养子女的父或母及其他对未成年子女负担抚养、教育义务的法定监护人,有权向人民法院提出中止探望的请求。"②中止探望权的法定事由。对于中止探望权的法定事由,《民法典》只是概括性规定为不利于子女身心健康,并未具体列举。一般认为,不利于子女身心健康的情形主要有:探望权人是无民事行为能力人或限制民事行为能力人;探望权人患有严重传染性疾病或其他严重疾病,可能危及子女健康的;探望权人在行使探望权时对子女有侵权行为或犯罪行为的;探望权人与子女感情严重恶化,子女坚决拒绝探望的;其他不利于子女身心健康的情形。③中止探望权须经人民法院判决,其他任何机关或个人都不能中止未直接抚养子女一方探望子女的权利。直接抚养子女的一方,如果认为对方探望不利于子女身心健康,也不能自行决定不让对方探望子女,而应依法向人民法院申请中止。人民法院经过审查确认探望子女不利于子女身心健康的,则依法中止探望。④探望权的中止,仅仅是暂时停止探望权的行使,并不是完全剥夺或消灭探望权。一旦中止探望权的事由消灭后,应当依法恢复。当然,这种恢复不能由探望权人自行恢复,而应当向人民法院提出请求,由人民法院依法作出恢复探望权的决定。

法条链接

《民法典》第 1086 条

离婚后,不直接抚养子女的父或者母,有探望子女的权利,另一方有协助的义务。行使探望权利的方式、时间由当事人协议;协议不成的,由人民法院判决。

父或者母探望子女,不利于子女身心健康的,由人民法院依法中止探望;中止的事由消失后,应当恢复探望。

（三）离婚后子女抚养费的负担

《民法典》第 1085 条第 1 款规定:"离婚后,子女由一方直接抚养的,另一方应当负担部分或者全部抚养费。负担费用的多少和期限的长短,由双方协议;协议不成的,由人民法院判决。"可见,离婚后无论子女是随父还是随母生活,另一方都应负担子女必要的抚养费（包括教育费）。但在具体解决非直接抚养方负担子女抚育费问题时,应注意以下几个方面:

1. 确定子女抚育费的方式。依据《民法典》第 1085 条第 1 款的规定,确定子女抚养费的负担,首先由父母双方就负担费用的多少和期限的长短等,在平等自愿的基础上进行协商,达成明确、具体的协议。协议应当以有利于子女健康成长,不损害子女合法权益为原则。父母双方也可以协议轮流直接抚养子女,人民法院应予支持。

2. 子女抚育费的数额。子女抚育费数额的确定,既要根据子女的实际需要,又要考虑到父母的负担能力和当地的实际生活水平。有固定收入的,抚育费一般可按其月收入的 20%～30% 的比例给付。负担 2 个以上子女抚育费的,比例可以适当提高,但一般不得超过月收入的 50%。无固定收入的,抚育费的数额可依据当年总收入或同行业平均收入,参照上述比例确定。有特殊情况的,可适当提高或降低上述比例。

3. 子女抚育费的给付期限。《民法典》第 17 条规定:"18 周岁以上的自然人为成年人。"第 18 条规定:"成年人为完全民事行为能力人,可以独立实施民事法律行为。16 周岁以上的未成年人,以自己的劳动收入为主要生活来源的,视为完全民事行为能力人。"依据《最高人民法院关于适用〈中华人民共和国民法典〉婚姻家庭编的解释（一）》第 53 条,抚育费的给付期限,一般至子女 18 周岁为止;16 周岁以上不满 18 周岁,以其劳动收入为主要生活来源,并能维持当地一般生活水平的,父母可停止给付抚育费。对于尚未独立生活的成年子女有下列情形之一,父母又有给付能力的,仍应负担必要的抚育费:①丧失劳动能力或虽未完全丧失劳动能力,但其收入不足以维持生活的;②尚在校就读的;③确无独立生活能力和条件的。

4. 子女抚育费的给付方式。子女抚育费应当定期给付,这是一般原则。有足够的经济能力的,也可以一次性给付。在农村地区,可按收益季度或年度给付。对于一方无经济收入或者下落不明的,可以用财物折抵子女抚育费。

5. 子女抚育费的变更。子女抚育费的变更表现在以下两个方面:

第一，子女抚育费的增加。《民法典》第1085条第2款规定："前款规定的协议或者判决，不妨碍子女在必要时向父母任何一方提出超过协议或者判决原定数额的合理要求。"子女在必要时要求父母增加抚养费，是其一项重要的权利，也是其健康成长的物质保证。父母双方对于子女增加抚养费的要求，应当协商解决，协商不成的，子女可以向人民法院提起诉讼。依据《最高人民法院关于适用〈中华人民共和国民法典〉婚姻家庭编的解释（一）》第56条，具有下列情形之一，父母一方要求变更子女抚养关系的，人民法院应予支持：①与子女共同生活的一方因患严重疾病或者因伤残无力继续抚养子女；②与子女共同生活的一方不尽抚养义务或有虐待子女行为，或者其与子女共同生活对子女身心健康确有不利影响；③已满8周岁的子女，愿随另一方生活，该方又有抚养能力；④有其他正当理由需要变更。

第二，子女抚育费的减少或中止给付。子女抚育费的实际给付应以父（母）具有履行给付义务的能力为条件。因此，如果给付方本身无力维持其生活，即使他（她）负有给付的义务，也无法实际履行。根据司法实践，有下列情形之一的，给付方可以提出减少或中止给付抚育费的请求：①给付方因长期患病或丧失劳动能力，失去经济来源，确实无力按原协议或判决确定的数额给付，而抚养子女的一方又能够负担，有抚养能力的；②给付方因犯罪被收监改造，无力给付的；③抚养子女的一方再婚，继父（母）愿意承担子女抚育费的一部分或全部，在这种情况下，负有给付义务的一方所承担的抚育费数额可以减少或中止给付。

法条链接

《民法典》第1085条

离婚后，子女由一方直接抚养的，另一方应当负担部分或者全部抚养费。负担费用的多少和期限的长短，由双方协议；协议不成的，由人民法院判决。

前款规定的协议或者判决，不妨碍子女在必要时向父母任何一方提出超过协议或者判决原定数额的合理要求。

（四）司法实践中有关子女抚养的问题

1. 离婚双方当事人争养子女。随着计划生育政策的不断深入，在离婚案件中，夫妻双方争养子女，特别是争养独生子女的矛盾越来越突出，有的在诉讼中将孩子抢走，有的在判决生效后将孩子抢走。被抢的子女多为男孩，特别是独生男孩。争抢孩子的一方一般态度非常坚决，对其很难作通思想工作。不但离婚当事人争抢，而且爷爷奶奶、外公外婆、甚至叔姑姨舅等均参与其中。对于争抢孩子的行为，人民法院一般首先做说服教育工作，使其配合法院妥善处理子女抚养纠纷。对于经教育无效、拒不履行法院生效裁判中有关子女抚养义务的当事人，人民法院依照《民事诉讼法》的有关规定，采取强制措施。

2. 夫妻离婚后，未成年子女侵害他人权益的，同该子女共同生活的一方应当承担民事责任；如果独立承担民事责任确有困难的，可以责令未与子女共同生活的一方共同承担民事责任。

3. 判决离婚后，一方不按法院判决支付抚养费，或者判决不准离婚后，夫妻仍然分居的，子女由一方抚养而另一方不支付抚养费的，抚养子女的一方可以以子女的名义作为子女的法定代理人向人民法院起诉。人民法院应当以追索抚养费纠纷立案受理。

4. 非婚生子女抚养费纠纷的处理。非婚生子女，是指没有婚姻关系的男女所生的子女，俗称"私生子"，包括未婚男女或已婚男女与他人发生不正当性行为所生子女。这类纠纷往往是因为非婚生子女的生父推卸抚养责任而引发的。《民法典》第1071条规定："非婚生子女享有与婚生子女同等的权利，任何组织或者个人不得加以危害和歧视。不直接抚养非婚生子女的生父或者生母，应当负担未成年子女或者不能独立生活的成年子女的抚养费。"非婚生子女的抚养费和教育费的数额与负担方式，可由双方协商；当协商不成时，可通过法律途径由人民法院判决确定。

三、夫妻共同财产的分割

离婚不仅终止夫妻之间的人身关系，同时也终止了夫妻之间的财产关系。我国法律规定，除非夫妻双方有特别约定，夫妻共同财产制是婚后所得共同制，因此，离婚时应当依法对夫妻共同财产进行清算和分割。

（一）夫妻共同财产的范围

虽然《民法典》规定以婚后所得共同财产为法定夫妻共同财产，但这并不意味着离婚时在夫妻名下的财产都是夫妻共同财产。因此，要正确处理离婚后夫妻共同财产的分割，其前提是要明确夫妻共同财产的范围，正确区分夫妻个人财产和夫妻共同财产。

1. 夫妻共同财产范围的确定。根据《民法典》与相关司法解释的规定，夫妻在婚姻关系存续期间所得的法定共有财产，归夫妻共同所有。《民法典》第1062条第1款规定了夫妻共同财产的范围："夫妻在婚姻关系存续期间所得的下列财产，为夫妻的共同财产，归夫妻共同所有：①工资、奖金、劳务报酬；②生产、经营、投资的收益；③知识产权的收益；④继承或者受赠的财产，但是本法第1063条第3项规定的除外；⑤其他应当归共同所有的财产。"《民法典》相较于以前的《婚姻法》，扩大了夫妻共同财产的范围，新增"其他劳务报酬"和"投资的收益"这两项。"工资、奖金"对应的是劳动关系所得；"劳务报酬"对应的是劳务关系所得。投资的收益是指婚后一方或双方投资公司的股权、股票、房屋增值等的收益。当然，投资亏损也算共同亏损。此外，夫妻约定在婚姻关系存续期间所得的部分财产以及婚前的部分财产归双方共有的，也属于夫妻共同财产。

2. 夫妻个人财产的确定。夫妻个人财产除夫妻以书面形式约定的个人财产外，《民法典》第 1063 条规定了夫妻个人财产的范围："下列财产为夫妻一方的个人财产：①一方的婚前财产；②一方因受到人身损害获得的赔偿或者补偿；③遗嘱或者赠与合同中确定只归一方的财产；④一方专用的生活用品；⑤其他应当归一方的财产。"

3. 夫妻共同财产与家庭财产的区分。所谓夫妻共同财产，是指夫妻双方或一方在婚姻关系存续期间所得，除法律另有规定或夫妻另有约定之外，归属夫妻共同所有的财产。而家庭财产则是家庭成员各自所有的财产与全体家庭成员共同所有的财产的总和。家庭财产的外延、范围要比夫妻共同财产广泛，它既包括夫妻个人财产、夫妻共同财产，又包括其他家庭成员个人财产和全体家庭成员共同共有的财产。夫妻离婚需要分割的仅仅是夫妻共同财产，因而，应当将夫妻共同财产从家庭财产中析出以后再进行分割。

（二）夫妻共同财产分割的原则

《民法典》第 1087 条规定了离婚时夫妻共同财产的处理："离婚时，夫妻的共同财产由双方协议处理；协议不成的，由人民法院根据财产的具体情况，按照照顾子女、女方和无过错方权益的原则判决。对夫或者妻在家庭土地承包经营中享有的权益等，应当依法予以保护。"离婚后夫妻共同财产的分割，一直是司法实践中比较复杂的问题，对此，最高人民法院相继出台了多个司法解释。根据《民法典》与相关司法解释的规定，在分割夫妻共有财产时，应当遵循以下原则：

1. 男女平等原则。男女平等原则是我国婚姻法的基本原则之一。在财产分割上表现为夫妻双方对共同财产有平等的分割权利。夫妻共同财产由夫妻双方均等分割。

2. 保护女方与子女权益的原则。该原则强调男女双方享受平等分割共同财产权利时，应当适当照顾女方与子女的利益。由于父母离异会给未成年子女今后的生活带来一些不利的影响，为了使子女能在一个较好的环境中学习、生活，夫妻在分割共同财产时，应根据未成年子女的学习和生活需要，给抚养子女一方适当多分一些财产或更多的方便，以满足未成年子女的实际需要。

3. 照顾无过错方的原则。如果离婚纠纷是一方的过错引起的，那过错方就应当为自己的行为负责，因此，在分割夫妻共同财产时，应对无过错方给予必要的照顾，如根据实际需要，在财产数量上可以适当多分，在具体物品的选择上给予优先选择等。此处的"过错"不仅包括《民法典》第 1091 条规定的重婚，与他人同居，实施家庭暴力，虐待、遗弃家庭成员等重大过错，还包括其他过错行为，比如吸毒、赌博屡教不改等。

4. 有利于生产经营和方便生活原则。在分割夫妻共同财产时，应注意从有利于生产经营和生活的需要出发，不损害财产的效用和价值。对生产资料或一方从事职业所必需的工具，应尽可能分给需要的一方，对另一方以其他财产或作价补偿。对特定物包括有价值的纪念物，不宜分割的，可根据财产来源分给获得的一方。属于个人专用的物品，一般归个人所有。属于夫妻共同财产的生产资料，可分给有经营条件和能力的一方，获得生产资料的一方应给予另一方相当于该财产一半价值的补偿。对夫妻共同经营的当年无收益的养殖、种植业等，离婚时应从有利于发展生产、有利于经营管理的角度考虑，予以合理分割或折价处理。

5. 当事人的约定优于法定原则。对夫妻共同财产的分割，夫妻双方对具体财产有书面约定的，如约定合法有效，可以按照约定分割。对于财产分割，有约定按约定，无约定从法律。

（三）夫妻共同财产分割的方法

对于夫妻共同财产，人民法院应当尽量促使当事人在自愿合法的基础上，就财产分割达成协议；当达不成协议时，才由人民法院根据上述原则，结合具体情况来确定财产的归属。离婚时，夫妻共同财产原则上均等分割，即在确定夫妻共同财产范围后，平均分成两份，夫妻各有一份。当然，均等分割并不是绝对的，事实上有时候不可能将财产完全分成两份，还应兼顾生产、生活的实际需要和财产的状况与来源来定。其分割方法具体包括：实物分割、价金分割、价格补偿。人民法院在判决时，应当注意以下特殊情况：

1. 人民法院审理离婚案件，涉及分割发放到军人名下的复员费、自主择业费等一次性费用的，以夫妻婚姻关系存续年限乘以年平均值，所得数额为夫妻共同财产。这里的年平均值是指发放到军人名下的上述费用总额按照具体年限均分得出的数额，其具体年限为人均寿命 70 岁与军人入伍时实际年龄的差额。但军人的伤亡保险金、伤残补助金、医药生活补助费属于个人财产。

2. 夫妻分居两地分别管理、使用的婚后所得财产，应认定为夫妻共有财产。分割时，各自管理、使用的财产归各自所有。双方所分财产相差悬殊的，差额部分由得财产的一方以与差额相当的财产抵偿另一方。

3. 已经登记结婚，尚未共同生活，一方或双方受赠的礼金、礼物应认定为夫妻共同财产，在具体处理时应考虑财产的来源、数量等情况进行合理分割。各自出资购买使用的财物，各自使用的财物，原则上归各自所有。

4. 夫妻在婚姻关系存续期间所得的知识产权的收益，包括实际取得或已经明确可以取得的财产性收益，可以作为夫妻共同财产进行分割。

5. 离婚时，夫妻双方分割共同财产中的股票、债券、投资基金份额等有价证券以及未上市股份有限公司股份时，协商不成或者按市价分配有困难的，人民法院据数量按比例分配。

6. 人民法院审理离婚案件，涉及分割夫妻共同财产中以一方名义在有限责任公司出资的出资额，另一方不是该公司股东的，按以下情形分别处理：①夫妻双方协商一致将出资额部分或者全部转让给该股东的配偶，过半数股东同意、其他股东明确表示放弃优先购买权的，该股东的配偶可以成为该公司股东；②夫妻双方就出资额转让份额和转让价格等事项协商一致后，过半数股东不同意转让，但愿意以同等价格购买该出资额的，人民法院可以对转让出资所得财产进行分割。过半数股东不同意转让，也不愿意以同等价格购买该出资额的，视为其同意转让，该股东的配偶可以成为该公司股东。

7. 人民法院审理离婚案件，涉及分割夫妻共同财产中以一方名义在合伙企业中出资的出资额，另一方不是该企业合伙人的，当夫妻双方协商一致，将其合伙企业中的财产份额全部或者部分转让给对方时，按以下情形分别处理：①其他合伙人一致同意的，该配偶依法取得合伙人地位；②其他合伙人不同意转让，在同等条件下行使优先受让权的，可以对转让所得的财产进行分割；③其他合伙人不同意转让，也不行使优先受让权，但同意该合伙人退伙或者退还部分财产份额的，可以对退还的财产进行分割；④其他合伙人既不同意转让，也不行使优先受让权，又不同意该合伙人退伙或者退还部分财产份额的，视为全体合伙人同意转让，该配偶依法取得合伙人地位。

8. 夫妻以一方名义投资设立独资企业的，人民法院分割夫妻在该独资企业中的共同财产时，应当按照以下情形分别处理：①一方主张经营该企业的，对企业资产进行评估，由取得企业一方给予另一方相应的补偿；②双方均主张经营该企业的，在双方竞价基础上，由取得企业的一方给予另一方相应的补偿；③双方均不愿意经营该企业的，按照《个人独资企业法》等有关规定办理。

9. 夫妻一方个人财产在婚后产生的收益，除孳息和自然增值外，应认定为夫妻共同财产。

（四）对夫妻共有房产的处理

在夫妻共同财产中，一般来说，住房是最重要的财产，而购买住房的资金来源，可能是夫妻双方的共同财产，也可能是一方或双方婚前财产转化，也可能是一方或双方父母所赠。近些年来，房价日益上涨，因而在离婚纠纷中，由房屋分割产生的争议越来越多、越来越复杂，这也是司法实践中最大的难题。

1. 对夫妻婚姻关系存续期间购买房屋价值及归属的确定。夫妻共同财产中的房屋，既包括夫妻双方从房地产市场购买的商品房、经济适用房、私有房屋，也有夫妻双方根据房改福利政策购买的共有房屋。在离婚案件中，双方对夫妻共同财产中的房屋价值及归属产生争议，又无法达成协议时，根据《最高人民法院关于适用〈中华人民共和国民法典〉婚姻家庭编的解释（一）》第76条的规定，人民法院应当按照下列原则进行处理：①双方均主张房屋所有权并且同意竞价取得的，应当准许；②一方主张房屋所有权的，由评估机构按市场价格对房屋作出评估，取得房屋所有权的一方应当给予另一方相应的补偿；③双方均不主张房屋所有权的，根据当事人的申请拍卖房屋，就所得价款进行分割。

2. 由一方婚前承租、婚后夫妻共同购买的房屋所有权的归属。《最高人民法院关于适用〈中华人民共和国民法典〉婚姻家庭编的解释（一）》第 27 条规定，由一方婚前承租、婚后夫妻共同购买的房屋，房屋权属证书登记在一方名下的，应当认定为夫妻共同财产。由于我国婚姻法确立的法定财产制是夫妻婚后所得共同制，除夫妻个人财产和夫妻另有约定外，夫妻双方或一方在婚姻关系存续期间取得的财产，均为夫妻共同所有。对于房屋由一方婚前承租，但是婚后以夫妻共同出资购买的，应当属于夫妻共同财产。如果夫妻一方以房屋权属登记证书记载的权利主体为其个人为由，主张该财产为个人财产的，应当举证证实该房屋是婚前个人财产，或者以其个人财产出资购买，或者双方有明确约定为其个人财产，否则应认定为夫妻双方在婚姻关系存续期间取得的共同财产。

3. 离婚时双方对尚未取得或尚未完全取得所有权的房屋的处理。根据《民法典》对所有权和夫妻共有财产的规定，尚未取得或者尚未完全取得所有权的房屋，无论在结婚前，还是婚姻关系存续期间，既不属于夫妻个人特有财产，也不属于夫妻共同财产。因此，无法涉及房屋所有权的归属及房屋分割问题。但是，在社会生活中，有些房屋已经由夫妻双方共同使用，如购买商品住房但尚未取得权属证的、因政策性福利分房享有房屋使用权等。在离婚诉讼中，涉及房屋使用权的争议，人民法院应当处理。《最高人民法院关于适用〈中华人民共和国民法典〉婚姻家庭编的解释（一）》第 77 条规定："离婚时双方对尚未取得所有权或者尚未取得完全所有权的房屋有争议且协商不成的，人民法院不宜判决房屋所有权的归属，应当根据实际情况判决由当事人使用。当事人就前款规定的房屋取得完全所有权后，有争议的，可以另行向人民法院提起诉讼。"

4. 对当事人婚前、婚后由父母出资购买房屋的认定。《民法典》对夫妻个人财产制的规定，完善了婚姻财产制度。个人财产日益丰厚，人们的财产权利意识日益增强，特别是由于我国实行计划生育政策，目前以父、母、子女为定型化的三人核心家庭占据社会主导地位，独生子女在其婚前或婚后都可能会接受父母或其他亲友的赠与而拥有相当的财产。为此相应的财产纠纷就日益凸显，特别是父母为子女婚嫁而出资购置房屋的，在离婚诉讼中，就该房屋或出资的归属发生的争议已经越来越多。《最高人民法院关于适用〈中华人民共和国民法典〉婚姻家庭编的解释（一）》第 29 条规定："当事人结婚前，父母为双方购置房屋出资的，该出资应当认定为对自己子女的个人赠与，但父母明确表示赠与双方的除外。当事人结婚后，父母为双方购置房屋出资的，依照约定处理；没有约定或约定不明确的，按照民法典第 1062 条第 1 款第 4 项规定的原则处理。"

5. 离婚时一方婚前贷款所购房产的处理。近年来，房地产市场持续升温，房价不断上涨。因为担心房价继续攀升，不少年轻人一旦具备一定的经济实力，就在婚前以个人名义采取按揭贷款的方式购房，由其个人支付首付款，当然，房屋也登记在其个

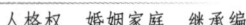

人名下。由于还贷时间较长，购房者常常在贷款尚未全部还清时即登记结婚，婚后夫妻就在此房中居住并以夫妻共同财产继续还贷。一旦诉讼离婚，该房屋的归属或还贷责任就成为双方争议的焦点。《最高人民法院关于适用〈中华人民共和国民法典〉婚姻家庭编的解释（一）》第78条规定："夫妻一方婚前签订不动产买卖合同，以个人财产支付首付款并在银行贷款，婚后用夫妻共同财产还贷，不动产登记于首付款支付方名下的，离婚时该不动产由双方协议处理。依前款规定不能达成协议的，人民法院可以判决该不动产归登记一方，尚未归还的贷款为不动产登记一方的个人债务。双方婚后共同还贷支付的款项及其相对应财产增值部分，离婚时应根据民法典第1087条第1款规定的原则，由不动产登记一方对另一方进行补偿。"《民法典》第1087条第1款规定："离婚时，夫妻的共同财产由双方协议处理；协议不成的，由人民法院根据财产的具体情况，按照照顾子女、女方和无过错方权益的原则判决。"上述规定是人民法院审理离婚案件时，对于一方当事人婚前出资支付首付款按揭贷款购置、婚后登记在自己名下并由夫妻双方共同还贷的房产如何处理的原则。

6. 双方用夫妻共同财产出资购买一方父母的房改房，产权也登记在一方父母名下的房屋所有权归属。《最高人民法院关于适用〈中华人民共和国民法典〉婚姻家庭编的解释（一）》第79条规定，婚姻关系存续期间，双方用夫妻共同财产出资购买以一方父母名义参加房改的房屋，产权登记在一方父母名下，该房屋不能认定为夫妻共同财产。非产权登记一方购买该房屋时的出资，可以作为债权处理。这样规定，尊重了不动产登记的公示效力，符合《民法典》的规定。

四、夫妻对外共同债务的清偿

《民法典》第1089条规定："离婚时，夫妻共同债务应当共同偿还。共同财产不足清偿或者财产归各自所有的，由双方协议清偿；协议不成的，由人民法院判决。"这是法律关于离婚时债务清偿的一般规定。债务的性质不同，当事人的清偿责任也不相同。

（一）夫妻共同债务的清偿

所谓夫妻共同债务，是指夫妻在婚姻关系存续期间，为维持婚姻家庭共同生活或进行共同生产、经营活动所负的债务。《民法典》第1064条规定："夫妻双方共同签名或者夫妻一方事后追认等共同意思表示所负的债务，以及夫妻一方在婚姻关系存续期间以个人名义为家庭日常生活需要所负的债务，属于夫妻共同债务。夫妻一方在婚姻关系存续期间以个人名义超出家庭日常生活需要所负的债务，不属于夫妻共同债务；但是，债权人能够证明该债务用于夫妻共同生活、共同生产经营或者基于夫妻双方共同意思表示的除外。"上述法律规定了夫妻共同债务应当由夫妻共同签名确定，夫妻双方对对外举债形成共同的意思表示。但是，存在下列三种情形之一的，即使夫妻一方没有共同签字，相关的债务也应认定为夫妻共同债务：①夫妻一方事后追认所负的债务；②夫妻一方在婚姻关系存续期间以个人名义为家庭日常生活需要所负的债务；③夫妻一方在婚姻关系存续期间以个人名义超出家庭日常生活需要所负的债务，但该债务用于夫妻共同生活、共同生产经营或者基于夫妻双方共同意思表示的。为共同生活所负的债务，主要包括：购置家庭日常生活用品、支付家庭生活开支所负的债务；修建、购买和装修住房所负的债务；为抚养与教育子女、赡养与扶助父母所负的债务；一方或双方治疗疾病所负的债务；从事双方同意的文体活动所负的债务以及其他在日常家庭生活中发生的债务。为共同生产经营所负的债务，主要包括：双方共同从事个体经营、农村承包经营所负的债务；双方共同从事投资或者其他金融证券交易活动所负的债务；经双方同意由一方经营、且收入用于共同生活的经营活动所负的债务；夫妻一方用夫妻共同财产以个人名义投资且收益用于共同生活的投资活动所负的债务等。

在司法实践中，确定债务是否为夫妻共同债务，可以从两个方面进行审查：一是该债务是否为婚姻关系存续期间所负的债务，包括结婚后夫妻双方共同生活期间、登记结婚后尚未同居期间、结婚后夫妻分居期间以及一方向人民法院起诉离婚，人民法院准予离婚的调解或判决尚未生效期间；二是该债务是否为维持夫妻共同生活需要或出于共同生活的目的所负担的，包括抚养子女、赡养老人、建造房屋、治疗疾病等所负的生活型债务，也包括在夫妻关系存续期间，一方或双方为共同生活目的，从事生产、经营活动所负的经营性债务。

由于夫妻关系存续期间取得的财产为夫妻共同所有，除双方另有约定外，夫妻对共同财产享有平等的处理权。这种对共同财产不分份额的共同共有以及平等的处理权，决定了夫妻对共同债务应不分份额地平等承担偿还义务，债权人有权请求夫妻任何一方清偿全部债务，即夫妻对外债务为连带之债。夫妻共同债务应当以夫妻共有财产清偿。如果离婚时没有夫妻共有财产或财产不足以清偿共同债务，或双方约定婚后财产分别为各自所有的，应由双方协商确定清偿责任；协议不成，由人民法院根据双方的经济能力，判决由一方清偿或双方分担清偿。

对于夫妻一方死亡后的债务清偿、离异后原配偶因连带债务对他方的追偿问题，《最高人民法院关于适用〈中华人民共和国民法典〉婚姻家庭编的解释（一）》第35、36条分别规定："当事人的离婚协议或者人民法院的生效判决、裁定、调解书已经对夫妻财产分割问题作出处理的，债权人仍有权就夫妻共同债务向男女双方主张权利。一方就夫妻共同债务承担清偿责任后，主张由另一方按照离婚协议或者人民法院的法律文书承担相应债务的，人民法院应当支持。""夫或者妻一方死亡的，生存一方应当对婚姻关系存续期间的夫妻共同债务承担清偿责任。"

（二）夫妻个人债务的清偿

所谓夫妻个人债务，是指夫妻一方非为共同生活而以个人名义所负的债务。如夫或妻一方婚前所负的债务；一方为满足个人私欲而挥霍或从事违法活动（如赌博）所负的债务等。总之，夫妻对个人债务应当由本人以其个人财产承担清偿责任，离婚时不得要求以夫妻共同财产偿还。《最高人民法院关于适用〈中华人民共和国民法典〉婚姻家庭编的解释（一）》第 33 条规定："债权人就一方婚前所负个人债务向债务人的配偶主张权利的，人民法院不予支持。但债权人能够证明所负债务用于婚后家庭共同生活的除外。"

总之，夫妻对个人债务应当由本人以其个人财产承担清偿责任，离婚时不得要求以夫妻共同财产偿还。《最高人民法院关于适用〈中华人民共和国民法典〉婚姻家庭编的解释（一）》第 33 条规定："债权人就一方婚前所负个人债务向债务人的配偶主张权利的，人民法院不予支持。但债权人能够证明所负债务用于婚后家庭共同生活的除外。"

（三）夫妻间借款的处理

随着社会的发展，人们对其财产的处分和使用方式日益多元化，传统的夫妻财产观念受到冲击，夫妻之间财产关系呈现多样化、复杂化。夫妻之间不仅可以约定婚后的全部或部分财产由个人分别所有，而且现实生活中也出现了夫妻一方在婚姻关系存续期间从夫妻共同财产中借款的情况。这是社会发展出现的新现象，在司法实践中也是一种新类型案件。《最高人民法院关于适用〈中华人民共和国民法典〉婚姻家庭编的解释（一）》第 82 条规定："夫妻之间订立借款协议，以夫妻共同财产出借给一方从事个人经营活动或用于其他个人事务的，应视为双方约定处分夫妻共同财产的行为，离婚时可按照借款协议的约定处理。"为了维持夫妻关系与夫妻共同财产制度的稳定，对夫妻之间借款的认定应当严格限制：首先，借款的来源应当是夫妻共同财产；其次，借款的用途是夫妻一方个人经营活动或其他个人事务；最后，在婚姻关系存续期间，借款方未偿还借款。

五、离婚时的经济帮助

离婚是人为地解除婚姻关系的手段或方式，旨在消除不和谐的婚姻生活所带来的社会问题，进而重新构成新的社会秩序，因而离婚是保障婚姻生活幸福的最后界限。基于婚姻法上男女平等和婚姻自由的原则，既然允许男女双方均可请求离婚，如果不消除离婚后生活的不安，并保障其生存，将使当事人（尤其是女方）不敢请求离婚。因此，通过法律保障离婚后配偶的生活既是必须的，也是必要的，且更有利于保障离婚自由。《民法典》第 1090 条规定："离婚时，如果一方生活困难，有负担能力的另一方应当给予适当帮助。具体办法由双方协议；协议不成的，由人民法院判决。"从而确立了与国外离婚立法赡养费给付制度相近似的经济帮助制度。

（一）经济帮助的性质

经济帮助，是指夫妻离婚时，一方生活有困难，经双方协议或法院判决，由有条件的一方从其个人财产中给予另一方适当资助的制度。经济帮助既不以一方付出更多义务为条件，也不以一方有过错为必要，而是以离婚时一方存在生活困难为前提，因而其与离婚补偿制度和离婚损害赔偿制度有着本质的区别。经济帮助也不同于夫妻间的抚养义务。夫妻间的抚养义务存在于夫妻关系存续期间，以夫妻人身关系为前提，并随着婚姻关系的终止而终止；而经济帮助则以婚姻关系的解除为前提，以一方有经济帮助能力和另一方生活上存在困难为条件。

我国法律设立离婚经济帮助制度，其主要目的在于补救婚姻关系终止后抚养请求权的丧失，因离婚而无独立生活能力的一方可以向另一方请求资助，以维持离婚以后的生活。因此，经济帮助并不是夫妻之间相互抚养义务的继续和延伸，而属于婚姻法上对离婚时生活困难一方予以经济救助的保障措施，是离婚效力的表现形式之一。

（二）经济帮助的条件

根据《民法典》第1090条的规定，离婚时一方给予另一方经济帮助是有条件的。这些条件可概括为如下四项：

1. 受帮助一方确实生活困难。被帮助的一方必须存在生活困难而且自己无力解决。参照《最高人民法院关于适用〈中华人民共和国婚姻法〉若干问题的解释（一）》（已失效）第27条的规定，此处的'一方生活困难'是指依靠个人财产和离婚时分得的财产无法维持当地基本生活水平。一方离婚后没有住处的，属于生活困难。生活困难的原因是多种多样的，如年老多病，缺乏劳动能力；因受伤、疾病而丧失劳动能力等。

2. 经济帮助具有严格的时限性，即被帮助的一方必须在离婚时存在生活困难。如果离婚时一方不存在生活困难，而在离婚后才发生生活困难，则另一方已无给予经济帮助的义务。

3. 提供帮助一方必须具有负担能力。尽管一方存在生活困难，但如果另一方没有提供经济帮助的能力，如自己的生活也存在困难或只能勉强维持生活，也不负有给予经济帮助的义务。

4. 这种经济帮助应当是适当的。即一方从其住房等个人财产中给予对方短期的或一次性的经济帮助，并且这种经济帮助不仅限于金钱，其他生活用品等也包括在内。

以上四个要件须同时具备，缺一不可。给予经济帮助的办法，由夫妻双方协商，协商不成，由人民法院判决。在执行期间，受帮助的一方如另行结婚或另有经济途径维持生活，帮助一方即可终止给付。

在司法实践中，经济帮助一般依据以下方法确定：①离婚时，一方年轻且有劳动能力，只是生活发生暂时困难，另一方给予短期内或者一次性经济帮助；②离婚时一方老弱多病或失去劳动能力又无生活来源的，另一方在居住或生活方面给予适当的妥善安置；③提供帮助一方提供住房或其他财物，如离婚后一方暂时没有住房，有条件的另一方就提供一定期限内的住房让其居住。

六、离婚时的经济补偿

（一）立法的目的及意义

经济补偿是指在婚姻关系存续期间，夫妻一方因抚育子女、照料老人、协助另一方工作等情形负担较多义务，离婚时有权向另一方请求补偿，另一方应当给予补偿。《民法典》第 1088 条规定："夫妻一方因抚育子女、照料老年人、协助另一方工作等负担较多义务的，离婚时有权向另一方请求补偿，另一方应当给予补偿。具体办法由双方协议；协议不成的，由人民法院判决。"这是《民法典》确定的离婚补偿制度，意义十分重大。

1. 离婚补偿制度的确立是法律对夫妻一方从事的家务劳动或协助对方工作所作出的肯定评价。所谓家务劳动，是指不能直接产生经济效益、为满足家庭生活需要所从事的劳动，如料理家务、抚养子女、照顾老人等。虽然它不能直接创造经济价值，但可以节约家庭支出、减轻对方的生活负担和消除对方工作的后顾之忧，从而间接地增加家庭财富。因此，规定离婚时一方对于另一方的补偿请求权非常有必要。

2. 离婚补偿制度有利于保障妇女合法权益，从而实现夫妻双方的实质平等。受传统的夫妻分工模式和男女性别观念的影响，在现实婚姻生活中，抚育子女、照料老人、操持家务、协助对方工作的绝大多数都是妇女。她们在婚姻关系存续期间可以通过夫妻之间的扶养义务得到保障，但离婚后夫妻之间的扶养义务已不复存在，其生活可能会得不到保障。离婚补偿请求权正是基于女方在家庭中的实际付出，使经济上处于劣势的一方可以在离婚时获得经济上的补偿，从而实现夫妻实质上的平等。

（二）离婚补偿制度的成立条件

根据《民法典》第 1088 条的规定，离婚补偿的成立须以夫妻一方在共同生活中对家庭负担较多义务为条件。负担较多义务，包括抚养、教育子女，照顾、赡养老人，支持、协助对方工作等各个方面。就义务的内容而言，可以是付出更多的钱财，也可以是付出更多的劳动、精力等。现实生活中，以后者居多。

（三）离婚补偿请求权的行使

离婚补偿请求须是离婚时由负担义务较多的一方向另一方提出补偿请求。故该请求权的行使时间仅限于离婚之时，而且应在诉讼中向对方一并提出。离婚后，该请求权随即消灭。当然，作为一项民事权利，权利人既可行使，也可放弃。

（四）补偿的数额

离婚补偿的数额和给付方式，应当由双方协商确定；协商不成时，应由人民法院在查明夫妻各自的财产状况、经济能力以及一方负担义务的多少、少负担义务一方因此而获得的利益等基础上，按照权利与义务对等的原则予以确定。

七、侵犯他方财产共有权的处理

离婚时，一方隐藏、转移、变卖、毁损夫妻财产，或伪造债务企图侵占对方财产的行为，不但侵害了对方对夫妻共有财产的所有权，而且也妨碍了民事诉讼的顺利进行。《民法典》第1092条规定了一方侵害夫妻共同财产的法律后果：夫妻一方隐藏、转移、变卖、毁损、挥霍夫妻共同财产，或者伪造夫妻共同债务企图侵占另一方财产的，在离婚分割夫妻共同财产时，对该方可以少分或者不分。离婚后，另一方发现有上述行为的，可以向人民法院提起诉讼，请求再次分割夫妻共同财产。该规定对保护离婚当事人的合法权益具有重要的现实意义。

（一）侵害对方夫妻共有财产权的行为

依据《民法典》第1092条的规定，离婚时，一方侵害对方夫妻共有财产权的行为主要有两种：

1. 非法处置夫妻共有财产。这主要是指在离婚时，夫妻一方故意隐藏、转移、变卖、毁损、挥霍夫妻共有财产的行为。所谓隐藏，是指一方故意把夫妻共有财产隐蔽、藏匿，不让对方知道的行为。转移，是指一方将夫妻共有财产从一处转移至另一处，从而使该财产脱离对方的控制和支配。变卖，是指一方将夫妻共有财产有偿转让给第三人。毁损，是指一方故意将夫妻共有财产毁灭、损坏，使该财产丧失其应有的交换价值或使用价值。挥霍，是指一方肆意浪费夫妻共同财产。

2. 企图侵占对方财产。这主要是指在离婚时一方伪造债务企图侵占对方财产的行为。所谓伪造债务，是指夫妻一方通过伪造借据、提供假证人等方式编造夫妻共同债务，或虽有共同债务但夸大其数额的行为。由于《民法典》实行夫妻共有财产制，在婚姻关系存续期间所负的夫妻共同债务，应以夫妻共有财产偿还，该行为一经实现，就会减少夫妻共有财产的数额，增加伪造一方个人财产的数额，其实质就是变相侵占另一方在夫妻共有财产中的财产份额。

（二）财产共有权救济措施

针对上述两种侵害他方财产共有权的行为，《民法典》规定了两种救济措施：

1. 对实施侵权行为的一方可以不分或少分给其财产。即在判决离婚分割夫妻共有财产时，对实施了隐藏、转移、变卖、毁损、挥霍夫妻共有财产或伪造债务企图侵占对方财产行为的一方，可以少分或不分给其财产。

2. 离婚后，一方发现另一方有上述行为的，可以向人民法院提起诉讼，请求再次分割夫妻共有财产。所谓再次分割夫妻共有财产，是指重新分割离婚后被发现的夫妻一方非法处置的夫妻共有财产及伪造债务而多侵占的夫妻共有财产。再次分割夫妻共有财产请求权是离婚当事人依法享有的民事权利，该权利的保护适用《民法典》关于诉讼时效的规定。此外，对于行为人实施的非法处置夫妻共同财产的行为和企图侵占对方财产的行为，行为人在此期间妨碍民事诉讼进行的，可依照《民事诉讼法》的规定予以制裁。

八、离婚损害赔偿

《民法典》中的离婚损害赔偿，是指因夫妻一方的法定严重过错行为导致离婚的，无过错方有权向有过错方请求损害赔偿的权利。《民法典》第 1091 条规定了离婚损害赔偿制度。

（一）确立离婚损害赔偿制度的意义

这主要表现在以下几方面：

1. 完善婚姻家庭法律制度的要求。家庭是社会的细胞，婚姻家庭的稳定是社会稳定的基础之一。婚姻关系一旦成立，就意味着婚姻当事人要履行婚姻关系所负载的法律义务和道德责任。这些义务和责任的履行是婚姻关系得以维持、延续的重要保证。从义务的形式上看，既有要求积极作为的，如夫妻之间的扶助、子女的抚养教育、父母的赡养等；也有要求消极不作为的，如禁止重婚、有配偶者与他人同居，禁止家庭成员间的虐待、遗弃等。如果夫妻一方不履行婚姻义务的行为严重伤害了对方的感情，导致了感情破裂，并使婚姻走向解体，责令重大过错方对对方因此而受到的损害进行赔偿，则是婚姻义务与责任的本质要求。

2. 保护无过错方合法权益的重要体现。从我国当前的司法实践来看，因重婚、有配偶者与他人同居、虐待、遗弃和实施家庭暴力等而引起的离婚在全部离婚案件中占有很大的比例。许多无过错的当事人，身心受到严重的创伤。设立离婚损害赔偿制度，不仅有利于保护无过错方的合法权益，而且对于有效抑制重婚等违法行为、维护家庭与社会的稳定也有着重要的作用。

3. 完善婚姻立法与司法的需要。对于现实生活中所发生的重婚、有配偶者与他人同居、家庭暴力等违法行为，立法需要从不同的层面来加以调整和规范，才能得以有效抑制和防范。对于重婚、情节恶劣的虐待、遗弃等行为，应以犯罪论处；情节较轻的可依法给予行政处罚。而对该行为所造成的民事损害，依法让有过错方承担损害赔偿责任，有利于婚姻立法体系的完善和司法有法可依、违法必究。

离婚损害赔偿制度既有填补损害、精神抚慰和制裁、预防违法行为的功能，又有维持公平、规范及保障婚姻秩序的作用。确立离婚损害赔偿制度，对于保护无过错方的合法权益，稳定婚姻家庭关系都具有重要的现实意义。

（二）离婚损害赔偿的构成要件

根据《民法典》第 1091 条的规定，离婚损害赔偿由以下几个要件构成：

1. 配偶一方有法定的重大过错行为，而对方无过错。这是构成离婚损害赔偿的必要前提。《民法典》第 1091 条规定的重大过错行为为重婚；与他人同居；实施家庭暴力；虐待、遗弃家庭成员以及其他重大过错。其他重大过错一般是指如吸毒、赌博屡教不改等过错行为，导致夫妻离婚。对方无过错，不是指对方没有任何过错，对此应作限制性解释，是特指对方没有《民法典》第 1091 条规定的重大过错行为。

2. 因配偶一方重大过错行为导致夫妻离婚的损害后果也是离婚损害赔偿的原因之一。只有配偶一方的重大过错行为导致了双方离婚，无过错方才能要求过错方进行赔偿。反之，即使配偶一方有重大过错行为，但双方并没有因此而离婚，婚姻关系还在存续，或人民法院判决不准离婚的，无过错方均不得以对方有重大过错为由而提起损害赔偿之诉。

3. 一方的重大过错行为与无过错方因此而受到的损害之间有因果关系。无过错方受到的损害，包括物质损害和精神损害。所谓物质损害，是指无过错方因另一方的过错行为造成的物质上的现有财产权益的损失，但不包括遗产继承权、保险受益权等可期待财产权益的损失。精神损害，则是指一方的过错行为导致婚姻破裂，由此给另一方造成的精神上的痛苦。值得注意的是，这种离婚精神损害无需请求权人举证证明，只要加害人有上述重大过错行为并且该行为是导致离婚的原因，法律即推定这种精神损害存在。因此，离婚精神损害是"名义上的精神损害"，而不是"需证明的精神损害"。[1]

（三）离婚损害赔偿请求权的行使

1. 必须由无过错方提出损害赔偿请求。离婚损害赔偿请求权是法律赋予无错方离婚时所享有的权利。因而，提出离婚损害赔偿请求的应当是与过错方存在合法有效婚姻关系的无过错的配偶一方，其他任何人都无权提出。

2. 必须向有过错方提出。承担离婚损害赔偿责任的主体应当是离婚诉讼当事人中无过错方的配偶。只有与无过错方具有有效婚姻关系的配偶才是赔偿义务的主体，其他任何人都不是该赔偿义务的主体。如果夫妻双方均有过错，一方或者双方向对方提出离婚损害赔偿请求的，人民法院不予支持。

3. 离婚赔偿请求权的行使期限。《最高人民法院关于适用〈中华人民共和国民法典〉婚姻家庭编的解释（一）》第 88 条对离婚赔偿请求权行使期限的规定：①符合民法典第 1091 条规定的无过错方作为原告向人民法院提起损害赔偿请求的，必须在离婚诉讼的同时提出。②符合民法典第 1091 条规定的无过错方作为被告的离婚诉讼案件，如果被告不同意离婚也不基于该条规定提起损害赔偿请求的，可以就此单独提起诉讼。③无过错方作为被告的离婚诉讼案件，一审时被告未依民法典第 1091 条规定提出损害赔偿请求，二审期间提出的，人民法院应当进行调解，调解不成的，告知当事人另行起诉。双方当事人同意由第二审人民法院一并审理的，第二审人民法院可以一并裁判。

---

〔1〕 王洪主编：《婚姻家庭法》，法律出版社 2003 年版，第 199 页。

（四）离婚损害赔偿数额的确定

离婚损害赔偿包括物质损害赔偿和精神损害赔偿，对于物质损害赔偿，可以责令赔偿义务主体以支付赔偿金等方式承担；而对于精神损害赔偿，则可以根据无过错方的请求判令赔偿义务主体赔偿其相应的精神损害抚慰金。

离婚精神损害抚慰金的数额如何确定？我国法律没有作出明确规定。《最高人民法院关于适用〈中华人民共和国民法典〉婚姻家庭编的解释（一）》第86条规定：涉及精神损害赔偿的，适用《最高人民法院关于确定民事侵权精神损害赔偿责任若干问题的解释》的有关规定。依《最高人民法院关于确定民事侵权精神损害赔偿责任若干问题的解释》第5条的规定，精神损害赔偿的数额根据以下因素确定："①侵权人的过错程度，但是法律另有规定的除外；②侵权行为的目的、方式、场合等具体情节；③侵权行为所造成的后果；④侵权人的获利情况；⑤侵权人承担责任的经济能力；⑥受理诉讼法院所在地的平均生活水平。"

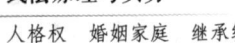 **引例分析 1**

法院对于当事人提出的合理的探望权要求，应予支持。我国《民法典》第1086条第1款规定："离婚后，不直接抚养子女的父或者母，有探望子女的权利，另一方有协助的义务。"由此明确了夫妻离异后对子女的探望权制度。法院对该案审理后认为，原、被告离婚后，双方对孩子都有抚养、教育的权利和义务。未与孩子共同生活的一方有探视孩子的权利，另一方有协助的义务。原告要求享有探望权的主张，应予支持。法院根据《民法典》第1086条的规定，作出判决：原告叶某某从2011年4月起于每月第2、第4周的周六探视孩子；时间为9时至17时；由被告于9时将孩子送至原告居住的单元门口，17时原告将孩子送回被告居住的宿舍楼梯口。

引例分析 2

在离婚案件中，经常涉及夫妻对子女抚养权的争夺。本案争议焦点在于如何确定未成年子女的抚养权。一审、二审法院依据法律规定的原则与本案具体案情确定了未成年儿子的抚养权。

第一，子女抚养权是一种人身权利，不是一种财产权利。有些父母认为，子女由父母所生，父母对子女就自然享有管辖和支配处置权，因此，将抚养权视为一种财产权利，这实际上陷入了一种误区。其实，抚养权是一项具有人身属性的权利义务关系，既是一种人身权利，包括了父母对子女的教育、照料和监护等内容；又是一种义务和责任。父母子女关系与婚姻关系属于两种不同的法律关系，离婚只能解除夫妻婚姻关系，不能消除父母子女的血缘关系和身份关系，也不能消除父母对子女的抚养义务与责任。《民法典》第1084条规定："父母与子女间的关系，不因父母离婚而消除。离婚后，子女无论由父或者母直接抚养，仍是父母双方的子女。离婚后，父母对于子女仍有抚养、教育、保护的权利和义务。"父母离婚后，确定子女抚养权只是为了解决子女与离婚父母哪一方生活，夫妻双方仍都有子女的抚养权利和义务。获得子女抚养权的夫妻一方与子女一起生活，享有直接抚养权；另一方以支付抚养费与行使探视权等方式享有间接抚养权。当然，离婚后抚养子女的夫妻一方将对子女的人身承担更多的义务，需要给予子女直接的照顾和监护，为子女的健康成长付出更多的心血。未获得子女抚养权的一方在必要时仍担负直接照顾孩子的责任。抚养权并不是一成不变的，在某些情况下经父母一方请求可以变更。在本案中，郑某某与肖某离婚后，未成年儿子仍是双方的子女，离婚只是改变了郑某某与肖某对子女的共同抚养方式。

第二，确定子女抚养权应当坚持未成年子女最佳利益原则。

1989 年联合国大会通过的《儿童权利公约》正式确定了儿童最佳利益原则。该公约第 3 条第 1 款规定："关于儿童的一切行动，不论是由公私社会福利机构、法院、行政当局或立法机构执行，均应以儿童的最大利益为一种首要考虑。"儿童最佳利益原则确立了儿童作为独立个体的权利主体地位。为了保障实现儿童的全面发展，该原则要求立法、司法、行政机关或其他社会机构不仅要考虑儿童的利益，而且要优先考虑他们的最大利益，体现了儿童权利立法保护的价值取向，也为在实践中解决儿童权益问题提供了法律原则。以公约的生效为契机，各国修订了本国亲子法律制度，逐渐将子女最佳利益作为亲子法的基本原则，确立了子女本位的父母子女关系立法。1991 年我国加入公约，2007 年《未成年人保护法》确立了"最大限度地保护未成年人利益"和"未成年人利益优先"两大基本原则。《民法典》第 1041 条明确规定了"保护妇女、未成年人、老年人、残疾人的合法权益"的基本原则，可见，我国立法亦规定未成年子女最佳利益原则为处理离婚案件时应遵循的基本原则。在离婚案件中，当未成年子女利益与父母利益、妇女利益等其他利益发生冲突时，未成年子女利益应当处于优先地位，保障未成年子女应享有的受抚养权、家庭生活权、受教育权等民事权利。

具体来说，在离婚案件中，法院在抚养权人的确定、抚养费的给付以及探视权的履行等方面应遵循未成年子女的最大利益原则，对案件作出合理的判决，保障父母离婚后未成年子女权利的正常实现。

未成年子女在父母离婚后到自己成年前还要度过一段成长期，这一时期也是人生的关键期。在这段成长期中，未成年子女在生活、学习上都需要一定的物质与精神条件。物质需求表现为成长过程所需的物质基础和经济支持，如教育费、生活费和医疗费等，而精神需求表现为父母亲对未成年子女在生活、学习上的关心、照顾和鼓励等。因此，法院在确定未成年子女的抚养权时，不仅应考虑到未成年子女的年龄、性别、生活与教育环境等各种客观因素，而且还要考虑到他们的心理需求、精神需求、自身意愿及情感等各种主观因素，以有利于未成年子女心身健康成长为出发点，去实现他们的最大利益。

在本案中，郑某某与肖某关于未成年儿子抚养权的争议，应当坚持未成年子女最佳利益原则，全面考虑未成年子女成长中生理、心理及人格道德方面的需要，结合他们的居住生活环境与父母双方的抚养条件等具体情况进行解决。如小孩自出生后一直在广州生活，已经熟悉了广州的生活与学习环境，并享受广州良好的幼儿教育。如果其由郑某某带去粤北某某市抚养，其生活环境会突然发生改变，又需要一个不断适应熟悉的过程，不利于其身心健康成长。再如，至一审判决时，小孩仅为3岁多，尚为年幼，与母亲一起生活能享受到母亲细心的照顾，更有利于其身心健康。因此，法院综合本案多种因素，在郑某某与肖某对未成年儿子抚养权发生争议时，依照我国法律规定与未成年子女最佳利益原则，判决由肖某抚养更为合法合理。

相关法律规范

1.《民法典》第 17、1059、1060 ~ 1062、1064、1071、1084 ~ 1092、1127、1129 条。

2.《最高人民法院关于适用〈中华人民共和国民法典〉婚姻家庭编的解释（一）》第 42~61、66~68、74~85 条。

3.《最高人民法院关于确定民事侵权精神损害赔偿责任若干问题的解释》第 5 条。

思考与练习

1. 无过错方什么情况下可以行使离婚损害赔偿请求权？

2. 离婚后子女的抚养费如何负担？

3. 什么是探望权？探望权可以强制执行吗？

拓展阅读

世界其他国家的离婚损害赔偿制度

离婚损害赔偿制度，是指法律规范规定的婚姻家庭生活中因一方的过错而导致离婚的，无过错的一方依法享有请求损害赔偿的权利，有过错的一方承担相应赔偿责任的制度。

一、法国

1804 年公布施行的《法国民法典》是一部典型的近代民法典，是第一部以资本主义经济制度为基础的民法典。随着法国政治、经济、社会的发展，该法典已经过了 100多次修改，以不断适应新的情况。现行《离婚法》是 1975 年 7 月颁布的第 75—617 号法律，该法现汇集于《法国民法典》第一卷第六编，其中就有离婚损害赔偿制度。

《法国民法典》对离婚损害赔偿制度规定得很详细。其中，第一卷第六编第一章第229 条规定离婚有三种情形：夫妻双方相互同意离婚；因生活破裂；因有过错。其中"因过错而离婚"在该章第三节第 242 条规定"夫妻一方，因另一方反复地或者严重地违反婚姻权利与义务的事实，致使夫妻共同生活不能忍受时，得请求离婚"，同时规定了过错情形。此外，配偶一方被判处《法国刑法典》第 131—1 条所指的刑罚时，另一方配偶得以请求离婚。但是，如果夫妻双方自发生上述事实后已经和解，则不得再援用这些事实作为请求离婚的理由，否则，法官可宣告离婚理由不予申请。有责配偶可以提出离婚请求，但是，其过错并不妨碍对其提出的离婚请求进行审查。依照法国《离婚法》的规定，离婚损害赔偿分为两种：一是离婚过错赔偿，以离婚过错的存在为前提；二是离因赔偿，以离婚导致双方生活条件产生差异为依据。该法第三章第266条规定了离婚损害赔偿："在因一方配偶的过错宣告离婚的情况下，该一方对另一方配偶因解除婚姻所受到的物质上与精神上的损失，得受判负损害赔偿责任。"根据法典的注释，第260条适用情形明确是一方有通奸、侮辱、侵犯宗教信仰、从事工会活动、变性等情况，受害一方有要求对方给予赔偿的权利。实践中，因为这种过错离婚的受害方往往是女性，因而离婚赔偿能够最大限度保护女性的权益。

值得注意的是，该法第270条与280条规定的离因赔偿，实际上是另一种离婚损害赔偿制度——狭义离婚赔偿制度。第270条与第280条规定，基于共同生活破裂宣告离婚之情形外，离婚使夫妻之间相互救助义务终止。但是，一方配偶得向另一方配偶支付旨在补偿因离婚中断而造成的各自生活条件差异补偿金。但是，因单方过错而宣告的离婚，过错方无权享有任何补偿性给付。如考虑到夫妻双方共同生活时间较长以及过错方对另一方的职业所给予的合作，在夫妻离婚后对过错方不给予任何补偿性给付显失公平时，过错方可得到特别名义补偿金。根据上述规定，当离婚这个事实存在时，夫妻一方因离婚而造成生活水平下降，此时有权利请求另一方给付一定数额的财产以弥补。在行使该请求权时，权利人只要举证证明因离婚而受到损害或者引起自己生活水平下降，法官再根据法典规定的情形和计算方式做出判决。这些情形和考量因素在法典都做了规定，如"夫妻双方的年龄及身体状况""婚姻持续的时间""已负担子女教育的时间或还应负担子女教育的时间""离婚时夫妻双方的经济状况""应当考虑的收入：年金与赔偿金""负担抚养子女的费用""家庭补助金""夫妻双方在共同财产中所占的份额""夫妻双方的专业资格与职业状况""双方现有的与可预见的权利""夫妻双方丧失领取可归复养老金之权利的可能性""夫妻双方在对财产制进行清算之后，以本金与收益计算的财产总额"等等。因此，狭义离婚赔偿制度是对婚姻弱势方权益强有力的保护。现实生活中，由于女性的就业力低于男性，加之倾注更多精力照顾家庭，一旦离婚势必造成经济恶化，生活水平降低，建立这种因为离婚而补偿的制度就很好地完善了离婚损害赔偿制度，有力地保护了因为离婚而受到损失的一方的权益。《法国民法典》关于离婚损害赔偿制度，内容详细，条理清晰，便于司法实践具体操作。

二、瑞士

瑞士是联邦国家，但是直到1848年才组成联邦，制定联邦宪法。1907年制定的《瑞士民法典》在有责的离婚理由之外，规定了破裂主义的离婚原因。该法对破裂主义离婚的规定对欧洲大陆各国的影响很大。现行的瑞士离婚法集中规定在《瑞士民法典》

第二编"亲属法"的第一部分"婚姻法"。

《瑞士民法典》对离婚损害赔偿制度的立法，主要体现在第151条，和《法国民法典》类似，规定分为两个方面内容："①因离婚，无过错配偶一方，在财产权或期待权方面受到侵害时，有过错的一方应支付合理的赔偿金。②因离婚而导致无过错配偶一方的生活有重大损害时，法官可允其向他方要求一定的抚慰金。"按照规定，在夫妻双方都没有过错的情况下离婚，而由此致使一方生活困难的，可以要求对方赔偿。那些因为感情破裂无法共同生活而离婚的双方，尤其是女性在离婚后，往往生活品质大幅下降，建立在公平基础上的离婚赔偿制度就充分赋予了她们权利来保障自己的合法权益，减少离婚带来的负面影响。《瑞士民法典》第152条对抚养金进行了规定："无责任的配偶一方，因离婚陷入贫困，他方虽无过失，亦应依自己的财产状况，给予其相当的抚养金。"这条规定也确保了离婚后弱势一方的合法权益，虽然他方"无过失"，但解除婚姻关系，使一方陷入贫困，就需要有人来承担这种责任，所以同样具有离婚损害赔偿的意义。

三、日本

现行的日本离婚法集中规定在1898年正式实施的《日本民法典》第四编"亲属"第二章。《日本民法典》虽然没有对离婚损害赔偿问题作出单独规定，但是，第709条、第710条规定："因故意或过失侵害他人权利者，负有因此而产生损害的赔偿责任。""不问是侵害他人身体、自由或名誉情形，还是侵害他人财产权情形，依前条规定应负赔偿责任者，对财产以外的损害，亦应赔偿。"该法关于非财产损害赔偿的规定，往往作为判定此类离婚赔偿案件的依据，可以认为因夫妻一方有责事由而离婚时，他方可请求因侵权行为所致损害赔偿。慰抚金主要是针对精神损害进行的赔偿，此种损害赔偿于协议离婚与判决离婚的场合均得主张。正因为日本民法借用侵权行为构成来处理离婚损害赔偿问题，因此，在赔偿请求权主体的认定上，日本法与法国、瑞士等国的立法不同，不要求享有此项权利的配偶一方必须无过错。而且在司法实践中，甚至允许除离婚配偶双方之外的其他家庭成员也可提出离婚损害赔偿。如日本最高法院在1979年的案例判决中，就配偶一方有外遇，受害配偶和未成年子女向引起家庭破裂的第三者请求损害赔偿的两个案件作出同样的判决，并确立以下原则：即夫或妻一方向第三者提出的损害赔偿请求，只有在第三者有故意或过失构成违法行为的场合，才得以承认；未成年子女向第三者提出的损害赔偿请求，只有在第三者怀有故意并积极阻止父亲或母亲对子女履行监护等义务的情况下，才予以承认。也就是说，日本最高法院的判例清楚表明，肯定离婚受害配偶向第三者提出的损害请求，而对子女向第三者提出的损害赔偿请求则给予严格限制。

四、美国

美国联邦和各州都自成法律体系，没有统一的《民法典》。美国离婚法主要来源于英国，虽然根据本国政治、经济和文化诸多特点作了较多的改变，但继受了英国经过宗教改革后的有责主义限制离婚的影响，诸如通奸、虐待、遗弃等重大过错才成为美国大多数州承认的离婚理由。1966年，加利福尼亚州政府委员会建议将离婚的理由限制为"婚姻关系无可挽回的破裂"和"精神错乱"。该州在1970年制定的《统一结婚离婚法》将"婚姻关系无可挽回的破裂"作为离婚的唯一理由，开创了美国历史上第一个采用无过错离婚法的州。1974年美国律师协会批准了这一法律并向全国各州推荐。到了1985年所有州都抛弃了过错离婚制度，无过错离婚主义在每个离婚法中占据主导地位。尽管美国的婚姻法案中没有明确规定离婚损害赔偿制度，但有些州是通过判例的形式体现出来。法官在判决离婚时，根据当地经济水平和公共利益判决一方给予原配偶一定的抚养费。根据现有案例，在单方有过错的情况下，尤其是男方过错，法官判决其给付对方的抚养费往往是一笔巨额费用。1997年8月，北卡罗莱纳州法院作出美国司法史上首次"第三者"受到处罚的判例，原告援引北卡罗莱纳州一项有百年历史的保护家庭不受第三者破坏的法律，向法院控告第三者，要求支付赔偿金。法院判决第三者向原告支付高达100万美元的赔偿金。2003年，前拳王泰森与他的第二位妻子办理了离婚手续，泰森为此共付出1525万美元。2010年8月24日，位列当时世界排名首位并被公认为史上最成功的高尔夫球手之一的美国高尔夫球手艾德瑞克·泰格·伍兹，正式宣布离婚。据美国媒体报道，伍兹为离婚支付超过1亿美元的赔偿费。美国是判例法国家，法官的自由裁量权很大，因此在离婚损害赔偿的裁量上主要由法官"心证"决定，而不由某部法案来具体规定。

情境训练　离婚及相关问题的处理

情境案例

　　原告刘某某（男）与被告谌某某（女）于2003年经人介绍相识，并于2006年10月登记结婚。婚后原、被告感情较好，于2007年6月13日生育一子，儿子在两人分居后随被告谌某某生活。2007年原告刘某某的父亲出资为刘某某购置了一辆吉普车，供刘某某经营出租车业务。原告刘某某在开出租车期间，经常与一女子同居，并将该女子带到家中公然同居。刘某某现在邓州市一汽车烤漆房打工，月工资3600元，被告无职业。刘某某与第三者同居后，想解除与谌某某的婚姻关系，遂向法院起诉要求离婚。庭审中，原告刘某某表示夫妻共同财产归被告所有。被告谌某某表示愿意解除和刘某某的婚姻关系，但要求原告刘某某赔偿其精神损害赔偿费30 000元。

训练目标

1. 能联系案情准确分析离婚后子女的抚养问题。

2. 能准确分析离婚损害赔偿制度。

3. 通过查找法律条文，学会处理法律纠纷，对该案作出准确判断。

训练方法

1. 学生分组进行讨论，先在本组形成意见。重点为：离婚后子女的抚养问题、抚养费的给付问题以及探望权问题；准确认定《民法典》第1091条的规定；了解离婚损害赔偿的条件；离婚损害赔偿是否可以包括精神损害赔偿。

2. 各小组进行交流、阐述本组意见，并共同分析得出结论。

训练步骤

1. 根据案例中涉及的事实，搜索相关法律规范。

2. 分析下面问题，判断当事人双方的主张是否有法律依据，形成初步的书面材料。

（1）过错方刘某某能否提出离婚的诉讼请求？法院是否应当支持其诉讼请求？

（2）婚生儿子应由谁抚养更合适？为什么？另一方是否应当支付抚养费？不直接抚养的一方是否享有探望权？

（3）无过错方谌某某在离婚诉讼中要求赔偿精神损失的诉求法院是否应予支持？

3. 按照原告、被告、法官分组，从各自立场展开讨论，并提炼总结。

单元八 收养制度

收养制度是我国婚姻家庭制度的重要组成部分。收养是一种重要的民事法律行为，旨在引起亲属关系的变更，使没有血缘关系的人之间产生法律上的拟制血亲关系。

《民法典》婚姻家庭编第五章共计 26 条，规定了我国的收养制度。全面规定了收养关系的成立应当符合的法定条件和法定程序、收养的原则、收养的效力及收养关系的解除。

知识目标

1. 了解我国收养制度的基本设置。
2. 了解收养关系成立的法定条件和法定程序。
3. 了解收养关系解除的条件和程序。

能力目标

1. 能正确判定收养关系是否成立。
2. 能熟知收养关系成立必须履行的法定程序。
3. 能熟知收养关系解除的方式和法定程序。

项目一 收养关系的成立

引例

2016 年 1 月，邓某（男，25 岁）和李某（女，23 岁）依法登记结婚。2017 年 4 月，两人生育一女。2019 年 8 月，两人因感情不和，自愿登记离婚。对于女儿，两人都以工作忙等理由拒绝抚养。两人在登记离婚后一个月，便与高某夫妇签订了收养协议，女儿由高某夫妇（两人均为 26 岁）收养。为防止双方后悔，两对年轻父母还准备到当地的公证机关进行公证。

问题：本案收养关系是否成立？收养协议是否合法有效？请结合收养制度说明理由。

基本理论

一、收养制度概述

（一）收养的概念

通常在两种不同的意义上使用"收养"一词：一是指收养行为，二是指收养关系。在婚姻家庭亲属法中，一般是从行为即法律事实的角度表述收养概念的。收养行为是指公民依照法律规定的条件和程序，收养他人的子女作为自己的子女，从而使没有父母子女关系的当事人之间产生法律拟制的父母子女关系的民事法律行为。在收养行为中，当事人是被收养人、收养人、送养人。

收养关系是基于收养行为的法律效力而发生的民事法律关系。在收养关系中，当事人是被收养人和收养人，前者为养父母，后者为养子女。作为收养关系的主体，相互间具有法定的权利义务。送养人虽然以其行为促成了收养关系的发生，但并非收养关系的主体。

（二）收养的特征

收养既然是一种民事法律行为，当然具有民事法律行为的共同特征。与此同时，收养还具有自身的、不同于其他民事法律行为的特征：

1. 收养行为的身份性。收养是一种身份法上的行为，是用来创设特定的身份关系的。收养关系只能发生在非直系血亲的自然人之间，并且只能限于长辈对晚辈。

收养是一种变更亲属关系及其权利义务的行为。通过收养，收养人和被收养人之间发生法律拟制的亲子关系，双方具有与自然血亲的父母子女相同的权利和义务。同时，养子女和生父母间的权利义务，则因收养的成立而消除，但基于血缘联系而发生的自然血亲关系仍然存在，仍受与自然血亲有关的法律规定所规制，比如直系血亲和三代以内旁系血亲禁止结婚等规定依旧适用。

收养既是养父母与养子女权利义务借以发生的法律事实，也是生父母与生子女权利义务得以终止的法律事实。而且，收养变更亲属关系及其权利义务的效力还依法及于父母子女以外的其他亲属。

2. 收养关系的可变性。收养行为创设的是拟制血亲的亲子关系，因而是可以依法解除的。基于收养的效力而发生的养父母子女关系，既可在符合法定条件时依照法定程序而成立，亦可在出现法定缘由时通过法定方式解除。这既是由收养行为的性质决定的，也是与自然血亲的亲子关系相区别的重要特征。

（三）收养与国家收容、养育孤儿、弃婴和儿童的区别

收养是一种特定的民事行为，须经有关当事人协议，依法成立。国家收容、养育孤儿、弃婴和儿童是一种行政法上的行为，是由有关机构依法实施的，在外国，这些机构由各地民政部门主管。另外，收养会变更亲属身份，收养人和被收养人之间产生父母子女的权利义务关系。而国家对孤儿、弃婴和儿童的收容、养育不会变更亲属身份，收容、养育机构和被收容人、被养育人间不产生父母子女的权利义务关系。

（四）收养与寄养的区别

寄养，是指父母出于某些特殊情形，不能与子女共同生活，无法直接履行抚养义务，因而委托他人代其抚养子女的行为。受托人和被寄养人间并不产生法律拟制的父母子女关系，亲属身份并未变更，权利义务亦未转移。此外，我国《民法典》第 1107 条规定："孤儿或者生父母无力抚养的子女，可以由生父母的亲属、朋友抚养；抚养人与被抚养人的关系不适用本章规定。"可见，收养与抚养也是不同的。

二、我国收养制度的基本原则

《民法典》第 1044 条、第 1104 条规定了我国收养制度的基本原则。具体来说，收养制度的基本原则可以概括如下：

（一）最有利于被收养人的原则

我国建立收养制度的首要目的就是为了保护被收养人的合法权益，为了保障未成年人的健康成长。通过收养的设立，被收养人重获在温暖的家庭生活中得到养父母的抚养教育、健康成长的机会。《民法典》中关于收养人、被收养人条件、能力的规定和收养关系解除的规定等，都体现了这一原则的要求。

（二）保障被收养人和收养人的合法权益原则

成立收养关系便使收养人和被收养人之间形成了拟制血亲的父母子女关系，必会涉及兼顾双方的利益，因此，《民法典》同时保障收养人和被收养人双方的合法权益的实现。比如《民法典》中关于收养的成立、收养的效力等规定都体现了这一原则的要求。

（三）双方平等自愿原则

收养关系是民事法律关系，应当遵循民事法律关系的基本准则——平等自愿原则。平等指收养关系双方的法律地位平等，权利义务平等；自愿指收养关系的成立或解除，必须是双方当事人的合意且意思表示真实；双方指具有完全民事行为能力的送养方和收养方，如果被收养人年满八周岁，除送养方和收养方达成合意外，还须征得被收养人的同意。

（四）不得违背社会公德原则

收养行为关系着当事人的个人利益和社会的公共利益，因此，确立收养不得违背社会公德的原则非常必要。比如，《民法典》规定的无配偶男性收养女性，双方年龄应相差 40 周岁以上；收养孤儿、残疾儿童或者社会福利机构抚养的查找不到生父母的弃婴和儿童，可以不受收养人无子女和收养 1 名的限制；收养人不履行抚养义务，有虐待、遗弃等侵害未成年养子女合法权益行为的，送养人有权要求解除养父母与养子女间的收养关系等规定，都反映了不得违背伦理和社会公德的原则要求。

（五）不得违背计划生育的法律、法规

计划生育政策是国策，姑且不讨论该政策的优劣，但目前实行计划生育依旧是我国的基本国策。我国《民法典》和《人口与计划生育法》规定，收养人应当具备的条件之一是无子女或者只有一名子女；但对于收养孤儿、残疾儿童或者社会福利机构抚养的查找不到生父母的弃婴和儿童，《民法典》第1100条第2款则规定可以不受收养人无子女和收养人数的限制，放宽了收养条件，体现出鼓励收养此类儿童之意；送养人不得以送养子女为理由违反计划生育的规定再生育子女。以上各项规定都体现了这一原则的要求。

法条链接

《民法典》第1044条：收养应当遵循最有利于被收养人的原则，保障被收养人和收养人的合法权益。

禁止借收养名义买卖未成年人。

第1098条：收养人应当同时具备下列条件：

（一）无子女或者只有一名子女；

（二）有抚养、教育和保护被收养人的能力；

（三）未患有在医学上认为不应当收养子女的疾病；

（四）无不利于被收养人健康成长的违法犯罪记录；

（五）年满30周岁。

第1100条：无子女的收养人可以收养两名子女；有子女的收养人只能收养一名子女。

收养孤儿、残疾未成年人或者儿童福利机构抚养的查找不到生父母的未成年人，可以不受前款和本法第1098条第1项规定的限制。

第1104条：收养人收养与送养人送养，应当双方自愿。收养8周岁以上未成年人的，应当征得被收养人的同意。

二、收养关系的成立

收养行为是民事法律行为的特定种类，收养的成立既要符合民事法律行为的一般规定，又要符合《民法典》中关于收养行为的专门规定。收养关系的成立，必须符合法律规定的条件和程序。收养关系成立应具备的法定条件，可称为收养关系成立的实质要件；收养关系成立应履行的法定程序，可称为收养关系成立的形式要件。

（一）收养关系成立的法定条件

1.被收养人的条件。我国《民法典》第1093条规定，下列未成年人可以被收养：

（1）丧失父母的孤儿。根据《民政部关于办理收养登记中严格区分孤儿与查找不到生父母的弃婴的通知》（1992 年 8 月 11 日）中所作的解释，孤儿是指其父母死亡或人民法院宣告其父母死亡的不满 14 周岁的未成年人。在特定情况下，比如对被拐卖的儿童，从保护未成年人的角度出发，对丧失父母可以作扩张解释，即可以包括无法找到父母的情形。

（2）查找不到生父母的未成年人。查找不到父母，一般为生父母，也可能是养父母。作为被收养人应以查找不到其父母为必要条件。

（3）生父母有特殊困难无力抚养的子女。生父母是否有特殊困难无力抚养子女，应根据当事人的具体情况来认定。一般来说，如父母出于经济负担能力、患有严重疾病、丧失民事行为能力等，以致无法或不宜抚育子女，均可视为有特殊困难无力抚养。

2. 送养人的条件。我国《民法典》第 1094 条规定，下列个人、组织可以作为送养人：

（1）孤儿的监护人。此处的监护人是指父母以外的对该未成年人有监护责任的人。根据我国《民法典》第 27 条第 2 款的规定，孤儿监护人的选定，应该按顺序由具有监护能力的祖父母、外祖父母，兄、姐，及其他愿意担任监护人的个人或者组织，但是须经未成年人住所地的居民委员会、村民委员会或者民政部门同意。

监护人送养受其监护的孤儿须受我国《民法典》第 1096 条规定的限制，即监护人送养孤儿的，须征得有抚养义务的人同意。有抚养义务的人不同意送养、监护人不愿意继续履行监护职责的，应当依照《民法典》第一编的规定变更监护人。此处"有抚养义务的人"是指有监护能力和抚养能力的祖父母、外祖父母、兄、姐。

法条链接

《民法典》第 27 条：父母是未成年子女的监护人。

未成年人的父母已经死亡或者没有监护能力的，由下列有监护能力的人按顺序担任监护人：

①祖父母、外祖父母；

②兄、姐；

③其他愿意担任监护人的个人或者组织，但是须经未成年人住所地的居民委员会、村民委员会或者民政部门同意。

第 1096 条：监护人送养孤儿的，应当征得有抚养义务的人同意。有抚养义务的人不同意送养、监护人不愿意继续履行监护职责的，应当依照本法第一编的规定另行确定监护人。

（2）儿童福利机构。儿童福利机构，主要指各地民政部门设立主管的收容、养育未成年孤儿和查找不到生父母的弃婴和儿童的社会福利院。这些机构实际履行监护未成年孤儿、弃婴和儿童的职责，所以可以成为送养人。

（3）有特殊困难无力抚养子女的生父母。以生父母作为送养人，应符合以下基本条件：

第一，《民法典》第1097条规定，生父母送养子女，应当双方共同送养。生父母一方不明或者查找不到的，可以单方送养。变更亲子法律关系事关重大，自然应要求父母双方均同意才可。单方送养只有在生父母一方死亡、生父母一方失踪或非婚生子女的生父不明等情况下才被法律所允许。但须受《民法典》第1108条规定的限制。

第二，《民法典》第1108条规定，配偶一方死亡，另一方送养未成年子女的，死亡一方的父母有优先抚养的权利。"死亡一方的父母"是指被送养人的祖父母、外祖父母。祖父母、外祖父母为第二顺序的抚养义务人，如果祖父母、外祖父母确有抚养孙子女、外孙子女的意愿和能力，自应赋予其优先抚养权。这一权利的行使是对生存父或母一方送养子女的法定障碍。

第三，《民法典》第1095条规定，未成年人的父母均不具备完全民事行为能力且可能对该未成年人有严重危害的，该未成年人的监护人可以将其送养。这是对监护人送养的限制，是出于保护不具备完全民事行为能力的父母权益的需要。一般情况下，父母丧失民事行为能力，变更亲子关系对父母是不利的，因为子女被收养后，便失去了可期待的受子女赡养扶助的权利。但出于对子女权益的保护，若父母对该未成年人有严重危害可能的，为避免子女受严重危害则可以送养。

3. 收养人的条件。我国《民法典》第1098条规定，收养人应当同时具备下列条件：

（1）无子女或者只有一名子女。无子女，包括未婚者无子女、已婚者尚无子女和因欠缺生育能力而不可能有子女、有生育能力而不愿生育等各种情形。子女包括婚生子女、非婚生子女和养子女。无子女的收养人可以收养两名子女，有子女的收养人只能收养一名子女。

（2）有抚养、教育和保护被收养人的能力。衡量收养人是否有抚养教育被收养人的能力，应从各方面进行综合考量，既要考虑收养人的经济负担能力，又要考虑其思想品德、健康等方面的问题。比如，行为人具有品德恶劣、行为不端、患精神病等不利于被收养人健康成长情形的，均应被认为欠缺抚养教育能力。

（3）未患有在医学上认为不应当收养子女的疾病。如果养父母身患传染病，极易危害养子女的身体健康；如果养父母身患重疾，生活不能自理，便无法履行抚养教育养子女的义务。这既是为了保障养子女的身心健康成长，也是收养人可以抚育养子女的前提。

（4）无不利于被收养人健康成长的违法犯罪记录。此处规定的违法犯罪记录应该是明显不利于被收养人健康成长的违法犯罪记录，例如实施家庭暴力、虐待、遗弃、强奸、拐卖妇女儿童等。在送养前，应该允许送养人向公安部门查询收养人是否存在此类违法犯罪记录。

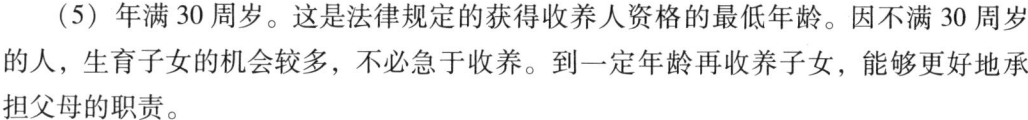

（5）年满 30 周岁。这是法律规定的获得收养人资格的最低年龄。因不满 30 周岁的人，生育子女的机会较多，不必急于收养。到一定年龄再收养子女，能够更好地承担父母的职责。

（6）其他规定。

第一，出于伦理道德的考虑和保护被收养人的需要，《民法典》第 1102 条规定，无配偶的男性收养女性的，收养人与被收养人的年龄应当相差 40 周岁以上。

第二，《民法典》第 1101 条规定，有配偶者收养子女，须夫妻共同收养。即夫妻双方若有一方拒绝收养的，另一方不得收养。

第三，《民法典》第 1100 条规定，无子女的收养人可以收养两名子女，有子女的收养人只能收养一名子女。这是为了保证收养人有足够的抚养教育条件。当然亦有法定的放宽情形，在后详细阐述。

4. 当事人必须有收养的合意。收养关系的成立，以有关当事人的意思表示一致为必要条件。根据《民法典》的规定，收养合意须满足以下要求：一是收养人收养与送养人送养，必须双方自愿。即双方须在平等自愿的基础上，达成有关成立收养的协议。有配偶者送养或收养子女，须夫妻共同送养或共同收养。收养儿童福利机构抚养的孤儿、弃婴和儿童，应当征得儿童福利机构的同意。二是收养年满 8 周岁以上未成年人的，应当征得被收养人的同意。8 周岁以上未成年人已具有部分民事行为能力，有自己独立的思想及一定的判断和识别能力，所以完全有必要征得其本人同意。

5. 收养条件的特别规定。我国《民法典》除了规定一般收养条件外，还规定了在若干具体情形下可适当放宽收养的条件：

（1）《民法典》第 1099 条第 1 款规定："收养三代以内旁系同辈血亲的子女，可以不受本法第 1093 条第 3 项、第 1094 条第 3 项和第 1102 条规定的限制。"据此，在收养兄弟姐妹、堂兄弟姐妹、表兄弟姐妹的子女时，条件可放宽：生父母无特殊困难、有能力扶养子女，其子女仍可为被收养人；生父母无特殊困难、有能力扶养子女的，也可为送养人；无配偶者收养三代以内旁系同辈血亲的子女，不受收养人与被收养人年龄相差 40 周岁以上的限制。

《民法典》第 1099 条第 2 款规定："华侨收养三代以内旁系同辈血亲的子女，还可以不受本法第 1098 条第 1 项规定的限制。"也就是如果收养人是华侨，除了适用本条第 1 款的规定外，还可不受是否有子女的限制，即使已有数名子女，仍可收养三代以内同辈旁系血亲的子女。

对于收养三代以内同辈旁系血亲的子女，可否超过 18 周岁，即成年人是否可以被收养，从我国的收养实践来看，如果包括收养 18 周岁以上的成年人，会更符合当事人双方的合法利益，也更符合我国的国情，同时，也尊重了我国长期以来民间存在的"过继"的传统。承认长期维持照顾关系的成年照料人和被照料人之间可成立收养关系，适用收养关系的权利和义务，有利于对照料人行为的肯定，符合社会道德准则，有利于保障双方当事人的合法权益。

（2）《民法典》第1100条第2款规定，收养孤儿、残疾未成年人或者儿童福利机构抚养的查找不到生父母的未成年人，可以不受收养人无子女和收养一名的限制。即只要有抚养教育能力，有子女的公民可收养一名或多名上述所列举的被收养人。

（3）《民法典》第1103条规定："继父或者继母经继子女的生父母同意，可以收养继子女，并可以不受本法第1093条第3项、第1094条第3项、第1098条和第1100条第1款规定的限制。"继父母收养继子女，以生父母同意为前提。继子女成为被收养人，可以不受"生父母有特殊困难无力抚养"的限制。继父母作为收养人，可以不受《民法典》第1098条对收养人的一般要求的规定限制，也不受"无子女或只有一名子女"的限制。

（4）隔代收养，即收养养孙，由于收养人与被收养人年龄过于悬殊或不同辈分，依伦理习惯，不宜将被收养人视为养子女，而应将其视为养孙子女。我国《民法典》未作明文规定，但1984年《最高人民法院关于贯彻执行民事政策法律若干问题的意见》（已失效）规定："收养人收养他人为孙子女，确已形成养祖父母与养孙子女关系的，应予承认。解决收养纠纷或有关权益纠纷时，可依照婚姻法关于养父母与养子女的有关规定，合情合理地处理。"可见，隔代收养与养父母子女关系只是称谓不同，其他都适用养父母与养子女的有关规定。

（二）收养关系成立的形式要件

收养成立的形式要件即收养关系成立的程序，是指收养关系成立应当履行法定手续。变更亲子关系事关重大，故各国法律均认为收养为要式法律行为，只有符合法定形式，收养关系才能成立，收养的法律效力才能产生。我国《民法典》规定成立收养关系的法定程序是办理收养登记，同时以收养协议及收养公证为补充。县级以上人民政府民政部门应当依法进行收养评估。

1. 收养登记程序。《民法典》第1105条规定，收养应当向县级以上人民政府民政部门登记。收养关系自登记之日起成立。收养查找不到生父母的未成年人的，办理登记的民政部门应当在登记前予以公告。收养关系当事人愿意签订收养协议的，可以签订收养协议。收养关系当事人各方或者一方要求办理收养公证的，应当办理收养公证。县级以上人民政府民政部门应当依法进行收养评估。

（1）办理收养登记的机关。办理收养登记的法定机关是县级以上人民政府民政部门。根据《中国公民收养子女登记办法》的规定，收养登记的管辖因被收养人情况不同，可分为：①收养儿童福利机构抚养的查找不到生父母的未成年人和孤儿的，在儿童福利机构所在地的收养登记机关办理登记。②收养非儿童福利机构抚养的查找不到生父母的未成年人的，在未成年人发现地的收养登记机关办理登记。③收养生父母有特殊困难无力抚养的子女或者由监护人监护的孤儿的，在被收养人生父母或者监护人常住户口所在地（组织作监护人的，在该组织所在地）的收养登记机关办理登记。④收养三代以内旁系同辈血亲的子女，以及继父或者继母收养继子女的，在被收养人生父或者生母常住户口所在地的收养登记机关办理登记。

（2）收养登记的具体程序。收养登记的具体程序可分为申请、审查和登记三个步骤。

第一，申请。办理收养登记时，收养关系当事人应当亲自到收养登记机关办理成立收养关系的登记手续，即当事人必须亲自到场，直接向收养登记机关工作人员作出收养的意思表示。首先，夫妻共同收养子女的，应当共同到收养登记机关办理登记手续；一方因故不能亲自前往的，应当书面委托另一方办理登记手续，委托书应当经过村民委员会或者居民委员会证明或者经过公证。其次，送养人是公民的，须送养人亲自到收养登记机关作出送养子女的意思表示；送养人是儿童福利机构的，须由负责人或委托代理人到收养登记机关作出同意送养的意思表示。最后，被收养人如果已年满8周岁，应当亲自到收养登记机关作出愿意被收养的意思表示。

申请收养登记时，收养人应当向收养登记机关提交收养申请书。收养申请书应包括以下内容：收养人基本情况、送养人基本情况、被收养人基本情况、收养的目的、收养人作出的不虐待、不遗弃被收养人和抚育被收养人健康成长的保证。

申请办理收养登记时，收养人和送养人应当提供相应的证件和证明材料。具体包括：收养人的居民户口簿和居民身份证；由收养人所在单位或者村民委员会、居民委员会出具的本人婚姻状况、有无子女和抚养教育被收养人的能力等情况的证明；县级以上医疗机构出具的未患有在医学上认为不应当收养子女的疾病的身体健康检查证明。收养查找不到生父母的未成年人的，还应当提交收养人经常居住地计划生育部门出具的收养人生育情况证明；其中收养非儿童福利机构抚养的查找不到生父母的未成年人的，收养人还应当提交下列证明材料：收养人经常居住地计划生育部门出具的收养人无子女或者只有一名子女的证明；公安机关出具的捡拾未成年人报案的证明。收养继子女时，可以只提交居民户口簿、居民身份证和收养人与被收养人生父或者生母结婚的证明。

送养人应当提交下列证件和证明材料：送养人的居民户口簿和居民身份证（组织作监护人的，提交其负责人的身份证件）；法律规定送养时应当征得其他有抚养义务的人同意的，应一并提交其他有抚养义务的人同意送养的书面意见。儿童福利机构为送养人的，还应当提交未成年人进入社会福利机构的原始记录，公安机关出具的捡拾未成年人报案的证明，或者孤儿的生父母死亡或者宣告死亡的证明。监护人为送养人的，应当提交实际承担监护责任的证明，孤儿的父母死亡或者宣告死亡的证明，或者被收养人生父母无完全民事行为能力并对被收养人有严重危害的证明。生父母为送养人的，应当提交与当地计划生育部门签订的不违反计划生育规定的协议；有特殊困难无力抚养子女的，还应当提交其所在单位或者村民委员会、居民委员会出具的送养人有特殊困难的证明。其中，因丧偶或者一方下落不明由单方送养的，还应当提交配偶死亡或者下落不明的证明；子女由三代以内旁系同辈血亲收养的，还应当提交公安机关出具的或者经过公证的与收养人有亲属关系的证明。被收养人是残疾未成年人的，应当一并提交县级以上医疗机构出具的该未成年人的残疾证明。

第二，审查。收养登记机关收到收养登记申请书及有关材料后，应当自次日起30日内进行审查。审查的主要内容包括：收养申请人是否符合收养法所规定的收养人条件和其收养目的是否正当；被收养人、送养人是否符合收养法所规定的被收养人、送养人条件；证明材料是否真实有效；当事人申请收养的意思表示是否真实等。

第三，公告。收养查找不到生父母的未成年人的，收养登记机关应当在登记前公告查找其生父母；自公告之日起满60日，未成年人的生父母或者其他监护人未认领的，视为查找不到生父母的未成年人，方能办理收养登记。公告期间不计算在登记办理期限内。

第四，登记。经审查后，收养登记机关对申请人证件齐全有效、符合《民法典》规定的收养条件的，应当为当事人办理收养登记，发给收养登记证，收养关系自登记之日起成立；对不符合收养法规定条件的，不予登记，并对当事人说明理由。

收养关系成立后，需要为被收养人办理户口登记或者迁移手续的，由收养人持收养登记证到户口登记机关按照国家有关规定办理。

2. 收养协议。《民法典》第1105条第3款规定："收养关系当事人愿意签订收养协议的，可以签订收养协议。"

收养协议是指收养关系当事人之间依照法律规定的条件自愿订立的，关于同意成立收养关系的协议。订立收养协议应当符合下列各项要求：①订立收养协议的当事人，即收养人、被收养人、送养人均符合法律规定的收养成立的条件；②收养协议的主要条款应当包括收养人、送养人、被收养人的基本情况，收养的目的，收养人作出的不虐待、不遗弃被收养人和抚育被收养人健康成长的保证，及其他双方要求订立的内容；③收养协议的形式应当为书面协议。

收养协议自收养关系当事人正式签订之日起生效，但当事人约定收养关系自协议生效之日起成立，而不办理收养登记的，收养关系不成立。可见收养登记是成立收养关系的必经法定程序。

3. 收养公证。《民法典》第1105条第4款规定，收养关系当事人各方或者一方要求办理收养公证的，应当办理收养公证。

收养公证是根据收养关系当事人各方或者一方的要求，由公证机关对其订立的收养协议依法作出的公证证明。关于收养公证须明确下列问题：①收养公证的办理并不是成立收养关系的必经法律程序，只有在收养关系当事人要求办理收养公证的情况下，才依法予以办理；②办理收养公证时，公证机关应当对申请收养公证的当事人的条件和收养协议的内容的合法性进行审查。经审查后，认为收养人、被收养人、送养人均符合法律规定的条件，收养协议的内容合法有效的，才能予以办理公证证明。但办理收养公证后未办理收养登记的，收养关系不成立；③公证机关对收养公证的文件应当妥善保管。

4. 收养评估。《民法典》第 1105 条第 5 款规定的收养评估，指县级以上人民政府民政部门对收养申请、收养登记、收养后抚育等全过程进行规范和监督，依法对申请人及其家庭成员的抚育能力进行收养评估评定，并出具书面的评估报告。

（三）与收养关系成立相关的其他规定

1. 《民法典》第 1107 条规定，孤儿或者生父母无力抚养的子女，可以由生父母的亲属、朋友抚养；抚养人与被抚养人的关系不适用收养关系。即子女可由生父母亲朋代为抚养但不适用收养关系的法律规定。这种抚养，并不具有收养的性质，不变更亲子关系，抚养人和被抚养人之间不发生养父母子女关系的权利和义务。

2. 送养人不得以送养子女为理由违反计划生育的规定再生育子女。这是符合我国当前计划生育的基本国策的规定，如果没有此项规定，势必会让一部分人为了再生育而去送养子女。

3. 《民法典》第 1044 条规定，禁止借收养名义买卖未成年人。严禁买卖或者借收养名义买卖未成年人。这是为了更好地保护儿童的合法权益的规定，借收养名义拐卖儿童或出卖亲生子女，构成犯罪的，将依法追究刑事责任。

4. 《民法典》第 1110 条规定，收养人、送养人要求保守收养秘密的，其他人应当尊重其意愿，不得泄露。收养人、送养人有权要求保守收养秘密，其他任何人不得泄露该收养秘密。这是基于保护公民隐私权的规定，有利于稳定收养关系，使收养家庭能跟自然家庭一样健康和睦，保持收养人和被收养人的家庭和睦。

引例分析

本案主要涉及邓某、李某和高某夫妇签订的收养协议是否有效的问题。就本案而言，邓某、李某与高某夫妇签订的收养协议是无效的，因为送养人和收养人均不符合《民法典》规定的条件。生父母作为送养人必须是有特殊困难无力抚养子女的，在本案中，邓某、李某并不存在抚养困难问题。同时，收养人必须年满 30 周岁，但本案中双方在签订收养协议时，高某夫妇均不满 30 周岁，不符合法律关于收养人年龄的要求。在本案中，因不符合送养和收养的法定条件，公证机关不可以为收养协议办理公证。

相关法律规范

1. 《民法典》第 27、1044、1104、1105、1107～1108、1093～1113 条。

2. 《中国公民收养子女登记办法》。

3. 《外国人在中华人民共和国收养子女登记办法》。

思考与练习

1. 收养关系成立的实质要件有哪些？

2. 收养关系成立的法定程序有哪些?

3. 收养与寄养有何不同?

拓展阅读

收养制度的历史沿革

一、收养制度的演变过程

收养制度由来已久,早在原始社会就已经存在收养现象。进入阶级社会以后,随着法律制度的出现,收养制度也成为亲属法律制度中不可缺少的组成部分。收养作为一项法律制度,受到经济、政治等诸多因素的影响和制约。

设立收养制度的目的,从世界范围来看,依时代、国家的不同而有所不同,经历了长期的发展演变过程;从收养的历史发展来看,先后经历了"为族的收养、为家的收养、为亲的收养、为子女的收养"几个阶段。

原始社会的收养,是为族的收养。在原始社会,收养制度相当盛行。恩格斯谈道:"氏族可以收养外人入族","男子可以提议收养外人为兄弟或姊妹;女子可以提议收养外人为自己的孩子。"[1] 为了确认收养关系,必须举行入族典礼。这时的收养带有朴素的色彩,收养的目的完全是为了本氏族的利益。

到了奴隶社会特别是封建社会,受宗法制度的影响,收养制度主要是由于财产继承的需要而产生,为了宗祧继承的需要而设置的。收养制度基于家族法的血统继承原理而产生,因为在实际生活中难免有缺乏血缘承继的现象发生。于是,罗马法率先创设了收养制度,唯家长有收养权。这个时期的收养,主要是为了家长制家庭的利益而进行,所以被称作"为家的收养"。

随着资本主义的产生和发展,宗法家族制度走向解体,人们的利益追求走向个体化。"为家的收养"已失去实际意义,逐渐转变成为个人的利益需要而收养。收养的目的主要是为了自己年老有人养和财产有后人继承。由于这种关系拟制成为父母子女型亲属关系,所以这种收养被称作"为亲的收养"。如 1804 年法国、1896 年德国的民法典,均设立有严格的收养制度。由于收养的主动权多在收养人一边,收养人为了自己的利益,往往出现损害被收养人权益的现象。

以两次世界大战为契机,人们的收养目的发生了变化,出现了为救济战争孤儿、非婚生子女,向这些不幸儿童提供家庭温暖的"为子女的收养"。当今,强调为儿童的利益而收养,已成为世界各国亲属立法的共同趋势。

二、中国封建时代的收养制度

在我国古代宗法制度下,实行以男性为中心的宗祧制度。其收养制度亦分为"立嗣"和"乞养"两类。

_____

〔1〕 参见《马克思恩格斯选集》(第 4 卷),人民出版社 1972 年版,第 83~84 页。

立嗣，指男子无子，允许立同宗辈分相当的他人之子为嗣子。立嗣又称"过继"或"过房"。在中国古代的宗法制度下，立嗣是收养的一种特殊形式，也是一种主要的形式。立嗣的特殊性主要表现在：立嗣的目的是继承宗祧，按照封建礼、法的规定，只有男子无子才可立嗣，以便承继宗祧；只能立同宗辈分相当的男性成员为嗣子，立嗣的人员一般为侄子。《唐律疏议》指出："依户令，无子者听养同宗于昭穆相当者。"《明律》《清律》进一步规定：按先亲后疏、先近后远的原则排列立嗣的顺序。不得立女子为嗣，也不得立异姓子乱宗。可以"兼祧"，可以"继绝"。兼祧——按《清律》规定，如果被立为嗣子的人是独子，又排在立嗣顺序的最前面，只要两家同意，又经族人证明，可以同时作为两家的继承人。两家可各为其娶妻，以传宗接代。继绝——是无子的男子生前未立嗣的，死后可由其妻子或其父母等长辈代其立嗣。嗣子与嗣父母之间的关系允许被解除，称为"退继"。虽说继嗣是继承死者的祭祀权，实际上是继承死者财产。故为后世所不取。

乞养指非亲属性质的收养。唐律称收养，明清律称乞养。中国早期封建法律严禁收养异姓男子为嗣。但允许在特殊情况下的收养。《唐律·户律》中始为规定："其遗弃小儿，年三岁以下，虽异姓，听收养，即从其姓。"《唐律疏议》中的解释是，三岁以下小儿，受本生父母遗弃，若不听收养，即性命将绝；故作为例外，虽异姓，听收养，而改其姓。乞养主要基于怜悯之心，与立嗣不同。无论同姓异姓，不分男女，均可收养。乞养的对象，法律规定为三岁以下的弃儿，实际不受此限。收养人称为义父母，被收养人称为义子女。义子与义父之间不得发生宗祧和财产继承关系，也不得以无子为由将义子立为嗣子。但允许酌情分给一定的财产。可见，立嗣的效力高于乞养，嗣子的地位高于义子女。

立嗣制度一直延续到半殖民地半封建的旧中国。国民党政府的民法虽未规定立嗣制度，实际生活中仍然盛行立嗣习俗。1930年的《民法》亲属编，在法律形式上实现了收养制度的近代化，但有关规定中仍有歧视养子女内容。比如，关于养子女的继承问题，在顺序上虽与婚生子女相同，但继承份额仅为婚生子女的一半。

三、中华人民共和国的收养制度

中华人民共和国成立后，收养制度也随着中国社会政治、经济制度的变革而发生了深刻的变化。但这种变化是在建国以后的40多年实践中逐步实现的。这一变化过程，经历了以下几个阶段：

1. 收养制度萌芽阶段：建国初期至1970年代。1950年《婚姻法》虽然承认和保护了合法的收养关系，但对于收养关系的成立、效力、终止等问题缺乏具体的规定。综合建国初期最高人民法院在收养、亲属、继承等有关问题的批复中关于收养关系的规定，可概括为以下几个方面：废除封建宗法的立嗣制度；承认事实上的收养关系；收养应由收养一方和送养一方根据自愿原则，订立收养契约；收养关系一经成立，不能单方任意取消，只能由双方协议或经法院判决解除。

2. 收养制度的发展提高阶段：1970 年代末至 1980 年代末。其间，主要有以下政策、法律调整收养法律行为：1979 年 2 月《最高人民法院关于贯彻执行民事政策法律的意见》（以下简称《意见》），规定了收养的条件、程序；规定了因养父母或生父母一方反悔、养父母与成年养子女关系恶化，而要求解除收养的处理原则。1980 年《婚姻法》第 20 条，以立法形式明确了收养成立的效力。1984 年最高人民法院对 1979 年《意见》中关于收养问题的规定进行了修订，并增加了下述新内容：承认事实收养和养祖孙关系；补充规定了解除收养的条件及其经济、人身方面的法律后果。此外，地方性法规也对收养条件作了相应规定。

3. 收养制度的完备阶段：1990 年代初至今。1991 年 12 月 29 日，第 7 届全国人民代表大会常务委员会第 23 次会议通过了《中华人民共和国收养法》，该法自 1992 年 4 月 1 日起施行。至此，新中国的收养制度终于以法律形式固定下来。我国的收养制度进入健全、系统、完备的阶段。1998 年 11 月 4 日，第 9 届全国人民代表大会第 5 次会议通过了《关于修改〈中华人民共和国收养法〉的决定》，修改后的《收养法》自 1999 年 4 月 1 日起施行。该法共 6 章，计 34 条，分别规定了总则、收养关系的成立、收养的效力、收养关系的解除、法律责任和附则。修改的内容主要涉及两个方面：一是收养条件适当放宽，从而改变了事实收养增多的现象；二是进一步完善了收养程序，国内收养与涉外收养，由民政部门统一登记办理。

新中国的收养制度，概括起来，主要有以下几个特点：一是以保护未成年人的利益为目的和职能；二是收养的实质要件向有利于孤儿、弃儿、残疾儿、非婚生子女的方向发展；三是为了保证收养目的的实现，国家对收养方式实施监督和干预政策。

在我国，立嗣制度已被彻底废除。收养制度在家庭生活和社会生活中起着不可或缺、非常重要的地位。我国的收养既是为子女的，也是为父母的。

项目二　收养的效力及收养关系的解除

引例

王某和李某于 1980 年结婚，李某一直未孕，后二人去医院检查发现王某先天不孕。1984 年，王某父母做主，将王某远房堂兄弟的儿子抱来作为王某的儿子，取名王某祖。在收养王某祖之后，王某夫妇对他疼爱有加，非常细心地将王某祖抚养成人。王某祖一直都不知道自己的身世。2009 年王某祖与李某非常不满意的张某结婚，之后李某与张某经常因为家庭琐事而吵架。李某一气之下说出王某祖的身世，随后王某祖和张某搬出单独居住。王某夫妇求和无果，双方只能达成协议，解除收养关系，但协议并未提及对王某夫妇的赡养问题。

2011 年，王某因病去世。由于李某没有退休金，家庭无固定生活来源，加之李某身体欠佳，无法通过劳动获得收入，李某只好向王某祖夫妇请求支付赡养费。王某祖夫妇则以收养关系已经解除为由不肯支付赡养费。于是，李某向人民法院提起诉讼。

问题：王某祖与王某夫妇是否可以解除收养关系？本案是以什么方式解除收养关系的？王某祖是否应该支付李某的生活费用？

基本理论

一、收养的效力

收养的法律效力，是指收养关系成立所引起的法律后果。根据《民法典》第1111条的规定，可将收养的效力分为拟制效力和解销效力。另外，《民法典》第1113条也对无效收养行为及其法律后果作了明确的规定。

法条链接

《民法典》第1111条：自收养关系成立之日起，养父母与养子女间的权利义务关系，适用本法关于父母子女关系的规定；养子女与养父母的近亲属间的权利义务关系，适用本法关于子女与父母的近亲属关系的规定。

养子女与生父母以及其他近亲属间的权利义务关系，因收养关系的成立而消除。

第1113条：有本法第一编关于民事法律行为无效规定情形或者违反本编规定的收养行为无效。

无效的收养行为自始没有法律约束力。

（一）收养的拟制效力

收养的拟制效力，又称收养的积极效力，是指收养依法创设新的亲属关系及权利义务的效力。按照我国《民法典》的规定，收养的拟制效力不仅及于养父母与养子女，也及于养子女与养父母的近亲属。

1. 养父母与养子女间形成法律拟制的父母子女关系。《民法典》第1111条第1款规定："自收养关系成立之日起，养父母与养子女间的权利义务关系，适用本法关于父母子女关系的规定。"也就是基于收养的拟制效力，养父母子女关系与自然血亲的父母子女关系具有同等的法律地位，在亲子间的权利义务是完全相同的。自然血亲的父母子女间的抚养教育、赡养扶助、继承问题、姓氏问题等，都同样适用于养父母与养子女之间。

2. 养子女与养父母的近亲属间形成相应的拟制血亲关系。《民法典》第1111第1款规定："养子女与养父母的近亲属间的权利义务关系，适用本法关于子女与父母的近亲属关系的规定。"也就是说，收养关系成立后，养子女与养父母的父母间，可形成祖孙间的权利义务关系；养子女与养父母的子女间，可形成兄弟姐妹间的权利义务关系。养子女与养父母的近亲属间形成相应的拟制血亲关系，在一定的条件下，养子女与养父母的近亲属有相互扶养的义务及继承遗产的权利，适用《民法典》婚姻家庭编和继承编的相关规定。

（二）收养的解销效力

收养的解销效力，又称收养的消极效力，是指收养依法终止原有的亲属关系及其权利义务的效力。可分为完全收养情况的解销和不完全收养情况的解销两种形式。在完全收养情况下，养子女与生父母及其他近亲属间的权利义务关系基于收养的效力而消除；在不完全收养情况下，养子女与生父母及其他近亲属间仍保有法定的权利义务关系，不会因为收养关系的成立而消除。

按照我国《民法典》的规定，我国的收养属于完全收养，收养的解销效力及于养子女与生父母，同时也及于养子女与生父母以外的其他近亲属。

1. 养子女与生父母间的权利义务关系消除。《民法典》第 1111 条第 2 款规定，养子女和生父母间的权利和义务，因收养关系的成立而消除。由该条可知，收养的解销效力消除的仅为法律意义上的父母子女关系，即相互间的权利义务，并不消除自然血亲的父母子女关系。生父母子女间的直系血缘关系不会因任何行为而改变。所以，法律关于禁婚亲的规定同样适用于养子女与生父母。

2. 养子女与生父母以外的其他近亲属间的权利义务关系消除。养子女与生父母及其他近亲属间的权利义务关系，因收养关系的成立而消除。也就是子女被他人收养后，其与生父母的父母不再具有祖孙间的权利义务关系；与生父母的子女不再具有兄弟姐妹间的权利义务关系。当然，消除的也仅是法律上的权利和义务，相互间的自然血亲关系依旧存在。我国《民法典》等法律关于禁止直系血亲和三代以内旁系血亲结婚的规定同样适用于养子女与生父母以外的其他近亲属。

（三）无效收养行为

无效收养行为是欠缺收养成立的法定实质要件、形式要件的收养行为。因欠缺法定要件，收养行为不具有收养的法律效力，而成为一种无效民事行为。

依据《民法典》第 1113 条的规定可知，如果收养行为有总则编关于民事法律行为无效规定情形或者违反婚姻家庭编规定的，收养行为无效。无效的收养行为自始没有法律约束力。故判断收养行为有效与否，应以有关民事法律行为效力的规定和有关收养关系成立要件的规定为依据。

1. 无效收养的原因。根据《民法典》的规定，下列收养行为无效：①收养人、送养人不具有完全民事行为能力；②当事人即收养人、被收养人、送养人不符合法律规定的收养条件；③当事人欠缺收养的合意或非其真实意愿；④不符合法律规定的形式要件；⑤违反法律规定的收养条件或损害社会公共利益。

我国《民法典》对欠缺法定要件的收养行为采用单一的无效制。

2. 确认收养无效的程序。根据《民法典》及《中国公民收养子女登记办法》的规定，确认收养无效的程序有两种，即人民法院依诉讼程序确认收养无效和收养登记机关依行政程序确认收养无效。

（1）依诉讼程序。依诉讼程序确认收养无效有以下两种情形：①当事人或利害关系人提出请求确认收养无效之诉，由人民法院依法判决收养行为无效；②人民法院在审理有关案件（如赡养、抚养、监护、法定继承等纠纷）的过程中，发现无效收养行为，主动确认收养无效。

（2）依行政程序。根据《中国公民收养子女登记办法》的规定，收养关系当事人弄虚作假骗取收养登记的，收养关系无效，由收养登记机关撤销登记，收缴收养登记证。

3. 收养无效的法律后果。收养行为被人民法院确认无效的，从行为开始时起就没有法律效力。收养行为被收养登记机关依行政程序确认无效的，亦是从行为开始时起就没有法律效力。一经确认无效即是自始无效，且收养无效具有溯及既往的效力，这是关于确认收养无效和收养关系解除的重要区别。

无效收养不发生收养的法律后果，当事人预期的目的不能实现。根据不同情况，除了产生无效民事行为后果，无效收养行为主体有违法、犯罪的情形时，还会产生行政法和刑法上的后果，当事人应当承担无效收养的相应的民事、行政、刑事责任。

二、收养关系的解除

收养关系的解除，是指收养关系成立后，根据当事人的合意或法定的理由，将已经存在的收养关系加以解除的法律行为。

收养关系的解除与收养关系的终止不是同一概念。收养关系终止的原因有两方面：一是因收养人或被收养人死亡而终止；二是通过法律手段人为解除而终止。可见，收养关系的解除是狭义的概念，收养关系的终止是广义的概念。

收养关系的解除与收养关系的无效的区别在于：收养关系的解除是以收养的有效存在为前提的，一旦依法解除，从解除之日起即失去法律效力；而收养关系的无效，是指收养成立时，因缺乏收养成立的有效要件而导致收养关系自始无效的制度。

根据我国《民法典》第1114条、第1115条的规定，收养关系的解除有两种形式：一是依当事人的协议而解除；二是依当事人一方的要求而解除。

《民法典》第1114条：收养人在被收养人成年以前，不得解除收养关系，但是收养人、送养人双方协议解除的除外。养子女8周岁以上的，应当征得本人同意。

收养人不履行抚养义务，有虐待、遗弃等侵害未成年养子女合法权益行为的，送养人有权要求解除养父母与养子女间的收养关系。送养人、收养人不能达成解除收养关系协议的，可以向人民法院提起诉讼。

第1115条：养父母与成年养子女关系恶化、无法共同生活的，可以协议解除收养关系。不能达成协议的，可以向人民法院提起诉讼。

（一）收养关系的解除方式

1. 协议解除。协议解除，是指收养关系当事人通过协商达成解除收养关系的合意。《民法典》第1114条第1款规定，收养人在被收养人成年以前，不得解除收养关系，但收养人、送养人双方协议解除的除外，养子女年满8周岁以上的，应当征得本人同意。第1115条规定，养父母与成年养子女关系恶化、无法共同生活的，可以协议解除收养关系。由此可见，收养关系当事人可以协议解除收养关系，但必须符合法律规定的条件和程序，同时也应当尊重当事人的共同意愿。

（1）协议解除的条件。包括：①在被收养人成年以前，解除收养关系须收养人、送养人双方同意，达成一致的意思表示，养子女年满8周岁以上的，应当征得本人同意；②在被收养人成年后，解除收养关系须征得收养人、被收养人双方同意，意思表示须一致。③协议解除收养关系的，当事人应就解除后的财产和生活问题一并达成协议。

（2）协议解除的程序。《民法典》第1116条规定，当事人协议解除收养关系的，应当到民政部门办理解除收养关系的登记。收养关系当事人协议解除收养关系的，应当持居民户口簿、居民身份证、收养登记证和解除收养关系的书面协议，共同到被收养人常住户口所在地的收养登记机关办理解除收养关系登记。收养登记机关收到解除收养关系登记申请书及有关材料后，应当自次日起30日内进行审查；对符合《民法典》规定的，应当为当事人办理解除收养关系的登记，收回收养登记证，发给解除收养关系证明。

2. 诉讼解除。诉讼解除，是指当事人不能达成解除收养关系协议的，一方可向人民法院提出诉讼，通过诉讼程序解除收养关系。《民法典》第1114条第2款规定，收养人不履行抚养义务，有虐待、遗弃等侵害未成年养子女合法权益行为的，送养人有权要求解除养父母与养子女间的收养关系。送养人、收养人不能达成解除收养关系协议的，可以向人民法院起诉。第1115条规定，养父母与成年养子女关系恶化、无法共同生活的，可以协议解除收养关系。不能达成协议的，可以向人民法院起诉。据此，收养人、送养人和成年养子女均可在具有法定理由的情形下，向人民法院提出解除收养关系的诉讼请求。

（1）诉讼解除的条件。①在养子女成年前，收养人不履行抚养义务，有虐待、遗弃等侵害未成年养子女合法权益的行为。只有出现这种情况且送养人与收养人间无法达成解除协议时，送养人才有权要求通过诉讼方式解除养父母与养子女间的收养关系。这里只有送养人有权提出，收养人是无权向人民法院提起诉讼的。②在养子女成年后，养父母与养子女关系恶化、无法共同生活的，可以协议解除收养关系。不能达成协议的，双方均可向人民法院起诉解除收养关系。

（2）诉讼解除的程序。当事人一方要求解除收养关系的，应当依诉讼程序办理。人民法院在受理解除收养关系的案件时，应当查明有关事实，以保护当事人特别是未成年人和老人的合法权益为出发点进行考量，首先应对纠纷进行调解，调解无效时，依法作出准予或不准予解除收养关系的判决。依诉讼程序解除收养关系的，收养关系自准予解除收养的调解书或判决书生效之日起解除。

（二）解除收养关系的法律后果

1. 有关当事人的身份及权利义务的变更。《民法典》第1117条规定，收养关系解除后，养子女与养父母及其他近亲属间的权利义务关系即行消除，与生父母及其他近亲属间的权利义务关系自行恢复，但成年养子女与生父母及其他近亲属间的权利义务关系是否恢复，可以协商确定。

由此可知，解除收养关系的直接法律后果是养父母子女关系及养子女与养父母的近亲属关系的终止，不再具有相互间的权利义务关系。同时，未成年的被收养人与生父母及其他近亲属间的权利义务关系自行恢复。如果被收养人已成年，可与生父母协商确定是否恢复相互间的权利义务关系，若恢复，则该子女与其他近亲属间的权利义务关系亦随之恢复。

2. 解除收养关系后的财产问题的处理。《民法典》第1118条规定，收养关系解除后，经养父母抚养的成年养子女，对缺乏劳动能力又缺乏生活来源的养父母，应当给付生活费。因养子女成年后虐待、遗弃养父母而解除收养关系的，养父母可以要求养子女补偿收养期间支出的生活费和教育费。生父母要求解除收养关系的，养父母可以要求生父母适当补偿收养期间支出的生活费和教育费，但因养父母虐待、遗弃养子女而解除收养关系的除外。

由该条可知：一是成年养子女对抚养自己成人且缺乏劳动能力又缺乏生活来源的养父母即使解除收养关系仍有给付生活费的义务。关于生活费的数额，应就养父母的实际生活需要和成年养子女的负担能力而定，并且不低于当地居民平均的生活费用标准。二是养父母的补偿请求权得分情形对待，向成年养子女主张须出现养子女成年后虐待、遗弃养父母而解除收养关系的情况；向生父母主张，前提是生父母要求解除收养关系，但因养父母虐待、遗弃养子女而解除收养关系的，养父母丧失补偿请求权。

▦▦▦ **引例分析**

　　王某祖与王某夫妇可以解除收养关系。本案以协议方式解除收养关系。尽管王某祖与李某已解除了收养关系，但是根据《民法典》第1118条的规定，收养关系解除后，经养父母抚养的成年养子女，对缺乏劳动能力又缺乏生活来源的养父母，应当给付生活费。王某祖从小就被王某和李某收养并抚养成人，因此王某祖应当按月支付李某生活费。

▦▦▦ **相关法律规范**

　　1. 《民法典》第1111～1118条。

　　2. 《中国公民收养子女登记办法》。

　　3. 《外国人在中华人民共和国收养子女登记办法》。

▦▦▦ **思考与练习**

　　1. 收养关系的成立有何法律效力？

　　2. 简述无效收养的原因及后果。

　　3. 收养关系解除的条件和程序是什么？

　　4. 收养关系解除会引起什么法律后果？

▦▦▦ **拓展阅读**

夫妇私自收养婴儿　两年心血白费被判收养无效

　　武穴市梅川镇某村村民乐某夫妇，为享受天伦之乐，私自收养他人送养的婴儿。不料两年后，婴儿父母反悔将乐某夫妇诉至法院。3月14日，武穴市人民法院依法确认乐某与婴儿的收养关系无效。

　　2010年11月，湖北省武穴市女子吴某与广西籍男子倪某在外务工同居时生子倪某海。后因双方发生争吵分居，吴某遂将倪某海带回武穴市娘家抚养。2011年3月，吴某在家庭和经济的双重压力下，在未征得倪某同意的情况下，单方将孩子倪某海送给乐某夫妇收养。2012年10月，吴某与倪某重新和好并准备结婚，要求乐某夫妇交还倪某海，遭乐某夫妇拒绝。吴某遂将乐某夫妇告上法院。

　　我们认为，根据《中华人民共和国收养法》的规定，被收养人、送养人、收养人以及送养条件都必须符合相应的法律规定，并应当在县级以上人民政府的民政部门进行登记。吴某送养倪某海时，未经倪某同意，违反了《收养法》第10条第1款的规定，依法应确认乐某夫妇与倪某海的收养关系无效。

情境训练　收养的效力及相关纠纷处理

情景案例

　　周某出身农村，但通过自己努力，毕业后很快成为一家公司的项目经理。1997 年与岳某结婚，婚后生有一子，取名周甲。后来周某多次利用工作之便侵吞公司钱款，合计人民币 35 万元。在 1999 年 12 月的审计检查中被发现，周某被判处有期徒刑 10 年。岳某因长期受此事折磨，于 2000 年 7 月精神失常，被送进精神病院；又因岳某的父母患有严重的心脏病，周甲（送幼儿园全托）周末便由邻居刘某（女，26 岁）代为照看。刘某后因忙于结婚，在未征得岳某及其父母的同意、又没有通知周某的情况下，将 3 岁的周甲送给了非常喜爱孩子且无子女的李某夫妇（二人均已超过 45 周岁）收养。周某的父母得知孙子被送养后，马上找到李某夫妇，要求将周甲领回。李某坚决不同意，并出示了收养协议书（但未办理收养登记）。周某的父母无奈之下，起诉到法院，要求解除李某夫妇与周甲的收养关系，自己履行对周甲的抚养义务。

训练目标

　　1. 能全面准确、详尽地分析问题，各知识点掌握透彻。

　　2. 表述逻辑清晰，具有条理性。

　　3. 收养协议格式正确，内容完备。

训练方法

　　1. 分析讨论下列问题：

　　（1）刘某是否有权送养周甲？周甲应由谁抚养？为什么？

　　（2）李某的收养协议是否有效？为什么？

　　（3）收养关系成立的要件有哪些？本案中关于收养关系成立的要件有何欠缺？

　　2. 拟定一份收养协议。

训练步骤

　　1. 学生分组进行，收养协议要形成书面材料。

　　2. 结合所学，对上述问题进行充分的讨论。

　　3. 结合案例完成详细的案例分析报告，并口头进行阐述。

特殊婚姻家庭关系

　　特殊婚姻家庭关系包括民族婚姻家庭关系、区际婚姻家庭关系（在我国即涉港、澳、台婚姻家庭关系）和涉外婚姻家庭关系。民族婚姻家庭关系是指我国少数民族内部、汉民族与少数民族之间以及不同的少数民族之间结婚、离婚、复婚等行为关系；区际婚姻家庭关系是指一个主权国家内部不同地区之间因为存在不同法域，为此，不同法域的公民缔结或解除婚姻需遵守特别规定而产生的婚姻家庭关系。在我国，区际婚姻家庭关系是指内地居民涉港、澳、台婚姻家庭关系。

　　涉外婚姻家庭关系是指中国公民与外国人（包括无国籍人）按照我国法律结婚、离婚、复婚以及外国人收养中国公民等关系。

知识目标

　　1. 基本理解我国法律在处理民族婚姻、区际婚姻、涉外婚姻方面的一般性规定。

　　2. 了解区际婚姻与涉外婚姻的特殊性规定。

能力目标

　　1. 能对区际婚姻、涉外婚姻纠纷作出基本的判断。

　　2. 能判断涉外收养的条件及程序。

项目一　民族婚姻家庭关系

引例

　　小张是汉族人，今年20周岁。她的男朋友巴某某是蒙古族，同样是20周岁。他们共同生活在呼和浩特。小张和巴某某准备今年登记结婚，请问符合我国的法律规定吗？

基本理论

一、民族婚姻的含义

　　民族婚姻在我国婚姻法中主要指的是我国少数民族中各民族内部，不同的民族之间以及少数民族与汉族男女之间的结婚、离婚、复婚等婚姻法管辖的行为关系。

二、民族婚姻在婚姻法中的原则和变通

在我国，婚姻法规定的婚姻自由、男女平等、一夫一妻的婚姻制度，保护妇女、儿童和老人等弱势群体的合法权益，禁止重婚，禁止家庭暴力，禁止家庭成员间的虐待和遗弃等基本原则以及其他有关规定是正确的，也是符合我国各族人民的根本利益的，在各民族自治地方同样也适用。

我国宪法和民族区域自治法均规定，各民族"都有保持或者改革自己的风俗习惯的自由"，婚姻家庭方面也不例外。比如我国《民法典》对男女结婚年龄的规定："结婚年龄，男不得早于 22 周岁，女不得早于 20 周岁。"根据少数民族的婚姻习惯，尤其是生活在农村、牧区的少数民族，历来有早恋、早婚的习俗，因此，我国许多少数民族地区都规定："（结婚）男不得早于 20 周岁，女不得早于 18 周岁。"总的来说，我国关于民族婚姻的变通主要表现在以下几点：

（一）法定婚龄与晚婚的规定

我国各自治地方一般都将婚龄定为男不得早于 20 周岁，女不得早于 18 周岁。但对于晚婚的规定各有不同：第一类是有明确提倡晚婚的，例如：1982 年施行的《青海省黄南藏族自治州关于施行〈中华人民共和国婚姻法〉的补充规定》规定："提倡晚婚，实行计划生育"。自 1984 年 1 月起试行的《紫云苗族布依族自治县执行〈中华人民共和国婚姻法〉变通规定》规定："晚婚晚育应予鼓励。"1985 年批准试行的贵州省《黔南布依族苗族自治州执行〈中华人民共和国婚姻法〉的变通规定（试行）》也规定："提倡晚婚晚育"。第二类是未明确提倡晚婚，如 1989 年施行的《甘肃省甘南藏族自治州施行〈中华人民共和国婚姻法〉结婚年龄变通规定》就只规定了婚龄。第三类是没有规定晚婚，但明确禁止早婚，如《新疆维吾尔自治区执行〈中华人民共和国婚姻法〉的补充规定》规定：少数民族公民的结婚年龄，男不得早于 20 周岁，女不得早于 18 周岁；禁止未达结婚年龄的男女预先订婚。第四类是将少数民族和汉族的结婚年龄进行区别对待，如 1988 年修改过的《内蒙古自治区执行〈中华人民共和国婚姻法〉的补充规定》规定：居住在内蒙古自治区的蒙古族和其他少数民族，结婚年龄，男不得早于 20 周岁，女不得早于 18 周岁。"汉族男女同蒙古族和其他少数民族男女结婚的，汉族一方年龄按《中华人民共和国婚姻法》的规定执行。"

（二）关于禁止近亲结婚的规定

少数民族多居住在偏远的山区，人口稀少，交通不便，在族内通婚的情况并不少见，近亲结婚的情况容易发生，在少数民族婚姻法的变通规定中，多为鼓励提倡三代以内不得近亲结婚。如内蒙古自治区规定，大力提倡三代以内的旁系血亲不结婚。宁夏回族自治区规定，禁止三代以内的旁系血亲结婚的规定，回族推迟到 1983 年 1 月 1 日起执行。

（三）禁止宗教干涉婚姻的规定

我国宪法规定公民有宗教信仰自由，国家保护正常的宗教活动，但不得利用宗教力量对婚姻家庭进行非法干涉。大多少数民族都信仰宗教。如藏族信仰喇嘛教、回族信仰伊斯兰教、傣族信仰佛教等。因此，一些民族自治地方规定专门制定禁止宗教干涉婚姻家庭的条例，如新疆、西藏等。

（四）少数民族婚嫁仪式中的规定

我国的少数民族的婚嫁仪式各具特色，丰富多彩，反映了各民族文化和历史的发展。如傣族男女结婚要请寨中有威望的老人祝福，并在新郎、新娘手上拴线，以示吉祥；景颇族结婚时男方先将姑娘"偷"回家中，然后再提亲、宴请宾客；有的民族男女双方自愿举行"抢婚"；等等。这些传统的仪式，大多数并不违背婚姻法的基本原则，应当予以尊重和保护。如西藏规定，对各少数民族传统的婚嫁仪式，在不妨碍婚姻自由的前提下，应予尊重。

（五）关于少数民族婚嫁习俗的规定

少数民族一直以来发展得比汉族慢，关于婚嫁有各种古时候流传下来的不好的习俗，在婚姻法民族变通规定中对这些习俗有相当程度的改革。这些改革涉及婚姻家庭的许多方面，由于各民族自治地方的情况不同，许多规定各有其针对性。西藏自治区施行《中华人民共和国婚姻法》的变通条例（修订）第2条规定"废除一夫多妻，一妻多夫等封建婚姻，对实行本条例之前形成的上述婚姻关系，凡不主动提出解除婚姻关系者，准予维持。"此外，有些少数民族群众结婚不办理登记，离婚不经法定程序，致使婚姻的成立和解除得不到法律的保护，当事人特别是女方的权益得不到有效的保障，有的地方甚至存在"休妻"的离婚方式。因此，根据该条例第5条的"结婚、离婚必须履行登记手续"的明确规定，许多民族自治地方都强调结婚、离婚必须办理法律手续。如新疆规定，禁止一方用口头或文字通知对方的方法离婚。

（六）关于实行计划生育基本国策的规定

计划生育是我国婚姻法的基本原则之一，但由于少数民族地区的人口、经济、文化等情况的特殊性，国家对少数民族是否实行计划生育并没有强制规定。一般情况下是对少数民族的生育政策进行适当地放宽。有的民族地区侧重宣传生命科学知识，做好妇幼保健，不作生育数量要求。

（七）不同民族通婚的规定

关于不同民族之间通婚的问题，我国婚姻法并没有作出限制性的规定。一些自治地方对此作了补充，明确规定不同民族之间可以通婚。如宁夏规定，回族同其他民族的男女自愿结婚，任何人不得干涉。有些民族自治地方的规定还涉及保护寡妇的婚姻自由、非婚生子女的保护以及子女的姓氏问题等内容。

1988 年 11 月 19 日颁布的《内蒙古自治区执行〈中华人民共和国婚姻法〉的补充规定》（修正）规定：居住在内蒙古自治区的蒙古族和其他少数民族，结婚年龄，男不得早于 20 周岁，女不得早于 18 周岁。"汉族男女同蒙古族和其他少数民族男女结婚的，汉族一方年龄按《中华人民共和国婚姻法》的规定执行"。根据这些规定，小张和巴某某可以进行婚姻登记。

思考与练习

1. 我国民族婚姻的变通规定主要有哪些？
2. 怎样促进民族婚姻的双方当事人进行结婚登记？

拓展阅读

1. 雷明光：《中国少数民族婚姻家庭法律制度研究》，中央民族大学出版社 2009 年版。
2. 沈乾芳：《社会变革时期的彝族婚姻形态研究》，民族出版社 2011 年版。

项目二　区际婚姻家庭关系

引例

原告贺某某（湖南隆回人）与被告陈某（台北人）经人介绍相识，很快确立恋爱关系，并于 2006 年 11 月 6 日在湖南省民政厅登记结婚。但被告在与贺某某交往期间，隐瞒了一个重要事实：2006 年 3 月被告陈某因犯罪被取保候审。两人在陈某取保候审期间登记结婚。陈某在登记结婚后不久回到台湾，因涉嫌犯罪于 2007 年 1 月 16 日被收押，同年 4 月经当地法院判处有期徒刑 8 年零 2 个月，现在台湾地区花莲监狱服刑。贺某某得知真相后，遂向人民法院起诉要求离婚。被告陈某出具书面意见，表示同意无条件与原告贺某某离婚。另查明，原、被告在婚姻关系存续期间，没有生育子女，也无共同财产和共同债务。

问题：法院能否判决贺某某与陈某离婚？

基本原理

区际婚姻家庭关系是指一个主权国家内部，在不同地区之间因为存在不同法域从而造成相互之间通婚后产生的一切和婚姻、家庭有关的人身财产关系。在处理区际婚姻家庭关系上，我国法律的基本原则是参照涉外婚姻家庭关系适用的法律来处理。

一、区际婚姻家庭关系概述

（一）区际法律冲突与我国区际婚姻家庭法律冲突

区际法律冲突，是指在一个主权国家的范围内不同地区法律制度之间在同一层面上的冲突。在我国，存在着四个相对独立的法律领域，两岸四地在社会制度和法制建设实践中存在一定差异，由于两岸四地沟通日益频繁，发生区际法律冲突的情况也越发多见。

中国成为较为复杂的区际法律冲突国家，既是国内社会特定的历史条件和社会格局所决定的，又是国家社会结构历史发展的客观走向。有学者认为，在一国内部，区际法律冲突的产生须具备以下条件：①在一国内部，存在着数个具有不同法律制度的法域；②各法域人民之间的民事交往导致产生众多的区际民事法律关系；③各法域相互承认外法域的自然人和法人在本法域的民事法律地位；④各法域相互承认外法域的法律在本法域内的域外效力。在这种情况下，区际法律冲突不可避免，采取适当的措施来面对和合理解决区际法律冲突，对于促进我国两岸四地之间的交流，稳定社会秩序，有效保护各个法律领域的居民的合法权益具有十分重要的意义。

近年来，中国内地、香港、澳门、台湾地区居民来往日益密切频繁，在两岸四地之间的婚姻家庭关系也越来越平常。但是在四个不同法律领域中的婚姻家庭法的相关规定既有相同又有相异，区际婚姻家庭法律冲突的产生也是不可避免的。我国的区际婚姻家庭冲突是单一制国家主体和特别行政区享有高度自治权的法律冲突；也是在不同社会制度下发生的冲突；并且，主要表现为两大法系之间的冲突。

二、内地涉及华侨、港澳台地区居民的婚姻家庭关系

（一）结婚

1. 华侨在中国境外结婚登记。对于华侨在中国境外结婚的问题，我国政府一贯的原则是支持鼓励的，华侨可按居住国的法律在当地办理结婚登记程序，只要结婚时所适用的法律不违反我国婚姻法的基本原则，国家均承认其效力。如果华侨居住国政府承认外国使馆办理结婚登记的，只要结婚双方都是中国华侨，便可到我国的使（领）馆申请结婚，按我国法律办理结婚手续。

2. 涉侨、涉港澳台居民在中国境内结婚登记。内地居民与华侨、港澳台居民在内地结婚，其基本原则和程序完全适用于我国法律的相关规定，仅在手续上有某些特殊规定。

（1）婚姻登记机关。《婚姻登记条例》第2条第2款明确规定："中国公民同外国人，内地居民同香港特别行政区居民（以下简称香港居民）、澳门特别行政区居民（以下简称澳门居民）、台湾地区居民（以下简称台湾居民）、华侨办理婚姻登记的机关是省、自治区、直辖市人民政府民政部门或者省、自治区、直辖市人民政府民政部门确定的机关。"

（2）办理结婚登记应出具的证件和证明材料。办理结婚登记的华侨应当出具下列证件和证明材料：①本人的有效护照；②居住国公证机构或者有权机关出具的、经中

华人民共和国驻该国使（领）馆认证的本人无配偶以及与对方当事人没有直系血亲和三代以内旁系血亲关系的证明，或者中华人民共和国驻该国使（领）馆出具的本人无配偶以及与对方当事人没有直系血亲和三代以内旁系血亲关系的证明。

办理结婚登记的香港居民、澳门居民、台湾居民应当出具下列证件和证明材料：①本人的有效通行证、身份证；②经居住地公证机构公证的本人无配偶以及与对方当事人没有直系血亲和三代以内旁系血亲关系的声明。

涉侨、涉港澳台的复婚登记，适用结婚登记程序。

（二）离婚

1. 离婚登记。我国《婚姻登记条例》第10条第2款明确规定，内地居民同香港居民、澳门居民、台湾居民、华侨在中国内地自愿离婚的，男女双方应当共同到内地居民常住户口所在地的婚姻登记机关办理离婚登记。

双方都需要提供的材料有：①本人的结婚证；②双方当事人共同签署的离婚协议书。此外，内地居民需提供本人的户口簿、身份证；港澳台居民需出具本人有效的通行证、身份证；华侨应出具本人的有效护照或者其他有效国际旅行证件。

法条链接

《婚姻登记条例》第11条：办理离婚登记的内地居民应当出具下列证件和证明材料：①本人的户口簿、身份证；②本人的结婚证；③双方当事人共同签署的离婚协议书。

办理离婚登记的香港居民、澳门居民、台湾居民、华侨、外国人除应当出具前款第2项、第3项规定的证件、证明材料外，香港居民、澳门居民、台湾居民还应当出具本人的有效通行证、身份证，华侨、外国人还应出具本人的有效护照或者其他有效国际旅行证件。

离婚协议书应当载明双方当事人自愿离婚的意思表示以及对子女抚养、财产及债务处理等事项协商一致的意见。

2. 离婚诉讼。涉侨、涉港澳台婚姻的离婚问题，如果一方不能到婚姻登记机关申请离婚的，或者其中一方要求离婚的，又或者当事人双方无法就子女抚养、财产及债务处理等事项协商一致的，可由相关部门进行调解或者直接向内地居民一方住所地或者经常居住地的人民法院提起离婚诉讼。

（三）收养

根据民政办1999年5月20日发布的《华侨及居住在香港、澳门、台湾地区的中国公民办理收养登记的管辖以及所需要出具的证件和证明材料的规定》，华侨、港澳台同胞在内地收养子女的应遵循以下规定：

1. 收养机关。华侨以及住在香港、澳门、台湾地区的中国公民在内地收养子女的，应当到被收养人常住户口所在地的直辖市、设区的市、自治州人民政府民政部门或者

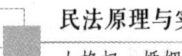
地区（盟）行政公署民政部门申请办理收养登记。

2. 收养人应出具的证件证明材料。

（1）居住在已与中国建立外交关系国家的华侨申请办理成立收养关系的登记时，应当提交收养申请书和下列证件、证明材料：①护照；②收养人居住国有权机构出具的收养人的年龄、婚姻、有无子女、职业、财产、健康、有无受过刑事处罚等状况的证明材料，该证明材料应当经居住国外交机关或者外交机关授权的机构认证，并经中国驻该国使领馆认证。

（2）居住在未与中国建立外交关系国家的华侨申请办理成立收养关系的登记时，应当提交收养申请书和下列证件、证明材料：①护照；②收养人居住国有权机构出具的收养人的年龄、婚姻、有无子女、职业、财产、健康、有无受过刑事处罚等状况的证明材料，该证明材料应当经其居住国外交机关或者外交机关授权的机构认证，并经已与中国建立外交关系的国家驻该国使领馆认证。

（3）香港居民中的中国公民申请办理成立收养关系的登记时，应当提交收养申请书和下列证件、证明材料：①香港居民身份证、香港居民来往内地通行证或者香港同胞回乡证；②经国家主管机关委托的香港公证人证明的收养人的年龄、婚姻、有无子女、职业、财产、健康、有无受过刑事处罚等状况的证明材料。

（4）澳门居民中的中国公民申请办理成立收养关系的登记时，应当提交收养申请书和下列证件、证明材料：①澳门居民身份证、澳门居民来往内地通行证或者澳门同胞回乡证；②澳门地区有权机构出具的收养人的年龄、婚姻、有无子女、职业、财产、健康、有无受过刑事处罚等状况的证明材料。

（5）台湾居民申请办理成立收养关系的登记时，应当提交收养申请书和下列证件、证明材料：①在台湾地区居住的有效证明；②中华人民共和国主管机关签发或签注的有效期内的旅行证件；③经台湾地区公证机构公证的收养人的年龄、婚姻、有无子女、职业、财产、健康、有无受过刑事处罚等状况的证明材料。

引例分析

在本案中，原告贺某某与被告陈某婚前感情基础较差，且陈某在婚前还隐瞒了重要事实，婚后双方共同生活时间较短，由于目前双方均同意离婚，法院遂作出准予离婚的判决。

相关法律规范

1. 《婚姻登记条例》第4条第2款、第5条第2款、第10条、第11条第2款。

思考与练习

1. 内地居民与华侨、港澳台居民在内地结婚，在办理结婚登记时有哪些特殊规定？

2. 华侨、港澳台同胞在内地收养子女的应遵循哪些规定？

3. 案例分析：

甲男为我国澳门地区居民，乙女为内地居民。双方在新西兰注册结婚，婚后因工作关系，双方分居新西兰和中国内地。后甲在香港连续停留 10 个月后来到内地，请求与乙解除婚姻关系，乙表示同意，双方签署了离婚协议书。随后双方持协议书和所需证件与证明材料，到乙常住地的某市（二线城市）婚姻登记机关申请离婚登记。问：

（1）甲在香港地区连续居住但并未取得香港居民身份，他仍是澳门居民吗？

（2）根据《婚姻登记条例》第 10 条第 2 款规定，双方可否在内地申请离婚登记？

拓展阅读

1. 程维荣、袁奇钧：《婚姻家庭法律制度比较研究》，法律出版社 2011 年版。

项目三　涉外婚姻家庭关系

引例

2006 年 6 月，湖北巴东籍女子庄某经他人介绍，与日本国大阪籍男子森川某某相识并恋爱。同年 9 月 8 日，日本国大阪法务局签署证明书，证实森川某某的婚姻状况，中国驻大阪总领事馆予以认证。同年 9 月 15 日，庄某与森川某某在湖北省民政厅办理结婚登记手续，但尚未同居生活。领取结婚证明不到 1 个月时间，森川某某以回日本为庄某办理出国手续为由离境回国，自此再未与庄某联系，庄某也联系不到森川某某。基于此，庄某于 2007 年 11 月 27 日向巴东县人民法院提起诉讼，要求与森川某某离婚。法院受理庄某的离婚诉讼后，报请湖北省高级人民法院按涉外程序规定送达相应诉讼文书，湖北高院又将相应材料报司法部，司法部将材料翻译成日文后按涉外文书送达条约规定转日本国相关部门。2008 年 6 月 16 日，日本国大阪地方裁判所向中方出具无法送达的证明书。通过外交途径无法送达相应文书后，巴东县人民法院遂依据最高人民法院关于涉外送达的司法解释，于同年 10 月 6 日采用公告送达方式，为日本国大阪籍男子森川某某送达诉讼文书。在按法定程序完善相关送达手续后，巴东县人民法院于 2009 年 5 月 18 日公开开庭对案件进行了审理。森川某某未到庭参加诉讼。

问题：请问法院可以判决庄某与日籍男子森川某某离婚吗？

基本理论

涉外婚姻家庭关系指的是一国公民与外国人在缔结婚姻后产生的一切和婚姻、家庭有关的人身财产关系。中华人民共和国公民和外国人结婚，适用婚姻缔结地法律，离婚适用受理案件的法院所在地法律，收养的条件和手续，适用收养人和被收养人经常居所地法律。

一、涉外婚姻家庭关系概述及法律适用问题

涉外婚姻，指的是一国公民同外国人（包括无国籍人）的婚姻，包括涉外结婚、离婚和复婚。

涉外婚姻家庭关系需要解决的基本问题就是不同国家的适用法律冲突问题。对此我国现行的《民法典》没有对此做出专门的规定。1983 年 8 月 26 日民政部颁布实施的《中国公民同外国人办理婚姻登记的几项规定》（已失效）仅对我国境内发生的涉外结婚、离婚问题作了规定，但未全面规定涉外婚姻家庭关系的法律适用问题；2003 年 10 月 1 日施行的《婚姻登记条例》也对涉外婚姻关系进行相关规定。自 2011 年 4 月 1 日起施行的《中华人民共和国涉外民事关系法律适用法》（以下简称《涉外民事关系法律适用法》）对于涉外婚姻的法律适用进行了新的规定。

根据以上法律法规，我国涉外婚姻家庭关系的法律适用原则为：我国公民和外国人结婚适用婚姻缔结地法律，离婚适用受理案件的法院所在地的法律。凡涉外婚姻当事人在我国境内结婚或离婚的，都必须按照我国法律的规定办理。

二、涉外结婚

（一）结婚条件与结婚手续

根据"结婚适用婚姻缔结地法律"的原则，《涉外民事关系法律适用法》第 21 条对结婚条件进行如下规定："结婚条件，适用当事人共同经常居所地法律；没有共同经常居所地的，适用共同国籍国法律；没有共同国籍，在一方当事人经常居所地或者国籍国缔结婚姻的，适用婚姻缔结地法律。"

（二）涉外结婚登记程序

对于结婚程序，《涉外民事关系法律适用法》第 22 条规定："结婚手续，符合婚姻缔结地法律、一方当事人经常居所地法律或者国籍国法律的，均为有效。"所以说，在中国境内进行结婚登记的涉外婚姻，应遵守中国相关法律法规的规定，符合婚姻法的基本原则，遵循一定的法律程序，遵守相关限制性规定，婚姻即有效成立。

对于在中国境内进行结婚登记的涉外婚姻，程序上有以下限制：

1. 结婚主体。具体包括：①婚姻主体一方或双方为外国人或无国籍人；②婚姻主体一方或双方的经常居住地在我国领域外，即我国公民之间，外国人（或无国籍人）之间，以及我国公民与外国人（或无国籍人）在我国或者国外结婚后，一方或者双方的经常居住地在我国领域外；③婚姻主体一方或者双方财产关系的标的物及一方或者双方的财产，在我国领域外；④婚姻关系产生变更消灭的法律事实发生在我国领域外。

2. 登记机关。在我国，中国公民与外国公民在中国境内自愿办理结婚登记的，应共同到中国公民常住户口所在地的婚姻登记机关办理结婚登记。办理涉外婚姻的登记机关为省、自治区、直辖市人民政府民政部门或者省、自治区、直辖市人民政府民政部门确定的机关。

3. 办理结婚登记应出具的证件和证明材料。办理结婚登记的内地居民应当出具下列证件和证明材料：①本人的户口簿、身份证；②本人无配偶以及与对方当事人没有直系血亲和三代以内旁系血亲关系的签字声明。

办理结婚登记的外国人应当出具下列证件和证明材料：①本人的有效护照或者其他有效的国际旅行证件；②所在国公证机构或者有权机关出具的、经中华人民共和国驻该国使（领）馆认证或者该国驻华使（领）馆认证的本人无配偶的证明，或者所在国驻华使（领）馆出具的本人无配偶的证明。如果是再婚的，离婚证件或配偶死亡证明（离婚证件需经我国驻该国使（领）馆认证，或由该国使领馆直接认证）。

一般来说，我国对于外国留学生中的中专、大专和本科学生在校学习期间向民政部门申请登记结婚的，通常不得办理。其他学生（进修生、研究生等）要求与中国公民结婚的，除持有上述证明外，还须持有所在院校的学业证明。

涉外婚姻中复婚程序，按结婚程序来办理。

三、涉外离婚

（一）离婚登记

我国法律规定，涉外婚姻双方自愿协议离婚的，当事人可以协议选择适用一方当事人经常居所地法律或者国籍国法律。根据《婚姻登记条例》第10、11条的规定，中国公民同外国人在中国内地自愿离婚的，男女双方应当到内地居民常住户口所在地的婚姻登记机关办理离婚登记。

双方都需要提供的材料有：①本人的结婚证；②双方当事人共同签署的离婚协议书。此外，内地居民需提供本人的户口簿、身份证；外国人需要出具本人的有效护照或者其他有效国际旅行证件。

▨▨▨ **法条链接**

《中华人民共和国涉外民事关系法律适用法》第26条：协议离婚，当事人可以协议选择适用一方当事人经常居所地法律或者国籍国法律。当事人没有选择的，适用共同经常居所地法律；没有共同经常居所地的，适用共同国籍国法律；没有共同国籍的，适用办理离婚手续机构所在地法律。

还需要注意的是，涉外协议离婚的双方当事人必须具有完全民事行为能力，一方或者双方当事人为限制民事行为能力人或者无民事行为能力人的不适用涉外协议离婚，而应当诉讼离婚。

（二）离婚诉讼

1. 关于涉外离婚的法院管辖问题。在我国，《涉外民事关系法律适用法》明确规定了诉讼离婚，适用法院地法。涉外婚姻无论是因为当事双方无法就离婚协议达成一致在我国境内诉讼离婚，还是一方要求离婚的，都应向内地居民常住户口所在地的人民法院进行起诉。人民法院应依法进行调解，调解不成的，依法判决。

对国外一方在居住国法院起诉，国内一方向人民法院起诉的情况，我国人民法院有权受理。判决后，国外法院申请或者当事人请求我国法院承认和执行外国法院对本案作出的判决、裁定的，不予准许。但双方所在国共同参加或签订的国际条约另有规定的除外。

2. 关于涉外离婚的委托律师行为。在国内的一方提出离婚诉讼，按我国《民事诉讼法》及相关法律进行委托。在国外的一方，可以不回国仅委托律师办理离婚。

离婚案件中的一方或双方，可以在不回国的情况下，委托律师代为办理离婚案件。但当事人必须向法院出具委托书和意见书，委托书和意见书须经当地公证机关公证、我驻外使领馆认证，亦可由我驻外使领馆直接公证。意见书包括同意离婚或不同意离婚的书面意见，要求离婚或同意离婚的，还要出具公证后的对有关财产的分割、子女扶养等的书面处理意见。

3. 处理涉外离婚还应注意的问题：

人民法院审理涉外离婚案件，应根据我国《民法典》第 1076 条的有关规定判决。对于因离婚而引起的子女抚养费用的负担、夫妻共同财产的分割、债务的清偿、一方对他方的经济帮助、离婚的损害赔偿等问题，也应按我国《民法典》的规定一并处理。

中国公民与外国人的涉外离婚，子女的抚养、经济帮助、损害赔偿等费用，如果是外国人一方负有给付的义务，应当一次性给付。这是因为我国目前与多数国家尚未签订司法协助协议，为保护我国公民及其子女的合法权益，防止判决不便执行，采取这种方法是很有必要的。

四、涉外收养

在我国，涉外收养有广义和狭义之分。广义的涉外收养，是指含有涉外因素的收养，即在收养人与被收养人之间至少有一方为外国人。狭义的涉外收养，是指外国人或无国籍人在中华人民共和国境内收养中国公民的子女。我国《民法典》第 1109 条第 1 款规定：“外国人依法可以在中华人民共和国收养子女。”外国人在中华人民共和国收养子女，应当经其所在国主管机关依照该国法律审查同意。收养人应当提供由其所在国有权机构出具的有关其年龄、婚姻、职业、财产、健康、有无受过刑事处罚等状况的证明材料，并与送养人签订书面协议，亲自向省、自治区、直辖市人民政府民政部门登记。

前款规定的证明材料应当经收养人所在国外交机关或者外交机关授权的机构认证，并经中华人民共和国驻该国使领馆认证，但是国家另有规定的除外。

（一）涉外收养的法律适用

涉外收养适用的法律有《外国人在中华人民共和国收养子女登记办法》以及《涉外民事关系法律适用法》等。

（二）涉外收养的条件

《涉外民事关系法律适用法》第 28 条规定，收养的条件和手续，适用收养人和被收养人经常居所地法律。也就是说，外国人在华收养子女，既要满足我国有关收养法律的规定，又要满足收养人所在国家有关收养法律的规定。如果两个法律规定有不一致的，由两国政府相关部门协商处理。

（三）涉外收养的程序

1. 外国收养人应遵循的程序与进行收养需要满足的条件。外国人在华收养子女，应当通过所在国政府或者政府委托的收养组织（以下简称外国收养组织）向中国政府委托的收养组织（以下简称中国收养组织）转交收养申请并提交收养人的家庭情况报告和证明。

外国收养人的收养申请、家庭情况报告和证明，是指由其所在国有权机构出具，经其所在国外交机关或者外交机关授权的机构认证，并经中华人民共和国驻该国使馆或者领馆认证的下列文件：①跨国收养申请书；②出生证明；③婚姻状况证明；④职业、经济收入和财产状况证明；⑤身体健康证明；⑥有无受过刑事处罚的证明；⑦收养人所在国主管机关同意其跨国收养子女的证明；⑧家庭情况报告，包括收养人身份、收养的合理性和适当性、家庭状况和病史、收养动机以及适合于照顾儿童的特点等。在华工作或者学习连续居住 1 年以上的外国人在华收养子女，应当提交前述的除身体健康检查证明以外的文件，并应当提交在华所在单位或者有关部门出具的婚姻状况证明，职业、经济收入或者财产状况证明，有无受过刑事处罚证明以及县级以上医疗机构出具的身体健康检查证明。

2. 送养人应遵循的程序与送养需要满足的条件。送养人应当向省、自治区、直辖市人民政府民政部门提交本人的居民户口簿和居民身份证（社会福利机构作送养人的，应当提交其负责人的身份证件），被收养人的户籍证明等情况证明，并根据不同情况提交下列有关证明材料：

（1）被收养人的生父母（包括已经离婚的）为送养人的，应当提交生父母有特殊困难无力抚养的证明和生父母双方同意送养的书面意见。其中，被收养人的生父或者生母因丧偶或者一方下落不明，由单方送养的，并应当提交配偶死亡或者下落不明的证明以及死亡的或者下落不明的配偶的父母不行使优先抚养权的书面声明。

（2）被收养人的父母均不具备完全民事行为能力，由被收养人的其他监护人作送养人的，应当提交被收养人的父母不具备完全民事行为能力且对被收养人有严重危害的证明以及监护人有监护权的证明。

（3）被收养人的父母均已死亡，由被收养人的监护人作送养人的，应当提交其生父母的死亡证明、监护人实际承担监护责任的证明，以及其他有抚养义务的人同意送养的书面意见。

（4）社会福利机构作送养人的，应当提交弃婴、儿童被遗弃和发现的情况证明以及查找其父母或者其他监护人的情况证明；被收养人是孤儿的，应当提交孤儿父母的死亡或者宣告死亡证明，以及有抚养孤儿义务的其他人同意送养的书面意见。

（5）送养残疾儿童的，还应当提交县级以上医疗机构出具的该儿童的残疾证明。

3. 相关政府机关对送养人的审查。省、自治区、直辖市人民政府民政部门应当对送养人提交的证件和证明材料进行审查，对查找不到生父母的弃婴和儿童公告查找其生父母。认为被收养人、送养人符合收养法规定条件的，将符合收养法规定的被收养人、送养人名单通知中国收养组织，同时转交下列证件和证明材料：①送养人的居民户口簿和居民身份证（社会福利机构作送养人的，为其负责人的身份证件）复制件；②被收养人是弃婴或者孤儿的证明、户籍证明、成长情况报告和身体健康检查证明的复制件及照片。

省、自治区、直辖市人民政府民政部门查找弃婴或者儿童生父母的公告应当在省级地方报纸上刊登。自公告刊登之日起满 60 日，弃婴和儿童的生父母或者其他监护人未认领的，视为查找不到生父母的弃婴和儿童。

4. 涉外收养的批准与通知。中国收养组织对外国收养人的收养申请和有关证明进行审查后，应当在省、自治区、直辖市人民政府民政部门报送的符合收养法规定条件的被收养人中，参照外国收养人的意愿，选择适当的被收养人，并将该被收养人及其送养人的有关情况通过外国政府或者外国收养组织送交外国收养人。外国收养人同意收养的，中国收养组织向其发出来华收养子女通知书，同时通知有关的省、自治区、直辖市人民政府民政部门向送养人发出被收养人已被同意收养的通知。

5. 涉外收养登记。根据我国法律，进行涉外收养的登记还应注意以下事项：

（1）外国收养人应当亲自办理收养登记。外国人来华收养子女，应当亲自来华办理登记手续。夫妻共同收养的，应当共同来华办理收养手续；一方因故不能来华的，应当书面委托另一方。委托书应当经所在国公证和认证。

（2）收养人与送养人应当订立收养协议。外国人来华收养子女，应当与送养人订立书面收养协议。协议一式三份，收养人、送养人各执一份，办理收养登记手续时收养登记机关收存一份。

（3）涉外收养登记的机关。书面协议订立后，收养关系当事人应当共同到被收养人常住户口所在地的省、自治区、直辖市人民政府民政部门办理收养登记。

（4）办理涉外收养登记应当提交的材料。收养关系当事人办理收养登记时，应当填写外国人来华收养子女登记申请书并提交收养协议，同时分别提供有关材料。收养人应当提供中国收养组织发出的来华收养子女通知书及收养人的身份证件和照片。送养人应当提供省、自治区、直辖市人民政府民政部门发出的被收养人已被同意收养的通知及送养人的居民户口簿和居民身份证（社会福利机构作送养人的，为其负责人的身份证件）、被收养人的照片。

（5）涉外收养审查与登记。收养登记机关收到外国人来华收养子女登记申请书和收养人、被收养人及其送养人的有关材料后，应当自次日起 7 日内进行审查，对符合《收养法》和《外国人在中华人民共和国收养子女登记办法》的，为当事人办理收养登记，发给收养登记证书。收养关系自登记之日起成立。收养登记机关将登记结果通知中国收养组织。

（6）收养关系当事人办理收养登记后，各方或者一方要求办理收养公证的，应当到收养登记地的具有办理涉外公证资格的公证机构办理收养公证。

引例分析

只要夫妻感情确已破裂或未建立感情，法院就可以判决离婚。法院审理后认为，庄某与森川某某短时间相识后即确立恋爱关系，且登记结婚后，一直未在一起生活，双方未建立起真正的夫妻感情。森川某某离境回国后，再未与庄某联系，双方夫妻关系名存实亡，无和好可能。由于森川某某下落不明，法院已采取公告送达方式完成对被告的通知义务，公告送达 60 日的公告期一满，即便被告不出庭，法院亦可缺席判决。据此，法院依据婚姻法的相关规定，一审判决准予庄某与森川某某离婚。

相关法律规范

《中华人民共和国涉外民事关系法律适用法》第 26、28 条。

思考与练习

1. 如何处理涉外离婚问题？

2. 外国人在我国收养子女应履行哪些手续？

3. 甲男是美国某跨国公司在华机构的工作人员，美国公民。在华期间，甲在与朋友的聚会中认识了某市公安局户籍民警乙女。双方一见钟情，近期决定在中国结婚，并按照中国的习俗举行婚礼。

问：乙是否具备和外国人结婚的主体条件？

拓展阅读

1. 齐湘泉：《涉外民事关系法律适用法：婚姻、家庭、继承论》，法律出版社 2005 年版。

2. 刘懿彤、常鸿宾：《涉外离婚管辖权研究》，法律出版社 2013 年版。

情境训练　涉外离婚纠纷处理

情境案例

中国公民甲（女）与英籍华人乙在某国依照某国法律登记结婚，婚后二人定居北京，结婚后，乙要求甲按照英国法律改从夫姓，甲不同意；甲要求婚姻关系存续期间的财产按照中国法律法定夫妻共同财产制，婚后所得共同共有，乙不同意。后双方经常因为观点不一致争吵不休，导致矛盾激化，英籍华人乙向法院提出离婚，中国公民甲要求分割婚姻关系存续期间乙的财产，乙不同意。

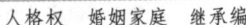 **训练目标**

1. 通过实训，使学生进一步认识涉外离婚的法院管辖问题。

2. 了解处理涉外离婚应注意的问题。

3. 收集并整理支持我国公民甲的法律依据和事实根据。

4. 分析判断人民法院作出判决的大致内容及判决理由。

训练方法

1. 分析材料。对案例中的所有事实进行分析，包括当事人情况、纠纷发生的经过、当事人各自的主张，判断双方是否达到离婚的法定标准。

2. 课堂讨论。针对案例由教师或者学生提出问题，学生自主进行探讨、论证，教师进行辅导、点评。

3. 自由发挥。鼓励学生采取多种形式进行训练，包括角色模拟、辩论赛，等等。

训练步骤

1. 根据案例中涉及的事实，搜索相关法律规范，重点了解我国《民事诉讼法》《民法典》和《涉外民事关系法律适用法》的规定。

2. 分析判断原告、被告的主张是否有法律依据，形成初步的书面材料。

3. 按照原告、被告、法官分组，从各自立场展开讨论。

4. 对讨论结果进行总结提炼，写出判决要点。

第三编 继 承

　　财产继承法律制度是人类社会出现私有制和阶级以后，随着国家的产生而产生的。它同其他法律制度一样，是建立在一定社会经济基础上的上层建筑，由经济基础所决定，又为一定的经济基础服务。我国《民法典》继承编以宪法为依据，全面贯穿着保护公民私有财产继承权、继承权男女平等、养老育幼及照顾病残、权利义务相一致、互让互谅协商处理遗产等基本原则，规定了相关的内容，对于解决继承纠纷、维护社会秩序有着重要的意义。

继承概述

知识目标

1. 了解我国继承法律制度的基本原则。

2. 掌握继承、继承权、遗产等概念。

3. 掌握遗产的范围、继承开始的时间、继承权的取得与丧失等基本知识。

能力目标

1. 在实践中能正确判断继承的开始时间。

2. 正确界定遗产的范围并能正确判断继承人是否丧失继承权等相关法律问题，能够运用相应法律规定处理遗产纠纷。

引例

张某因交通事故死亡，保险公司支付了保险金 10 万元。张某死后，留下了两间房屋、一批字画以及数十万元的存款。张某生有三子（甲、乙、丙）并收养一女（丁），甲早已病故，留下一子（戊）及一女（庚）。

问题：

1. 对张某的继承自什么时候开始？

2. 张某的遗产有哪些？

3. 张某的第一顺序法定继承人有哪些？

基本理论

一、继承的概念和特征

"继承"一词的含义，有广义与狭义之分。广义的继承，是指生者对死者生前享有的权利和承担的义务的承受，其内容不仅包括财产继承，还包括身份继承。狭义的继承，即财产继承，是指生者对死者的财产权利和义务的承受。现代社会绝大多数国家已无身份继承而专行财产继承，故当代的"继承"一词是指狭义的继承。所谓继承制度，是指依法或依遗嘱承继死者遗留的个人合法财产的法律制度。在继承关系中，遗留财产的死者称为被继承人，依法或依遗嘱继承遗产的人称为继承人，死者遗留的个人财产称为遗产，继承人继承遗产的权利称为继承权。继承是民事法律关系的重要组成部分之一，具有如下特征：

（一）继承发生的原因具有特定性

被继承人死亡这一法律事实的出现是财产继承关系发生的原因。只有当被继承人死亡后，其遗留的个人所有的合法财产才是遗产，才能发生遗产所有权转移给继承人的财产继承关系。

（二）继承的主体范围具有限定性

继承人只能是与被继承人有一定亲属身份关系的自然人。财产继承人只能是与被继承人之间存在婚姻、血缘或扶养关系的自然人。国家、法人及其他社会组织都不能成为财产继承人，只能作为遗赠受领人。此外，国家或集体组织对于无人继承又无人受遗赠的遗产，可作为取得该遗产的主体。

（三）继承的客体范围具有限定性

继承的客体只能是自然人死亡时遗留的个人合法财产，他人、国家或集体的财产都不能作为继承的客体。

（四）继承的内容包括财产权利和财产义务的全面承受

根据《民法典》继承编规定，财产继承关系的权利主体即继承人，既享有继承遗产的权利，又承担在遗产实际价值范围内清偿被继承人生前所负债务的义务。因此，财产继承的标的，不仅包括积极财产即遗产，还包括消极财产即被继承人遗留的个人债务及应缴纳的税款。此外，在附义务的遗嘱继承情况下，财产继承的标的，除包括积极财产和消极财产外，还可以是遗嘱人指定遗嘱继承人必须履行的某些行为。

（五）继承的结果是继承人无偿取得遗产所有权

财产继承是财产所有权转移的一种方式，其结果是继承人无偿取得遗产的所有权。

二、遗产的概念和范围

（一）遗产的概念及其特征

遗产是自然人死亡时遗留的个人合法财产，是财产继承法律关系的客体。对遗产的范围的规定存在两种立法例：一是认为遗产包括积极财产与消极财产，积极财产是被继承人遗留的财产和财产权利；消极财产是被继承人的债务。德国、瑞士、日本等国家采此立法例。二是认为遗产不包括债务，专指继承人、受遗赠人净得的财产和财产权利。英美法采此立法例，在继承开始后先由信托人清偿债务，剩余的财产才是遗产。我国立法确定的遗产范围实际上包括了债权和债务。

遗产具有以下特点：

1. 遗产具有特定的时间性。遗产是自然人死亡时遗留的财产，被继承人死亡的事实是区分被继承人个人所有的财产与遗产的法律上的界限。自然人生存时所拥有的财产不是遗产，只有在他死亡之时，其民事主体资格丧失，遗留下来的财产才能成为遗产。

2. 遗产具有范围上的限定性。遗产只能是被继承人死亡时遗留的个人合法财产。这些合法取得的财产，既包括被继承人单独所有的财产，也包括被继承人与他人共有的财产中属于被继承人的份额。非归被继承人生前所有而仅仅是由其占有的财产（如租借的财产）、共有财产中属于他人的份额、被继承人非法侵占的国家的、集体的或其他公民的财产以及依照法律规定不能由个人所有的财产（如土地、森林和矿藏），都不能作为遗产。

3. 遗产具有内容的财产性和概括性。死者遗留的物或权利中，凡具有财产性的物或权利（如房屋、债权）都可作为遗产；反之，凡不具有财产性的物或权利（如姓名权、肖像权）都不能作为遗产。另外，遗产不仅包括被继承人死亡时遗留的全部财产权利，还包括财产义务，是财产权利和义务的概括综合体。

4. 遗产具有可转移性。凡法律允许转移给他人所有的财产都可作为遗产，反之，法律不允许转移给他人所有的财产不可作为遗产。基于人身关系发生的财产权利义务，如接受抚养（包括赡养和抚养）和抚养他人的权利义务与个人身份密切结合，一旦分离便不复存在的财产权利义务，同样不能作为遗产。

（二）遗产的范围

《民法典》第1122条在"遗产是自然人死亡时遗留的个人合法财产"的概括规定下，又列举了遗产的范围：

1. 公民的个人财产所有权。遗产中的个人财产所有权是指被继承人依法对自己的财产享有的占有、使用、收益和处分的权利，是一种以一般实物形式存在的遗产。其内容相当广泛，主要包括：

（1）属于被继承人所有的房屋和生活用品。公民的私有房屋可以作为遗产。但土地的所有权不属于公民个人，因此不是遗产。由于房屋不能离开地面存在，所以继承人在继承房屋所有权的同时，可以取得相应土地的使用权。

（2）公民的林木、牲畜和家禽。这些财产作为遗产时，既包括本体，也包括孳息。

（3）公民的文物、图书资料。

（4）法律允许公民所有的生产资料。国家保护公民合法的生产资料所有权，公民死亡时，这些权利可以依法转移给继承人和受遗赠人。另一种是以货币、储蓄和有价证券形式存在的遗产。货币是充当一般等价物的特殊商品，作为遗产的货币包括可以流通的纸币和金属货币，不受发行机构的限制。储蓄是公民在金融机构的存款，作为遗产的储蓄既包括本金也包括利息。有价证券是设定并证明某种财产权利和财产义务的书面凭证，可以由公民持有、转移。由被继承人享有的支票、本票、汇票、股票、国库券和其他债券，在被继承人死后都属于他的遗产。

2. 公民的知识产权中的财产权。知识产权又称智力成果权，是基于在科学技术和文学艺术领域里从事智力的创造性活动所产生的民事权利，包括著作权、专利权、商标权、发明权、发现权和其他科技成果权等。

知识产权具有双重性，它既有人身权的性质，又有财产权的内容。其权利主体可以是自然人，也可以是法人、非法人组织。可以作为遗产的知识产权有：

（1）自然人专利权中的财产权。即自然人作为专利权人，对其已经取得的专利享有制造、使用、销售其专利产品或使用其专利方法的权利，以及转让或许可他人使用其专利的权利和对侵权行为人请求赔偿的权利。如果专利权人在专利权的有效期内死亡，该财产权利由继承人继承。《中华人民共和国专利法》规定：专利权的取得须经登记。因此继承人通过继承取得专利，要凭继承权证书到专利局办理专利继承登记。

（2）自然人商标权中的财产权。即自然人个人是商标所有人时，对经过注册的商标所享有的专用权、转让权、使用许可权和对侵权行为人的请求赔偿权。商标注册人死亡后，以上权利由继承人继承，继承人应凭继承权证书到国家商标局办理商标专用权继承登记。

（3）自然人著作权中的财产权。《中华人民共和国著作权法》第19条第1款规定：著作权属于公民的，公民死亡后，其作品的复制权、发行权、出租权、展览权、表演权、放映权、广播权、信息网络传播权、摄制权、改编权、翻译权和汇编权等以及许可他人行使前述权利而依照约定或本法有关规定获得报酬的权利在本法规定的保护期内，依照继承法的规定转移。

（4）自然人的发现权、发明权和其他科技成果权中的财产权。在获得的奖励中，荣誉证书、奖章和奖状与自然人的人身不可分离，不得转让与继承；而奖金和其他物质奖励属于财产权利，在获奖人死亡后，可以作为其遗产转移给承受人所有。

另外，个体工商户的名称（即字号）可以依法转让。因此，个体工商户的业主死亡，体现商业信誉的字号，作为一种无形财产，可视为遗产。

3. 自然人的其他合法财产。自然人的其他合法财产是指除个人财产所有权和知识产权中的财产权以外的自然人的合法财产，主要包括：

（1）自然人的债权和债务。债是按照合同的约定或依照法律的规定，在当事人之间产生的特定的权利和义务关系。不论是合同之债、侵权损害之债、不当得利之债还是无因管理之债，凡可以与人身关系分离的债权和债务，都在遗产之列。另一方面，继承遗产除应缴纳被继承人欠付的税款外，还应清偿被继承人负担的债务，但我国实行限定继承原则，即缴纳税款和清偿债务以被继承人遗产的实际价值为限；超过遗产实际价值的部分，继承人可以不偿还。

（2）自然人的他物权。他物权包括用益物权和担保物权。我国法律规定的担保物权主要有抵押权、质权和留置权。担保物权是从物权，从属于主债权。主债权成为遗产时，担保物权也相应地成为遗产。债权人死亡的，继承人继承债权后，有权要求债务人履行债务，债务人不履行到期债务的，继承人有权就担保物进行折价、拍卖或变卖，以实现债权。应注意的是如果遗产上设定有担保物权，用于担保被继承人或其他人债务的履行，继承人取得该遗产的所有权要受到担保物权的限制。例如，遗产上设有质权，该遗产由质权人占有，继承人不能要求质权人返还。如果债务人不履行到期债务，质权人有权将遗产折价、拍卖或变卖，就所得的价金实现债权，仍有剩余的由继承人继承。因此，设定有担保物权的遗产一般先不予以分割，待债权实现，遗产上的担保物权消灭后，才由继承人继承。

（3）保险金、公积金、破产安置费等特殊财产权益。人身保险金能否列入被保险人的遗产，取决于被保险人是否指定了受益人。如果被保险人没有指定受益人，被保险人死亡后，该项人身保险金将列为被保险人的遗产。公积金、住房补贴、养老保险金、破产安置费、征收征用补偿金等特殊财产权益，是我国目前普遍存在的财产类型，应当纳入遗产范围。

（4）承包经营权。承包经营权是自然人依法通过签订承包合同取得对国家或集体所有的土地、山林、草原、荒地、滩涂、果园、水面等自然资源的经营权以及对企业的经营权。《农村土地承包法》认可承包人应得的承包收益的继承，而有限的认可土地承包经营权的继承。按照《农村土地承包法》的规定，以家庭承包方式取得的林地承包经营权以及通过招标、拍卖、公开协商等方式取得的四荒地的土地经营权，承包人死亡的，其继承人可以在承包期内继续承包。

（三）不能作为遗产的物及财产性权利义务

1. 专属性的债权债务。与被继承人的人身相关的具有专属性的债权、债务，如基于婚姻关系、抚养关系或赡养关系产生的给付请求权。

2. 国有资源使用权。如采矿权、狩猎权和渔业权。

3. 指定第三人为受益人的保险金及给死者家属的抚恤金、生活补助费。在人身保险合同中，往往由被保险人指定第三人为受益人。一旦被保险人在保险期内死亡，第三人将获得合同约定的保险金。不论该第三人是否为继承人，其受益权都应归其本人所有，而不能列入死者遗产。既非遗产，则不能充当继承份额，也不能用于清偿被保险人生前的债务。发给死者家属的抚恤金和生活补助费不是对死者的经济补偿，而是给予其家属的物质帮助和精神抚慰，发给谁就属于谁所有，从发给之日起该抚恤金已成为家属的个人财产，而不能再作为死者的遗产被继承。例如，张某在出差途中遭遇车祸死亡。据查，张某曾为自己购买过人身意外保险，指定受益人是其母亲。保险公司赔付保险金 10 万元，张某所在单位一次发给抚恤金 2 万元，还按月付给张某儿子张甲每月生活补助费 200 元。本案例中保险金、抚恤金和生活补助费都不属于张某的遗产。

4. 自留山、自留地及宅基地使用权。在被继承人死亡后，被继承人生前所分得的自留山、自留地，一般并不由集体收回，而仍由被继承人的家庭成员经营收益，但自留山、自留地的使用权不作为遗产。公民的宅基地使用权也不得作为遗产继承。

5. 遗体。关于遗体可否作为继承权客体的问题，不仅在国外法学界众说纷纭，国内学者的见解也存在分歧。我们认为，遗体虽然是物，但不能视为死者的遗产。

三、继承权

（一）继承权的概念、特征

继承权是自然人依照法律的规定或被继承人生前所立合法有效的遗嘱继承被继承人遗产的权利。继承权具有下列特征：

1. 继承权的权利主体只能是与被继承人有一定亲属关系的自然人。根据《民法典》的规定，能够作为法定继承人和遗嘱继承人成为继承权权利主体的只能是自然人。继承权的享有以与被继承人之间有一定亲属身份关系为前提，国家法人、社团等均不能作为继承权的权利主体。它们接受遗产时，只能以受遗赠人的身份取得遗赠财产，或以其原来固有的身份取得无人承受的遗产。

2. 继承权的客体只能是遗产。继承权是自然人享有的一种财产权，其客体只能是被继承人的遗产，包括死者遗留的财产和财产权利。自然人的人身权以及某些与自然人的人身不可分离的财产权，不能作为继承权的客体。

3. 继承权是一种财产权。继承权是继承人通过继承取得被继承人遗产所有权的一种财产权利。即继承权是所有权的延伸，是所有权派生出来的一种财产权，而非身份权。

4. 继承权属于绝对权，具有排他性。继承权的权利主体是特定的，只能是继承人，包括法定继承人和遗嘱继承人；义务主体是不特定的，是除继承人以外的其他民事主体，包括自然人、法人及其他社会组织等。

5. 继承权的实现以特定的法律事实出现为前提。继承从被继承人死亡时开始。只有当被继承人死亡且留有遗产这一法律事实出现时，继承才开始。

（二）继承权的取得

继承权的取得根据有两种：一是法定继承权，即依法律的直接规定取得；二是遗嘱继承权，即依合法有效的遗嘱取得。

法定继承权的取得基于法律的直接规定。取得法定继承权的根据，主要是血缘关系和婚姻关系。但现代一些国家立法已突破了传统，将与被继承人形成抚养关系（或共同生活关系）作为取得法定继承权的根据之一。在我国，法定继承权取得的根据有三，即婚姻关系、血缘关系和抚养关系。值得注意的是，对尽了主要赡养义务的丧偶儿媳、丧偶女婿依据扶养关系取得继承权，近年来我国有些学者提出质疑，认为其作为酌分遗产人更为妥当。另有学者还指出："继承法如此规定实际上是将本应由道德规范调整的问题纳入了法律规范调整的范畴，是一种立法上的失误。"目前，我国港、澳、台三地区都未把扶养关系作为取得继承权的依据。

遗嘱继承权的取得根据是合法有效遗嘱的指定。我国《民法典》第 1133 条规定：我国遗嘱继承人的范围与法定继承人的范围相同，即遗嘱人只能在法定继承人的范围内指定遗嘱继承人。也就是说在我国取得遗嘱继承权的人只能是法定继承人范围以内的人。

（三）继承权的丧失

继承权的丧失，是指依照法律的规定发生法定事由时取消继承人继承被继承人遗产的资格。根据《民法典》第 1125 条的规定，继承人有下列行为之一的，丧失继承权：

1. 故意杀害被继承人。构成此行为必须具备两个要件：①主观上具有杀害被继承人的故意，不论其基于什么动机。如果只具有伤害的故意或只具有过失，则不具备主观要件。②客观上实施了非法剥夺被继承人生命的行为，不论其手段是作为或不作为，也不论其结果是既遂或未遂。如因执行公务或正当防卫等合法行为致被继承人死亡的，则不具备客观要件。只有同时具备上述主客观犯罪要件的继承人，才依法丧失对被害被继承人遗产的继承权。

2. 为争夺遗产而杀害其他继承人。构成此行为必须具备两个要件：①主观上有杀害其他继承人的故意，且具有争夺遗产的动机。如果主观上只有伤害的故意，或只有过失，或虽有杀害的故意，但无争夺遗产的动机而是出于其他动机，如泄愤报复等，则不具备主观要件。②客观上实施了非法剥夺其他继承人生命的行为，不论既遂或未遂。被害人与加害人不论是否为同顺序继承人，也不论是法定继承人或遗嘱继承人。如果被害人不是法定继承人（包括遗嘱继承人）以内的人，则不具备客观要件。只有同时具备上述主客观犯罪要件的继承人，才依法丧失继承权。

3. 遗弃被继承人或虐待被继承人情节严重。遗弃被继承人，是指依法负有法定义务且具有赡养能力的继承人，对没有独立生活能力的被继承人，故意不履行赡养义务的行为。凡继承人有遗弃被继承人的行为，不论其情节是否恶劣，后果是否严重，也不论其是否构成犯罪，均依法丧失继承权。虐待被继承人，是指继承人对被继承人进行精神上或肉体上的摧残折磨。依据《民法典》第 1125 条第 3 款：虐待被继承人情节严重的，丧失继承权。虐待被继承人情节是否严重，可以从实施虐待行为的时间长短、手段恶劣程度、后果是否严重、社会影响的大小等方面认定。虐待被继承人情节严重的，不论是否追究刑事责任，均可确认其丧失继承权。

4. 伪造、篡改、隐匿或者销毁遗嘱，情节严重的。伪造遗嘱，是指继承人为了夺取或独占遗产而以被继承人的名义制造假遗嘱的行为；篡改遗嘱，是指被继承人生前立有遗嘱，但继承人认为遗嘱内容对自己不利，为夺取或独占遗产而擅自改变原遗嘱内容的行为；隐匿遗嘱，是指继承人持有被继承人的遗嘱，却不向其他继承人公布的行为；销毁遗嘱，是指被继承人生前立有遗嘱，继承人为了争夺或独占遗产而将该遗嘱破坏、毁灭的行为。上述四种违法行为均违背了被继承人的真实意志，侵犯了其生前依法处分个人合法财产的权利，侵害了其他继承人和受遗赠人的合法权益，其中情节严重的，即侵害了缺乏劳动能力又无生活来源的继承人利益，并造成其生活困难的，应依法丧失继承权。

5. 以欺诈、胁迫手段迫使或者妨碍被继承人设立、变更或者撤回遗嘱，情节严重的。但是继承人有上述第三项至第五项行为，确有悔改表现，被继承人表示宽恕或者事后在遗嘱中将其列为继承人的，该继承人不丧失继承权。

继承权丧失的效力应始于继承人具有丧失继承权的法定事由之时，即当继承人具有丧失继承权的法定事由时，其继承权依法当然丧失。但如丧失继承权的法定事由发生于继承开始以后的，其丧失继承权（包括当然丧失继承权或确认丧失继承权）的效力应溯及至继承开始之时。如该不当继承人在继承开始后已占有遗产的，应予以返还。另外继承权丧失的效力及于继承人晚辈直系血亲的代位继承权。继承人丧失继承权的，其晚辈直系血亲不得代位继承。例如，某甲因杀害父亲而丧失对其父的遗产继承权，故甲之子不得代位继承甲父的遗产。但是，特定继承权丧失的效力并不及于继承人对其他被继承人的继承权。即继承人丧失的继承权，只是对某一特定被继承人的继承权的丧失，并不意味着对其他被继承人的继承权一律丧失。例如，某甲因杀害父亲而丧失对其父的遗产继承权，但他对其母及其他被继承人无致使继承权丧失的行为的，则对其母及其他被继承人仍然享有继承权。

四、继承开始的时间、地点

（一）继承开始的时间

继承开始的时间是引起继承法律关系产生的法律事实出现的时间。引起继承法律关系产生的法律事实是自然人的死亡。因此继承开始的时间就是自然人死亡的时间。我国《民法典》第1121条规定："继承从被继承人死亡时开始。"

1. 生理死亡时间的确定。生理死亡又称自然死亡，是指自然人生命的终结。《民法典》第15条："自然人的出生时间和死亡时间，以出生证明、死亡证明记载的时间为准；没有出生证明、死亡证明的，以户籍登记或者其他有效身份登记记载的时间为准。有其他证据足以推翻以上记载时间的，以该证据证明的时间为准。"

2. 宣告死亡时间的确定。宣告死亡是指自然人离开自己的住所，下落不明达到法定期限，人民法院经利害关系人申请，依法宣告失踪人死亡的法律制度。《民法典》第48条："被宣告死亡的人，人民法院宣告死亡的判决作出之日视为其死亡的日期；因意外事件下落不明宣告死亡的，意外事件发生之日视为其死亡的日期。"

3. 互有继承权的继承人在同一事故中死亡的时间确定。两个以上互有继承权的人在同一事故中死亡，其死亡时间应当如何确定，这是个直接影响继承人利益的重要问题。《民法典》第1121条第2款规定："相互有继承关系的数人在同一事件中死亡，难以确定死亡时间的，推定没有其他继承人的人先死亡。都有其他继承人，辈份不同的，推定长辈先死亡；辈份相同的，推定同时死亡，相互不发生继承。"例如，甲与其子乙一起到森林公园旅游，因遭遇交通事故遇难。甲妻已死，家中尚有一女丙和儿媳丁。甲与乙各有遗产10万元。丙和儿媳丁因继承遗产发生纠纷。本案中，应推定甲先死亡，其遗产由乙丙各继承5万元，乙的遗产加上其本人继承的遗产由丁继承。

（二）继承开始的地点

继承开始的地点指继承开始的具体地方。我国法律对此无明文规定，在司法实践中，通常以被继承人生前最后住所地（一般也为户籍所在地）为继承开始的地点。如果主要遗产不在被继承人生前最后住所地或被继承人最后住所地不明的，则以被继承人主要遗产所在地为继承开始的地点。

确定继承开始的地点的法律意义在于：①因继承开始的地点往往也是遗产的集中地，故有利于清点被继承人的遗产且加以妥善保管，并有利于清偿被继承人的债务，执行遗赠；②有利于继承人、受遗赠人等有权取得遗产的人前来继承和接受遗产；③有利于继承人参加诉讼。我国《民事诉讼法》规定，因继承遗产纠纷提起的诉讼，由被继承人死亡时住所地或主要遗产所在地人民法院管辖。

引例分析

《民法典》第1121条规定："继承从被继承人死亡时开始。"本题中继承自张某死亡时开始。《民法典》第1122条规定："遗产是自然人死亡时遗留的个人合法财产。"本案中人身保险金未指定受益人故应属于张某的个人合法遗产。综上所述，张某的遗产包括：两间房屋、一批字画、数十万元的存款以及保险公司支付的10万元保险金。

《民法典》第1127条规定："遗产按照下列顺序继承：①第一顺序：配偶、子女、父母；②第二顺序：兄弟姐妹、祖父母、外祖父母。继承开始后，由第一顺序继承人继承，第二顺序继承人不继承；没有第一顺序继承人继承的，由第二顺序继承人继承。本编所称子女，包括婚生子女、非婚生子女、养子女和有抚养关系的继子女。本编所称父母，包括生父母、养父母和有抚养关系的继父母。本编所称兄弟姐妹，包括同父母的兄弟姐妹、同父异母或者同母异父的兄弟姐妹、养兄弟姐妹、有扶养关系的继兄弟姐妹。"第1128条规定："被继承人的子女先于被继承人死亡的，由被继承人的子女的直系晚辈血亲代位继承。被继承人的兄弟姐妹先于被继承人死亡的，由被继承人的兄弟姐妹的子女代位继承。代位继承人一般只能继承被代位继承人有权继承的遗产份额。"因甲先于张某去世，故甲的子女可以代位继承甲的份额。综上所述，乙、丙、丁及甲的子女戊、庚，为张某的第一顺序法定继承人。

相关法律规范

1.《中华人民共和国民法典》第 1121、1122、1125、1127、1128 条。

2.《最高人民法院关于贯彻执行〈中华人民共和国继承法〉若干问题的意见》第 1~4、9~18、28、46 条。

3.《最高人民法院关于空难死亡赔偿金能否作为遗产处理的复函》。

思考与练习

一、结合本项目原理，作出正确选择

1. 张某有五个孩子，哪些人丧失了继承权？（　　　　）

A. 张甲故意杀害张某

B. 张乙因张甲杀害张某，而将张甲打成重

C. 张丙因争夺遗产而杀害张乙，但未遂

D. 张丁不尽赡养义务，并经常虐待张某，曾将张某的腿打骨折

2. 张某生前共有四个儿女甲、乙、丙、丁，在下列情况中，哪些人丧失了继承权？（　　　　）

A. 甲过失致张某死亡

B. 乙为争夺遗产而杀害甲

C. 丙遗弃张某

D. 丁虐待张某但情节轻微

二、结合本项目原理，回答下列问题

1. 试述遗产的概念、特征及法律地位。

2. 继承权丧失的法定情形有哪些？

3. 案例分析：

某甲有一子（乙）一女（丙），昔日某甲继承祖上古玩若干，价值不菲。一日，甲重病在床，其料将不久于人世，遂将乙招至床前，嘱咐乙与在外地工作之女丙均分古玩。乙见财起意，暗中下毒将甲毒死，意欲独占遗产。后事情败露，乙被执行枪决。乙之妻（丁）及子（戊）与丙就遗产分割发生纠纷。经鉴定，甲所遗留古玩价值 500 万元。问：该纠纷应如何处理？

思考方向：

（1）甲的第一顺序法定继承人有哪些？

（2）根据继承权丧失的法定事由，判断乙是否丧失继承权。

（3）根据代位继承的构成要件，判断戊能否继承甲的遗产。

继承的方式

知识目标

1. 了解法定继承的概念、适用范围，法定继承人的范围和继承顺序。
2. 掌握代位继承和转继承的法律规定。
3. 了解遗嘱继承的成立条件。
4. 掌握遗赠和遗赠扶养协议的法律特征及适用条件。

能力目标

1. 在实践中能正确界定继承人的范围及继承顺序。
2. 能够运用所学理论知识解决继承纠纷的相关问题。

项目一 法定继承

引例

钱某生有三子甲、乙、丙，并收养一女丁。甲早年因公殉职，遗有一子戊。丁成年后经商，家境殷实，但却与钱某关系日趋恶化，拒绝赡养钱某。钱某去世后，留有遗产若干。丧事均由乙、丙料理，遗产分割前丙因突发脑溢血去世，遗有一女庚。问：根据我国相关法律，钱某遗产该如何继承？

基本理论

一、法定继承概述

（一）法定继承的概念、特征

法定继承又称无遗嘱继承，是指继承人的范围、继承顺序、遗产分配数额及原则等，均按法律的直接规定予以确定的继承方式。法定继承是遗嘱继承的对称。

法定继承具有两个基本特征：①法定继承以一定的人身关系为基础，即确定法定继承人的范围、继承顺序和遗产份额应根据继承人与被继承人之间是否存在血缘关系、婚姻关系和收养关系。我国继承法确定配偶为法定继承人的依据是婚姻关系；确定父母、子女、兄弟姐妹、祖父母及外祖父母为法定继承人的依据是血缘关系；养亲、有扶养关系的继亲、对公婆尽了主要赡养义务的丧偶儿媳、对岳父母尽了主要赡养义务的丧偶女婿，他们之所以可成为法定继承人，就在于他们是与死者生前有抚养、赡养关系的同一个家庭中的成员。②法定继承人的范围、顺序和继承份额以及遗产分配原则等都由具体法律加以规定，属于强制性的法律规范，除法律另有规定外，任何组织和个人均无权予以改变。遗嘱继承则具有较大的任意性。

（二）法定继承的适用范围

法定继承的适用范围是指在何种情形下适用法定继承。同其他国家一样，我国继承制度采取了遗嘱继承在先的原则，另外我国又建立了有特色的遗赠扶养协议制度，遗赠扶养协议有优先于遗嘱继承的效力。因此被继承人死亡后，有遗赠扶养协议的，先要依照协议；没有遗赠扶养协议的或协议无效时，适用遗嘱继承；然后才能适用法定继承。

《民法典》第1154条规定："有下列情形之一的，遗产中的相关部分按法定继承办理：①遗嘱继承人放弃继承或者受遗赠人放弃受遗赠；②遗嘱继承人丧失继承权或者受遗赠人丧失受遗赠权；③遗嘱继承人、受遗赠人先于遗嘱人死亡或者终止；④遗嘱无效部分所涉及的遗产；⑤遗嘱未处分的遗产。"

二、法定继承人的范围和继承顺序

法定继承人是根据继承法的规定直接取得继承权的人。它由法律确定，而不是被继承人生前指定的。法定继承人的范围和顺序是法定继承制度的核心内容，也体现了法定继承以一定的人身关系为基础的特点。

（一）法定继承人的范围

法定继承人的范围是指适用法定继承方式时，哪些人可以作为死者遗产的继承人。我国《民法典》之继承编确定的法定继承人的范围是：

1. 配偶。所谓配偶，是指因结婚而确立夫妻身份的男女双方。夫妻双方互为配偶，基于婚姻关系而组成家庭，相互之间存在最密切的人身关系和财产关系。

配偶是基于合法婚姻关系的夫妻双方，没有合法婚姻关系的男女双方不是配偶，当然不能享有互相继承遗产的权利。例如，属于同居、姘居的一方死亡后，他方无权以配偶身份继承遗产。男女之间是否具有合法有效的婚姻关系，应依照我国相关法律规定来判定。作为法定继承人的配偶，是专指被继承人死亡时尚且在世的夫或妻，而且是被继承人死亡前婚姻关系仍存续的夫或妻。所以，被继承人死亡以前已经去世或离婚的配偶，因婚姻关系已经终止，不再属于法定继承人的范围。

2. 子女。子女是被继承人最近的直系晚辈亲属。父母子女之间存在着极为密切的人身关系和财产关系，子女作为父母的法定继承人是各国继承制度的通例。《民法典》

第 1127 条规定的子女包括婚生子女、非婚生子女、养子女和有扶养关系的继子女。不论性别，不论已婚、未婚，其继承地位平等。

（1）婚生子女。婚生子女指具有合法婚姻关系的夫妻所生育的子女。无论该子女父母婚姻关系是否存续，该子女对其生父、生母的遗产都享有继承权。

（2）非婚生子女。非婚生子女，俗称"私生子女"，是指没有合法婚姻关系的男女所生育的子女，既包括未婚男女所生的子女，也包括已有配偶的人与他人发生不正当两性关系所生的子女。非婚生子女享有与婚生子女同等的权利，任何人不得加以危害和歧视。尽管非婚生子女的父母之间的两性关系是非法且不道德的，但非婚生子女本身是无辜的，他们的合法权益同样受到法律的保护。

（3）养子女。养子女是指被继承人生前依据法律规定的条件和程序所收养的子女。养子女与养父母没有血缘关系，而是一种拟制血亲关系。养子女和养父母间的权利和义务，因收养关系的成立而产生。收养关系成立即产生两个法律后果：一是确立了养父母与养子女间的权利义务关系，养子女对养父母的财产享有继承权；二是解除了养子女与生父母之间的权利义务关系，养子女对自己的亲生父母的遗产不再享有继承权。反之，收养关系一经解除，养子女与养父母之间的权利义务关系也同时终止，养子女对养父母的遗产不再享有继承权，如果其恢复了与生父母之间的权利义务关系，则成为生父母的法定继承人，没有恢复则不能继承。

（4）继子女。继子女是指妻与前夫或夫与前妻所生的子女。继父母与继子女之间的关系，是子女因父母一方死亡，他方再行结婚；或因父母离婚，一方或双方再行结婚而形成的。继子女与继父或继母之间没有血缘关系，所以，原则上继子女只能继承生父母的遗产，而不能继承继父或继母的遗产。但如果继父或继母同继子女之间形成扶养关系时，继子女就能像婚生子女一样继承继父或继母遗产，成为继父或继母的法定继承人。需要指出的是，继子女在继承继父或继母的遗产的同时，仍是其生父母的法定继承人，可以继承其生父母的遗产。继子女具有双重继承权，既是与其有扶养关系的继父或继母的法定继承人，又是其生父母的法定继承人。

3. 父母。父母是被继承人最近的直系长辈亲属，不但与子女的人身关系非常紧密，而且承担着抚养教育未成年子女的义务，当然应是子女的法定继承人。如子女一样，父母包括生父母、养父母和有抚养关系的继父母。生父母有权继承其子女的遗产，养父母有权继承其养子女的遗产，有抚养关系的继父母也有权继承其继子女的遗产。当然，子女被他人收养后，与生父母的权利义务关系消灭，因而生父母对于被他人收养的子女就不再享有继承权；养子女同养父母的收养关系解除，养父母也不再享有继承养子女遗产的权利。继父母对有抚养关系的继子女享有遗产继承权利的同时，对其亲生子女同时享有继承权。

4. 兄弟姐妹。兄弟姐妹是被继承人最近的旁系血亲亲属。兄弟姐妹包括同父同母的兄弟姐妹、同父异母的兄弟姐妹或同母异父的兄弟姐妹、养兄弟姐妹、有扶养关系的继兄弟姐妹。兄弟姐妹间互为法定继承人。需要注意的是，养兄弟姐妹包括养子女与生子女之间、养子女与养子女之间的兄弟姐妹关系，他们互为继承人；但被收养人与其亲兄弟姐妹之间的权利义务关系因收养关系而消灭，相互间不享有继承权。继兄弟姐妹之间有无继承权，应视他们之间有无扶养关系而定，有扶养关系时，互为第二顺序继承人，没有扶养关系则不能互为继承人；继兄弟姐妹之间相互继承遗产的，不影响其继承亲兄弟姐妹的遗产。

5. 祖父母、外祖父母。祖父母与孙子女、外祖父母与外孙子女，是仅次于父母子女的最近的直系亲属。祖父母、外祖父母是孙子女、外孙子女的法定继承人。在代位继承中，孙子女、外孙子女可以代替已经死亡了的父或母的位置，继承祖父母或外祖父母的遗产。

6. 丧偶儿媳和丧偶女婿。儿媳与公婆、女婿与岳父母之间属姻亲关系，没有血缘上的联系，相互之间本没有继承遗产的权利。但在现实生活中，有些儿媳或女婿不仅在丧偶之前与其配偶共同赡养公婆或岳父母，而且在丧偶以后甚至再婚以后继续赡养、照料公婆或岳父母。基于权利义务相一致的原则和树立赡养老人的风尚，在总结实践经验基础上，《民法典》第1129条明确规定："丧偶儿媳对公婆，丧偶女婿对岳父母，尽了主要赡养义务的，作为第一顺序继承人。"尽了主要赡养义务，司法实践中一般从三个方面理解：①在经济上对被继承人进行扶助、供养；②在生活上对被继承人进行照顾；③对被继承人的赡养必须是长期的、经常的。尽了主要赡养义务的丧偶儿媳或女婿继承遗产后，不影响其子女的代位继承权。

（二）法定继承人的继承顺序

继承顺序是法律规定的继承人继承遗产的先后次序。《民法典》将法定继承人分为两个继承顺序。第一顺序：配偶、子女、父母。丧偶儿媳对公婆，丧偶女婿对岳父母，尽了主要赡养义务的，作为第一顺序继承人；第二顺序：兄弟姐妹、祖父母、外祖父母。

继承开始后，先由第一顺序的继承人继承遗产。在没有第一顺序的继承人或第一顺序的继承人全部放弃继承权或丧失继承权的情况下，才由第二顺序的继承人继承遗产。处于同一顺序的法定继承人享有平等地继承被继承人遗产的权利，他们同时继承，顺序不分先后。

三、代位继承与转继承

（一）代位继承

《民法典》第1128条第1款规定：被继承人的子女先于被继承人死亡的，由被继承人的子女的直系晚辈血亲代位继承；第2款规定：被继承人的兄弟姐妹先于被继承人死亡的，由被继承人的兄弟姐妹的子女代位继承。

代位继承又称间接继承，是指被继承人的子女或兄弟姐妹先于被继承人死亡，由被继承人子女的晚辈直系血亲或兄弟姐妹的子女代替继承被继承人遗产的一种法定继承方式。在代位继承中，先于被继承人死亡的子女或兄弟姐妹称为被代位继承人，代替被代位人行使继承权的称为代位继承人，代位继承人享有的权利称为代位继承权。

适用代位继承应具备以下条件：

1. 代位继承的发生必须有被继承人的子女或兄弟姐妹先于被继承人死亡的法律事实。被继承人的子女或兄弟姐妹是被代位人，包括有继承权的婚生子女、非婚生子女、养子女及有扶养关系的继子女；同胞兄弟姐妹，同父异母兄弟姐妹、同母异父兄弟姐妹、养兄弟姐妹和形成扶养关系的继兄弟姐妹。被继承人的其他继承人先于被继承人死亡或被继承人的子女、兄弟姐妹后于被继承人死亡均不发生代位继承。被继承人子女、兄弟姐妹的死亡，包括自然死亡和宣告死亡。

2. 代位继承人必须是被代位继承人子女的晚辈直系血亲或兄弟姐妹的子女。在我国如果代位继承人是被代位继承人子女的晚辈直系血亲则代位继承人不受辈数的限制，代位继承人可以是被代位继承人的子女、孙子女、外孙子女、曾孙子女、外曾孙子女等；如果被代位人是被继承人的兄弟姐妹，则代位继承人仅为被代位继承人的子女。

3. 被代位继承人必须具有继承权。继承人如果丧失了继承权，则其晚辈直系血亲不得代位继承。

4. 代位继承人一般只能取得被代位人应得的遗产份额。代位继承人是代替被代位人行使继承权，因此，其取得的财产应是被代位人可继承而得的遗产。代位继承人有二人以上的，也只能共同继承和分割被代位继承人应得的份额，而不能单独与其他法定继承人平分被继承人的遗产。民法典第1128条第3款规定：代位继承人一般只能继承被代位继承人有权继承的遗产份额。例如，被继承人有一子一女，均于继承开始前死亡，被继承人的配偶、父母也先于被继承人死亡。其子留有子女甲、乙、丙，其女留有子丁。在这种情形下，不能由甲、乙、丙、丁四人均分遗产；原则上此时遗产应分为两份，由甲、乙、丙继承一份，由丁继承一份。当然代位继承人一般只能继承被代位人应继承的份额，并不等于在任何情况下代位继承人只能作为"一人"与其他第一顺序的继承人均分遗产，也不等于各个代位继承人之间只能就被代位人应得的继承份额均分。代位继承人缺乏劳动能力又没有生活来源，或者对被继承人尽了主要赡养义务的，分配遗产时，可以多分。

代位继承是法定继承的一种形式，因而，在遗嘱继承中不适用代位继承。以前代位继承局限于被继承人子女的直系晚辈血亲，现在依据《民法典》继承编的规定兄弟姐妹的子女也可以代位继承，即侄子、侄女、外甥、外甥女也可以实现代位继承。这样修改的目的是为了解决财富传承的问题，扩大继承人的范围，就意味着死者的遗产更大可能被家族亲人继承，而不用最后因为无人继承而归于国家或集体，能更大程度地保障自然人的私权，尽可能让自然人一辈子奋斗的财富留在自己的家族之中。

（二）转继承

1. 转继承的概念及成立条件。转继承又称再继承、连续继承、第二次继承，是指继承人在继承开始后，遗产分割之前死亡，其应继承的遗产转由他的合法继承人来继承的法律制度。作为已死亡的继承人的合法继承人，由转继承人实际继承遗产，已死亡的继承人称为被转继承人。

转继承的发生或成立需具备以下条件：其一，继承人于被继承人死亡后遗产分割前死亡。继承人于继承开始前死亡可能会发生代位继承，而不能发生转继承；继承人于遗产分割后死亡的，其已取得遗产的单独继承权，其法定继承人能够直接继承其遗产也不会发生转继承。其二，死亡的继承人未丧失继承权，也未放弃继承权。若其丧失或放弃了继承权，就没有参与继承遗产的权利，当然也就不会发生转继承。

转继承一经成立，已死亡的继承人（被转继承人）应取得的被继承人的遗产份额即成为其遗产，转由其法定继承人继承，并由转继承人直接参与被继承人的遗产分配。

2. 转继承与代位继承的区别。转继承和代位继承具有相似之处，如都有继承人已死亡的事实；都是由享有继承权的继承人取得被继承人的遗产；都是在死亡的继承人没有丧失继承权的情况下发生的。但是两者的区别也是明显的，主要体现在以下方面：

（1）发生的事实根据不同。转继承是基于继承人（被转继承人）于被继承人死亡后遗产分割前死亡的事实；代位继承则是基于继承人（被代位继承人）先于被继承人死亡的事实。

（2）继承人的范围不同。转继承人可以是被转继承人的晚辈直系血亲，也可以是被转继承人的其他法定继承人，他们依各自继承顺序参加转继承，而且被转继承人还可以是遗嘱继承人。代位继承的代位继承人只能是被代位继承人的晚辈直系血亲。

（3）适用的范围不同。转继承既可适用于法定继承，也可以适用于遗嘱继承。在遗嘱继承开始后，遗嘱继承人在未取得按遗嘱应继承的遗产前死亡，就适用转继承。代位继承是法定继承的补充和特殊形式，不能适用遗嘱继承。

▎▎▎▎ 引例分析

前述引例中涉及养子女继承权、继承权丧失、转继承以及各继承人之间遗产分割原则问题。《民法典》第 1127 条规定："遗产按照下列顺序继承：①第一顺序：配偶、子女、父母；②第二顺序：兄弟姐妹、祖父母、外祖父母。继承开始后，由第一顺序继承人继承，第二顺序继承人不继承。没有第一顺序继承人继承的，由第二顺序继承人继承。本编所说的子女，包括婚生子女、非婚生子女、养子女和有扶养关系的继子女。"本案中丁作为钱某养女，系第一顺序继承人，虽然其有赡养条件而拒绝对钱某尽赡养义务，但并不符合《民法典》第 1125 条规定的丧失继承权的情形，仍然享有继承权。

《民法典》第 1128 条规定:"被继承人的子女先于被继承人死亡的,由被继承人的子女的直系晚辈血亲代位继承。代位继承人一般只能继承被代位继承人有权继承的遗产份额。"甲先于被继承人死亡,符合代位继承的规定,因此应由其晚辈直系血亲戊作为第一顺序继承人继承钱某的遗产。

丙在钱某死后遗产分割之前死亡,符合转继承的规定,因此,其所得遗产份额转由其继承人庚继承。

另据我国《民法典》第 1130 条规定:"同一顺序继承人继承遗产的份额,一般应当均等。有扶养能力和有扶养条件的继承人,不尽扶养义务的,分配遗产时,应当不分或者少分。"故在分割遗产时丁应少分或不分。

▦ 相关法律规范

1. 《民法典》第 1127~1130、1154 条。

2. 《最高人民法院关于适用〈中华人民共和国民法典〉继承编的解释(一)》第 10~19 条。

▦ 思考与练习

一、结合本项目原理,作出正确选择

1. 乙先于其父甲死亡,接着甲死亡,乙有一小孩丙,甲还有一女儿丁。则会发生下列哪些继承方式?(　　)

　　A. 法定继承　　　B. 代位继承　　　C. 遗嘱继承　　　D. 转继承

2. 甲因与其妻感情不和,已经分居半年,正在闹离婚,一日,甲暴病身亡,未留遗嘱,甲有下列继承人,其遗产 10 万元,应由谁继承?(　　)

　　A. 其子乙　　　B. 其父丙　　　C. 其妻丁　　　D. 其弟戊

二、结合本项目原理,回答下列问题

1. 试析法定继承人的范围和继承顺序。

2. 试析法定继承的适用情形。

3. 简述代位继承的概念和法律特征。

4. 简述转继承与代位继承的区别。

5. 案例分析:

甲、乙结婚时均为再婚。甲与前妻生女丙,乙与前夫生子丁。丙、丁均年幼。甲乙婚后含辛茹苦将丙、丁抚养成人。丙成家后生子戊。某日,乙出差途中因飞机失事,不幸遇难。甲突遭丧妻之痛,一病不起,生活无法自理。丙主动承担照顾甲的重任,之后,丙因工作调整,无法分身,遂派已成年的戊与甲一起生活,戊对甲贴身悉心照料。自乙去世后,丁便与甲、丙往来稀少,仅于甲病重时寄来少量钱财。乙辞世后数载,甲也随之去世。丙、丁、戊为继承甲的遗产发生纠纷。问:本案该如何处理?

思考方向:

（1）根据《民法典》的规定确定本案中哪些人属于甲的第一顺序法定继承人，判断戊是否是甲的法定继承人。

（2）根据继承权丧失的法定事由，判断丁是否丧失继承权。

（3）根据代位继承的构成条件，判断丁是否可以代位继承。

项目二　遗嘱继承、遗赠与遗赠扶养协议

引例

甲有三子（乙、丙、丁）均已成年并工作。甲立下一份公证遗嘱，将2/3的财产留给儿子乙，其余的留给丙。后又立一份自书遗嘱，将财产的一半给乙，另一半给丙。后乙因故意杀人被判刑，甲伤心至极，生命垂危之际当着众亲友的面宣布一分钱都不留给乙，不久去世。乙出狱后要求按照遗嘱的内容继承遗产。丙认为乙无权继承遗产，乙、丙、丁为继承遗产发生纠纷。

问题：本案该如何处理？

基本理论

一、遗嘱继承

遗嘱继承以遗嘱存在为前提，但与遗嘱又是两个不同的概念，它们各自具有不同的含义和法律特征。

（一）遗嘱的概念和特征

遗嘱是自然人生前按照法律规定的方式对自己的财产或其他事务作出处分并于其死亡时发生执行效力的一种法律行为。遗嘱作为法律概念，也常指遗嘱人处分其遗产和其他事务的一种凭据。立遗嘱的自然人称为遗嘱人，接受遗嘱指定继承遗产的人称为遗嘱继承人。遗嘱的特征如下：

1. 遗嘱是在遗嘱人死亡时发生执行效力的法律行为。遗嘱是遗嘱人生前所为的法律行为，然而这种行为在立遗嘱后至遗嘱人死亡前，并未发生遗嘱执行的效力，其执行的法律效力，应从遗嘱人死亡时开始。只要遗嘱人还健在，任何人都不得要求按照已立的遗嘱继承财产。遗嘱人在死亡以前，可以变更遗嘱或撤回遗嘱。

2. 遗嘱是遗嘱人的单方法律行为。遗嘱人立遗嘱是基于自己的意思表示，不必事先征求继承人的意见或征得受遗赠人的同意，遗嘱人所立遗嘱只要符合法律规定的要求即可发生效力。

3. 遗嘱是要式法律行为。依照《民法典》的规定，遗嘱一定要依照法定的方式订立。

4. 遗嘱的设立不得代理。遗嘱是遗嘱人处分自己身后财产的民事法律行为，影响

其处分决定的因素主要是遗嘱人与有关亲属之间的感情和遗嘱人的愿望，遗嘱具有强烈的感情色彩，其设立必须由遗嘱人亲自进行，代理的遗嘱不具有遗嘱的效力。应当注意的是，遗嘱不得代理，但可以由他人代书。

（二）遗嘱继承

遗嘱继承又称指定继承，是指继承人按照被继承人的遗嘱，继承被继承人遗产的继承方式。遗嘱继承中，遗产的继承人及其取得的遗产数额都由被继承人在遗嘱中指定，遗嘱指定的继承人称遗嘱继承人。

遗嘱继承的法律特征如下：

1. 遗嘱继承以遗嘱的有效存在为前提。遗嘱直接表示了被继承人的意愿，也是继承人取得遗产的依据。因此，发生遗嘱继承不仅须有被继承人死亡的事实，还须有被继承人所立的合法有效的遗嘱。

2. 遗嘱继承的开始，必须由被继承人立有遗嘱和立遗嘱人死亡两个法律事实构成，两个事实必须同时具备，缺一不可。遗嘱人所立遗嘱无效或被撤销，不发生遗嘱继承；所立遗嘱有效，立遗嘱人还未死亡，继承人不得请求继承遗产。

3. 遗嘱继承的继承人的范围、顺序及遗产份额，都可由遗嘱人在遗嘱中指定。在我国，遗嘱继承人需为法定继承人，不是法定继承人范围内的人不能成为遗嘱继承人。但是遗嘱中指定的继承人不受法定继承顺序的限制，遗嘱人可以指定第一顺序的法定继承人为继承人，也可以指定第二顺序的法定继承人为继承人。遗嘱继承人继承的份额也不受法定继承中遗产分配原则的限制，遗嘱人可以指定继承人继承的财产份额。

（三）遗嘱的形式、内容和有效要件

1. 遗嘱形式及效力认定。遗嘱形式即遗嘱人通过一定的形式表达自己处分财产的意思。根据《民法典》第1134~1139条的规定，遗嘱形式包括以下六种：

（1）公证遗嘱。公证遗嘱由遗嘱人经公证机关办理，设立公证遗嘱的事项、程序和要求等均由公证法律法规规范。公证遗嘱程序严格，遗嘱的真实性和合法性应经过国家公证机关的确认。

（2）自书遗嘱。自书遗嘱，又称亲笔遗嘱，是由遗嘱人亲笔书写的遗嘱。自书遗嘱的内容须由遗嘱人亲自执笔书写，遗嘱人必须在遗嘱上亲笔签名，并注明年、月、日。《最高人民法院关于适用〈中华人民共和国民法典〉继承编的解释（一）》第27条规定："公民在遗书中涉及死后个人财产处分的内容，确为死者真实意思的表示，有本人签名并注明了年、月、日，又无相反证据的，可按自书遗嘱对待。"

（3）代书遗嘱。代书遗嘱，是指由他人代笔书写的遗嘱。由于代书遗嘱不是遗嘱人亲笔所写，代书遗嘱被篡改、伪造的可能性很大。为了保证代书遗嘱的真实性和合法性，法律对代书遗嘱的形式要件作了严格的规定。《民法典》第1135条规定："代书遗嘱应当有2个以上见证人在场见证，由其中1人代书，并由遗嘱人、代书人和其他见证人签名，注明年、月、日。"

（4）录音录像遗嘱。录音录像遗嘱，是指以录音录像方式记载遗嘱内容的遗嘱形式。我国《民法典》第1137条规定："以录音录像形式立的遗嘱，应当有2个以上见证人在场见证。遗嘱人和见证人应当在录音录像中记录其姓名或肖像以及年、月、日。"录音录像等视听资料很容易被他人剪辑、伪造或篡改，为保证遗嘱的真实性，公民在制作录音录像遗嘱时，应严格遵守一定的程序和规则。设立录音录像遗嘱时，须有2个以上见证人在场见证录音录像遗嘱制作的全过程，遗嘱人须清晰地表述遗嘱的全部内容，并说明具体见证人以及制作录音录像遗嘱的时间和地点。见证人可以分别口述自己的姓名、年龄、职业、住址等信息和在场见证的情况。录音录像遗嘱制作完毕后，须将磁带或光盘封存，遗嘱人和见证人在封面上签名，注明年、月、日，交由见证人保存。录音录像遗嘱必须在见证人和继承人均在场的情况下当众启封。上述程序的每个步骤都要严格遵守和执行，否则录音录像遗嘱很难被认定为有效遗嘱。

（5）口头遗嘱。口头遗嘱，是指由遗嘱人口头表述的而不以其他方式记载的遗嘱。被继承人因伤病，遇到自然灾害、突发事件，或在战场上生命垂危，无法以其他方式设立遗嘱的，可以口述遗愿，由两个以上见证人在场见证，设立口头遗嘱。见证人应及时将遗嘱人口授的遗嘱记录下来，并由记录人和见证人签名，注明立遗嘱的日期和记录的日期，以确保见证遗嘱内容的真实可靠。

口头遗嘱的内容全凭见证人的记忆再现，如果见证人没有及时记录，很有可能因时间的经过记忆模糊，不能真实反映遗嘱的内容。有的情形是各见证人所述的内容并不一致，无法确定遗嘱的内容。危急情况解除后，遗嘱人能够用书面或者录音形式立遗嘱的，所立的口头遗嘱无效。至于遗嘱人在危急情况解除后多长时间内能够另立遗嘱，法律没有规定。审判实践中，遗嘱人能否以其他方式设立遗嘱，由人民法院根据实际情况具体认定。

（6）打印遗嘱。打印遗嘱是指遗嘱人通过电脑制作，用打印机打印出来的遗嘱。打印遗嘱有效的要件：①遗嘱为电脑制作；②打印遗嘱应当有2个以上见证人在场见证；③遗嘱人在遗嘱文本的每一页都签名，注明年、月、日。

应当注意的是，订立代书遗嘱、录音遗嘱、口头遗嘱和打印遗嘱的时候，必须有2个以上的见证人在场见证。见证人是遗嘱人在立遗嘱时的证明人，见证人的证明直接关系到遗嘱的效力，因此，法律对见证人的资格也有要求。依照我国《民法典》第1140条的规定，下列人员不能作为遗嘱见证人：①无民事行为能力人、限制民事行为能力人以及其他不具有见证能力的人；②继承人、受遗赠人；③与继承人、受遗赠人有利害关系的人，包括继承人、受遗赠人的子女、近亲属、债权人、债务人、共同经营的合伙人等。

2. 遗嘱的内容。遗嘱的内容是遗嘱人处分遗产及有关事务的意思表示。遗嘱人要实现自己的意愿，对遗产的处分和事务的安排就应当具体化、明确化。《民法典》对于遗嘱的内容没有具体的限制性规定，遗嘱人当然要合法地处分自己的财产，并且不违背社会主义的道德准则和善良风俗。一般认为，遗嘱应包括以下内容：遗产的名称和数量；遗嘱继承人或受遗赠人；遗产的分配方法和具体份额；指明某项财产的用途和使用目的；明确遗嘱人对遗嘱继承人或受遗赠人附加的义务；指定遗嘱执行人；设立遗嘱的时间、地点；等等。

3. 遗嘱的有效条件。遗嘱是遗嘱人的意思表示，为达到预期的法律后果，也就是保证遗嘱具有法律效力，遗嘱必须符合一定的条件。一般认为，有效的遗嘱必须具备法定的形式要件和实质要件。依照我国《民法典》第1143条的规定，这些条件主要包括：

（1）遗嘱人在立遗嘱时必须具有遗嘱能力。《民法典》第1143条第1款规定：无民事行为能力人或者限制民事行为能力人所立的遗嘱无效。遗嘱人应具有完全民事行为能力，在我国继承法上，只有完全民事行为能力人才具有遗嘱能力。遗嘱人是否具有行为能力，应当以立遗嘱时的状况为准，遗嘱人立遗嘱时必须有遗嘱行为能力。无遗嘱能力的人所立的遗嘱，即使其本人后来取得了遗嘱能力，仍属无效遗嘱；遗嘱人立遗嘱时有遗嘱能力，即使后来丧失了遗嘱能力，亦不影响遗嘱的效力。另外值得注意的是，遗嘱人取得遗嘱能力后对遗嘱进行了追认或变更，该遗嘱是否成为有效遗嘱。我们认为，无遗嘱能力的人所立的遗嘱为无效遗嘱，而非效力待定，所以，遗嘱人取得遗嘱能力后，不能使无效的遗嘱变成有效的遗嘱。但是，如果遗嘱人变更先前所立的遗嘱，因其内容已经发生了根本改变，所以新遗嘱应为有效。

（2）遗嘱的意思表示必须真实。遗嘱是公民生前的单方法律行为，不须他人同意就可直接发生效力，因此，遗嘱应是遗嘱人自己真实意思的表示，像其他民事行为一样，受胁迫、欺诈所立的遗嘱无效；遗嘱被伪造的，伪造的遗嘱无效；遗嘱被篡改的，被篡改的内容无效。

（3）遗嘱的内容必须合法。遗嘱的内容，是指遗嘱人在遗嘱中所表示出来的对自己的财产及相关事务所做的具体安排。遗嘱不得违反宪法、法律的规定，也不得违背社会主义道德准则和善良风俗，遗嘱不得剥夺缺乏劳动能力又无其他生活来源的法定继承人的继承份额，不得取消应当为胎儿保留的继承份额。

《民法典》第1141条明确规定："遗嘱应当为缺乏劳动能力又没有生活来源的继承人保留必要的遗产份额。"遗嘱没有为缺乏劳动能力又没有生活来源的继承人保留必要份额的，对应当保留的必要份额的处分无效。根据《民法典》的规定，必留份制度包含以下内容：①必留份的主体是法定继承人范围以内的人。从《民法典》第1141条规定的立法精神看，胎儿如果出生后没有生活来源的，也应当为必留份的主体。②法定继承人必须缺乏劳动能力又没有生活来源，二者缺一不可。有劳动能力而没有生活来源，或者缺乏劳动能力而有生活来源的继承人，都不在必留份制度保护之列。判断是否缺乏劳动能力又没有生活来源应以继承开始时为准。立遗嘱时继承人缺乏劳动能力和没有生活来源，于继承开始时具有了劳动能力或者有了生活来源的，不受必留份的保障；而立遗嘱时有劳动能力或有生活来源，而于继承开始时丧失劳动能力又没有生活来源的，应受必留份制度的保障。③遗嘱应当为需要扶养的继承人保留"必要的遗产份额"。所谓"必要的遗产份额"，是指保证这部分继承人基本生活需要的遗产份额。所谓的基本生活需要，是指能够维持当地群众一般生活水平的需要，与应继份并不是同一概念，它既可以少于法定继承人的应继份，也可以大于、等于法定继承人的应继份。④遗嘱中未给缺乏劳动能力又没有生活来源的继承人保留必要的遗产份额的遗嘱并非全部无效，仅是涉及处分应保留份额遗产的遗嘱内容无效，其余内容仍有效。

（4）遗嘱的形式必须符合法律规定。遗嘱是要式法律行为，因此必须符合法律所要求的形式才具有法律效力。关于遗嘱的形式要求，上面已述之，不再赘述。

（四）遗嘱的撤回、变更和执行

1. 遗嘱的撤回。遗嘱的撤回是指遗嘱人以一定的方式取消原先已成立的遗嘱，使其内容不发生法律效力的行为。遗嘱人可用声明原遗嘱无效的方式撤回，也可用立新遗嘱的方式撤回原遗嘱。

2. 遗嘱的变更。遗嘱的变更是指遗嘱人依法改变原先所立遗嘱的部分内容。遗嘱人变更遗嘱，可以对原遗嘱的部分内容进行修改，也可以通过立新遗嘱的形式使原遗嘱中的部分内容因与新遗嘱内容发生矛盾而无效。遗嘱人变更遗嘱时，可以采取与原立遗嘱相同的形式，也可以采取与原立遗嘱不同的形式。变更遗嘱是遗嘱人享有的权利，不需征得继承人或其他人的同意。变更遗嘱应符合遗嘱生效的有效要件。根据《民法典》第 1142 条规定：遗嘱人以不同形式立有数份内容相抵触的遗嘱，以最后所立的遗嘱为准。变更后的遗嘱合法有效，应依变更后的遗嘱执行，如果变更后的遗嘱是无效的，仍以原先所立的有效遗嘱为实际执行的遗嘱。

遗嘱的撤回、变更没有固定的时间限制，只要在遗嘱人生存期间都可以为之。遗嘱的撤回、变更必须是遗嘱人的真实意思表示，并且由遗嘱人亲自进行，不得由他人代理。另外，其他任何组织或个人都不得撤回、变更遗嘱。

3. 遗嘱的执行。遗嘱的执行是为实现遗嘱的内容而进行的必要处分。它对于实现遗嘱人的意志，保护遗嘱继承人和其他利害关系人的合法权益具有重要意义。

遗嘱的执行必须在遗嘱人死后才能开始，因此，遗嘱人不可能自己去执行遗嘱。但是，如果由继承人或受遗赠人直接去执行遗嘱，虽然简便省事，但也容易产生弊端，因为他们与遗嘱的内容有直接利害关系。所以，为了妥善保护遗嘱人、继承人及受遗赠人和其他利害关系人的利益，民法典设定了遗嘱执行人制度。《民法典》第 1133 条第 1 款规定，遗嘱人在遗嘱中"可以指定遗嘱执行人"。遗嘱执行人不限于自然人，法人和其他社会组织均可以被指定为遗嘱执行人。遗嘱执行人既可以由一人担任，也可以由数人担任。依民法一般原理和有关规定的精神，一般认为无民事行为能力人和限制民事行为能力人，均不能作遗嘱执行人。因为遗嘱执行人要独立地管理遗产并依遗嘱对遗产进行分配，必须具有一定的社会知识和社会生活经验。根据《民法典》第1133条的规定和司法实践，遗嘱执行人可以依照以下标准确定：

（1）遗嘱人指定遗嘱执行人。遗嘱人指定遗嘱执行人或者委托他人指定遗嘱执行人是各国的通例。由遗嘱人自己选择信任的人执行遗嘱能使其意愿得到充分实现。遗嘱中指定的执行人既可以是法定继承人，也可以是法定继承人以外的人；既可以是自然人，也可以是法人或非法人组织。

（2）法定继承人担任遗嘱执行人。在被继承人没有指定遗嘱执行人也没有委托他人指定或者被指定人不能执行时，法定继承人成为当然的遗嘱执行人。法定继承人为一人时，由其担任遗嘱执行人；法定继承人有数人时，则共同担任遗嘱执行人，法定继承人也可以共同推举一人或数人作为代表来执行遗嘱。

（3）遗嘱人生前所在单位或者继承开始地点的基层组织为遗嘱执行人。由遗嘱人生前所在单位或者继承开始地点的基层组织为遗嘱执行人是由我国的具体国情决定的。遗嘱人未指定遗嘱执行人又无法定继承人或者有法定继承人但无能力担任遗嘱执行人时，可由遗嘱人生前所在单位或住所地的基层组织充任遗嘱执行人。

我国《民法典》同时规定了遗嘱执行人制度和遗产管理人制度。在继承开始后，遗嘱执行人即为遗产管理人，只有在没有遗嘱执行人的情况下，才由其他人担任遗产管理人。因此，遗嘱执行人的职责其实与遗产管理人的职责是重合的。当然，遗嘱执行人仅在遗嘱继承中存在，而遗产管理人则存在于遗嘱继承和法定继承之中。遗嘱执行人拒绝执行遗嘱执行人职责或有不当行为甚至违法行为等重大事由的，可认为遗嘱执行人放弃或丧失了执行人资格，可由其他符合条件的执行人履行相应职责。

（五）附负担遗嘱

1. 附负担遗嘱的概念和特点。附负担遗嘱又可称为附义务遗嘱，是指遗嘱人在遗嘱中指定继承人或受遗赠人继承或接受遗产应当履行一定义务的遗赠。《民法典》第1144条规定：遗嘱继承或者遗赠附有义务的，继承人或者受遗赠人应当履行义务。没有正当理由不履行义务的，经利害关系人或者有关组织请求，人民法院可以取消其接受附义务部分遗产的权利。

我国《民法典》规定遗嘱可以附义务，不论是遗嘱继承还是遗赠都可以附义务。因此，在附负担遗嘱中，负担的内容表现为遗嘱继承人或受遗赠人的义务，遗嘱中指定的负担的义务人只能是遗嘱继承人或受遗赠人，遗嘱对遗嘱继承人或受遗赠人以外的人设定的义务不具有法律效力，遗嘱继承人或受遗赠人以外的人不受其约束。附负担遗嘱具有如下特点：

第一，附负担遗嘱为单方的无偿民事法律行为。附负担遗嘱所附义务与取得财产权利不构成对价关系。另外，附负担遗嘱为无相对人的单独民事法律行为，遗嘱的成立不需要相对人的同意。

第二，遗嘱中所附义务不得违反法律或公序良俗。遗嘱中附违反法律或者公序良俗的义务，附此义务的负担无效。

第三，遗嘱中指定的义务必须是可能实现的。遗嘱以不能实现的义务为负担的，其负担无效。

第四，遗嘱效力的发生不以义务的履行为条件。附负担遗嘱中的负担不影响遗嘱的效力，即使负担不履行，遗嘱的效力也依然发生，只是利害关系人或有关组织可以请求法院取消遗嘱继承人或受遗赠人接受附负担那部分遗产的权利。

第五，遗嘱负担具有附随性和不可免除性。遗嘱继承人或受遗赠人如果不接受遗产，则不需要履行该义务。遗嘱继承人或受遗赠人如果接受遗产，则必须履行义务。接受遗产的遗嘱继承人或受遗赠人不履行遗嘱负担的，有关单位和个人可以提请人民法院取消其接受遗产的权利。

2. 附负担遗嘱的法律后果。《民法典》第1144条中规定：没有正当理由不履行义务的，经利害关系人或者有关组织请求，人民法院可以取消其接受附义务部分遗产的权利。继承人或者受遗赠人放弃继承或者受遗赠，则无须履行遗嘱负担的义务；继承人或者受遗赠人接受继承或者遗赠，则应履行遗嘱所负担的义务，但履行所负担的义务以实际所得遗产数额为限。《民法典》没有进一步规定在取消负担义务人接受遗产的权利后遗产及负担如何处理。对此，我们认为，符合继承法基本原理的解释应当是：如果负担义务人拒绝履行义务，那么首先，应当由请求权人请求其继续履行。如果在请求权人的要求下，负担义务人履行了义务，那么这是最符合遗嘱人遗愿的结果。其次，如果负担义务人依然不履行义务，则请求权人有权请求人民法院撤销其接受遗产的权利。最后，遗嘱涉及的遗产按法定继承办理，接受遗产的人有义务按比例履行遗嘱的负担。

二、遗赠

（一）遗赠的概念和特征

遗赠是自然人以遗嘱方式将其个人合法财产的一部分或全部，赠送给国家、集体组织或法定继承人以外的其他人，并于遗赠人死亡时发生执行效力的单方法律行为。在遗赠制度中，遗嘱人称为遗赠人，遗嘱指定的接受财产的人称为受遗赠人。我国《民法典》第1133条第3款规定："自然人可以立遗嘱将个人财产赠给国家、集体或者法定继承人以外的组织、个人。"从本款的规定可以看出，遗赠是被继承人死后遗产转移的一种方式。遗赠充分尊重了遗嘱人的意愿，是遗嘱自由原则的重要体现。遗赠以遗嘱的存在为前提，它具有以下法律特征：

1. 遗赠是一种单方法律行为。遗赠是以遗嘱为之的赠与行为。遗赠是遗嘱的内容之一，遗赠必须以遗嘱的方式进行，这是遗赠的本质特征。因遗嘱属于单方法律行为，与之相适应，遗赠也是单方法律行为。遗赠仅须遗嘱人的单方意思表示即可成立，不需要征得受遗赠人的同意，也不需要征求其他人的意见。

2. 遗赠是给特定人以财产利益的无偿行为。遗赠是给予他人以财产利益的行为，是遗嘱人对自己财产的一种无偿转让。这种财产利益，既可以是给予财产权利，也可以是免除受遗赠人的财产义务。根据我国《民法典》的规定，受遗赠人只能是法定继承人以外的人。因此，受遗赠人与遗嘱人没有法定继承人的血缘关系、婚姻关系或扶养关系，其与遗嘱人之间没有法律上的权利义务关系。受遗赠人接受遗赠不需要以履行法定义务为前提，遗赠人的转让行为完全是一种无偿的财产让与。虽然遗赠人有时在遗嘱中也可以附设某种义务，即附负担遗赠，但财产性义务不能超出转让的财产权利范围。

3. 遗赠是于遗嘱人死亡后发生效力的行为。遗嘱是自然人生前按照法律规定的方式对自己死亡之后的财产进行处分，并于死亡时发生执行效力的法律行为。作为遗嘱内容之一的遗赠也同样，在遗嘱人死亡之前，并未发生执行效力，受遗赠人不得要求受让遗嘱指定的财产。由于遗嘱在遗嘱人死亡前没有生效，因此，遗嘱人在订立遗嘱后，可以根据自己的意愿，随时修改、变更或撤回遗赠。

（二）遗赠的接受和放弃

《民法典》第 1124 条："继承开始后，继承人放弃继承的，应当在遗产处理前，以书面形式作出放弃继承的表示；没有表示的，视为接受继承。

受遗赠人应当在知道受遗赠后 60 日内，作出接受或者放弃受遗赠的表示；到期没有表示的，视为放弃受遗赠。"

对《民法典》第 1124 条进行理解时有两个问题值得探讨：其一，受遗赠权可否继承？《民法典》没有明确规定受遗赠权可以继承。司法实践中只认可受遗赠人表示接受的受遗赠权可以继承。如果受遗赠人在知道受遗赠后的 60 日内死亡的，其继承人表示接受遗赠是否有效？我们认为，受遗赠权虽有一定的专属性，通常不能转让，但应当可以继承，因为遗赠自继承开始时发生法律效力，受遗赠权自发生法律效力时就已经产生。其二，当受遗赠人为无民事行为能力或限制民事行为能力人时，其法定代理人在知道受遗赠后的 60 日内，没有做出明确的接受或者放弃受遗赠的意思表示，视为接受遗赠还是放弃遗赠？我们认为，依照民法一般理论，法定代理人处分无民事行为能力人或限制民事行为能力人的财产，损害其利益的处分无效。因此在受遗赠人是无民事行为能力或限制民事行为能力人时，其法定代理人在规定期限内没有作出接受遗赠的意思表示的，推定接受遗赠，以此作为《民法典》第 1124 条的例外。

（三）遗赠与遗嘱继承、赠与

虽然遗赠与遗嘱继承都是遗嘱人以遗嘱处分自己财产的方式，但两者是不同的，主要区别表现在：

1. 主体范围不同。遗赠的主体即受遗赠人必须是法定继承人范围以外的人，既可以是国家、集体法人或非法人组织，也可以是自然人。遗嘱继承人只能是法定继承人范围内的人，而不能是法定继承人以外的人，也不能是国家或集体。

2. 客体内容不同。遗赠的客体是纯粹的财产权利，不包括财产义务。受遗赠人无偿取得遗产，通常是只享受权利不承担义务。而遗嘱继承人对于遗产的继承，既包括财产权利，也包括财产义务。

3. 权利行使方式不同。受遗赠人接受遗赠的，应于法定期间内作出接受遗赠的明示意思表示。《民法典》第 1124 条第 2 款规定："受遗赠人应当在知道受遗赠后 60 日内，作出接受或者放弃受遗赠的表示；到期没有表示的，视为放弃受遗赠。"依照该规定，遗赠的接受必须以明示的方式作出，单纯的沉默视为放弃受遗赠，且遗赠的接受必须在受遗赠人知道受遗赠后的 60 日内作出。遗嘱继承人对继承的接受，既可以通过明示的方式进行，也可以通过默示的方式进行，如果遗嘱继承人自继承开始至遗产分割前未明确表示放弃继承的，则推定其接受继承。

遗赠与赠与存在相同之处，即两者都是一种财产转让方式。是当事人一方将自己的财产无偿给予他人的行为。尽管遗赠与赠与都是无偿取得财产的方式，都涉及财产的无偿转移，但两者之间还是有明显区别的，其主要区别在于：

1. 遗赠是单方法律行为；赠与是双方法律行为。遗赠只要有遗赠人一方赠与的意思表示即可成立，不必征得受赠与人同意，受遗赠人依据遗嘱就可以获得遗嘱指定的财产。而赠与是一种双方的法律行为，赠与人与受赠与人之间是一种合同关系，是赠与人将自己的财产无偿给予受赠与人，受赠与人表示接受的合同，赠与人与受赠与人双方必须意思表示一致，赠与合同方可成立。

2. 遗赠采用遗嘱的方式；赠与采取合同的方式。

3. 遗赠是要式法律行为；赠与是不要式法律行为。遗赠以遗嘱的方式进行，因此遗赠必须符合法律规定的形式要件，否则，遗赠既不合法成立，也不产生法律效力。而赠与是一种非要式法律行为，法律对赠与没有严格的形式要求，当事人双方用口头形式、书面或其他形式均可。

4. 两者的生效时间不同。赠与属生前生效行为；遗赠属死后生效行为。遗赠必须在遗嘱人死亡后才能发生执行效力，因此，受遗赠人不能在遗赠人尚未死亡时就请求支付遗赠物，遗赠标的物在继承开始前灭失的，遗赠不生效，受遗赠人也不能要求遗嘱执行人承担相应的给付义务。

5. 处分财产的范围不同。遗嘱人在遗嘱中，不得剥夺缺乏劳动能力又无生活来源的法定继承人的必要遗产份额。而法律对赠与人处分财产的行为则没有特别限制，但是，如果赠与人处分自己的财产损害债权人的利益的，债权人可以行使撤销权。

三、遗赠扶养协议

（一）遗赠扶养协议的概念和特征

遗赠扶养协议是被扶养人（即遗赠人）与扶养人之间签订的有关扶养与遗赠关系的协议。我国《民法典》第 1158 条规定：自然人可以与继承人以外的组织或者个人签订遗赠扶养协议。按照协议，该组织或者个人承担该自然人生养死葬的义务，享有受遗赠的权利。根据协议，扶养人承担被扶养人生养死葬的义务，被扶养人承担将自己的财产于死后转归扶养人所有的义务。其中，接受扶养、给付财产的一方是遗赠人、被扶养人或受扶养人；承担生养死葬义务、接受财产赠与的一方为受遗赠人、扶养人。

遗赠扶养协议是当事人双方签订的关于生养死葬的合同，带有明显的互助性质，不单纯以财产利益为目的，它是我国继承法律制度中的一项特殊制度。遗赠扶养协议具有以下特征：

1. 遗赠扶养协议的主体具有一定的特殊性。遗赠扶养协议是以生养死葬为内容的合同，因此其受扶养的主体一方必须是自然人，扶养人可以是有扶养能力的自然人，也可以是组织。扶养人如为自然人则必须是法定继承人以外的人。

2. 遗赠扶养协议是一种双方法律行为。遗赠扶养协议由扶养人与被扶养人双方共同订立，协议的成立、变更和解除必须由双方协商一致。遗赠扶养协议在本质上是财产性质的合同，而非身份合同，所以遗赠扶养协议可以准用《民法典》有关合同的相关规定。

3. 遗赠扶养协议是一种双务有偿的法律行为。遗赠扶养协议是以扶养和遗赠为内容的合同，扶养人只有履行了扶养义务才能获取遗赠，被扶养人只有承担了遗赠义务才能接受扶养，双方都负对待给付义务，任何一方都不能无偿地取得他方的财产。

4. 遗赠扶养协议自合同成立时生效。遗赠扶养协议是被扶养人生前与他人签订的生养死葬的合同，是诺成性合同，自合同成立时生效，但扶养人权利的实现则必须是在被扶养人死后，即只有在被扶养人死后才能取得遗赠的财产。扶养人在被扶养人生前不得提出取得遗赠财产的要求。

5. 遗赠扶养协议在适用上具有优先性。根据《民法典》第 1123 条的规定：继承开始后，按照法定继承办理；有遗嘱的，按照遗嘱继承或者遗赠办理；有遗赠扶养协议的，按照协议办理。

（二）遗赠扶养协议与遗赠的区别

虽然遗赠扶养协议与遗赠都属于死后遗赠遗产的法律行为，但两者仍然具有明显的区别：

1. 性质不同。遗赠扶养协议是双方法律行为，遗赠则是单方法律行为。遗赠扶养协议是由当事人双方协商一致订立的合同，合同的订立、变更、解除和履行，适用

《民法典》合同编的相关规定。而遗赠则是遗嘱人单方的意思表示，遗赠的成立只要有遗赠人单方的意思表示即可，无须征得受遗赠人的同意。同时，遗赠随意性较大，遗赠人不仅可以单方立遗嘱，还可以随时变更遗嘱的内容，或撤销遗嘱另立新遗嘱，但遗赠扶养协议经签订，非经对方同意任何一方都不得随意变更或撤销。

2. 内容不同。遗赠扶养协议是有偿法律行为，遗赠是无偿法律行为。遗赠扶养协议的扶养人取得遗产是以履行扶养义务为前提的，被扶养人接受扶养人的扶养则是以死后遗赠财产为代价，因此，遗赠扶养协议体现了权利与义务相一致的原则。而遗赠是无偿的财产转让，受遗赠人接受遗产不以尽义务为前提。现实生活中虽然也有一些附义务的遗赠，但这种遗赠不仅少，而且受遗赠人所承担的义务基本是限定在受遗赠的财产范围内，不会改变遗赠的无偿性质。

3. 形式不同。遗赠是要式法律行为，必须通过遗嘱来进行。而对于遗赠扶养协议的形式，法律没有作特别限制性规定，因而它不是要式法律行为。

4. 生效时间不同。遗赠扶养协议自协议依法成立之日起生效，遗赠只能在遗嘱人死亡后才发生实施效力。

5. 适用效力不同。遗赠扶养协议具有先于遗赠适用的效力。依我国《民法典》第1123条的规定，如死者生前既有遗赠又有遗赠扶养协议且两者相互抵触时，适用遗赠扶养协议，与遗赠扶养协议相抵触的遗嘱全部或部分无效。

（三）遗赠扶养协议的效力

作为我国社会福利保障制度的重要补充措施，遗赠扶养协议经双方协商订立。遗赠扶养协议的内容应包括扶养和遗赠两个方面。协议应当明确扶养的内容和具体要求，遗赠的财产种类、名称、数量和状况等。为便于合同的有效履行，合同还应明确双方在扶养和遗赠方面的权利与义务。遗赠扶养协议一经订立即具有法律效力，双方必须履行协议中约定的事项。

1. 扶养人的权利和义务。扶养人有权在被扶养人死亡后取得约定遗赠的财产，在有正当理由的情况下，有权要求解除遗赠扶养协议，但应事先通知，并安排好被扶养人的短期生活。因被扶养人无正当理由不履行协议，导致协议解除的，有权要求被扶养人偿还已支出的扶养费用。扶养人应当根据协议中约定的标准，负责被扶养人生前的衣食住行，妥善安排、照料被扶养人的生活。如果被扶养人生病，还应予以医疗和护理。被扶养人死后，应料理其后事，处理丧葬事务。扶养人不得有虐待、遗弃被扶养人的行为，不得随意中断对被扶养人的供养与照料。如扶养人无正当理由不履行义务，导致协议解除的，不能享有受遗赠的权利。

2. 被扶养人的权利和义务。被扶养人有权要求扶养人按照协议约定的标准，对自己扶养、照顾及扶助，死后由扶养人办理丧事。在有正当理由的前提下，有要求解除遗赠扶养协议的权利。因扶养人无正当理由不履行协议，导致协议解除的，对扶养人已经支出的扶养费用有权不予补偿。被扶养人应遵守协议，不得对已约定的财产进行出卖、赠与、毁损等不利于扶养人的处分，应妥善保管、使用协议约定的财产，应保证死后协议中约定的财产能够为扶养人取得。无正当理由不履行协议，导致协议解除的，对扶养人已经支出的扶养费用应予补偿。

引例分析

在前述引例中，《民法典》第 1142 条规定："遗嘱人可以撤回、变更自己所立的遗嘱。立遗嘱后，遗嘱人实施与遗嘱内容相反的民事法律行为的，视为对遗嘱相关内容的撤回。立有数份遗嘱，内容相抵触的，以最后的遗嘱为准。"甲在公证遗嘱之后又立自书遗嘱以及甲在生命垂危之际当众亲友的面宣布不给乙财产的行为，应视为对遗嘱内容的变更。遗嘱人立有数份不同形式的遗嘱但内容相抵触，应以最后一份遗嘱为准。本案中乙、丙、丁均已成年并工作，甲以遗嘱方式处分自己的财产，因遗嘱继承优先于法定继承适用，故乙不能继承甲的遗产。依据《民法典》1154 条规定，遗嘱未处分的遗产适用法定继承。故在丙按遗嘱继承之后对遗嘱未处分的遗产按法定继承处理。

相关法律规范

1. 《民法典》第 19~23、114、1133~1143 条。

2. 《公证法》第 11、25、26 条。

3. 《遗嘱公证细则》。

4. 《公证程序规则》。

5. 《最高人民法院关于适用〈中华人民共和国民法典〉继承编的解释（一）》第 24~54 条。

思考与练习

一、结合本项目原理，作出正确选择

1. 遗赠与遗嘱继承的区别是（　　　）

A. 遗嘱继承人是法定继承人范围内的人，而遗赠只能是法定继承人以外的人

B. 接受遗赠应当作明示表示，接受遗嘱继承可作默示表示

C. 接受遗赠应当作默示表示，接受遗嘱继承可作明示表示

D. 受遗赠人只享有遗产权利，而遗嘱继承人既享受遗产权利，又承担遗产债务

2. 关于遗嘱，下列说法正确的为（　　　）

A. 遗嘱于立遗嘱人依法作出处分遗产的意思表示之时即告成立

B. 未成年人不能独立订立遗嘱的，应由其法定代理人代理为之

C. 遗嘱是一种单方、无偿的民事行为

D. 遗嘱虽系被继承人的真实意思表示，也只有具备法律规定的形式，方可认定其为有效

3. 甲在弥留之际立下口头遗嘱，其财产分别由长子和长女继承。在场人员分别有

甲的次子、次女、医生乙、护士丙。可以作为甲的口头遗嘱的见证人是（　　　）

    A. 甲之次子　　B. 甲之次女　　C. 医生乙　　D. 护士丙

二、结合本项目原理，回答下列问题

1. 试述遗嘱的概念和特征。

2. 试述遗嘱继承的适用。

3. 遗嘱有哪些法定形式？其有效条件是什么？

4. 试述遗赠与遗嘱继承、赠与的区别。

5. 试述遗赠扶养协议与遗赠的区别。

6. 案例分析：

2006 年，原告李某与被告郭甲、童某之子郭乙登记结婚。2008 年，郭乙以自己的名义购买了一套房屋。2009 年，李某、郭乙与医院签订人工授精协议，通过人工授精，原告李某于 2009 年 10 月产一子，取名郭丙。2009 年 4 月，郭乙因病住院。郭乙在医院立下遗嘱，主要内容为："①通过人工授精（不是本人精子）所生的孩子我坚决不要；②以我的名义购买的房子，赠予父母郭甲和童某，别人不得有异议。"同年 5 月 23 日，郭乙病故，除婚后购买的一套房屋外，未留下其他财产。李某与郭乙父母郭甲和童某为继承遗产发生纠纷。问：本案该如何处理？

思考方向：

（1）正确界定被继承人遗产的范围，判断婚后郭乙以自己的名义买的房子是否属于遗产；

（2）根据遗嘱继承与法定继承的适用效力，判断李某是否有权继承郭乙的遗产；

（3）根据遗嘱生效的有效要件，判断郭乙处分财产的效力。

单
元
十
二

遗产的处理

知识目标

1. 了解遗产的性质，遗产管理人的确定及职责，遗产的处理原则。
2. 掌握遗产分割的原则、方式以及无人承受遗产的处理及遗产债务的清偿。

能力目标

1. 在实践中能正确确定遗产。
2. 掌握遗产分割的原则、方式。
3. 能正确处理遗产债务。
4. 能够运用所学理论知识解决继承纠纷的相关问题。

引例

张某的遗产已经分割，甲根据张某的遗嘱继承了 4 万元现款，乙根据张某的遗赠分得价值 1 万元的电脑一台，丙依法定继承分得价值 10 万元的公寓一套。张某生前尚欠丁债务 12 万元。

问题：丁的债权应如何清偿？

基本理论

一、遗产的性质及确定

（一）遗产的性质

《民法典》1122 条："遗产是自然人死亡时遗留的个人合法财产。依照法律规定或者根据其性质不得继承的遗产，不得继承。"关于遗产的性质，理论上主要有无主财产说、财产法人说、继承人共有说等不同主张。我国继承法采取继承人共有说。《民法典》第 1124 条第 1 款规定："继承开始后，继承人放弃继承的，应当在遗产处理前，以书面形式作出放弃继承的表示；没有表示的，视为接受继承。"这一规定就是建立在遗产继承人共有说基础上的。

我国《民法典》没有明确规定遗产为继承人共同共有还是按份共有，学理上对此也颇有争论。我们认为，遗产的共有为共同共有。这是因为，继承人虽然有应继份，但该应继份并不是确定的共有份额。遗产的共有具有如下效力：其一，共同继承人就遗产的全部有其应继份，但应继份是潜在的、不确定的；其二，共同继承人对遗产的使用和处分，应由全体继承人共同决定；其三，共同继承人之间对继承的债权、债务负连带责任。

（二）遗产的确定

《民法典》第 1153 条规定："夫妻共同所有的财产，除有约定的以外，遗产分割时，应当先将共同所有的财产的一半分出为配偶所有，其余的为被继承人的遗产。遗产在家庭共有财产之中的，遗产分割时，应当先分出他人的财产。"死者通常为家庭成员，家庭共同财产和夫妻共有财产中属于死者的那一部分才为遗产，所以，处理死者的遗产时，首先要把遗产同夫妻共有财产和家庭共同财产区分开。

属于夫妻共有财产的，并不都是遗产，夫妻共有财产中属于被继承人的部分才是遗产。依照《民法典》第 1063 条的规定，死者的个人财产包括：一方的婚前财产；一方因受到人身损害获得的赔偿或者补偿；遗嘱或者赠与合同中确定只归一方的财产；一方专用的生活用品；其他应当归一方的财产。死者的个人财产当然为遗产。夫妻在婚姻关系存续期间所得的共同所有的财产，除有约定的以外，如果分割遗产，应当先将共同所有的财产的一半分出为配偶所有，其余的为被继承人的遗产。

家庭共同财产主要包括家庭成员共同劳动积累的财产及家庭成员合法取得的财产等。家庭共同财产中个人家庭成员的个人财产当然为遗产。遗产在家庭共同财产之中的，遗产分割时还应当先分出他人的财产。另外，财产共有关系除夫妻共有财产、家庭共同财产之外，还存在其他形式的财产共有，如合伙共有财产等。遗产在共同财产之中的，遗产分割时应当先分出他人的财产。

遗产为各继承人共同共有财产，不征得全体继承人的一致同意，任何继承人不得将遗产的全部、一部分或者某项财产擅自处分。除继承人另有约定外，遗产的收益归属于继承人全体所有。

二、遗产管理人

（一）遗产管理人的确定

所谓遗产管理人，是指对遗产负有保存和管理职责的人。继承开始后，原属于死者的一切财产都归继承人所有。但继承人并不一定现实地占有遗产，即使占有遗产，也可能放弃继承权，而且由于遗产尚未分割，各人可以分得多少遗产尚未确定。如果不确定遗产管理人，难免会有遗产被侵占、损毁的事件发生，从而损害继承人、受遗赠人、酌情分得遗产人的利益。在无人继承、无人受遗赠时，遗产被侵害的可能性更大。所以，法律上有必要确定遗产管理人。关于如何确定遗产管理人，各国做法不一。我国《民法典》第 1145 条对遗产管理人的确定作出了规定："继承开始后，遗嘱执行人为遗产管理人；没有遗嘱执行人的，继承人应当及时推选遗产管理人；继承人未推选的，由继承人共同担任遗产管理人；没有继承人或者继承人均放弃继承的，由被继承人生前住所地的民政部门或者村民委员会担任遗产管理人。"《民法典》第 1146 条规定："对遗产管理人的确定有争议的，利害关系人可以向人民法院申请指定遗产管理人。"

（二）遗产管理人的职责

依据《民法典》第 1147 条规定，遗产管理人应当履行下列职责：

1. 清理遗产并制作遗产清单。遗产管理人清理遗产并制作遗产清单有如下好处：便于防止遗产流失，便于计算遗产价值、清偿遗产债务、执行遗赠、分配遗产，便于继承人或利害关系人随时查阅。在通常情况下，遗产清单可以包括以下内容：①被继承人生前所有的不动产、动产、知识产权、股权等财产的数量及价值；②被继承人生前所享有的非具有人身专属性的债权；③因被继承人死亡而获得的保险金、赔偿金、补偿金和抚恤金；④被继承人生前所欠的债务和应交纳的税款；⑤被继承人的丧葬费用和继承费用；⑥其他遗产上的负担；⑦有争议或者诉讼中的债权、债务等。

2. 向继承人报告遗产情况。继承人是与遗产关系最为密切的利害关系人，其是遗产的承受人、遗产债务清偿的义务人、分割请求权人，遗产之存否、多寡、状况等都对其关系重大，所以，继承人对遗产情况享有知情权，遗产管理人应向其报告遗产情况。

3. 采取必要措施防止遗产毁损、灭失。为保护继承人、受遗赠人以及相关利害关系人的利益，遗产管理人应当采取必要措施以防止遗产的毁损、灭失。例如，针对鲜活易腐的动产应及时予以变价处理，保存变价后的价款。

4. 按照遗嘱或者依照法律规定分割遗产。分割遗产是遗产处理的重要环节，也是遗产管理人的重要职责。遗产管理人在继承人之间分割遗产时，应当按照遗嘱或者法律规定进行。

5. 处理被继承人的债权债务。在继承开始后，被继承人的债权债务均由继承人所承受，因此，遗产管理人及时处理被继承人的债权债务，对继承人、受遗赠人、遗赠扶养协议之扶养人等都有很大影响，因而妥善处理被继承人的债权债务是遗产管理人的一项重要职责。

6. 按照遗嘱或者依照法律规定分割遗产。分割遗产是遗产处理的重要环节，也是遗产管理人的重要职责。遗产管理人在继承人之间分割遗产时，应当按照遗嘱或者法律规定进行。

7. 实施与管理遗产有关的其他必要行为。除上述职责外，凡与管理遗产有关的其他必要行为，遗产管理人也应当实施。例如，通过诉讼保全遗产，妥善保管被继承人的账册等。

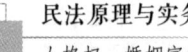

（三）遗产管理人的赔偿责任

《民法典》第 1148 条规定："遗产管理人应当依法履行职责，因故意或者重大过失造成继承人、受遗赠人、债权人损害的，应当承担民事责任。"根据该规定，遗产管理人违反管理职责，未尽到注意义务，致使继承人、受遗赠人、债权人受到损害的，应当承担赔偿责任。可见，遗产管理人承担民事责任以主观上有故意或重大过失为条件。遗产管理人若仅具有一般过失，即使造成了损害后果，也不承担民事责任。同时，遗产管理人承担的民事责任不因其是否受有报酬而有所区分。《民法典》第 1149 条规定："遗产管理人可以依照法律规定或者按照约定获得报酬。"可见，遗产管理人是否收取报酬，取决于法律的规定或当事人的约定。若法律没有规定或当事人没有约定遗产管理人获取报酬的，则遗产管理人的管理为无偿管理。

一般而言，遗产管理人有下列情形时，应当承担民事责任：①未尽到通知义务，致使继承人、受遗赠人、债权人受到损害的；②未尽到管理义务，造成遗产价值减少的；③在遗产分割时未为胎儿保留必要份额的；④未按照遗产债务的法定清偿顺序进行清偿，致使债权人的利益受到损害的；⑤在遗产不能满足全部遗产债权的情况下，未按照债权比例进行清偿，造成债权人损失的；⑥对于尚未到期债权或者有争议债权，在债权到期前或者争议解决前先行清偿其他债权，造成上述债权人的债权无法获得清偿的；⑦在清偿遗产债务时，没有为继承人中缺乏劳动能力又没有生活来源的人保留适当遗产，致使这类继承人生活发生困难的；⑧在遗产不足的情况下，在受遗赠人、遗嘱继承人和法定继承人中间未按规定顺序分配遗产，造成部分权利人受有损害的。

三、遗产的分割

遗产分割，是指共同继承人之间按照各自应得遗产份额分配遗产的法律行为。遗产一经分割，遗产上的权利和义务即归属于各个继承人分别享有和承担，从而结束遗产共有关系。

（一）遗产分割的原则

遗产分割的原则是指遗产依据何种准则进行分割。根据我国《民法典》继承编的立法精神，遗产分割应遵循以下主要原则：

1. 尊重被继承人意愿原则。被继承人留有遗嘱时，如果遗嘱中定有分割遗产的方法，或在遗嘱中委托他人代为决定的，只要是遗嘱人真实的意思表示，并且不违反法律、社会公共利益和社会主义道德，此遗嘱指定应当是有效的。

2. 遗产分割自由原则。所谓遗产分割自由原则是指共同继承人随时行使遗产分割请求权，任何继承人不得拒绝分割遗产。遗产分割请求权从性质上说属于形成权，继承人可以随时行使，不因时效而消灭。为更好地满足继承人生活、生产需要，故应允许继承人随时请求分割遗产。

当然，遗产分割自由原则也不是无限制的。从各国民法的规定来看，遗嘱人的意思应予以尊重，自由可因继承人的约定或者遗嘱的禁止而受限制。我国法律没有规定禁止分割遗产是否具有法律效力，但是基于私法自治原则，遗嘱中有此限制，则不能否定其效力，只是应为禁止分割遗产的意思表示设置时间限制。

3. 有利于生产和生活的原则。《民法典》第 1156 条第 1 款规定："遗产分割应当有利于生产和生活需要。"遗产分割应当照顾继承人的生产和生活的需要。对生产资料的分割要从有利于生产的目的出发，充分考虑生产的需要和财产的用途，将生产资料尽量分配给具有生产经营能力的人；对生活资料的分割也要考虑继承人的实际需要，尽量照顾有特殊需要的人。受照顾分得生产资料和生活资料的继承人，应当采取折价付款的方式给其他继承人以补偿。

4. 保留胎儿的继承份额原则。在遗产分割时应当保护胎儿的利益是各国通例，只是保护方式略有不同。我国法律没有采用禁止分割遗产的方式来保护胎儿的利益，而是规定遗产分割时必须保留胎儿的应继承份额。《民法典》第 1155 条规定："遗产分割时，应当保留胎儿的继承份额。胎儿娩出时是死体的，保留的份额按照法定继承办理。"应当为胎儿保留的遗产份额没有保留的，应从继承人所继承的遗产中扣回。为胎儿保留的遗产份额，如胎儿出生后死亡的，由其继承人继承；如胎儿娩出时是死体的，由被继承人的继承人继承。在遗产分割时所保留的胎儿份额，应不少于各继承人所取得遗产的平均数。

5. 均等原则和适当照顾原则。同一顺序继承人继承遗产的份额，一般应当均等，特殊情况下可以不均等。不均等分割遗产的情形主要有：①依据法律规定，应当为缺乏劳动能力又没有生活来源的继承人保留必要的遗产。对生活有特殊困难的缺乏劳动能力的继承人，分配遗产时，应当予以照顾。②对被继承人尽了主要扶养义务或者与被继承人共同生活的继承人，分配遗产时，可以多分。③有扶养能力和有扶养条件的继承人，不尽扶养义务的，分配遗产时，应当不分或者少分。④继承人协商同意的，也可以不均等。另外，对于继承人以外的对被继承人扶养较多的人，可以分给他们适当的遗产。适当分得并不代表就要少于平均数额，也有可能分得的数额等于或高于继承人的平均数额。

6. 故意隐匿、侵吞、争夺遗产者酌减原则。对于故意隐匿、侵吞、争夺遗产的人，除其行为可能构成侵权时令其承担侵权责任外，我国司法实践中还有一种特殊的惩罚措施，即可以酌情减少其应继承的遗产。

7. 物尽其用原则。《民法典》第 1156 条第 1 款中规定，遗产分割不应损害遗产的效用。在遗产分割时，在分割遗产中的房屋、生产资料和特定职业所需要的财产时，应依据有利于发挥其使用效益和继承人的实际需要，兼顾各继承人的利益的原则进行处理。对于不宜分割的遗产，不得损害其效用及经济价值，这是增加社会财富、维持人类可持续发展的需要。

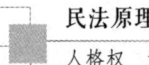

（二）遗产分割的方式

关于遗产的分割方式，若遗嘱中已经指定，则应按遗嘱中指定的方式分割；遗嘱中未指定的，由继承人具体协商；继承人协商不成的，可以通过调解或诉讼解决。《民法典》第1156条第2款规定："不宜分割的遗产，可以采取折价、适当补偿或者共有等方法处理。"据此，对遗产的分割可根据具体情形采用实物分割、变价分割、补偿分割和保留共有的分割四种方式。

1. 实物分割。遗产分割在不违反分割原则的情况下，可以采取实物分割的方式。对可分物，可以作总体的实物分割。如对粮食，可划分出每个继承人应继承的数量。但对不可分物，则不能作总体的分割，只能作个体的分割，如电视机、冰箱等。对不可分物不能作实物分割的，应当采取折价补偿的办法。

2. 变价分割。对不宜实物分割的遗产，可以将其变卖，换取价金，再由各继承人按照自己应得的遗产份额的比例，对价金进行分割，各自取得与应得遗产份额相对应的价金。

3. 补偿分割。对不宜分割的遗产，如果继承人中有人愿意取得该遗产，则由该继承人取得该遗产的所有权。取得遗产所有权的继承人按照其他继承人应继份的比例，分别补偿给其他继承人相应的价金。

4. 保留共有的分割。遗产不宜实物分割，继承人又都愿意取得遗产，或继承人愿意继续保持遗产共有状况的，则可将其作为共同所有的财产，由各继承人按各自应得的遗产份额，确定对该项财产所应享有的权利与应分担的义务。

四、遗产债务的清偿

所谓遗产债务，是指被继承人生前以个人名义欠下的，完全用于被继承人个人需要的债务。遗产债务主要包括：被继承人应当缴纳的税款；被继承人因侵权行为、不当得利、无因管理、合同等原因欠下的债务以及其他原因欠下的债务等。根据我国法律规定，遗产不但包括遗产权利，而且包括遗产义务。所以，被继承人的债务应当由继承人来偿还。放弃继承权的继承人对遗产债务可以不负偿还责任。

（一）遗产债务的特点

1. 遗产债务是被继承人生前所欠的债务。遗产债务只应指被继承人的债务，不应当包括继承人的债务。继承开始是区分被继承人债务和继承人债务的分界点：被继承人生前所欠的债务为遗产债务，继承人的偿还义务以所继承的遗产为限；继承开始后所欠下的与被继承人有关的债务（如丧葬费用）、与遗产有关的债务（遗产管理费用、遗产继承费用）都是非遗产债务，继承人的偿还义务不受继承遗产的限制。

2. 遗产债务是被继承人以个人名义欠下的债务。只有以被继承人名义欠下的债务，才为遗产债务。但是被继承人以个人名义欠下的债务并非全部为遗产债务。如果是为夫妻或者家庭共同生活需要、为增加夫妻或者家庭共同财产、为偿还夫妻或者家庭共同的债务等所欠的债务，不管是以谁的名义欠下的，都是夫妻或者家庭共同债务，应当用夫妻共有财产或者家庭共同财产来偿还。只有与夫妻或者家庭共同生活无关的、单纯为满足被继承人个人需要的债务，才为遗产债务。

（二）遗产债务的清偿原则

根据《民法典》规定，被继承人债务的清偿应遵循以下原则：

1. 限定继承的原则。《民法典》第 1161 条第 1 款规定："继承人以所得遗产实际价值为限清偿被继承人依法应当缴纳的税款和债务。超过遗产实际价值部分，继承人自愿偿还的不在此限。"这表明，继承人对被继承人的债务的清偿只以遗产的实际价值为限，超过遗产实际价值部分，继承人不负清偿责任。对遗产债务的清偿以限定继承为原则，即原则上继承人清偿遗产债务的责任以遗产为限，无须继承人作出限定继承的意思表示，也无须经过特别的程序。只有在例外的情况下，继承人对超过遗产实际价值部分的债务才承担清偿责任。这种例外有两种情形：一是继承人自愿还的，不受限定继承的限制；二是由于继承人有扶养能力而不尽扶养义务，致使被继承人为满足基本生活需要而欠下的债务，继承人应当承担清偿责任。

2. 保留特定继承人遗产份额的原则。《民法典》第 1141 条规定："遗嘱应当为缺乏劳动能力又没有生活来源的继承人保留必要的遗产份额。"这是贯彻我国养老育幼原则的具体体现。在清偿被继承人债务时，即使遗产的实际价值不足以清偿债务，也应当为需要特殊照顾的缺乏劳动能力又没有生活来源的继承人保留适当的遗产，以满足其基本生活需要。

3. 清偿债务优于执行遗赠的原则。《民法典》第 1162 条"执行遗赠不得妨碍清偿遗赠人依法应当缴纳的税款和债务。"按照这一规定，在遗赠和清偿债务的顺序上，清偿债务优先于执行遗赠。只有在清偿债务后，还有剩余遗产时，遗赠才能得到执行。如果遗产已不足以清偿债务，遗赠就不能执行。

（三）遗产债务的清偿时间和方式

清偿被继承人债务的时间和方法一般是：继承开始以后，各个继承人在遗产分割之前，应首先用被继承人遗留下来的财产来清偿被继承人遗留的债务，清偿后剩余的财产，才作为实际存在的遗产按照遗嘱或法定继承来进行分割。也可以在继承开始后各个继承人先根据遗嘱或法律规定对遗产进行分割，然后再清偿债务。

《民法典》第 1163 条规定："既有法定继承又有遗嘱继承、遗赠的，由法定继承人清偿被继承人依法应当缴纳的税款和债务；超过法定继承遗产实际价值部分，由遗嘱继承人和受遗赠人按比例以所得遗产清偿。"

（四）遗产债务的清偿顺序

依照《民法典》第 1161 条以及其他法律的有关规定，遗产债务应按如下顺序

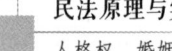
清偿：

1. 所欠职工工资、生活费。

2. 所欠税款。

3. 有物上担保的债权。有物上担保的债权优先于普通债权，这是由担保物权的优先效力所决定的。当然，有物上担保的债权的债权人行使担保物权后，不足清偿的部分，仍应当与普通债权处于同一顺序受偿。

4. 普通债权。在清偿上述三类债权后，剩余财产可以用来清偿普通债权。如果剩余财产足以清偿全部的普通债权，则无须确定普通债权的顺序和比例。如果剩余财产不足以清偿全部的普通债权，则各普通债权人应就剩余的财产按其债权的比例平均受偿。

应当注意的是，这里的普通债权人包括继承人，即继承人作为被继承人的债权人，其债权不能因为继承人成为遗产的共同共有人而发生混同的后果。

5. 未知的普通债权。对于债权人未申报的普通债权，而继承人和遗产保管人在清偿遗产债务时并不知道其存在的，只能以清偿完上述债权后剩余的财产予以清偿。

五、无人承受遗产

（一）无人承受遗产的概念和范围

所谓无人承受遗产，是指在继承开始后，没有人依法继承或接受遗赠的死者的遗产。一般认为，公民死亡后，有下列情况之一的，其所留的遗产属于无人承受的遗产：①死者既无法定继承人，又无遗嘱继承人或受遗赠人；②全体继承人都放弃继承或丧失继承权的；③遗赠受领人放弃受遗赠或丧失受遗赠权的；④死者没有法定继承人，或只用遗嘱处分了一部分遗产，其余未加处分的那一部分遗产也属于无人继承又无人受遗赠的遗产；⑤有无继承人或受遗赠人情况不明，经公告期满后仍无人主张继承权或受遗赠权。

无人承受遗产不同于无主财产，两者的主要区别在于：①无人承受的遗产确定存在所有人，却无人继承或受遗赠该财产，但不排除存在于该财产上的债权，如遗产酌给债权等。而无主财产是指依法不属于任何人的财产，财产没有所有人。②无人承受的遗产无须经过人民法院审理解决，根据我国《民法典》的规定直接确定其归属。而无主财产通常必须经过人民法院特别程序加以确认和解决其归属。

（二）无人承受遗产的处理

对于无人承受遗产的处理，根据《民法典》第1160条的规定，如果死者生前是城乡集体所有制组织成员的，其遗产应归其生前所在的集体所有制组织所有；如果死者生前是国家机关、全民所有制企业、事业单位工作人员和城镇居民的，其遗产应收归国家所有，用于公益事业。

在处理无人承受的遗产时，应当注意以下问题：

1. 死者债务清偿问题。根据《民法典》第1161条的规定，继承人继承遗产应当清偿被继承人生前欠下的债务。同理，取得无人承受的遗产的国家或集体所有制经济组织也应当在遗产的实际价值范围内清偿被继承人生前欠下的债务。

2. 非继承人酌情取得遗产问题。在处理遗产时，若有继承人以外的依靠被继承人生前扶养的缺乏劳动能力又没有生活来源的人，或继承人以外的对被继承人扶养较多的人要求分得一定份额遗产时，人民法院可视具体情况分配给他们适当的遗产。

3. "五保户"遗产的处理。"五保户"是指我国《农村五保供养工作条例》中的"五保"供养对象，是在我国社会主义制度下，在农村广泛施行的对老、弱、孤、寡、残疾的人实行的保吃、保穿、保医、保住、保葬（孤儿为保教）的社会保障制度。

"五保户"遗产是指享受"五保"的公民死亡后所遗留的财产。在我国，"五保户"原来由农村集体经济组织负责供养，根据2006年3月1日起施行的《农村五保供养工作条例》的新规定，现在已改为由地方人民政府财政安排供养。司法实践中认为，集体组织对"五保户"实行五保时，双方有扶养协议的，按协议处理；没有扶养协议，死者有遗继承人或法定继承人要求继承的，按遗嘱继承或法定继承处理，但集体组织有权要求扣回"五保"费用。"此外，如果"五保户"的亲友或邻居对其生前生活曾经有过一定程度的照顾，且符合规定的，也可分得适当的遗产。

引例分析

在前述案例中涉及被继承人债务清偿问题。依据我国《民法典》第1163条的规定，遗赠抚养协议与遗赠、遗嘱继承并存，应当优先执行遗赠扶养协议，其次是遗赠、遗嘱继承，最后适用法定继承。因此，在多种继承方式并存时，被继承人债务的清偿方式亦有先后之别。本案例中甲是遗嘱继承人，乙是受遗赠人，丙是法定继承人，对于甲生前的债务首先由其法定继承人丙在继承遗产实际价值范围内清偿。法定继承人所继承的遗产不足以清偿的，剩余的债务由遗嘱继承人和受遗赠人按比例用所得遗产清偿，即由甲、乙按比例清偿。因此对于该债务，由丙偿还10万元，甲偿还1.6万元，乙偿还4000元。

相关法律规范

1. 《民法典》第1145~1148、1151、1153~1160条。

2. 《最高人民法院关于适用〈中华人民共和国民法典〉继承编的解释（一）》第30~44条。

思考与练习

一、结合本项目原理，回答下列问题

1. 遗产分割的原则与方法有哪些？

2. 遗产分割完毕后被继承人债务该如何清偿？

3. 案例分析：

张三于 2015 年 5 月 1 日死亡，其遗产已予以分割，其子张东按照遗嘱继承了存款 8 万元，张南按照遗赠分得家庭影院一套（价值 4 万元），张北按照法定继承分得轿车一部（价值 16 万元），现债权人钱某持借据称张三生前欠其 20 万元债务。问：钱某的债权该如何清偿？

思考方向：

(1) 遗产分割完毕后，取得遗产人对被继承人的债务是否负有清偿责任？

(2) 在法定继承人取得的遗产不足以清偿被继承人的债务时，遗嘱继承人及受遗赠人该如何清偿？

拓展阅读

1. 陈苇：《外国继承法比较与中国民法典继承编制定研究》，北京大学出版社 2011 年版。

2. 陈苇、宋豫：《中国大陆与港、澳、台继承法比较研究》，群众出版社 2007 年版。

3.《拿破仑法典》：李浩培等译，商务印书馆 1979 年版；《法国民法典》：马育民译，北京大学出版社 1982 年版；《法国民法典》：罗结珍译，中国法制出版社 1999 年版；《法国民法典》：罗结珍译，法律出版社 2005 年版；《法国民法典》：罗结珍译，北京大学出版社 2010 年版。

4.《德国民法典》：杜景林、卢谌译，中国政法大学出版社 1999 年版；《德国民法典》：陈卫佐译注，法律出版社 2006 年版；《德国民法典》：陈卫佐译注，法律出版社 2010 年版。

情境训练 继承权纠纷处理

情境案例

张某、李某均系孤儿，1960 年二人结为夫妻，生子甲、乙（乙早年被王某收养）、丙、丁。夫妻二人先后去世，李某去世时留有遗产价值 200 万元。甲酷爱登山，1999 年随登山队探险时遭遇雪崩不幸遇难，留一子戊一女庚。据查，李某于 2000 年 1 月立有一份公证遗嘱表明将自己的一半遗产留给其子丙并将自己的钢琴赠与好朋友赵某；李某后又自书一份遗嘱撤销对赵某的赠与。遗产分割前，丙因抢救落水儿童不幸牺牲，仅留幼子辛。

问：李某的遗产该如何继承？

训练目标

通过实训，使学生进一步理解并掌握我国法定继承人的范围、继承顺序，认识法定继承与遗赠扶养协议、遗嘱继承、遗赠的适用效力。

训练方法

1. 分析材料。对案例中的所有事实进行分析，包括当事人情况、事件发生的经过、当事人各自的主张等。

2. 课堂讨论。针对案例由学生提出问题，自主进行探讨、论证，教师进行辅导、点评。

3. 自由发挥。鼓励学生采取多种形式进行训练，包括角色模拟、讨论，法律咨询等等。

训练步骤

1. 判断本案中是否有遗赠扶养协议、遗嘱继承、遗赠的情形。

2. 确定李某的第一顺序法定继承人的范围，判断乙可否继承李某的遗产。

3. 判断本案中是否存在代位继承及转继承。

4. 确定不同时间、不同形式的遗嘱的效力。

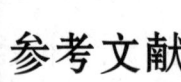

参考文献

1. ［日］五十岚清：《人格权法》，［日］铃木贤、［中］葛敏译，北京大学出版社2009年版。

2. 姚辉：《人格权法论》，中国人民大学出版社2011年版。

3. 张红：《人格权总论》，北京大学出版社2012年版。

4. 王利明：《人格权法》，中国人民大学出版社2016年版。

5. 杨立新：《人格权法》，法律出版社2020年版。

6. 中国审判理论研究会民商事专业委员会编著：《〈民法典〉条文理解与司法适用》，法律出版社2020年版。

7. 杨立新主编：《〈中华人民共和国民法典〉条文精释与实案全析》，中国人民大学出版社2020年版。

8. 王利明主编：《民法》，中国人民大学出版社2020年版。

9. 巫昌祯主编：《婚姻与继承法学》，中国政法大学出版社2007年版。

10. 巫昌祯主编：《婚姻家庭法新论》，中国政法大学出版社2002年版。

11. 马忆南主编：《婚姻家庭法》，北京大学出版社2012年版。

12. 杨大文主编：《婚姻家庭法学》，中国政法大学出版社2006年版。

13. 曹诗权主编：《婚姻家庭法》，中国政法大学出版社2005年版。

14. 李明舜主编：《婚姻法中的救助措施与法律责任》，法律出版社2001年版。

15. 王洪主编：《婚姻家庭法》，法律出版社2003年版。

16. 陈爱萍、姬新光主编：《婚姻家庭法学》，中国检察出版社2006年版。

17. 杨大文、龙翼飞主编：《婚姻家庭法学》，中国人民大学出版社2018年版。

18. 房绍坤、范李瑛、张洪波编著：《婚姻家庭继承学》，中国人民大学出版社2020年版。

19. 朱萍萍、袁志丽主编：《婚姻家庭法原理与实务》，中国政法大学出版社2019年版。

20. 袁志丽主编：《婚姻家庭法实训教程》，中国政法大学出版社2020年版。

21. 史尚宽：《亲属法论》，中国政法大学出版社2000年版。

22. 杨大文主编：《亲属法》，法律出版社2003年版。

23. 齐湘泉：《涉外民事关系法律适用法：婚姻、家庭、继承论》，法律出版社2005年版。

24. 刘懿彤、常鸿宾：《涉外离婚管辖权研究》，法律出版社2013年版。

25. 程维荣、袁奇钧：《婚姻家庭法律制度比较研究》，法律出版社2011年版。

26. 雷明光：《中国少数民族婚姻家庭法律制度研究》，中央民族大学出版社2009年版。

27. 沈乾芳：《社会变革时期的彝族婚姻形态研究》，民族出版社2011年版。

28. ［美］J. 罗斯·艾什尔曼：《家庭导论》，潘允康、张文宏等译，中国社会科学出版社1991年版。

29. 李志敏主编：《比较家庭法》，北京大学出版社1988年版。

30. 胡平主编：《婚姻家庭继承法论》，重庆大学出版社2000年版。

31. 范李瑛主编：《婚姻家庭继承法案例教程》，北京大学出版社2004年版。

32. 王明霞主编：《婚姻家庭法》，中国政法大学出版社2008年版。

33. 史尚宽：《继承法论》，中国政法大学出版社2000年版。

34. 郭明瑞、房绍坤、关涛：《继承法研究》，中国人民大学出版社2010年版。

35. 陈苇：《外国继承法比较与中国民法典继承编制定研究》，北京大学出版社2011年版。

36. 王利明主持：《中国民法典学者建议稿及立法理由》（人格权编·婚姻家庭编·继承编），法律出版社2005年版。

37. 杨立新、朱呈义：《继承法专论》，高等教育出版社2006年版。

38. 薛宁兰、金玉珍：《亲属与继承法》，社会科学文献出版社2009年版。